|光明社科文库|

社会治理体系与治理能力现代化研究

主　编◎王英红

副主编◎钟名扬　唐　彦

光明日报出版社

图书在版编目（CIP）数据

社会治理体系与治理能力现代化研究 / 王英红主编
. --北京：光明日报出版社，2021.9
ISBN 978-7-5194-6327-4

Ⅰ.①社… Ⅱ.①王… Ⅲ.①社会管理—现代化管理—研究—中国 Ⅳ.①D63

中国版本图书馆 CIP 数据核字（2021）第 181316 号

社会治理体系与治理能力现代化研究
SHEHUI ZHILI TIXI YU ZHILI NENGLI XIANDAIHUA YANJIU

主　　编：王英红	副 主 编：钟名扬　唐　彦
责任编辑：史　宁	责任校对：李小蒙
封面设计：中联华文	责任印制：曹　净

出版发行：光明日报出版社
地　　址：北京市西城区永安路 106 号，100050
电　　话：010-63169890（咨询），010-63131930（邮购）
传　　真：010-63131930
网　　址：http://book.gmw.cn
E - mail：gmrbcbs@gmw.cn
法律顾问：北京市兰台律师事务所龚柳方律师

印　　刷：三河市华东印刷有限公司
装　　订：三河市华东印刷有限公司

本书如有破损、缺页、装订错误，请与本社联系调换，电话：010-63131930

开　　本：170mm×240mm
字　　数：390 千字　　　　　　印　　张：21.5
版　　次：2022 年 1 月第 1 版　　印　　次：2022 年 1 月第 1 次印刷
书　　号：ISBN 978-7-5194-6327-4
定　　价：99.00 元

版权所有　　翻印必究

编委会

编委会主任: 周志成

编委会副主任: 张 健　李 妍　仲计水

编　　　委（按姓氏笔画排序）:
　　　　　　王英红　钟名扬　唐 彦
　　　　　　曾详明　薛剑符

目 录
CONTENTS

第一部分　社会治理理论研究

习近平关于新时代人民群众美好生活的论述研究 …………… 王　杰　3

习近平国家治理现代化思想的探析 ……………………… 袁中莉　13

试论习近平精准扶贫思想
　　——基于矛盾哲学的视角 ………………………… 唐牧遥　22

中国传统农耕文明基础上的文化特色及治理优势 ……… 庞慧敏　刘永成　31

中国传统"和"思想及其文化体现和政治实践 ……… 任旭阳　刘永成　41

西方哲学视域下人工智能时代的家庭伦理可能 ……………… 李伟哲　48

第二部分　社会治理体系与能力研究

对我国社会治理创新的思考 …………………………… 李美姗　59

基于CiteSpace知识图谱可视化分析的社会治理现代化研究 …… 白旻曦　68

新时代社会治理体系和治理能力现代化的探索 ……………… 欧晓秋　77

从中国减贫奇迹看国家治理体系的优势 ……………………… 田佩玉　84

新时代社会治理现代化的内涵、目标及发展路径 …………… 史文艺　88

马克思主义国家观与国家治理体系现代化 …………………… 金赞研　98

国家治理体系下党内政治生态的治理路径 ………… 何　妍　曹旭辉　105

社会治理现代化的理论逻辑 …………………………… 管　敏　115

第三部分 新冠疫情与社会治理研究

后疫情时代推进社会动员机制现代化：现实意义、辩证方法和实践向度
　………………………………………………………………… 徐兴豪 123
论新冠肺炎疫情防控阻击战中的中国精神 ………………… 曹　霞 134
中国疫情防控的独特制度优势及其理论逻辑 ……………… 林仕康 141
文化自信引领人类命运共同体的构建 ……………………… 戴熠希 150
抗疫状态下中国社会治理探析 ……………………………… 单凌云 156
新冠疫情背景下对大学生网络思政教育的探索 …………… 杨　锡 162

第四部分 社会治理策略与方法

浅析新时代我党应对海外"中国威胁论"的策略及启示 …… 王　野 171
自媒体时代关于政府治理网络舆情的对策分析
　——以《关于正确处理人民内部矛盾的问题》为基础 … 夏军秀 180
新时代思想政治教育的社会治理功能探析 ………………… 刘　羚 187
社会治理中的群众路线 ……………………………………… 宋泽芮 193
大数据背景下社会治理现代化面临的困境及路径选择 …… 闫　烁 201
在新时代社会治理视域下探讨大学生思想政治教育中的自我教育
　……………………………………………………………… 杨苏舰 207
浅析新时代社会治理中的思想政治教育 …………………… 董　薇 217
网络意识形态传播及治理研究 ……………………………… 舍娜莉 224
新时代党建引领社区治理路径探析 ………………………… 夏　颖 231
智慧司法技术在诉源治理中的赋能价值及其实现 ………… 苏　灿 237
人脸识别技术法律规制研究 ………………………………… 唐　彦 245
基于语义分析的网络社会热点事件价值引导与构建研究
　——以哈尔滨"天价鱼"事件为例 ………………………… 奚冬梅 253

第五部分 其他

"以学生为中心"的高校思政课差异化教学方案研究
　——以我校"毛泽东思想和中国特色社会主义理论体系概论"
　　课教学为例 …………………………………………… 曾毅红 267

加强马克思主义理论学科对外学术交流的思考
——基于《高校马克思主义理论学科发展报告2014—2018》
………………………………………………………… 胡 飒 275
高校开展"互联网+"思想政治教育的学理分析与路径探究 … 刘玉威 281
高校党建工作会议发展分析及思考 ………………………… 宋程远 288
《茶馆》中的晚清危机解析 ………………………………… 汪 帆 295
癸卯学制前后的修身科探析 ………………………………… 吴慧芳 301
近年来北京高校思想政治理论课载体建设研究 …………… 张力丹 307
我国不能走资本主义道路的原因分析 ……………………… 赵雅沁 317
关于慈善信托备案管理的性质与效力的思考 ……………… 伊 强 324

第一部分 01
社会治理理论研究

习近平关于新时代人民群众美好生活的论述研究

王 杰[*]

摘要：目前，我国进入社会主义发展新阶段，虽然在经济建设上取得了巨大的成就，人民的物质生活得到极大满足，但是与此同时，我国社会上依然存在诸多问题：教育不公平、发展不均衡、贫富差距大、医疗问题突出、环境破坏等问题，这些问题都严重影响了我国人民的现实生活，让人们在生活中没有获得幸福感。习近平关于新时代人民群众美好生活重要论述，指出了当前中国人民所向往的幸福生活，并指出具体的实现路径。本文首先详细指出了习近平新时代人民群众美好生活重要论述的主要内容；其次深入探析了习近平新时代人民群众美好生活重要论述的鲜明特征；最后指出了其价值所在。通过本文分析，让人们更加了解习近平所提出的美好生活观念。

关键词：习近平；美好生活观；人民群众；特征；价值

目前，我国发展进入新时代，虽然我国经济获得了长足的发展，人们的物质生活实现极大满足，消费能力大大提升，但是与此同时，社会上依然存在诸多矛盾，限制着人们对幸福生活的追求。在新时代，人民群众对美好生活的向往和现实之间的矛盾开始凸显，人民向往什么样的美好生活？应该如何追求美好生活？习近平通过多次重要论述对该问题进行了详细的回答，习近平吸取了马克思主义基本观点、中华传统文化以及党的历代领导关于美好生活的理论总结，结合自身的工作经验，创新性地提出了美好生活观。

一、习近平新时代人民群众美好生活重要论述的主要内容

历代中国人民都追求美好生活，人民渴望过上美好生活。要完成人民美好

---

[*] 王杰，男，北京信息科技大学马克思主义学院硕士研究生。

生活的重要论述，首先需要了解人民对美好生活的标准和需求。习近平从物质生活、社会、心理需要等多个方面论述了人民所向往的美好生活，全方位论述了人民群众真正需要的美好生活。

（一）增强获得感，构建共建共享的美好生活

习近平提出："让人民群众有更多获得感。"① 人民群众所感受到的获得感，这是检验党和政府一切工作的重要标准，也是十分重要的工作目的。将社会发展成果转化为人民群众真正享有的主观感受，持续充实人民获得感。

1. 改善人民物质生活，提升人民在物质上的获得感

对于社会主义社会发展来说，满足人们的物质需求，向共同富裕发展，事关社会主义的发展前途。中华人民共和国成立后，党和政府将实现民族伟大复兴作为自身的重要使命，为了推动社会发展和实现共同富裕做出巨大努力，带领全国人民持续奋斗，发展社会生产力。在这样的背景下，许多人都彻底摆脱贫困，开始进入小康生活，但与此同时，人们对于"新生活"又有了新的期待，在当前社会中，我们应依然认识到社会生活中存在的诸多问题，这些问题都导致人们在物质方面的获得感较差，制约了人们对于美好生活的向往。习近平指出："发展是解决我国一切问题的基础和关键，发展必须是科学发展，必须坚定不移贯彻创新、协调、绿色、开放、共享的发展理念。"② 这一全新的发展理念，明确指出了发展的基本方向和目标，要解决当前社会上存在的诸多矛盾，就必须持续提升人民的物质生活，让人民感受到越来越多的物质获得感，以更加公平的方式让全体人民共享社会发展成果。

2. 丰富人民文化生活，提升人民在精神上的获得感

经过数十年快速发展，我国在经济建设上取得了辉煌的成就，人民的温饱问题已经基本被解决，在满足了基本的物质生活需求之后，人民开始渴望更高层次需求的满足。随着人民生活水平上的巨大改善，越来越多的人开始追求精神文化生活，渴求精神上的满足。恩格斯说："人们首先必须吃、喝、住、穿，才能从事政治、科学、文化、宗教等。"③ 在当前，随着社会竞争日益加剧，加上生活压力的持续增大，许多人开始出现焦虑的精神状态，物质上的满足并没有让人们感受到快乐，人民开始渴求精神文化上的满足，在这一背景下，党和

---

① 习近平谈治国理政：第2卷［M］. 北京：外文出版社，2017：102.
② 习近平. 决胜全面建成小康社会 夺取新时代中国特色社会主义伟大胜利——在中国共产党第十九次全国代表大会上的报告［N］. 人民日报，2017 – 10 – 28.
③ 马克思恩格斯选集：第3卷［M］. 北京：人民出版社，1995：776.

国家根据时代发展变化,"发展面向现代化、面向世界、面向未来的,民族的科学的大众的社会主义文化,推动社会主义精神文明和物质文明协调发展"①。党的十八大以来,面对人民群众对于文化生活的需求,国家开始高度重视文化事业的发展,强调要重点提升人民的文化自信,满足人民在精神生活方面的需求。

(二)增强幸福感,构建公平正义的美好生活

自从中华人民共和国成立,经过70年的持续发展,尤其是改革开放以来,我国在社会发展各领域都取得了丰硕的建设成果,党的十九大胜利召开,代表着我国进入发展新阶段,逐渐从富起来走向强起来,实现了社会发展的巨大跨越。对于中国人民来说,实现"美好生活",既是物质生活得到了极大满足,同时也是精神生活的提升。对国家来说,则是公平正义的获得。

1. 实现人民幸福,是建设美好生活的价值所在

要实现美好生活,就必须要克服社会生活中存在的障碍。当今社会已经发展成为价值观多元化的社会。习近平指出:"各种人民内部矛盾和社会矛盾已经成为影响社会稳定很突出、处理起来很棘手的问题,而其中大量是由利益问题引发的。这就要求我们处理好维稳和维权的关系。从人民内部和社会一般意义上说,维权是维稳的基础,维稳的实质是维权。"② 所以在处理维稳问题时,首先就需要重点将人民群众的合理要求处理好和解决好,这样才有可能建设社会主义美好生活,如果人民的合法权利被肆意践踏和侵犯,则仅仅依靠美好生活的愿望只会让人民的生活更痛苦,在这种背景下,美好生活只会成为"镜花水月",是难以实现的,所以美好生活的实现前提是重视人民的幸福感,并为人民营造一个公平公正的环境,保护人民根本利益,逐渐让人民的"美好生活"成为现实。

2. 保障公平正义,是提升人民幸福感的基本前提

幸福感是一种精神上的主观感觉,建立在一定的物质基础上,是人民在精神上对外界物质的认同感。只有在全社会建立基于公平公正的物质财富分配方式和价值观念,"美好生活"才有可能真正到来。党的十九大报告指出:"人民美好生活需要日益广泛,不仅对物质文化生活提出了更高要求,而且在民主、

---

① 习近平,刘云山,王岐山,等. 党的十九大报告辅导读本[M]. 北京:人民出版社,2017:44.
② 习近平. 决胜全面建成小康社会 夺取新时代中国特色社会主义伟大胜利——在中国共产党第十九次全国代表大会上的报告[N]. 人民日报,2017-10-28.

法治、公平、正义、安全、环境等方面的要求日益增长。"① 进入社会主义发展新阶段，想要持续提升人民群众幸福感，实现社会的公平正义成为必要的前提。当前，在党和国家的指导下，我国正在推进一项项涉及民生幸福的重点工程，包括城市居民最低生活保障、新农村建设、户籍改革、教育改革、退役军人安置等工作，这些工作和人民幸福感的提升都有着密切的关系，也都代表着国家正在建设公平公正的社会环境，坚持走在正确的道路上。习近平指出："人民群众的公平意识、民主意识、权利意识、法论意识不断增强，对促进社会公平正义、实现安居乐业的要求也越来越高。"② 公平正义也是文明社会的重要标志，如果一个社会中难以实现公平正义，则人民合法权益就难以被保障，这种社会中的幸福感只会是少数人的幸福感，不是惠及广大人民群众，不是社会主义社会要追求的"美好生活"。习近平强调只有真正促进社会实现公平正义，让人民当家作主，人民才在社会发展中更加积极主动，持续提升自身的幸福感，为了实现美好生活理想而持续奋斗。

（三）提升安全感，构建平安稳定的美好生活

每个人都希望生活在安全稳定的社会环境中，国泰民安是每个中国人最朴素的愿望，只有实现社会稳定、国家平安，人民才有可能实现幸福生活。在当前社会主义新时代，想要建立新的"美好生活"，就必须高度重视"平安中国"的建设，持续满足人民对于安全感的需求，这也是新时代治理社会和国家的重要目标之一，是所有中国人民的切身需求，也是对美好生活的不懈追求。习近平指出的国家安全观，涉及因素较多，是一个内涵很广的概念，包括一定区域内的政治安全、社会安全、生态安全、资源安全等，社会各领域都实现安全，才能实现一个国家整体上的安全。

1. 社会平安稳定，是构成美好生活的重要前提

在人民对新生活的期盼中，平安是人民对于美好生活的重要需求，也是我国推动社会改革与发展的重要目标。在新时代，围绕习近平的美好生活观念，社会各项事业都在稳定发展。所谓"治政之要在于安民"，近年来，随着平安中国相关工作持续推进，人民群众纷纷渴望更加安全放心的生活环境，党和国家在"平安中国"建设上的不遗余力，让当前的中国一步步成为世界上最稳定最安全的国家之一。2016年，习近平首次指出"总体国家安全观"这一概念，明

---

① 习近平，刘云山，王岐山，等. 党的十九大报告辅导读本［M］. 北京：人民出版社，2017：11.
② 习近平主席中央政治工作会议并发表重要讲话［N］. 人民时报，2014-01-09.

确指出国家安全的重要性,这是实现社会稳定的重要基础,关系着每个普通中国人的切身利益,也是推动社会和谐发展的重要前提,是建设安全、稳定的社会环境的重要基础。习近平强调:"改革开放以来,我们政府始终高度重视正确处理改革发展稳定的关系,始终把维护国家安全和社会安定作为党和国家一项基础性工作。"① 紧紧围绕人民需求,推进社会治理工作的顺利开展。

2. 保障人民安全,彰显美好生活的内在需求

习近平指出:"国泰民安是人民群众最基本、最普遍的愿望,实现中华民族伟大复兴的中国梦,保证人民安居乐业,国家安全头等大事。"② 治理国家和社会,就是要持续强化人民群众幸福感和安全感,采取有力措施来保障人民群众合法利益,从食品、交通、医疗、政治、环境等方面为人民构建一个安全社会,在此基础上提升人民的安全感和幸福感。此外,还需要重点借助法律法规制度来保障人民群众的合法利益,持续完善现有相关法律法规,满足人民群众对于法制安全的需求,维护司法公正,让其成为维护社会公平正义的重要手段,坚决打击各种违法犯罪活动,营造稳定安全的社会环境,这是人民持久获得幸福感的重要基础。

二、习近平新时代人民群众美好生活重要论述的鲜明特征

进入新时代,面对人民群众想要实现美好生活的热切愿望,习近平适时地提出新时代美好生活观,这是中国特色社会主义的最新发展成果,也是马克思主义中国化的重要成果。纵观习近平新时代人民群众美好生活的重要论述,展现出以下几大鲜明特点:

(一) 强烈的问题导向

习近平强调,仅仅是物质生活上的改善与丰富,已经难以满足人民群众对于美好生活的向往,人民群众已经开始对自身进行探索,展现出多种权利诉求,将"美好生活"与人民群众的多种权利诉求相联系,鲜明地指出当前社会中的一些主要问题,赋予了"美好生活"新的价值。

---

① 习近平谈治国理政 [M]. 北京:外文出版社,2014:68.
② 习近平关于总体国家安全观论述摘编 [J]. 党的文献,2018 (03):129.

1. 坚持问题导向是把握美好生活的根本

习近平明确指出:"坚持问题导向是马克思主义的鲜明特点。"① 事物的本质是由事物内部的矛盾所体现出来的,而事物的矛盾更多的是指事物自身内部存在的问题。每个时代都有每个时代的问题,只有明确指出并把握这些问题,树立问题意识,才能抓住事物的根本特质,实现社会发展的进步。党之所以可以在每个时代都带领人民走在正确发展道路上,原因是党在每个时代都抓住了关键性问题,并围绕这些问题开展具体的工作。习近平指出:"认真研究解决重大而紧迫的问题,才能真正把握住历史脉络、找到发展规律。"② 当前制约人民群众追求"美好生活"的主要因素是发展不均衡的问题,而解决这一问题就成为全党的工作重点。

2. 坚持问题导向是建设美好生活的逻辑起点

建设美好生活,就要围绕制约美好生活实现的阻碍因素开展工作,直面相关问题并着手解决,才能建立起以问题为导向的工作机制,找准工作的具体方向,精准攻破一个又一个问题。习近平明确指出:"必须要有强烈的问题意识,以重大问题为导向,深入思考,着手解决国内一系列矛盾与问题。"③ 党的十八大以来,广大党员以习近平思想为指导,直面社会发展和经济建设过程中遇到的一系列问题,瞄准关键问题进行精准发力,解决了一系列顽固问题,为美好生活的建设扫清一个又一个障碍,并制定一系列有效政策,集中优势资源解决社会发展不公平问题。

(二) 鲜明的人民性

"新时代中国的主要矛盾不仅是社会发展的客观规律决定的,同时也是由新时代党中央'以人民为中心'的价值承诺——'美好生活'所决定的。"④ "以人民为中心",这就是新时代社会主义发展的基本方针。

1. 坚持立党为公,执政为民

立党为公、执政为民,这是我党的核心特征,是我党在长期工作中总结出来的重要理论思想。我党自成立以来就树立起为人民服务的基本原则,将其作为自身的立党之本,正如习近平所说:"共产党就是为人民谋幸福的,人民群众

---

① 中共中央宣传部. 习近平新时代中国特色社会主义思想三十讲[M]. 北京:学习出版社,2018:13.
② 习近平. 在哲学社会科学工作座谈会上的讲话[N]. 人民日报,2016-05-19.
③ 习近平. 关于《中共中央关于全面深化改革若干重大问题的决定》说明[J]. 求是,2013(22):19-27.
④ 吴宏政. 新时代我国社会主要矛盾转化的"价值逻辑"[J]. 红旗文稿,2019(4):36.

什么方面不幸福、不快乐、不满意，我们就在哪方面下功夫。"① 党所制定的各项基本政策中，其根本出发点都是维护和实现人民群众的根本利益，关注人民群众所关注的事物，着力解决人民群众遇到的各种问题，将人民群众息息相关的各项事务都作为工作中的重点，紧贴人民群众的真实需求，持续拉近党与人民群众的心理距离。

2. 坚持问需于民，问计于民

想要实现人民群众对于美好生活的需求，就必须要树立起以人民为中心的服务理念。要做到问需于民，人民群众需要什么，就在哪些方面进行努力，满足人民群众对于"美好生活"的多方面需求，持续满足人民群众的各项需求；要做到问计于民，要发挥出人民群众在治理国家和社会中的智慧力量，将满足人民群众的生活需求作为党将来在工作中的主要内容，借助人民群众的力量来开展具体工作。习近平指出："人民是历史的创造者，群众是真正的英雄。人民群众是我们力量的源泉。"② 人民群众是建设美好生活的主要力量，也是党在工作中需要依赖的重要力量，是一切工作的出发点、落脚点。

3. 习近平新时代人民群众美好生活重要论述的时代价值

目前，我国经济发展进入新常态，人们的生活水平实现了大幅提升，中国经济已经稳居世界第二位，社会各项事业获得翻天覆地的变化，但是这并不代表着我国人民期盼多年的"美好生活"已经实现，我们还需要继续努力，立足当下，着眼未来，努力奋斗，习近平新时代人民群众美好生活重要论述，在当前具有重要时代价值。

（1）丰富和发展了中国化马克思主义

习近平关于新时代人民美好生活的论述，是马克思主义中国化的一大进步。在新时代，我党所面临的执政环境出现新的变化，面对更加复杂的时代，需要在新实践的基础上提出新的理论，用新理论来指导国家发展。中国特色社会主义，必须是根植于中国大地、反映中国人民真实愿望的科学社会主义。习近平新时代美好生活观是建立在马克思主义之上的新理论，以中国当前的现实问题为导向，是对现实生活的理论总结，也是新时代对马克思主义的创新应用，将马克思主义中国化推向了新的境界。

马克思历史唯物主义理论体系中，"生活"是一个重要的概念，历史的发展

---

① 习近平总书记两会金句 [N]．人民日报，2018-03-20．
② 习近平等．十八届中共中央政治局常委同中外记者见面 [J]．中国总会计师，2012
（11）：11．

其实就是生活的进步。想要更好地理解这一思想,就需要探析清楚"生活是什么"这一关键问题,国内外学者对该问题进行了多方面的探讨,提出诸多理论。但是这些理论在应用于我国现实社会时存在一定的局限性,也难以满足新时代我国人民对于"美好生活"的迫切追求,这些理论难以解释中国发展现状。习近平所提出的美好生活观,是基于中国社会主义发展现状所提出的,体现了人们对于更高质量生活的追求,意味着人们需要发挥出自身潜能,实现自由全面发展,在教育、经济、政治、医疗、保险等方面实现全面发展。总体来看,习近平的美好生活观,是站在历史发展的角度,对当前社会现状进行深刻分析,在此基础上得到的创新性理论,指出生活是人的特有生命形式的实现形式,构成人世间一切事物的本体,对"生活"这一概念进行了重新定义,是马克思主义中国化的最新成果。

习近平的美好生活观,还充实了新时代中国特色社会主义思想。当前我国进入改革新阶段,社会矛盾出现新变化,党也肩负着新的历史使命,习近平关于美好生活的论述,是对我国当前社会现状的最新理论解释,指出了社会主义在中国发展的新方向,指引着党和人民继续奋斗,在新时代向着更高质量的生活奋进。

(2) 为新发展理念提供价值支撑

习近平关于人民群众美好生活的重要论述,强调了人民的立场,指出人民获得幸福的路径,为新的发展理念提供了价值支撑。

第一,习近平的美好生活观强调了创新对于发展的重要性。在当前新时代,创新是社会经济发展的重要动力,尤其是我国社会经济进入转型发展期的背景下,创新具有尤为重要的引领作用。习近平多次强调了创新对于社会发展的重要性,只有在理论、制度、技术等方面进行持续创新,才有可能带领我国人民实现"美好生活",让社会更稳定,让生态更优良,让生活更便捷。

第二,习近平的美好生活观强调了协调对于发展的重要性。人民所向往的美好生活,应该是各方面协调发展的生活,是实现均衡发展和共同富裕的重要前提。虽然当前我国社会经济取得了举世瞩目的发展成就,但是城乡发展不协调、社会发展不均衡等问题突出,广大中西部地区和农村地区的发展依然比较滞后,习近平的美好生活论述强调了美好生活的普遍性,每一个中国人都应该过上美好生活。

第三,习近平的美好生活观强调了生态对于发展的重要性。在过去,我国发展中过度重视经济发展,忽视了对环境的保护,所以出现了诸多生态环境问题,严重影响人们的健康。习近平很重视对生态环境的保护,指出美好生活包

（三）为新时代发展指出正确方向

中国经济经过多年的高速增长，目前已经进入转型发展期，社会上出现诸多新问题和新矛盾。在这样的背景下，习近平在新时代背景下为中国的进一步发展指明了新的正确方向，同时也为其注入了强大的动力。在新时代，要实现"中国梦"，其最终目的是让人民幸福，即让人们获得美好的幸福生活，只有这样，才能提升全国人民奋斗的积极性和主动性，凝聚全国人民的力量，让社会主义发展获得新的内生动力，带领全国人民通过艰苦奋斗，实现共同富裕的社会理想，充分展现社会主义的优越性。

三、结语

党的十八大以来，以习近平同志为核心的党中央在发展中高度重视人民的切身利益，关注人民对于实现美好生活的强烈愿望，明确指出新时代的重要奋斗目标是实现人民所向往的美好生活。党的十九大立足当前社会现实，进一步指出人民期待着更好的教育、更高的收入、更优质的生活、更满意的社会保障、更优良的居住环境。习近平关于新时代人民群众美好生活的重要论述，指出了当前我国社会主义社会的下一步发展方向，表达了全国人民对于美好生活的热切期盼，将全国各族人民团结起来，为实现共同期待的美好生活而一起艰苦奋斗，为了实现中华民族伟大复兴的中国梦贡献每个人的力量的同时，让每个人都实现自由而全面的发展，促进社会全面进步，让每个人都可以幸福生活。

参考文献

[1] 马克思恩格斯选集：第3卷［M］．北京：人民出版社，1995：776.

[2] 习近平，刘云山，王岐山，等．党的十九大报告辅导读本［M］．北京：人民出版社，2017：44.

[3] 习近平谈治国理政［M］．北京：外文出版社，2014：68.

[4] 中共中央宣传部．习近平新时代中国特色社会主义思想三十讲［M］．北京：学习出版社，2018：13.

[5] 习近平．在哲学社会科学工作座谈会上的讲话［N］．人民日报，2016－05－19.

[6] 中共中央宣传部．习近平总书记系列重要讲话读本［M］．北京：学习出版社，2016：213.

［7］习近平出席中央政法工作会议并发表重要讲话［N］．人民日报，2014－01－09．

［8］习近平．在第十二届全国人民代表大会第一次会议上的讲话［N］．人民日报，2013－03－18．

［9］吴宏政．新时代我国社会主要矛盾转化的"价值逻辑"［J］．红旗文稿，2019（4）：36．

习近平国家治理现代化思想的探析

袁中莉[*]

摘要: 国家治理现代化是自党的十八大以来,习近平总书记提出的国家发展的总规划,在目前的社会发展过程中实现国家治理体系和治理能力现代化是全面深化改革开放的总体目标;是对马克思主义关于国家治理思想的继承和创新;是马列主义中国化的最新理论成果;是中国共产党治国理政思想的最新体现,具有鲜明的中国特色和实践价值。在习近平新时代我们面临着"新时代坚持和发展什么样的中国特色社会主义、怎样坚持和发展中国特色社会主义"的重要策略问题,去帮助我们实现社会主义现代化和伟大复兴的中国梦。实现国家治理现代化对新时代提出了更加具体和详细的要求,2020年是我们全面建成小康社会的关键一年,在不断推进国家治理现代化的过程中实现我们的战略目标。本文通过四个部分讲述关于习近平国家治理现代化的思想,为推动中国特色社会主义现代化强国建设提供理论支撑。

关键词: 习近平;国家治理现代化;中国特色社会主义;全面深化改革

一、习近平国家治理现代化理论形成的背景

(一)国际:世界格局趋于多元化,各国都面临国家治理的问题

近20年来,世界格局和秩序发生了很大的变化,各国都面临着不同层次的关于国家治理的问题,这些问题大致都具有相同的特征:复杂化、一般化。关于国家治理涉及整个国家的方方面面,如经济、文化、生态、社会福利等制度,所以具有复杂化的特征。每个国家都面临着类似的问题,因此一般化也是其特点之一,国家治理现代化主要包含三个层次:制度、能力和社会。

---

[*] 袁中莉,女,北京信息科技大学马克思主义学院硕士研究生。

从国家治理现代化的制度层次分析可知，各个国家关于治理国家中出现的不同的问题与治理现存的管理制度存在的局限性是有很大关系的。推进国家制度的改革与发展创新，做到依法治国、以人民为中心、完善社会福利制度、保护生态环境等方面，不断地解决国家在发展前进中存在的违反社会公平公正规律的一些现象。根据我们对实现国家治理现代化的能力的准确定位可以分析得出：如何处理好政府、市场的关系，妥善运用市场经济是实现现代化的显著问题，全球化将世界上各个国家的命运紧密联系在一起，各个国家之间就形成了一个巨大的市场，政府和市场之间的关系对国家治理现代化的实现产生了直接的影响，因此妥善处理并解决好两者之间的关系和存在的问题对于国家治理现代化的实现具有重要的意义。从目前实现国家治理现代化的社会层次分析可以得出：建设民主与法治的国家，实现社会共治共建共享、社会自治、处理好民主和自治建设的关系是社会层面面临的重要考验，同时在国家治理现代化逐步实现并发展的过程中，社会治理现代化也占了很重要的地位，只有解决了社会发展中存在的问题，才会提升人民的幸福指数，激发人民的工作热情，加速我国科技经济的发展。

（二）国内：中国进入社会主义新时代

新时代意味着全面深化改革不断推进所取得的成果的展现，改变了我国目前现存的制度体系和利益格局，是对我国的分配结构、生产投入、产业结构升级和转型等一系列社会与政治问题的回答。中国进入社会发展的新时代同时也就意味着我国从此开始迈入了新的历史方位，为了解决新时代的发展和创新、升级，就需要中国共产党和广大人民群众准确把握前进的方向、制定并实施适合时代发展的方针政策，促进我国实现国家治理现代化的现实目标。新时代的中国特色社会主义意味着我国的主要矛盾有了新的变化，需要对新的主要矛盾进行分析。只有对我国社会的主要矛盾进行科学的定位和分析，才能制定出对我们绝大多数人有益的政策，只有人民生活幸福指数提高、社会和谐稳步前进，关于我国迈向实现国家治理现代化的宏伟目标才会更近一步。

（三）执政党：新时代中国共产党承担着实现伟大复兴中国梦的时代任务

实现我们中华民族伟大复兴的中国梦是党执政的伟大目标和明确方向，是我们广大人民群众最深层次的愿望，是我们国家不断前进的现实目标，是推动我们努力奋斗、不懈追求的指路灯。党的十八大中的重要内容是我们实现在民族复兴过程中不断前进的指导思想。中国发展到今天，时时刻刻都面临着严峻的发展环境，经受着国内外的双重压力，我们党不仅要发展好国内的经济，也要维护社会和谐稳定的发展，以及深受人民群众的信任、尊重和爱戴。党的十八大的召开，让中国共产党保持初心、砥砺前行，以民族复兴为首要目标，深刻思考实现全面深化改革的战略部署。中国共产党在国内面临着改革创新、党的自身建设、民生福利制度改善、生态环境的保护和恢复，落实绿水青山就是金山银山的指导思想；在国际上面临着西方国家通过贸易战、文化输入、经济压迫等形式来遏制中国各个方面的发展等问题。

二、习近平国家治理现代化理论的内涵与特征

（一）内涵

国家治理主要体现在一个国家在治理过程中治理的体系和能力两部分，这是一个国家制度建设和制度实施的集中体现。治理体系指的是一个国家进行各项治理时依据的规章制度，制度体系的执行对当前社会发展规律进行的总结和概括。在中国共产党的领导下我国关于国家的管理、社会权力、社会安全、公共秩序的维护等制度体系，包括经济、政治、社会、文化、生态以及党建等方面的体制机制和法律法规，这些制度之间是相互联系、协调统一的，共同构成了我国现存的国家制度体系，为我国各个方面的发展提供了制度保障。国家治理能力指的是国家领导集体通过国家治理的制度体系对社会各方面进行统筹规划的能力，是对制度的施行和法律法规的驾驭。治理能力既包括党和国家领导班子在治理中的领导能力，又包含广大人民参与治理的水平，体现在促进经济健康发展、维护国家安全、稳定社会秩序、保持民族团结、处理国际事务等方面的能力和水平，反映的是在中国特色社会主义制度体系下我国当前相关制度的治理体系的执行水平和实现能力。

国家治理是根据时代的发展变化而变化的，不同国家处于不同的发展阶段时，国家治理的目标、方式、方法也有区别，要坚持和实际情况相结合去定义国家治理的内涵。当今世界全球化趋势日益明显，在这种情况下，没有与世隔绝的社会和国家，传统的、封闭的、孤立的国家发展状态早已被淘汰。世界的发展离不开每个国家的发展，国家之间和平相处、相互帮助，世界就呈现出一片和谐共处的景象。所以在新的时代背景下国家治理不仅仅指的是治理自己国家的事务，还包括处理国家之间的关系以及维持世界和平发展的秩序。全球治理能力也是由两部分组成，第一个是国家应对能力，指的是在应对国际竞争和在不利于自身发展的环境中如何维护国家利益、营造良好的外部环境以及促进国家的发展；第二个是国际话语权，包括一个国家在国际事务处理、政策制定以及国家发展本身的影响力、国际地位。在全球治理中的决策权、话语权、实

施权、管理权以及引领全球治理走向更公正、更合理的方向,在更广范围和更高层次中实践自身关于全球治理的方案,促进全球治理的规范和发展。

（二）特征

国家治理现代化包括各种现代化的思想,这就像马克思整体与部分之间存在的辩证关系一样。只有各个部分都实现了现代化,国家治理现代化这个整体才能全方位地实现,在习近平关于国家治理现代化思想的论述中,其特征可以大致总结为以下四点:

1. 坚持党的领导,遵守国家的规章制度

在国家治理现代化实现的过程中,我们必须跟着党走,遵守各项法律法规,保持社会和谐稳定,调节好市场和政府的关系,引领经济走向正确的发展道路,从长远的角度出发,全面协调社会各方面的发展,改善党的领导、加强党的自身建设,求真务实地对各项法律法规进行完善,做到与时俱进,努力实现党的现代化、社会现代化与制度现代化。

2. 坚持新发展理念

以创新、协调、绿色、开放、共享的五大发展理念为宗旨来解决我国社会主义市场经济在发展和转型中存在的问题和难题,坚持局部和整体的一体发展,坚持沿海和内地相互促进,认真解决各种利益关系,在实践中将新发展理念贯彻落实,以解决发展中的各项困难,在不断改革创新中求生存,引领我国的经济制度变革,实现经济现代化。

3. 坚持以人民为中心

为人民服务的思想要贯彻到各项工作中去,以人民为出发点和落脚点,党始终代表中国人民的利益,在不断推进全面深化改革工作的过程中,带领人民群众走向共同富裕的道路,实现老有所依、老有所养、幼有所学、病有所医、住有所居的远大目标,严厉打击贪污腐败现象,实现每个人自由而全面的发展,实现人的现代化。

4. 坚定文化自信

在不断增强我们中华民族文化自信的过程中,必须要不断传承和发展中华优秀传统文化,将我们的传统文化推广到世界的每一个角落,形成独具特色的中国特色社会主义文化,推动中华文明走向大繁荣,中华文化走出国门,被世界人民所热爱、所信仰,不断推动中华优秀传统文化与时代发展同步,提升我国文化的软实力和国际影响力,实现文化现代化。

三、习近平国家治理现代化理论的实现路径

(一) 坚持党的领导

中国共产党是实现国家治理现代化的领导者和倡导者,在国家治理的过程中离不开党的领导、监督,同时国家治理的现代化也表现着党的执政能力向现代化的转变,党在国家治理中发挥着主心骨的作用,指引着人民群众向正确的方向前进,因此党和领导集体把握好实现国家治理现代化的方式、方法和目标是十分重要的。国家治理走向现代化的过程中需要逐渐提高党的执政能力和治理国家的能力,同时也需要党具备系统的、科学的统筹、引导、协调全局的能力。改革开放的成功实践经验已充分证明,只有在中国共产党的领导下,我国法治建设才能呈现出勃勃生机和强大生命力,全面实施依法治国的政治策略才能沿着当前的社会主义道路不断前进发展并焕发活力,我国法治建设才能做到以民为本,人民当家作主、国家繁荣富强的中国梦才能早日实现。坚持中国共产党的领导是我国现行的政治制度的最大优势,是推动国家实现治理现代化的核心力量和根本保证。我们要坚持党的领导,把党的领导切实实施到各领域、各层次与各环节,发挥党领导的核心作用,确保国家前进的方向是正确的,在不断完善我国当前各项体系制度和法律法规中,不断地沿着正确的方向推进国家治理体系和治理能力现代化。总而言之,走中国特色社会主义法治道路就是要始终坚持党的领导,并在法治中国建设的实践中不断强化和巩固党的执政地位、执政根基、执政权威,持续提高党的执政能力和执政水平,在党的全面领导下推进实现法治中国。

(二) 坚持和完善中国特色社会主义制度

坚持和完善中国特色社会主义制度是中国社会主义的主要任务,对实现国家治理现代化具有重要的现实意义和战略意义。只有制度更加完善了,各项工作和政策事务的实施和落实才能更加有保障、有底气。我国人民群众对中国特色社会主义制度的认同,是践行中国特色社会主义制度的前提和基础,首先要从制度理念认同出发,让大家对我们的理念核心有了解有认知后才会思考我们的制度优势以及未来各项制度发展的趋势和目标。通过理念核心、优势和发展三个角度来提升广大人民群众对中国特色社会主义制度的认同和支持,即贯彻落实以人民为中心的发展理念,在全面深化改革的过程中推动制度走向现代化、趋于成熟化。在发展中推动这一制度成为世界上最好的制度,不断增强人民的制度理念认同、优势认同和发展认同。经济、政治、文化、社会、生态等各个

方面的制度特色是我国整体制度的各个组成部分，代表了不同方面制度上的特点，只有不断改正我国当前运行的制度中存在的缺点，才可以形成更加科学、更加适合我国发展的中国特色社会主义制度。构建与新时代相适应的法律法规和制度体系，激发我国实现国家治理现代化的生机与活力。

（三）坚持以人民为中心

人民日益增长的美好生活需要和不平衡不充分的发展之间的矛盾是我国社会的主要矛盾，推进国家治理现代化的实施也是为了解决新时代的这一主要矛盾。以人民为中心是我国所有政治制度和政治策略实施的出发点和落脚点，实现国家治理现代化就要坚持以人民为中心的道路，充分体现社会主义的民主特质。一个国家的发展壮大离不开本国人民群众的支持和奋斗，只有为人们深刻考虑，设身处地地为全国人民着想，这里的人民不分阶级、不分贫富、不分水平，只有这样这个国家才会发展得更好。麦金尼斯认为，民主一定程度上可以对国家的暴力倾向和官僚化过程产生制约作用，因而可以保障政治活动的生命力，并且加强了制度的弹性，民主的深入发展代表着一个国家治理能力的有效提升。在国家治理现代化的不断推进并落实的过程中，我们不但要尊重人民群众的主体地位，也要提升人民群众在社会生活中的幸福感和获得感，同时也要保障各个地区人民群众的可以广泛且平等地参与国家治理的权利。要积极听取人民的建议，吸取人民群众的经验，调动其积极性，发挥我们的民主优势，实现社会主义现代化。

（四）提高和完善全球治理能力

实现全球治理现代化是对国家治理现代化提出的时代要求，全球治理和国家治理之间相辅相成、彼此互补、缺一不可。国家治理的水平和能力高低在全球治理各个国家所发挥的作用中可以看出，全球治理现代化的发展也会推动国家治理现代化的前进。世界是一个大的市场，只有这个市场规范合理公正了，各个国家才会有更好的发展背景和发展动力，因此全球治理能力的提高和完善对提升我们的国际影响力、国际地位、国际决策权都具有非常重要的意义。一个国家缺乏全球治理的能力，其国内发展也会受到影响，变得较容易就受到外部环境的影响。妥善处理好全球和本国之间的关系就要根据马克思整体和局部的辩证法进行深入研究和探索。提高本国的全球治理能力，努力把握国内、国际这两个重要的方面，是新时代党带领我们实现国家治理现代化的重中之重。

四、习近平国家治理现代化理论的价值

(一) 发展了马克思主义

习近平国家治理现代化理论是对马克思主义治理理论的发展创新。深入学习和研究马克思主义关于国家治理的相关理论对于解决目前我国发展过程中存在的问题是十分重要的,以史为鉴并与现实相结合才是对马克思治国思想的正确领悟,这样既实现了马列主义与中国实际情况相结合,又丰富了马列主义和中国特色社会主义思想的深刻内涵。依照马克思恩格斯来看,法存在于阶级社会,同时也存在于阶级社会以前的原始社会以及未来由人民当家作主的社会,法本质上是一种规则之治,用于规范人们的行为、维护社会秩序、保障社会安定。新时代以马克思主义为纲要,习近平总书记对国家治理理论的逻辑体系进行了分析,提出了命运共同体的思想,对未来全球大致的发展趋势做了一个整体规划,这是对人类社会发展规律的新认识;提出不断推进党和国家的改革、制度体系的改革,让全面深化改革的战略目标更加具有现实意义,这是对社会主义建设规律的新认识,提出了加强执政党建设、全面从严治党,是对马克思廉政思想的再继承再创新。在习近平新思想中对各种现代化建设都有提及,需要我们不断地学习、挖掘和研究,只有这样才能更加深刻领悟其思想内涵,总而言之,习近平总书记关于国家治理现代的论述既继承了马克思主义,又丰富发展了社会主义思想含义。

(二) 丰富了中国特色社会主义理论体系

习近平国家治理现代化理论是习近平新时代中国特色社会主义思想的一部分,深化了我们对科学社会主义的新认识,丰富了中国特色社会主义理论体系,推进了国家治理现代化进程,贯穿了"解放思想""实事求是""与时俱进"的理论特点。习近平新时代中国特色社会主义思想解决了我国近几年发展中存在的问题,为我国经济发展、文化繁荣、社会前进都提供了理论支撑。在习近平总书记的各个场合讲话中所表达的思想内容中,可以领悟到其对我国发展前景充满信心和希望。习近平对国家治理现代化的相关理论概括是对邓小平理论、"三个代表"重要思想、科学发展观等关于国家治理思想的创新和发展,是马克思主义中国化的最新理论成果。在坚持实现国家治理现代化的过程中,也要不断学习和发展我国特色理论体系,让其成为更加具有影响力的政治理论体系。

(三) 推动了中国特色社会主义现代化强国建设

建设社会主义现代化强国是习近平国家治理现代化理论的奋斗目标,是我们广大人民群众艰苦奋斗、不畏险阻前进的共同心愿。习近平总书记曾经生动地指出"历史是出卷人，我们是答卷人，人民是阅卷人"。中国特色社会主义进入新时代，我国社会主义现代化建设也有了新的目标。① 在中国特色社会主义现代化强国建设过程中从"两步走"设想到"三步走"战略，再到现在的"两个阶段"战略，这三个发展阶段都取得了举世瞩目的成就，也为实现国家治理现代化提供了宝贵的经验、奠定了良好的基础。国家治理现代化理论对我国社会治理的方法、目标和保障都进行了清晰的解释，推动了中国特色社会主义迈向科学的方向，增强我国在国际上的影响力，促使我们向现代化强国的目标更近一步。

（四）全面提高了中国共产党的执政能力

习近平国家治理现代化理论中关于党的建设和领导进行了详细的论述，是对共产党执政规律的新发展，是对党的执政能力的新考验。自我国共产党成立以来，就带领中国人民走向独立自主的发展道路。在这一过程中，随着时代的发展和社会进步，党自身也面临着巨大的考验，只有不断提升自己的能力，才能更好地带领我国全体人民走向国富民强的道路。走中国特色社会主义道路就是要始终坚持党的领导，提高党的执政能力和执政水平，在党的带领下推进实现国家治理现代化。在不断提高党的执政能力的过程中，坚持实事求是，一切从实际出发，坚持以民为本，根据实际情况去解决我国发展前进中遇到的各种问题。从实现党的现代化出发不断推进国家治理现代化，提高党的执政本领、改善党的领导，建设一支更加有利于我国发展前进的中国共产党。

（五）为世界现代化发展提供中国智慧和中国方案

习近平关于国家治理现代化理论在促进中国发展的同时，也为世界各国和人类社会发展提供了中国智慧和中国方案，促进了世界的发展进步，为各国发展营造良好的环境奉献了一份力量。我国为维护世界和平发展、经济稳步上升、生态环境保护等各个方面都发挥了重要作用，成为国际秩序的参与者、建设者、贡献者。习近平分析了国际社会的当前形势和发展趋势，和平与发展仍然是时代主题，问题不确定性日益突出，经济联系日益加深，世界维和，气候变化成为人类面临的共同问题，倡导政治上平等互信、经济上合作共赢、文化上交流互鉴、安全上协商共建、事务上团结协作、生态上绿色低碳等方案。习近平提出全球治理的主张，有利于加强国际社会的合作对话和交流沟通，提高国际社会应对全球性挑战的能力，缩小贫富差距和南北差距，建设更加公正公平、合

---

① 石平. 时代是出卷人 我们党是答卷 人人民是阅读人 [J]. 求是，2018（7）.

理有序的国际治理体系。

参考文献

[1] 习近平. 切实把思想统一到党的十八届三中全会精神上来 [J]. 求是, 2014 (1).

[2] 刘建军. 和而不同：现代国家治理体系的三重属性 [J]. 复旦学报, 2014 (3).

[3] 中共中央文献研究室. 习近平关于全面依法治国论述摘编 [M]. 北京：中央文献出版社, 2015.

[4] 李猛. 习近平全面依法治国新理念新思想新战略与国家治理现代化 [J]. 西北民族大学学报（哲学社会科学版），2020 (3)：10-21.

[5] 丁兆梅, 史家亮. 中国特色社会主义制度认同的三维审视 [J]. 理论学刊, 2019 (5).

[6] [美] 麦金尼斯. 多中心治道与发展 [M]. 毛寿龙, 等译. 上海：上海三联书店, 2000：229.

[7] 李颖. 马克思恩格斯法治思想及其当代价值研究 [M]. 北京：中国社会科学出版社, 2017：42-44.

[8] 王健. 新时代中国特色社会主义行政体制的理论逻辑与实现路径 [A]. 中央党校（国家行政学院）公共管理教研部、中国行政体制改革研究会、国家治理现代；70年回顾和新时代展望——第八届中国行政改革论坛论文集 [C]. 中央党校（国家行政学院）公共管理教研部、中国行政体制改革研究会：中国行政体制改革研究会, 2019：10.

试论习近平精准扶贫思想
——基于矛盾哲学的视角

唐牧遥[*]

摘要：2020年是全面建成小康社会的收官之年，我国的脱贫攻坚事业正处于决胜的关键时期。习近平精准扶贫思想是马克思主义反贫困理论的中国化发展，是新时代主要矛盾转化的应对之策，也是中国共产党民生理论与实践的继承和发展。在矛盾哲学的视角下，分析精准扶贫思想中蕴含的对立统一关系，对推动精准扶贫思想在实践中的创新发展具有启示意义。

关键词：习近平；精准扶贫；矛盾哲学

党的十九大以来，我国高度重视扶贫事业的发展，将打赢脱贫攻坚战摆到了举足轻重的位置。早在1992年7月出版的《摆脱贫困》一书中，"弱鸟先飞"等理论深刻回答了推进闽东贫困地区经济发展的实践问题，习近平扶贫思想已初具雏形。2013年习近平赴湘西调研时提出了"精准扶贫"的理念，并在2015年中央扶贫开发工作会议中对精准扶贫进行了系统化论述——首先要解决好"扶持谁"的问题，"确保把真正的贫困人口弄清楚，把贫困程度、致贫原因等搞清楚"，以便能够"因户施策、因人施策"；其次要解决好"谁来扶"的问题，建立"中央统筹、省负总责、市县抓落实"的精准扶贫工作机制，"做到分工明确、责任清晰、任务到人、考核到位"；最后要解决好"怎么扶"的问题，"按照贫困人口和贫困地区的具体情况，实施'五个一批'工程"[1]，推动农村贫困地区解决民生难题。

"消除贫困、改善民生、实现共同富裕，是社会主义的本质要求。"[2] 精准扶贫的战略思想是习近平治国理政思想的组成部分，也是2020年决胜全面建成小康社会的重要举措。以马克思主义矛盾哲学的视角分析精准扶贫的内生矛盾，

---

[*] 唐牧遥（1997— ），女，汉族，四川泸州人，中国传媒大学马克思主义学院，马克思主义中国化专业研究生，主要研究方向为习近平中国特色社会主义思想。

指导精准扶贫实践路径创新,对实现"确保到2020年我国现行标准下农村贫困人口实现脱贫,贫困县全部摘帽,解决区域性整体贫困,做到脱真贫、真脱贫"[3]的目标具有深远意义。

一、习近平精准扶贫思想的重要意义

立足于新时代的历史方位,习近平精准扶贫思想在理论维度上阐释了马克思主义反贫困思想的人民性和科学性。在现实维度上,适应了我国主要矛盾转化的新形势;在历史维度上,体现了中国共产党始终关心民生大计的优良传统。总的来说,习近平精准扶贫思想的重大意义,深刻体现出承认矛盾客观存在的问题意识和敢于揭露矛盾、分析矛盾的唯物辩证法精神。

(一) 马克思主义反贫困理论的中国化发展

贫困问题始终是全世界人民共同关心的大事,人类与贫困的斗争更是自私有制出现后贯穿历史进程的普遍矛盾。马克思、恩格斯曾在其经典著作中深入研究了工人阶级的贫困现象,揭示了贫困的根源就在于阶级对立和资本积累。在《共产党宣言》中,马克思提出消灭资产阶级私有制,建立共产主义社会,最终实现解放全人类的目标,贫困问题自然迎刃而解。《资本论》则更详尽地解读了资本主义社会的资本积累及其规律,揭露了财富积聚加深贫困积聚的现实。因此,消除贫困和实现共同富裕成为一百多年来所有共产主义者的终极追求,并逐步形成马克思主义反贫困的思想。

中国自古以来有着以民为本的传统,如"君轻民贵""民为本,富民则安,贫则危""去民之患,如除腹心之疾"等。关心民众疾苦成了衡量君主德行的重要准则,也凸显出中华民族植根于血脉中的民生意识。在社会主义初级阶段,我国虽然消除了阶级对立,克服了封建主义和资本主义社会私有制的弊病,但仍面临着生产力不完全发达带来的贫富分化问题。生产力与生产关系、经济基础与上层建筑的社会基本矛盾深刻地影响着我国的社会发展格局。在生产力飞速提升至世界第二大经济体的同时,我们还需认清中国作为贫困人口大国的严峻形势。

以习近平同志为核心的党中央长期以来对扶贫政策的重视,尤其是精准扶贫、精准脱贫战略的提出,不仅体现了我国人民当家作主的民主本质和以人民为中心的思想传统,还进一步丰富和发展了马克思主义关于反贫困的理论,与马克思主义人民性特征高度契合。

(二) 新时代主要矛盾转化的应对之策

进入新时代,我国社会的主要矛盾已然发生了转变——从人民日益增长的物质文化需要同落后的社会生产之间的矛盾转化为人民日益增长的美好生活需要和不平衡不充分的发展之间的矛盾。这一变革深刻地表明了我国在生产力发展取得巨大成就的同时，也面临着新的社会问题。

首先，居民收入差距不断增大，从根本上反映了收入分配体制存在不合理之处。随着我国经济、政治、文化等实力逐步提升，蛋糕越做越大，但我们仍未实现真正的全民共享发展成果。特别是在扶贫事业中，虽然部分贫困县在政策优惠下成功摘掉"贫困帽"，极大改善了群众的生活水平，但不少极端贫困地区仍是扶贫工作的盲点、薄弱点。精准扶贫政策着力于维护这些少数贫困人口的利益，为他们提供最基础的民生保障。

其次，人民需要的层次日益丰富，为了有效地使困难群众脱贫致富，扶贫政策不能仅仅局限于经济上的资金投入。不少贫困地区存在的"返贫"现象，是由当地群众致富能力不足、基础设施建设不完全、教育水平未得到应有提升等多种因素综合导致的。为了提高脱贫效率，习近平精准脱贫的思想贵在"精准"，从实际情况出发，明确扶持对象和脱贫的标准，落实每个细节、每项举措，从而在物质生活和精神生活两个层面满足人民群众的切实需求。

精准扶贫思想是扶贫事业进入新时代的重要理论成果，准确切入了关乎民生大计的短板之短板，是我国在充分认识社会主要矛盾和弊病的前提下，提出的有效应对之策。

（三）中国共产党民生理论与实践的继承和发展

纵观中华人民共和国成立70周年以来的社会主义建设征程，我们既鼓励一部分人先富起来，迎上改革开放和经济全球化的潮头；也关注最底层百姓的生活，把扶贫开发作为一项关乎民族兴衰的大事。

社会主义建设初期，以毛泽东为核心的第一代党中央领导集团最先提出了"共同富裕"的主张。1953年12月16日，毛泽东首次在发展农业生产合作社的决议中指出："使农民能够逐步完全摆脱贫困的状况而取得共同富裕和普遍繁荣的生活。"[4]虽然在落后的经济状况的限制下，新中国无法开展大规模的扶贫工作，以单一的救济式扶贫为主，且在后续实践中存在着一定战略性错误，贫困人口的基数仍然很大，但这一时期为今后扶贫理论和实践的发展奠定了坚实的基础。

十一届三中全会后，以邓小平为核心的第二代领导人实现了拨乱反正，进一步完善了关于"共同富裕"的构想。1992年邓小平在南方谈话中提到："社会主义的本质，是解放生产力，发展生产力，消灭剥削，消除两极分化，最终达到共同富裕。"[5]在以改革开放推动经济发展的同时，原本的救济式扶贫逐步变为开发式扶贫，具有中国特色的扶贫理论和实践基本成型。

以江泽民为核心的第三代领导集团在"共同富裕"思想的基础上，对扶贫思想进行了系统归纳，并在1994年的《"八七"扶贫攻坚计划》中提出到2000年实现农村8000万人温饱的总体目标，正式确立了扶贫攻坚阶段。以胡锦涛为核心的第四代领导集团以科学发展观为指导，加大扶贫开发的力度，并将扶贫开发与建设和谐社会和社会主义新农村相结合。他们在邓小平扶贫思想的基础上，进一步深化了对扶贫理论的认识，更为具体地探索了在社会主义初级阶段的国情下，如何实现扶贫开发政策的微观落地。

20世纪末，我国已经实现了从温饱到小康的巨大跨越；21世纪初，全面建成小康社会已经不再遥远，实现"两个一百年奋斗目标"迫在眉睫。以习近平同志为核心的党中央在70年来党的民生理论和实践的根基之上，继续构筑着中国扶贫的伟大事业，贯彻精准扶贫、精准脱贫的思想，大力推动内源式扶贫，坚决打赢脱贫攻坚战。我们深刻地认识到，中国扶贫开发已经从以解决温饱为主要任务的阶段转入巩固温饱成果、加快脱贫致富、改善生态环境、提高发展能力、缩小发展差距的新阶段。扶贫是需要一代代中国人持之以恒的长期任务，精准扶贫思想就是新历史时期的工作指南，实现理论与实践的继承和发展，彰显着中国共产党始终为人民服务的宗旨和情怀。

二、习近平精准扶贫思想的矛盾哲学原理

习近平精准扶贫思想中主要包含了三重矛盾哲学原理。一是在扶贫开发的空间布局上，存在着整体与部分的对立统一；二是在扶贫成效的持续时间上，存在着长远与当前的对立统一；三是从精准扶贫的具体内容来看，存在着物质与精神的对立统一。在马克思主义矛盾哲学指导下，深刻认识习近平的精准扶贫思想内涵，对推动扶贫实践发展也具有重要作用，也是中国共产党统筹兼顾优良传统的充分体现。

（一）空间上整体与部分的对立统一

整体居于主导地位，部分不能离开整体；如果局部的利益得不到保障，就会阻碍整体的发展和进步。2000年我国总人口为12.67亿人，而农村的贫困发生率为49.8%，贫困人口规模为4.6亿人。在初步建成小康社会的世纪之交，三分之一左右的中国人仍处于贫困状况。局部贫困的持续增长使不同地区在社会经济等各方面的差距不断拉大，从而造成社会整体的不稳定、不和谐。

精准扶贫和脱贫攻坚战的方针政策，生动体现了习近平领导的党中央整体

与局部的辩证统一思想。尤其是党的十八大以来，中国力图在维护人民整体利益的同时协调局部利益，在宏观布局的同时进行微观把控，在发展经济的同时重视扶贫。

一方面，习近平重视局部在整体中的战略地位，突出强调两个"重中之重"，将"三农"作为重中之重，将革命老区、民族地区、边疆地区、贫困地区作为"三农"工作的重中之重。另一方面，从整体角度来看，协力推动我国生产力发展，实现总体经济的稳定增长，是改善贫困地区群众生活的首要前提和根本保障。

目前，在我国精准扶贫的实践中，也存在着整体和局部的冲突。从整体角度来看，精准扶贫要解决好区域性的整体贫困，实现现行标准下的贫困人口全部脱贫，最终达成全面建成小康社会的总目标。在一些生态脆弱、基础设施落后的贫困地区，以及农村人口和残疾人口中的贫困人口，是脱贫工作中的局部短板，是需要扎扎实实啃下去的"硬骨头"。

因此，精准扶贫政策的落实，离不开针对所有贫困地区和人口的总体要求和规划，明确制定中央统筹、省负总责、市县抓落实的管理体制和"两不愁三保障"的统一脱贫标准；同时，也要考虑到各要素的多样性，以便落实到不同地区、家庭和个人，实行"六个精准"的具体扶贫措施，即"扶持对象精准、项目安排精准、资金使用精准、措施到户精准、因村派人精准、脱贫成效精准"[6]，重点攻克地理位置偏远、环境恶劣的深度贫困地区。

精准扶贫思想要求我们辩证看待和把握整体与局部、系统与要素之间的对立统一关系，树立下好"一盘棋"的大局意识，同时注重保障部分个体的特殊利益，构筑全方面、多层次的扶贫开发空间格局。

（二）时间上长远与当前的对立统一

目前，在精准扶贫实施过程中，存在着一些长短期目标和利益未协调而产生的弊病，不利于扶贫事业的长效发展。其中最典型的表现是贫困地区"脱贫"后"返贫"和过度开发生态环境问题。

造成"返贫"逆流的原因主观上是贫困主体脱贫致富、后续应对市场风险挑战、适应新环境和新情况的能力不足等。客观上是政府有关部门在制定扶贫决策时，脱贫指标考核过于强调短期激励，不考虑长远发展；扶贫项目缺乏持续性规划；贫困人口的就业和子女教育没有后续保障；等等。生态环境的破坏则是由于适度开发意识的缺乏，只顾及解决眼前的经济问题，没有正确认识到保护生态系统就是保障人类长远利益。

在精准扶贫思想中，为保障贫困群众当前利益而制定的短期目标，就是要在生活环境、基础设施、资源条件等方面大幅度地提升当下生活水平。这需要国家和政府积极发展脱贫产业，加大扶贫专项资金的投入力度，让精准到每一户的扶贫政策能切实改善贫困人口的生活现状。并且，考虑到贫困地区的长远利益，让贫困群众"真脱贫，脱真贫"，创造脱贫致富的内生动力；针对生态环境脆弱的贫困地区，可以采取生态补偿的脱贫方式。一方面，让贫困人口在经济、政治、文化等方面基本的民生权益得到保障，在长远发展中获得自主脱贫的积极性与能力；另一方面，将扶贫事业与生态环境的保护治理相结合，实现未来人与自然的和谐发展。

习近平曾谈道："我们强调求实效、谋长远，求的不仅是一时之效，更有意义的是求得长远之效。当前有成效、长远可持续的事要放胆去做，当前不见效、长远打基础的事也要努力去做。"[7]立足当前，着眼长远，最大限度地调动扶贫工作积极性，找到当前利益与长远利益的平衡点，实现短期目标与长期目标的统一，是习近平精准扶贫思想的内在要求。

（三）内容上物质与精神的对立统一

精准扶贫政策的具体内容涵盖了物质文明建设和精神文明建设两个方面，保障了贫困地区和群众的物质利益与精神利益。这两者之间既有区别又相互联系，并推动彼此发展。其中物质利益满足了生存资料需求的基本条件，决定了精神利益能够实现的程度；精神利益则具有多元性、持久性等特点，是物质利益追求之上的终极价值，精神利益的增长会反过来促进物质利益的积累。真正的社会主义社会，不仅需要高度发达的物质生产基础，还需要精神文明的充分发展。

习近平精准扶贫思想中物质与精神间的对立统一，主要体现为扶贫与扶智、扶志的矛盾关系。"一方面要让人民过上比较富足的生活，另一方面要提高人民的思想道德水平和科学文化水平。"[8]习近平在中央扶贫开发会议等场合多次强调，治贫先治愚，扶贫必扶志。"扶智"是指推动贫困地区教育事业发展，让每个孩子有接受良好教育的机会和权利，保障贫困人口下一代有自主摆脱贫困的能力。"扶志"是指调动贫困地区和贫困人口的脱贫致富的积极性，促进贫困人口树立艰苦奋斗、自力更生的思想观念。

正确把握物质与精神的辩证关系，以投入资金和发展产业来保障物质层面的"输血"，以普及教育和增强脱贫信念来推进精神层面的"造血"，使贫困人口获得更多精神进步，才是精准扶贫的关键。

三、习近平精准扶贫思想的创新实践

以矛盾哲学指导习近平精准扶贫思想的实践，要求正确处理整体与部分、长远与当前、物质与精神的对立统一关系，把握主要矛盾和矛盾的主要方面，兼顾次要矛盾及矛盾的次要方面，坚持两点论和重点论的统一。结合目前网络化、全球化的趋势和时代背景，探索开发实现精准扶贫的创新路径。

（一）建设长效扶贫机制，强化整体统筹和局部规划

把握整体和局部、当前与长远的辩证关系，在保障实现当前目标的同时，建立起精准扶贫的长效机制。党中央需要加强顶层设计，把握矛盾的普遍性特征，统筹扶贫开发的整体布局；各地政府的扶贫开发办公室在精准扶贫实践中，针对各地区的扶贫情况，深入认识矛盾的特殊性，具体问题具体分析，进行合理有效的局部规划。

区块链技术的应用是加强制度建设、推进扶贫政策落实的新机制之一，能有效提升扶贫措施的精准度和"靶向性"。区块链技术是以去中心化、安全信任和开放透明为特征的新型计算机技术，包括了共识机制、防篡改机制、共监管机制、可追溯机制等。首先，运用区块链技术能对贫困对象进行精准的识别，在保障一定私密性的基础上录入真正的贫困人口的资料档案，以便进行后续的帮扶措施；其次，区块链建立的数据库能将扶贫资金的去向透明化地进行记账，确保每笔资金在每个节点上有明确的记录，形成安全可靠、覆盖全面的问责机制；最后，通过区块链的数据分析，政府能对贫困群体采取多种方案，解决相应的现实问题，调动社会各类资源投入精准扶贫，促进多方共赢，创新合作机制。

将网络政务公开与精准扶贫深入结合，也是提升政府公信力、完善扶贫制度和确保精准扶贫措施到位的重要路径。目前网络政务公开主要涵盖了移动应用、网站、社交媒体等各种平台。如四川扶贫开发局有相应的手机 App 和官方网站，功能包括信息发布、政策介绍、贫困户查询和问询信箱等。电子化的信息处理和政务公开的方式极大优化了政府扶贫办的管理机制和受帮扶群众的服务体验，有助于各项精准扶贫政策的落地。

（二）扶贫与扶智相结合，利用互联网实现产业扶贫与教育扶贫

为实现精准扶贫中扶贫与扶智相结合，关键是要统筹物质扶贫和精神扶贫两方面的内容，一方面，抓住产业扶贫的机遇，发展社会主义市场经济，从而实现就业稳定、人民幸福；另一方面，要注重教育扶贫，让贫困地区的孩子接

受优质教育，从而提升我国国民整体素质，增进扶贫事业的社会效益。

产业扶贫是稳定脱贫的根本之策。利用互联网发展产业扶贫，有效解决了精准扶贫中如何巩固脱贫成效的重要问题。"互联网+"是网络时代出现的新型发展模式，将传统产业与互联网技术融合，从而实现经济转型与升级。"互联网+精准扶贫"将互联网引入精准扶贫产业发展，其中最具代表性的是依托互联网环境的电商扶贫，即在政府的资金帮扶和人才援助的基础上，为贫困户搭建兼具营销特色农业产品、提供旅游服务等功能的电商平台，形成方便快捷的生产消费链。以四川省电商扶贫计划为例，在政府的主导下，各类电商平台覆盖了41个县的地方特产，建立了相应的大数据库，首次在四川藏区和大凉山彝区发展了互联网技术支持下的农旅融合产业。汶川樱桃作为汶川的特色农产品，在与农村淘宝合作后极大地拓宽了销售渠道，并进驻天猫旗舰店，参与"聚划算"等购物节。这些举措利用了政府的帮扶力量和市场的配置功能，切实帮助贫困农户实现增收，提供了一条能够持久发展的脱贫致富之路。

另外，将互联网应用于教育扶贫，是建设精神扶贫事业的新兴领域。网络教育扶贫必须"精准"在人，抓住完善基础设施和丰富网络教育资源两个重点，保障硬件和软件兼备，着力提升贫困人群的受教育水平。

互联网助推教育扶贫，首先要精准定位贫困人口的切实需求，给予教育扶贫先进技术和硬件设施的支持。如建立教育扶贫对象数据库和贫困学生档案，让贫困资助能够精准落实到每个家庭和每个学生；对于一些精准扶贫重点攻克的贫困地区，要在保障最基本的教育设施的前提下，尽量提供现代化的条件，如网络电子设备、多功能媒体教室等，为贫困地区及贫困人口开辟输送优质教育资源的渠道。在完善信息化基础设施的同时，还要注重解决师资力量不足、教学内容资源匮乏等软件问题，一方面可以通过线上与线下相结合的教师培训模式，利用便捷的网络提高贫困地区的师资水平，另一方面可以通过"名师课堂""公益课堂"等在线授课方式，将贫困地区教育与互联网远程教育相结合，大力提升教育质量。

（三）联动全球扶贫事业，构建人类命运共同体

精准扶贫思想是依据我国国情、指导我国解决贫困问题的具体方案，但消除贫困也是全世界人民的共同诉求，这是矛盾普遍性的重要体现。我们要让中国精准扶贫联动全球解决贫困问题的事业，齐心协力构建人类命运共同体。

中国特色扶贫道路为其他有相同困境的发展中国家提供了借鉴，是中国智慧的生动体现；同时我们的精准扶贫思想也在一定程度上受到国外扶贫经验的启发。因此，在目前的精准扶贫实践中，我国应当在力所能及的范围内对一些

全球重点贫困地区进行援助，在医疗、经济、教育等方面搭建互惠互利的合作通道和平台。同时，具备国际视野和人类命运共同体意识，能够帮助我国进一步创新国内扶贫开发模式，与大量外资企业进行合作，将外资品牌知名度、先进技术等条件和贫困地区特色资源相结合，打造高效产业链，促进政府、企业、贫困群众的互利共赢，构建和谐共生的国际关系。

消除贫困是构建人类命运共同体的重要方面，消除全世界范围内的贫困离不开全人类的共同努力。精准扶贫战略在与国际接轨的过程中，将进一步开拓习近平扶贫思想的深度，提升政策实施的效果和影响力，为全球扶贫事业添砖加瓦，为构建人类命运共同体、实现全人类解放做出中国贡献。

为实现2020年农村贫困人口全部脱贫的宏伟目标，决胜全面建成小康社会，中国以对立统一的矛盾哲学原理为基础，积极指导脱贫攻坚的具体实践。这是马克思主义反贫困理论时代化、中国化的最新成果，凝结了党和人民的智慧和力量。中国还将持之以恒地探索消除贫困、改善民生的创新路径，增进最广大人民的福祉。与此同时，继续完善统筹整体与局部、立足当前与长远、兼顾物质与精神的扶贫机制，为新时代社会治理体系与治理能力现代化建设提供源源不断的生机活力。

参考文献

[1] 中共中央宣传部. 习近平新时代中国特色社会主义思想三十讲［M］. 北京：学习出版社，2018：230.

[2] 习近平. 做焦裕禄式的县委书记［M］. 北京：中央文献出版社，2015：15.

[3] 习近平. 决胜全面建成小康社会 夺取新时代中国特色社会主义伟大胜利——在中国共产党第十九次全国代表大会上的报告［M］. 北京：人民出版社，2017：47.

[4] 毛泽东文集：第6卷［M］. 北京：人民出版社，1999：442.

[5] 邓小平文选：第3卷［M］. 北京：人民出版社，1993：373.

[6] 中共中央文献研究室. 十八大以来重要文献选编：中［M］. 北京：中央文献出版社，2016：720.

[7] 习近平. 之江新语［M］. 杭州：浙江人民出版社，2013：86.

[8] 习近平. 摆脱贫困［M］. 福州：福建人民出版社，2014：149.

中国传统农耕文明基础上的文化特色及治理优势

庞慧敏　刘永成[*]

摘要：党的十八大以来，中国社会进入了新时代，并呈现出新的时代特征和社会矛盾。习近平总书记在总结国情、世情、民情变化的前提下从中华优秀传统文化中汲取社会治理思想，将农耕文明时期的文化特色与现阶段社会治理理论相融合，解开新时代"中国之治"的文化密码。以农业为基础的中国传统社会产生了以家族为基本单元的社会结构；形成了血缘和地缘相统一的特色和与之相适应的"德治"或"礼治"为主的社会基层治理模式，以及特有的"家国情怀""祖先崇拜""婚育观""和平主义"等思想文化及价值理念。中国传统社会的治理模式具有与传统的生产方式以及思想文化相适应的特色和优势，这些传统的思想文化和治理模式上的特色和优势应在改造、发展、创新的基础上成为我国现代国家治理和社会治理的特色和优势。

关键词：农耕文明；文化特色；社会治理

中国古代的特殊时代背景孕育了博大精深的传统文化，新时期的社会治理也反映出了传统文化的精髓，并不断在发展过程中推动中国人民的文化自觉和文化自信，习近平总书记在 2005 年担任浙江省委书记的时候就曾发表过一篇《文化育和谐》的文章，表明"文化建设是构建和谐社会的重要保证和必然要求"[①]，是中国社会治理优势形成的前提基础和理论来源。面向新时代，习近平总书记站在国家发展的角度表示："我国今天的国家治理体系，是在我国历史传承、文化传统、经济社会发展的基础上长期发展、渐进改进、内生性演化的结

---

* 庞慧敏，女，北京信息科技大学马克思主义学院，在读研究生；刘永成，男，北京信息科技大学马克思主义学院，马克思主义学院教授。

① 习近平．之江新语［M］．杭州：浙江人民出版社，2007：150．

果。"① 这也足以表明传统文明中的理论是推动社会发展的内生动力来源,基于此,本文意在厘析农耕文明时代背景下的文化特色,并分析其形成的社会治理优势。

一、农耕文明的历史背景

几千年以来,中国都是个典型的农业国,只是近代以来渐渐发生了变化。传统社会以农业立国的原因或许可归结为中国特定的地理环境。中国有相对广袤的平原,有丰沛的降雨,这比较适合农业耕作。有学者考证,中国的万里长城大约与200毫米雨量线重合。长城内的年均降雨量超过200毫米,长城外则不足200毫米。超过200毫米意味着适合农业耕作,不足200毫米则意味着不适合农业耕作。

中国历史重视农业发展在传统的"士、农、工、商"的排序中,"商"是排在最后的。这与欧洲大不相同。欧洲的国家大多不适合发展农业,所以,重视商业,或说"重商主义"是欧洲人的传统思想。有人将欧洲人的文明称之为"蔚蓝色的文明",而将中国的农业文明称之为"黄色的文明"。

农耕的生产方式产生了农耕的文化,这种建立在农耕基础上的文明或文化无论从社会的基本结构、生活方式、社会治理方式、思想观念都明显有别于西方建立在商业基础上的文化。甚至使生活于其中的中国人具有了农耕的文化"基因"——到也门维和的中国士兵在非洲的土地上种植蔬菜、西瓜,让当地的非洲人感到惊讶;跑到沙特的中国人在沙特的沙漠中种植蔬菜,承包了当地的蔬菜供应……这些都让当地人大感意外。正如中国人讲究"叶落归根",一生漂泊在外,死却要回归故土,显然,只有农业文明的民族才能产生这样的文化与观念。也正是这种代代相传的文化基因,使得中国人在"本土化"和"西方化"的对立过程中保持初心,为善治的发展奠定基础。

二、农耕文明时期的文化特色

(一) 农耕文明造就特定家族结构

男耕女织的小农经济是农耕时期的特定生产经营方式,而农业主要的生产资源是土地,而土地的特点是不可移动;依靠土地生活的人们祖祖辈辈生活繁衍在一个地方,由此就形成了地缘与血缘相结合的家族式的社会结构。中国传

---

① 习近平谈治国理政:第1卷[M].北京:外文出版社,2018:105.

统的自然村落很多是一个村里有一个或两个大姓，而同姓之间往往有很复杂的亲戚关系。这与依靠土地生活的人祖祖辈辈生活在一个地方而很少迁徙的实际情况正相吻合。并且在中国社会，特别是传统社会中，"家"的概念是模糊的。中国人崇尚"四世同堂"，甚至"五世同堂"。在传统社会，"家"的概念更像是一张联系广泛的网，是一个由血缘关系联结起来的大家族。

在传统文化中，"家"不仅是个人人生价值的归依，也是中国人的情感归宿。在中国人的心目中，家也是最理想的社会组织。作为社会组织的基本单元，家庭或家庭关系的稳定与社会的稳定有着直接关系，与个人的生存状态有着直接关系，在有中国特色的社会治理模式的构建中，家的作用必须予以充分重视。社会的稳定，人与人之间关系的和谐，乃至国家的长期发展与家庭的状态都有着密切关系。许多犯罪现象，特别是青少年的犯罪与家庭有直接关系；在一些西方国家，许多社会治安问题、心理问题以及人口负增长等社会问题也与传统家庭日渐解体、非传统家庭比例日益增大有直接关系。

稳定的家庭关系，对于家的特别的情感，也是新时代中国社会治理中需要保持、发扬和完善的特色和优势，在中国最基层的社会治理机构是"家委会"；并且针对干部队伍的建设和国家治理，习近平特别提出要重视"家风"的建设，以家为原点，向四周扩散，最终实现"天下大治"。

（二）地缘、血缘构建特殊人情社会

农业的生产方式以及土地的不可迁移，形成了传统社会"血缘"和"地缘"统一的社会结构，形成了具有血缘关系的一个大家族长期生活在一起，几个大姓占了全村人口大部分甚至绝大部分的状况，西式的民主选举推行到中国的农村就遇到了这种"血缘关系"障碍，其结果往往不是"选贤"，而是选自己家族中的亲戚。

以土地为主要生产资源的农业生产方式造成了传统社会人员的不流动，从而也就造成了血缘与地缘相统一的社会结构。血缘关系使亲戚间有着天然的联系，而地缘关系又不断接续和强化着血缘上的天然联系。与这种状况相对应的便是中国文化中的"亲情"与"人情"。

很多时候，"亲情"或"人情"是相对于"规则""法律"而言的。所谓"亲情"或"人情"即是在遇到或处理事情时依据人伦关系的远近和情感来处理，而不是依据规则或法律。

中国传统社会中的一句话说：圣人以孝治天下。"以孝治天下"，而不是"以法治天下"，人情社会，在治理国家的问题上，"法"仅仅是辅助的手段。孔子或中国古代的统治者似乎都意识到，在这样一个以家族为主要社会结构的社会中，国家治理也绕不过"亲情"。"孝"是中国伦理道德中最重要的一个概念。汉语中有许多词汇说明"孝"所包含的不同含义，如"孝顺""孝敬""孝悌"等。

以往学者们往往是在消极的意义上注意到中国社会的人情关系，讨论的基调是这种人情社会与现代法治社会的不相融；但是随着工业化、商业化、城市化所造成的人与人之间关系的疏远和冷漠的问题日渐突出，人们也日益体会到这种"人情关系"在社会治理过程中的"减压阀"和"润滑剂"的作用。在工作和生活节奏日趋紧张，社会成员心理压力日益增大的现代社会，家庭以及家庭成员之间的"亲情"，朋友、同事、邻里以及一般社会成员之间的友情、人情无疑是现代社会紧张节奏和巨大压力的"减压阀"和"润滑剂"，是社会的"稳定器"。一些学者将西方人患抑郁症比例较高与西方人际关系的疏远、冷漠联系起来；而认为中国人患抑郁症比例较低则与中国社会特有的人情味有关。人情在法理上的缺陷性恰恰成为其特定的存在优势，在人与人之间的社会交往、国家的社会治理方面发挥了正向作用。

（三）祖先崇拜规范人民行为举止

农耕生活的环境是稳定的，农耕生活本身也是稳定的，下一代人在很大程度上是重复上一代人的生活，下一代人依据上一代的经验就可以解决生活中遇到的诸多问题，这样掌握经验的老人就有了权威，这样的社会必是尊老、敬老、崇老的社会。敬老、崇老的表现之一即是中国文化的"祖先崇拜"。《论语》中说："慎终，追远，民德归厚矣！""慎终"就是要认真地对待"终"，即死亡这件事。"追远"，即追忆远逝的先人，也就是祭拜祖先。儒家认为，做到了"慎终，追远"，民德就会变得纯朴、敦厚，这样的社会管理起来就容易多了。

生命有限，对于死亡的畏惧是人生的永恒主题，以儒家思想为主体的中国传统社会解决这一问题的方式则是让个体生命在家族的延续中获得永恒感。中国人在对祖先的崇拜中获得个体生命的永恒感，获得生命的价值感，从而使祖先崇拜有了宗教的作用。也正是这种对死后生活的想象使人们产生了对祖先的崇拜及对未来的敬畏感，从而规范了人们的行为，维护了社会的稳定，促进了社会的发展，这就是"慎终，追远，民德归厚"或"祖先崇拜"的真正意义所在，孔子正是在国家治理和社会治理的意义上讲这句话的。

（四）家国情怀提升人民责任与担当

农业生产方式血缘与地缘"同构"的特点扩展到整个国家就是"家""国"的统一，以及与之相应的中国人的"家国情怀"。

在英语中，"国"是"国"，"家"是"家"。"国"的英文是"country"，是个地域性的概念。"家"是"family",是个血亲的概念。而在汉语中"国"与"家"连称,这与中国传统的生产方式和社会结构有关。农耕社会"血缘"与"地缘"同构的特点扩大到整个国家,就是"家"与"国"同构。中国和欧洲的地理面积大致相当,但组成欧洲的国家有几十个,而且这些国家在欧洲的历史上一直是变动的,许多欧洲国家在历史上并不存在,而中国自秦统一以来,一直是个统一的国家。从文化上讲,中华文化更是五千年绵延不绝,一脉相承。从血缘上看,几千年稳定地生活在同一地域,使中国人的血亲关系代代相传,异常清晰,今天孔氏家族可以清楚地算出自己是孔子的第几十代传人。中国的社会结构从"家"扩展到"家族",进一步扩展到"国家",从而使"国"具有了"家"的特征。儒家讲"修身、齐家、治国、平天下",其内在的逻辑是把"国",甚至把天下等同于"家"来看待。

中国传统社会特有的属于地缘的"国"与属于血缘的"家"相互交织、重叠,培养了中国人特有的"家国情怀",即以国为家,国是大的家,以及对于国家的依恋情怀。这种依恋不仅包括对于生我、养我的这片土地的依恋,也不仅是对于为我的生存和尊严提供基本保障的国家的依恋,更是对于生于其中,长于其中,乐于其中的文化的依恋,以及浓浓的亲情、乡情的依恋。这种"家国情怀"赋予了中国人对于国家"天下兴亡,匹夫有责"的责任心和义务感。无论在日常的社会管理、国家建设中,还是在国家遭受危难的过程中,中国人特有的"家国情怀"都充分地表现出来。在2020年抗击新冠肺炎的过程中,中国的每一个普通公民对于政府抗疫行动的主要配合、严格自律、积极参与,与西方一些国家的混乱、抗议形成鲜明对照,而这种行为差异所折射的正是不同国家的人民对于政府和国家思想认同和情感认同上的差异。

(五)"德礼之治"打造良好社会氛围

中国在农耕文明时期强调仁治、礼治、德治,"以德配天,敬天保民",其中,先秦时期的儒家先贤是最主要的代表人物,孔子的主要思想就是"仁者爱人,君君臣臣",百姓在生活日常中要遵循礼法,强调等级,尊卑有别,君臣有序;孟子的主要思想则是站在国家统治者的角度强调人民对于社会治理的重要作用,"民为贵,社稷次之,君为轻",水能载舟,亦能覆舟,只有真正站在人民群众的立场上才能更好地治理国家,维持社会秩序。儒家所强调的"以人为本"和"以礼治国",都为现今社会国家治理提供了理论理念,纵观农耕文明时期的古人先贤,儒家、道家、法家、墨家等思想流派都以人为出发点,爱民、廉洁、勤政,相信人民群众的作用,体察民情,爱惜民义,以保国泰民安。

礼法、道德是当时特定历史时期的遵循标准,在社会治理过程中起着重要的作用。以宗族法律为基础,以社会道德为准绳,以血缘、地缘为纽带,使得人际关系更为制度化、等级化。通过等级森严、尊卑有序、以礼治国的社会制度与伦理秩序维持了社会的良性运转,等级的森严将家事、国事、天下事都规定在礼法的范畴之中,遵循"君君臣臣,父父子子"的等级秩序来保证社会治理,不管是道德教化还是礼法归属都是趋于统一,以维持社会的和谐稳定、长治久安。

这一理念与西方社会的发展有所不同,西方社会以商业立国。维持商业关系存在的基础是"契约",而维持契约权威的是法律。因此,西方社会是一个"契约"社会,"法制"社会;传统中国的基层是一个以家庭伦理关系为基础的"德治"或说"礼治"社会。我们在费孝通先生所著《乡土中国》中很形象地看到这种西式的"法治"与传统的"礼治"之间的冲突:"有一位兼司法官的县长曾和我谈到过很多这种例子。有个人因妻子偷了汉子打伤了奸夫。在乡间这是理直气壮的,但是和奸没有罪,何况又没有证据,殴伤却有罪。那位县长问我:他怎么判好呢?"[①] 对于20世纪初期中国乡村推行"法治"中存在的问题,费孝通先生最后总结道:"现行的司法制度在乡间发生了很特殊的副作用,它破坏了原有的礼治秩序,但并不能有效地建立起法治秩序。"[②]

这个例子折射的是东西方社会治理理念及治理方式的差异,而这差异背后则是中西方社会结构和生产方式的差异。西方以商业立国,国家和社会治理更多地依靠"法律",法律所维护的是当事人的权益。中国传统社会以农业立国,社会治理所依靠的更多的是"礼治"与"德治";这种"礼治"与"德治"所维护的是传统的伦理关系,而不是商业性的个人权益。

随着中国工业化、城镇化的推进,社会治理也由原来的"礼治"与"德治"趋向于"法治",这是历史的必然,也是历史的进步。但是,在中国这样有着深厚"礼治"和"德治"传统的亲情社会中进行法治建设理所当然要兼顾到中国的历史和实际情况;更何况,我们看到,今天西方社会的所谓"法治"也日益演变成单纯依靠律师搬弄律条而日益远离,甚至背弃法理公平精神的"律治"。因此,中国的法治建设一定要有鲜明的中国特色,兼顾到中国的历史、文化以及人们的法治观,在强调"依法治国"的同时,同时强调"以德治国",更好地体现法律的公平精神和中国传统"德治"的特色和优势。

---

① 费孝通. 乡土中国(修订版)[M]. 上海:上海人民出版社,2013:54.
② 费孝通. 乡土中国(修订版)[M]. 上海:上海人民出版社,2013:55.

（六）和平主义孕育共赢理念

相对于游牧民族的生产生活而言，以农业为主的民族其生产和生活是相对稳定和富足的；因而他们考虑的重心是如何利用好脚下的土地生产出更多的财富，经营好自己的生活，而游牧民族则不同。游牧民族的战争往往是源于基本生活资料的匮乏。

长城是中华民族的象征，而长城在历史上是防御性的工事，是以中原地带为中心防御北方少数游牧部族入侵的工事。自秦统一中国之后，大一统的国家既是中华民族的常态，统一也成了中国人基本的价值观念。相比于欧洲的战争史，自秦统一到近代，中国历史上绝少有国与国之间的战争，更少有对外的侵略和征服。相对富足的农业生产资源，相对稳定的农业生产方式孕育出了中国文化中的和平主义精神。

孔子说"远人不服，则修文德以来之，既来之，则安之"（《论语·季氏第十六》），孔子及儒家非常反对用暴力去对付那些不认同自己的人；他认为让别人认同自己的最好办法是"修文德"，即"文化"与"道德"。2014年10月习近平在主持文艺座谈会时特别引用了孔子的这句话，并强调："中华民族之所以在世界有地位、有影响，不是靠穷兵黩武，不是靠对外扩张，而是靠中华文化的强大感召力和吸引力。"

道家也反对战争。《老子》中说："以道佐人主者，不以兵强天下，其事好还。师之所处，荆棘生焉。大军之后，必有凶年。善有果而已，不敢以取强。果而勿矜，果而勿伐，果而勿骄，果而不得已，果而勿强。"

相比于战争的武力征服，文化的同化力量在民族的融合中发挥了更大的作用。在中国历史上，北方的游牧部族蒙古人曾征服中原，建立了中国历史上的元朝；满族入关则建立起了清朝。但是，无论是成吉思汗的蒙古铁骑，还是入关的八旗子弟，其最初军事上的胜利都最终消融在文化的同化之中了。中华文化巨大的包容性和同化力，使得中国文化中的和平主义具有了顽强的生命力。

中华文化中这种"和平主义"的精神，在世界历史的发展中，与西方列强的殖民主义思想文化以及近代以来对全世界的殖民统治形成了鲜明对照；在当今的全球治理中，更与以美国为首的西方霸权主义形成鲜明的对立。中国党和政府所倡导的以"和平合作、开放包容、互学互鉴、互利共赢"为基本理念的"一带一路"建设，习近平代表中国政府所提出的共同构建"人类命运共同体"的伟大构想；以及在处理国际事务中所提出的相互尊重、平等互利、"和而不同"等思想原则无不渗透着中国文化中的这种"和平主义"精神和特有的中国智慧，在当今的全球治理中发挥了独特而重要的作用，产生了日益广泛的影响。

三、农耕文明时期的文化特色在新时代社会治理中的价值思考

习近平总书记曾多次在公开场合阐明中华优秀传统文化的价值意义："文化是一个国家、一个民族的灵魂。文化兴国运兴，文化强民族强。没有高度的文化自信，没有文化的繁荣兴盛，就没有中华民族伟大复兴。"① 面对特定历史时期所形成的特定文化特色，要追本溯源，回归初心，借古鉴今，针对新时代中国的社会发展现状，采用"扬弃"的手段，取其精华，去其糟粕，在梳理农耕文明时期文化特色的同时，借助其中的经典价值观念并不断丰富其内涵，实现现今国家社会治理中的创造性的转化和发展。

针对农耕文明时期的特定文化特色。在现今历史时期，社会主义核心价值观就是最集中的体现，"富强、民主、文明、和谐，自由、平等、公正、法治，爱国、敬业、诚信、友善"24个字，也就是习近平所倡导的"中国梦"，其本质就是在总结农耕文明时代的文化所形成的价值目标和规律总结，在其指导下，全党全国各族人民努力在社会主义现代化建设的道路上奋进创新，为现今社会的社会治理现代化提供了行为准绳和价值目标，习近平总书记表示在任何时期都不能够远离中华优秀传统文化，中华优秀传统文化是中国人民的立足根基，灵活运用农耕文明时期的社会治理思想，遵循古人的优良道德规范，不断为社会主义现代化的建设贡献绵薄之力。

（一）家稳民安，打造"和谐稳定"社会

家稳民才能安心，才能真正地投身于社会主义现代化建设，农耕文明时期形成的特定家族结构使得人民群众社会关系稳定，社会发展，国家进步也依赖于社会关系的调整，扎根于土地，这也与古代先贤老子、庄子所强调的道家思想相重合。庄子曾经阐释"天人合一"的社会理念和传统思想，既重视人，又重视自然，稳定的社会结构传统使得社会稳定性提高，"万物并育而不相害，道并行而不悖"，特定的社会关系也使得人民保持初心，实现人生价值。而民安更要重视民情、民意、民心，"民者，万世之本也""治国之道，富民为始""民为邦本，本固邦宁""德高莫过于爱民，行贱莫贱于害民""为国者以民为基"都是伟人的总结，都是应当传承下来保持并发扬的优良思想文化传统，也正如习近平总书记所表达的："政之所兴在顺民心，政之所废在逆民心。"② 归根结

---

① 习近平. 决胜全面建成小康社会 夺取新时代中国特色社会主义伟大胜利——在中国共产党第十九次全国代表大会上的报告［R］. 北京：人民出版社，2017.
② 人民日报评论部. 习近平用典［M］. 北京：人民日报出版社，2015.

底，社会治理的目标就是围绕着人民，以人民为原点，服务人民，发展人民，增进人民福祉，最终实现人自由而全面的发展。爱民以实现齐家治国平天下，这不仅仅是被中国农耕文明历史时期的明君所倡导，也是新时代中国社会治理的必备要素，"人民对美好生活的向往，就是我们的奋斗目标"，这也是习近平对于人民重要性的表述，要实现社会和谐和发展，就要重视人民群众的作用，在现实生活中既要体察民情，爱惜民意，深入基层，解决人民群众的"心腹之患"，使人民秉持初心、奋勇向前，为实现伟大复兴中国梦而努力奋斗，最终实现共产主义的发展目标。

（二）德法共治，实现多元化的社会治理

在社会治理过程中，党中央一直发挥着先锋模范的作用，是人民的表率。而在农耕文明时期，孔子针对国家统治者的治理行为说："为政以德，譬如北辰，居其所而众星共之。"强调社会道德的重要性，以道德为原则，对国家进行治理，能够由内而外使百姓服从和遵守，与此同时，孔子也强调法治、礼治的重要性；"道之以政，齐之以刑，民免而无耻，道之以德，齐之以礼，有耻且格。"（《论语》）这也表明了儒家多元化的社会治理思想通过德治、礼治、仁治、法治的综合运用来解决社会矛盾和热点问题，不断在新时代灵活运用，在坚持系统治理、依法治理、源头治理、综合治理的前提下，打造社会各群体共同参与社会治理的社会新局面。道德是礼法的前提和基础，礼法是道德的补充和发展，成文的法律和内心的道德，一个行为底线，一个价值取向相互补充，相辅相成，作为两种不同的社会治理方式共同促进社会的发展与进步。作为刚性治理手段的法治以强制性、契约性、约束性的条例来规范人们的行为，而作为柔性治理手段的德治由内而外来树立人民群众的内心信念，通过道德榜样、文化宣传等方式来打造社会伦理。德润人心，法治天下，共同推进社会的文明与进步，保证社会秩序。在现阶段社会治理的过程中，对于德治和法治要两手抓，两手都要硬，既发挥法律的约束力，又要发挥道德的教化力，法治和德治相得益彰，共同进步。

（三）崇礼尚和，构建人类命运共同体

中华人民共和国成立以来一直是崇尚和平负责任的大国形象，而追溯古代也是有"礼仪之邦"的称号，讲"礼"重"仪"，崇尚和谐，和平主义是中华民族时代沿袭的历史文化传统。而对于礼仪的重视也源远流长，"人无礼则不生，事无礼则不成，国家无礼则不宁"[①]。以礼为基既是人民群众社会交往的必

---

① （战国）荀子. 荀子译注［M］. 张党，撰. 上海：上海古籍出版社，1995：32.

备,也是国与国之间合作的基础,也是社会秩序得以保持的根源。《左传·隐公六年》有云:"亲仁善邻,国之宝也。"这也体现了国家崇尚和平主义的重要性。在新时代,中国飞速发展,社会主要矛盾也发生了根本性的变化,成为世界第二大经济体的中国在国际舞台发挥着越来越大的作用,在新时代习近平同志为核心的领导集体的治理下,中国取得了一个又一个举世瞩目的成就。国际社会波谲云诡,势力错综复杂,中国要立足于世界强国之林,更要重视和平外交、发扬亲邻友善的精神,人民群众的幸福安定需要国家的和平和发展作为保障,外部环境的良好才能保证内部的突破和完善。因此,强调合作共赢,实现共商、共建、共享、共治,打造人类命运共同体是习近平总书记长期以来的构想,目的是实现世界各个国家同舟共济,共谋发展,最终落实到国家内部,落到实处,落到人民群众的生活中去。也正是习近平总书记的这种理念,才使得中国在国际发展的道路上朋友越来越多,道路越走越宽。

四、总结

就像童年会在人的一生留下鲜明的印记一样,在历史发展中形成的文化也会对国家对社会的发展产生特殊的影响。今天的中国正在迅速地向着工业化、城市化、现代化的方向前进,但农耕基础之上产生的文化传统对当今的社会发展无疑会生产巨大的影响。我们不可能割断历史,也不可能简单地丢弃传统;我们讲"中国传统农耕文明基础上的文化特色和治理优势",并不意味着这样的文化特色只对应着治理的优势,而不存在弊端和劣势。社会在发展,时代在进步,全球化进程的不断加深和改革开放的深入发展,社会情况与国际环境越来越复杂,合理且有效的社会治理态势也越来越复杂,本文从个人、家庭、社会和国家等角度探究了农耕社会基础下家庭结构、人情社会、祖先崇拜、家国情怀、德礼之治、和平主义等方面体现的文化特色。其中必定存在与现阶段不相适应的理论,但我们当前面临的问题是,如何在改造、发展、创新的基础上保持和传承农耕文化的特定优势,避免其可能产生的弊端和劣势,甚至使其成为医治工业化、城市化、商业化社会弊端的"中药",使这样的文化特色成为我们国家社会治理模式中的特点和优点,在质疑声中不断进步,使之在不断推动国家治理能力提高的同时,坚定全党全国各族人民的文化文明自信,从而在新时代对社会主义现代化事业产生正向积极的作用。

中国传统"和"思想及其文化体现和政治实践

任旭阳 刘永成[*]

摘要："和"的繁体字为"龢",本义为音乐的"和声",后引申为"有差异的统一",带有一些"和谐"的含义。"和"思想隶属于中国传统文化,在一定程度上扮演着政治教化的作用。"太和殿"、中医中的"阴阳五行说"、《中庸》里"和也者,天下之达道也",都是中国传统"和"思想的文化体现。在政治实践中,从古代的"礼乐之治"到民主革命时期的"团结—批评—团结",再到中华人民共和国成立阶段的"民族区域自治"制度,改革开放时期"以公有制为主体,大力发展民营经济"的"混合经济"体制,新时代习近平总书记提出的"一带一路"倡议、"人类命运共同体"理念,都蕴含着中国传统文化中的"和"思想。

关键词："和";传统文化;政治实践

一、"和"的语义及思想内涵

"和"与"龢(音 hé)"是同源字,或者说"和"是"龢"的简化形式。"龢"字由一"龠(音 yuè)"字和一"禾"字组成。其中"龠"表义,"禾"表音。"龠"的本义是"音乐",其象形是"口吹排箫"。

甲骨文的"龢"字就是"口吹排箫"的象形,与"龠"字相同。

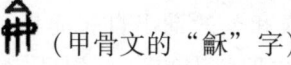(甲骨文的"龢"字)

金文的"龢"字增加了表音的"禾"字,以及箫管上的"管嘴"。

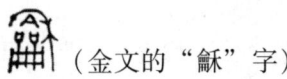(金文的"龢"字)

---

[*] 任旭阳,女,北京信息科技大学,研究生;刘永成,男,北京信息科技大学,教授。
声明:本文未公开发表。

后来，这个字分化为意义相同的两个字——简写的"和"与繁化的"龢"。其中"和"由一个表义的"口"或"管嘴"以及表音的"禾"字构成。在《说文解字》中，将"和"与"龢"分成了两个不同意义的字，"和"指声音相应和、和谐地跟着唱或伴奏，这个意思后来读"hè"；"龢"指调和、和谐。有学者认为"和"是由"龢"字去掉乐器部分而成的简化字，"和"从口，表示用"口"来演奏乐器或唱歌，右部的"禾"为声旁，表示读音。在数学中，加法运算的结果称作"和"，在古代"和"指不同乐器吹奏声音相应和，这其实已经包含了一个"和谐"的含义，不管是读几声的"和"，都或多或少地带有一些"和谐"的含义。

因此，"和"的本义是音乐的"和声"，即将高低不同的音调统一在一个乐曲中。古希腊哲学家赫拉克利特曾说过："不同的音调造成最美的和谐。"用哲学的语言来表述"和"的内涵就是"有差异的统一"。

孔子说"君子和而不同，小人同而不和"，即是说，君子会尊重别人的意见，不会强求别人与自己的意见一致；《中庸》中说"君子和而不流"，即是说，君子在尊重别人意见的同时会坚持自己的原则和立场，不会随波逐流。这是儒家对于"和"的理解以及在现实政治和社会生活中的应用。

现阶段，社会治理中依旧体现"和"文化，个人层面我们追求家庭和睦，兄友弟恭，孝敬父母；社会层面我们追求社会和谐，团结一心；世界层面我们追求世界和平，人与自然追求和谐共生。"和"是中华文明的追求，是中国传统哲学的重要范畴，是中国古代杂文学观念的重要体现，它反映了中国传统文化的底蕴，是蕴含于中国哲学中的民族气质。俗话说，"家和万事兴"，"和"在中国传统社会包括现在的社会治理体系内扮演着政治教化的作用，对于调节社会矛盾，改善人与人之间的关系，平衡身心健康有着重要的指导意义。

二、"和"思想的文化表现

故宫的主殿名"太和殿"，何为"太和"？"太和"即天地、阴阳之和，即天地自然的风调雨顺。"太和"一词出自《周易·泰卦》。在古代"太"与"泰"通用，所以"太和"也即"泰和"。《周易·泰卦》上卦为"坤卦"，下卦为"乾卦"。

"坤"代表"地""阴"，"乾"代表"天""阳"。"阴"为浊重之气，下行；"阳"为清轻之气，上行，故泰卦为阴阳相交之卦。《泰》卦的《象辞》中说："天地交，泰。"其含义是说：《泰》卦所表示的是天地、阴阳相交。其《彖辞》中也说："天地交而万物通也，上下交而其志同也。"天地阴阳相交相和即意味着风调雨顺，是农业社会中人们所祈求的自然的理想状态。除"太和殿"外，故宫另有一"交泰殿"，显然"交泰"的名字也是取自《泰》卦，其寓意也是阴阳天地的相交相和。

《黄帝内经》中记载黄帝问岐伯："天上的燥、湿、风、火、热、寒'六气'，其有至而至，有至而不至，有至而太过，何也？"

岐伯回答："至而至者和，至而不至，来气不及也，未至而至，来气有余也。"

古人认为天上的燥、湿、风、火、热、寒"六气"，以及地上的风、湿、热、燥、寒"五运"的变化构成了一年四季的季节变化。主导各个季节的"气"应至而至，这就是"和"，气候的变化就会与季节相"应"，万物生长则"顺"；反之，该至而不至，即"至而不至"，或不该至而至，即"未至而至"，则"否"，而"否则逆，逆则变生，变生则病"，这就是不和的表现。而"该至而不至"的原因则是"来气不足"，即主导某个季节的"气"不足造成的；而"不该至而至"，则是由于"来气有余"，即主导某个季节的"气"太盛造成的。

总而言之，"和"是中国传统文化中人们对于理想的自然状态的一种表述。

中国的传统医学建立在阴阳五行说的基础之上，其核心的一个概念也是一个"和"字。如按中医的说法，肾为水，位于下腹；心为火，位于上胸。肾水与心火宜平衡，不宜偏胜，水火偏胜则发生病变。肾水化心火，心火化肾水，水火相交、相济，则水火相制约而平衡，不相交则失衡而病变，所以说水火相交，相和者生之象，不交不和者死之象。如肾阴不足，肾水不能制约心火，则易导致心火亢盛，引起心烦不寐，口舌糜烂，小便短赤，甚至火热迫血妄行，发生吐衄。反之，心火不足，肾水过旺，火不制水，水火不和则会出现水肿等病症。医家认为："天地造化之机，水火而已矣。宜平不宜偏，宜交不宜分。火性炎上，故宜使之下，水性就下，故宜使之上，水上火下，名之曰交，交则为既济，不交则为未济，交者生之象，不交者死之象也。"（李中梓《医宗必读》）这是讲"水""火"阴阳之"和"；同样，"五行"配五脏。五行"金、水、木、火、土"五种元素之间保持平衡的相生相克关系，也就是五脏的相生相克关系，如肝木生心火，而肾水则制约着心火，可以去"中和"心火，这样，使其保持着动态的平衡。中医认为"造化之机，不可无生，亦不可无制。无生则发育无由，无制则亢而为害"。所以，"和"是中医的特点，也是中国传统文化在中医中的体现。

古人说："和羹之美，在于合异。"与西餐相比，中餐最大的一个特点即是"和"。中国人做菜的一个特色就是将不同的东西混在一起炒或煮。比如，炒菜就是先在热油里放好葱、姜等配料，然后将择好、切好的菜放进去，再配以酱油、盐，甚至花椒、大料、料酒等作料，在火的作用下充分地搅拌，使各种调味品的味道渗透到所炒的蔬菜中。中餐或中医将食物的性质分为阴性或阳性，或温、热、寒、凉四种特性。中餐在制作和食用时讲究温、热、寒、凉的搭配或"中和"，比如，辣椒炒凉瓜——辣椒是"热性"的，凉瓜是"凉性"的，所以，这两样东西会经常放在一起炒，这样可以用辣椒的"热"去中和"凉瓜"的"凉"；再如吃螃蟹时，蘸一点姜汁，用姜的"辣性"或"热性"去中和螃蟹的"阴性"等；而同是阴性的东西则不宜放在一起食用，如啤酒和海鲜都是阴性的，不宜放在一起食用等。显然，中餐的制作和食用的过程体现着中国传统文化中的"和"的思想，或"中和"的思想。

"和"的特点不仅体现在中餐的烹饪上，更体现在中国全部的饮食文化中。无论是家庭聚餐还是朋友聚餐，所要营造的气氛和达到的效果都不外一个"和"字。

晏子曾在《晏子春秋》中以烹饪为例解释"和"的内涵："和如羹焉，水、火、醯、醢、盐、梅，以烹鱼肉，燀之以薪，宰夫和之，齐之以味，济其不及，以泄其过。君子食之，以平其心。"

"天地交泰""天人合一""医食同源""医政同理"，在中国的文化中，天、地、人以及人类社会生活的各个方面——政与医，医与食；治国理政、医疗饮食其本质和过程都深深地融合着"和"的特色。正如《中庸》中所言："和也者，天下之达道也。致中和，天地位焉，万物育焉。"

三、"和"思想的政治实践

中国古代素有"礼乐之治"的治国理论和传统。"礼乐之治"其核心的思想即是一个"和"字。《史记·乐书》中说："乐者，天地之和也；礼者，天地之序也。""乐者为同，礼者为异。同则相亲，异则相敬。""礼节民心，乐和民声。""乐至则无怨，礼至则不争。揖让而治天下者，礼乐之谓也。"总之，礼乐之治的作用是实现社会的和谐，以及人与人之间关系的和谐。"乐"本身即是"和"的体现；即使是体现人与人之间差异的"礼"，其作用也是达到人与人之间的"敬"，实现人与人之间关系的和谐。《论语》记述孔子的话："礼之用，和为贵，先王之道，斯为美。"孔子认为，礼的作用是调节不同等级、不同群体关系的，其目的是达到不同等级、不同群体之间关系的"和"。

春秋战国时期齐国著名的政治家晏子在阐释音乐与治国的关系时曾说："先王之济五味，和五声也，以平其心，成其政也。声亦如味，一气，二体，三类，四物，五声，六律，七音，八风，九歌，以相成也。清浊，小大，短长，疾徐，哀乐，刚柔，迟速，高下，出入，周疏，以相济也。君子听之，以平其心。心平，德和。"（《左传》）

中国共产党在领导中国人民进行反帝、反封建的民主革命，以及社会主义革命和社会主义建设的过程中，既致力于创造性地将科学社会主义的思想体系与中国的实际相结合，也致力于运用中国优秀的传统文化、独特的思想方法和智慧解决现实中的问题，从而使中国革命和建设走出了一条独特的发展道路，呈现出独特的面貌、风格，其中创造性地将中国传统文化中"和"的思想和理念运用于革命和建设的政治实践是党的领导艺术的一个重要方面和重要特点。

在民主革命时期，中国共产党人两次摒弃与国民党的分歧与积怨，与之建立了第一次国内革命战争中反帝、反军阀的统一战线，以及抗日战争中的抗日民族统一战线。在建立统一战线的过程中，毛泽东指出："统一战线一方面讲亲爱、讲团结，另一方面又要斗争，那这不是自相矛盾吗？你们在学校里，一个人自身也有统一与斗争，自己犯了错误，要克服错误，不是要斗争吗？孔子说'君子和而不同，小人同而不和'，这也是说统一里有斗争。"[①] 在长期的革命实践中，毛泽东总结出"以斗争求团结则团结存，以团结求团结则团结亡"的斗争经验，以及解决党内思想斗争和团结问题的公式——"团结—批评—团结"。这些思想和经验一方面闪耀着马克思主义辩证法的思想光辉，另一方面又与中国传统文化的"和"思想直接相连，与毛主席深厚的中国传统文化修养直接相连。

在建立新中国的过程中，中国共产党人一方面从马克思主义的基本原则、立场、观点出发，另一方面结合中国的实际情况，运用中国人的独特智慧创造性地建立起了具有中国特色、中国气派的一系列的政治、经济、文化的新制度。"人民民主专政"的政治制度的建立，最大限度地团结了各阶层一切可以团结的力量，建立起了最广泛的统一战线，与同是社会主义国家的苏联的"无产阶级专政"有着明显的区别；具有中国特色的"民族区域自治"制度，既坚持了国家统一的原则要求，也兼顾到各民族的特殊性，与同是社会主义国家的苏联的"社会主义联邦"也明显不同；中国共产党领导的多党合作与政治协商的政党制度；在对资本主义工商业的改造中，中国共产党所创立的"赎买"政策，既坚持了社会主义改造的基本原则，也照顾到相关阶层的实际利益；"百花齐放，百家争鸣"的"双百方针"以及"文艺为社会主义服务，为人民大众服务"的

---

① 毛泽东．又团结，又斗争（一九三九年二月五日）[J]．党的文献，1995（4）：16.

"双为路线"的提出和实践等。这些政治实践无不体现着中国共产党人对"同一"与"差异"这一矛盾的独特的处理方式，以及具体有中国文化背景的独特的理解。

改革开放新时期，随着对"什么是社会主义""怎样建设社会主义"等问题的认识不断深化，我们建立起了"以公有制为主体，大力发展民营经济"的"混合经济"体制；克服了社会主义与市场经济相互对立的两极对立的思维，建立起了"社会主义市场经济体制"；提出了"以人为本""统筹兼顾""全面协调可持续"的科学发展观，以及建立社会主义"和谐社会"的社会治理理念；对应于苏联的经济体制改革，我们清楚地看到两种改革在思维方式层面的差异，一种是从一个极端走到另一个极端；另一种则是力求将不同的方面统一起来，将不同的优势整合在一起发挥出来的"和"的思维定向。

党的十八大以来，习近平同志将马克思主义与中国传统文化相结合，创造性地将中国传统文化中的"和"思想运用于国家治理及国际关系的政治实践中，提出了一系列的思想、观点、理论，并将其付诸国内和国际的政治实践。习近平总书记提出的"一带一路"倡议、"人类命运共同体"理念，就是"和"思想的一种体现。中华民族是个多元民族，我们的民族精神中追求"以和为贵""和而不同"，无论是历史上还是现在的中国，都能做到兼容并蓄、百花齐放的境界。习近平总书记在中国传统"和"文化基础上构建的"命运共同体"理念，体现了博大的天下情怀。《之江新语》中曾指出"和而不同是一切事物发生发展的规律"，强调"促进和而不同、兼收并蓄的文明交流"，指出"要秉持和而不同理念"。我们的祖先曾创造了无与伦比的文化，而"和合"文化正是这其中的精髓之一。"和"指的是和谐、和平、中和等，"合"指的是汇合、融合、联合等。这种贵和尚中、善解能容，厚德载物、和而不同的宽容品格，是我们民族所追求的一种文化理念。自然与社会的和谐，个体与群体之间的和谐，我们民族的理想正在于此，我们民族的凝聚力、创造力也正基于此。因此说，文化育和谐，文化建设是构建和谐社会的重要保证和必然要求。党的十九大报告中提出"我国社会主要矛盾已经转化为人民日益增长的美好生活需要和不平衡不充分的发展之间的矛盾"，而其中人们日益增长的美好生活需要首先就是社会和谐，社会和谐后才能发展，发展好才能实现富裕。社会主义核心价值观中，也有"和谐"的直接表述。这都是中国传统"和"思想体现当今社会的政治实践。

人类是一个整体，尤其在2020年年初全球暴发的新型冠状肺炎疫情影响下，更能体会到"人类命运共同体"的现实需要。病毒无国界，全世界人民要团结起来,战胜疫情,才能尽快恢复我们赖以生存的家园的往日景象。当今科学技术发展迅速,生活节奏加快,互联网生活使得越来越多的人的生活"无中心"。英国著名历史学家汤因比说过,"避免人类自杀之路,在这点上现在各民族中具有最充分准备的,是两千年来培育了独特思维方法的中华民族"。这种"独特思维方法"就是"和"的文化,延伸到当代就是"命运共同体"理念。着眼未来,中华民族"和"思想依旧会影响着中国特色社会主义社会发展,中国"和"文化依旧会焕发出新时代的勃勃生机。

参考文献

[1] (汉) 许慎. 说文解字 [M]. 天津: 天津古籍出版社, 1991.

[2] 阎国忠, 曲戈副. 西方著名美学家评传 [M]. 合肥: 安徽教育出版社, 1991: 33-40.

[3] 徐恩恕.《论语》伴我行 [M]. 长春: 吉林出版集团股份有限公司. 2017: 65-69.

[4] 汤文辉, 刘志强. 大学中庸选译: 汉马对照 [M]. 桂林: 广西师范大学出版社, 2016: 152.

[5] (商) 姬昌. 周易 [M]. 宋祚胤, 注译. 长沙: 岳麓书社, 2000.

[6] 赵建新, 田元祥. 黄帝内经 [M]. 北京联合出版公司, 2016.

[7] 苏格. 平易近人: 习近平的语言力量 (外交卷) [M]. 上海: 上海交通大学出版社, 2018: 319-321.

[8] 新华网"学习进行时"工作室. 学习进行时: 不忘初心 继续前进 [M]. 北京: 新华出版社, 2017: 79.

[9] (西汉) 司马迁. 史记 [M]. 王耀祖, 仝晰纲, 注译. 武汉: 崇文书局, 2007.

[10] 曹应旺. 毛泽东点评《论语》中的人和事 [N]. 北京日报, 2013-12-23.

[11] 习近平. 之江新语 [M]. 杭州: 浙江人民出版社, 2007: 150.

[12] 冯荣. 和合文化在思想政治工作中的价值 [J]. 人民论坛, 2018 (5): 128-129.

[13] 张立文. 和合学的思维特性与智能价值 [J]. 中国哲学史, 2018 (1): 26-31.

西方哲学视域下人工智能时代的家庭伦理可能*

李伟哲**

摘要：人工智能已成为世界的主流话题。虽然人工智能时代还未来临，但其对社会及个人影响已露端倪。人工智能以其"类人"本质及其能力的强大强势进入人类生活，其中最基础的就是家庭生活。人工智能会给人类家庭关系带来哪些影响，家庭伦理将何去何从。文章从人工智能产生的西方哲学根基谈起，揭示人工智能产生与理性思维及创世说的关系，并从中演绎出人工智能在理性和创世说两种思维模式下，进入家庭生活，带给人类家庭伦理改变的可能。

关键词：人工智能；家庭伦理；家庭伦理可能

现在人工智能成了全世界的主流话题。支持者有之，质疑者有之，不管是支持者还是质疑者，都不得不承认一个事实，人工智能时代来临成了一个不可避免的事实。人工智能的出现不是中国哲学思维的直接产物，而是西方哲学和西方关于数的理性思维的产物。

一、人工智能产生的西方哲学根基讨论

西方哲学有一个很有意思的现象，就是他们在研究人的存在这个问题上，始终是有参照物的，那就是"能人"，或者"神"。人总是陷于欲望当中而显得贪婪，人的理性是规避风险的存在，但人存在的最大非理性或者说人的最大欲望就是对"神"的无限向往，这彰显了人对存在升级的无限渴望。基于生存升级的欲望，西方哲学走向了两种境界，一种是近乎严苛地训练人的思维，将人

---

* 北京信息科技大学校科研基金项目"人工智能对家庭伦理的影响研究"（项目编号：1935017）。

** 李伟哲（1978— ），女，汉族，中共党员，北京信息科技大学马克思主义学院教师，讲师，博士后，北京信息科技大学马克思主义学院人工智能社会治理体系研究中心研究人员，研究方向为中西伦理学史、现代伦理学问题。

不断地规范于理性思考框架中，西方哲学的层出不穷是这种理性思维严苛训练的产物，逻辑学尤其是数理逻辑在西方一直长盛不衰。亚里士多德认为思辨是人的最大幸福，并且对人类早期的逻辑学做出了重大贡献；此后的哲学家们，用理性的逻辑不断反思人的思维，探索人类的思维规律，反思人类存在的价值和意义，与此同时，不遗余力地以人类为中心，展开了对外部世界的解析和改造，人的理性一方面演绎着自己的生活，同时解剖并试图重建外部世界。

西方哲学家们将这样的思考折射在对"我"的反思上，比如，笛卡儿"我思故我在"、贝克莱的"存在就是被感知"、康德的"先验知识"等，通过思维反思的模式，将人的主体性凸显出来，并且给人赋予了无上权力，人在这些哲学家的理性反思下，成了可以脱离自然、脱离环境的自定义人。

人的主体性凸显，对于人类而言，人类将自己的主体性能力不断发挥，人是什么，是由人自己定义的，正是因为人自定义了人，人可以摆脱神统治的命运，摆脱外在环境和历史社会的影响，这样理性的、抽象的自创造的人就被人类接受和喜欢，人类的文明如自由、公正、民主、平等等价值观念深入人心，被人类广泛接纳，并建构了相应的外部世界，这无疑是伟大的。

人对自己的逻辑，随着时间的推移，除了在塑造理性的人自己和理性的人类生活、价值观以外，人类期待神的超能力的欲望也在被无限激发，人将定义自己的理性逻辑，在技术条件达到一定程度的时候，用在了自己身上。注意，这里面很关键的内容是，人在理性逻辑的支配下，在摆脱一切束缚的自定义人的框架下，人的欲望、人的贪婪被无限放大，起先是人对自己感情的理性调整，我为什么遵从自然，和异性产生所谓的感情，并将同性之间的友情放大，将同性友谊上升为爱情，而后是对性别改变接纳并付诸实践，我要改变我的性别，我要重新定义我的性别，我要重新定义我的爱人，我要重新定义我的身体，我要重新定义我的思维，基因科学和人工智能产生并被人所接纳，和人的理性不断自定义人的内涵有着必然联系。

人工智能和人的理性自定义人牢牢地捆绑在了一起，人对突破自然自我和社会自我的渴望和欲望，主导着人类创造"人"，一方面人试图通过技术改变人自身，这就是基因技术；另一方面，如同上帝造人一样，人要造"类人"甚至"超人"。人创造的人工智能，从一开始，就奔着"超人"的目标，人创造的人工智能，在某一方面或某些方面的能力是超越人类的，人的理性创造的超人，从目前现有的技术现状而言，已经在某些方面展现出超越人的能力和本性。2017年围棋冠军柯洁和人工智能阿尔法狗大战，机器人战胜了人类最强大脑，人工智能在计算能力上完胜人脑。人工智能以人类超强的理性思维模式，在体力和智力上都展露了超越人的可能。不同于宗教上帝的造人说，人类是真真正正地创造出了"类人"——人工智能。人类终于在非理性欲望的支配下，用自己强大的理性功能，创造了"超人"，这种创造危险性不言而喻，人创造了"超人"，但是人类却不知道能不能永久掌控这种"超人"——人工智能。

接续前面谈到的西方哲学的两种境界的另一种——神创世说。西方哲学从一诞生起，就展现了其追问的特性，其中有一个非常有意思的追问是"人从哪里来"，其中有一部分人认为神创造了人和人所赖以生存的世界。人类世界是被创造的，人是被创造的，人类赖以生存的外部世界也是神所创造的，神创造世界的模板是神，所以人能思考。被创造的人，显然也继承了神的创造能力。既然神能创造出一个世界，那么具有创造能力的人能不能也创造一个世界，这是萦绕在西方哲学家心中的一个疑问。随着人类科技的不断发展，人能否创造"类人"成了科学家的实践。人类语言信号系统的不断升级，以及电子系统的不断发展，为人类创造"类人"奠定了现实基础，人类通过编造人类可交流的信号，通过电子设备转化，使人类创造"类人"的愿望向前推进了一步——机器人诞生，人工智能出现。

人类在创造"类人"的过程中，加入了使用功能，人类希望自己创造的"类人"能够为人类服务，被人类所使用，完成人类的任务和过更好生活的目标。所以人工智能的出现更重要的使命就是为人类所使用，满足人类的需要。

从西方哲学看人工智能产生的基础，无论是人类的理性满足、非理性欲望的需要，还是人实现创世能力的欲望，这是人类渴望了解自己和超越自己的内在驱动，也是人类试图解答人是什么、人从哪里来基本问题的延伸。除此以外，人类创造人工智能是和人类满足自我需要密切相关的。

下面着重从家庭伦理角度分析人工智能带来的影响。

二、从人工智能产生的哲学根基出发讨论其对家庭伦理的影响可能

（一）人工智能理性逻辑特质对家庭伦理产生的可能影响

思辨是人类最大的幸福。柏拉图《会饮篇》中谈到了很多关于爱的观点，谈到了父母之爱、同性的理性之爱等，柏拉图最终将爱人之爱归结为同性之间的理性上的精神契合。所以西方哲学理性思考下的爱不同于人类日常体验下经验的爱，甚至基督教将男女结合之爱称之为人类的原罪，是非理性的重要代表。现实生活中，人类家庭的建立往往是建立在男女两性的爱情之上，其中既包含非理性的两性之爱及其他爱的情感，也包含建立在理性基础上的爱，当然往往

是前者占比超过后者，所以人类在家庭生活中并不时时满足，毫无缺陷。

从这个角度继续思考下去，人类以理性为工具创造了人工智能，那么如果人工智能参与到家庭生活中，人类一定是带有期许的，期望人工智能这个"类人"能弥补缺陷，使家庭生活近乎完美。

人工智能进入家庭的方式有两种，一种是替代人，作为家庭成员进入家庭生活；一种是作为使用工具，改变家庭成员的生活格局。

先说第一种，人工智能作为"人"，作为家庭成员进入家庭生活，实现的是角色扮演功能，作为现实生活中的人类，我们的情感倾向于有血有肉的实体人，并因为血缘关系，使得家庭关系区别于其他社会关系。在现有家庭生活中，以父子关系、夫妻关系为内核的家庭关系往往超越其他社会关系，有优先性，并且这种优先性被法律、道德、宗教等规范并保护下来。当代人类世界家庭伦理发展到了以夫妻之爱为内核的伦理关系，夫妻和睦友爱、地位平等，相比较以往人类社会的夫妻关系和家庭关系，当代的家庭伦理关系更符合人类的美好愿望和理想，也更接近人类理性思考所得。

不过再完美的夫妻关系，在现实世界也不可能达到完美，人工智能创造的初衷就是"类人"，并且在人类理性逻辑的主导下，人工智能这种"类人"，会朝着"完美人"的方向发展或者朝着"我需要"的方向发展，现阶段已有"机器人"的生产模型，正是沿着这两种方向在不断被人类完善，人类造"类人"的过程不是一蹴而就的，是不断实验和探索的过程。

在现有社会中，由于种种因素，已经出现有的人和机器人配偶生活在一起的实例，人类创造机器人配偶，以理性的思维模式，满足着人们不同的欲望和需求，并且人类已经在研发机器人孕育孩子和分娩的类人行为，当"类人"替代了配偶的角色，那么人类家庭已有的伦理关系会怎样呢？

假设1：配偶的功能是为了满足我的"需要"

从这个假设分析，代表人类的"我"是主体，是关系的发起者和支配者；代表人工智能的"配偶"是客体，是关系被动的接受者，客体存在的价值和意义，是因为主体的需要，如果主体不需要了，客体存在的价值就随之消失。所以，在人工智能时代，在类人充当配偶的家庭生活中，平等的价值观在家庭中有可能被破坏。

依据这个假设，回归人类实际，我们可以看到，现实生活中的普通人类，内心都有一种强烈的渴望，渴望在关系中成为关系的主导者，当"类人"家庭生活模式围绕在身边时，除了部分意志坚定或有不同需要者，仍在坚持人类之间的婚姻关系外，很多人会由于"好奇"和"需要"的牵引，而尝试新型配偶关系：人＋"类人"（人工智能）的模式，这种模式会随着"类人"的智能模式提升而越来越被人接受，很有可能会成为主导，甚至取代原有的人＋人的配偶关系模式，或者出现奇葩模式，"人＋人"和"人＋配偶"模式共存。由于人工智能无限满足人的需要的可能，人类理性中的节制美德可能会受到破坏，当然这里面含有夫妻伦理关系中的节制美德，比如，宽容、爱、谅解、温和、替对方着想等也会消失，以夫妻平等为内容的家庭伦理关系，也会随之瓦解。

另外，人类的配偶关系发展到现在，人类普遍接受了一夫一妻的夫妻模式，并且大部分人认为这是人类关系的进步，这里面包含了人类互相尊重和平等观念。人工智能参与到配偶生活关系中，夫妻之间形成的互相尊重和平等观念，包括一夫一妻观念会受到一定程度的影响。人类可能进入"我喜欢"或"我需要""所以我要做"的行为模式，这样伴随人类的配偶人伦关系会丧失或彻底改变。

由此衍生的父子关系、母子关系也会随之发生变化，这里面，下一代存在的价值和意义要进行区分，下一代存在是爱的延续还是为了满足类存在的需要，还是为了满足自己的需要。当人工智能进入家庭生活中，由于人工智能的可再造性，人类的日常生活和养老等事件，会因为人工智能功能的强大，而变得不再那么令人注意，只要人工智能够智能，只要人工智能功能够强大，只要人工智能接受的程序够全面和复杂，日常生活和养老等事件，会变得无足轻重。

基于父母对子女的生育以及抚养义务所产生的父子伦理关系、母子伦理关系等，会被改变。如果下一代的抚育承载的是类存在的价值和意义，那么有可能孕育下一代的家庭职能转化为批量生产的社会生产，那么父子、母子关系有可能随着批量生产的社会职能而消失。现在农业生产中，由于基金技术的进步，部分农作物生产已经采用了下一代育种的批量生产，而农田里的农作物将不具有孕育下一代的功能，或者已不再承载孕育下一代的功能。如果承载人类继续的家庭生产被取缔，那么我们今天人类所拥有的父子、母子以及由此衍生出来的伦理关系，如兄弟姐妹的伦理关系、祖孙的伦理关系，必然面临被改变，甚至消失的关系。随之强大的可能是邻里关系、朋友关系、社会公德等。

假设2：配偶"类人"，实现了人类理性的完美诉求

这个假设，强调的重点是人类在家庭生活中，人类认识到了自己的不足和家庭成员的不足，希望通过"类人"的强理性弥补不足，实现完美家庭生活。在这个假设中，配偶"类人"具有了家庭配偶关系中的对等关系，并基于人类理性愿望和人类形成美满的家庭生活。

在这个假设中，人工智能配偶在家庭日常生活中，满足了人的理性诉求，

使得人的家庭生活更幸福和温馨，将人类因为非理性或理性的狭隘而造成的各种摩擦不满订正，并且人工配偶由于可再造性，对于人而言，人工配偶无论从身还是心，趋近无限完美。

那么在这种主体与主体的"人+配偶"的家庭生活中，由于理性的完美引导和约束，会创造更加理想和完美的爱情，尤其是志同道合之爱，将家庭伦理的和睦、有爱、平等、相互尊重等配偶之间的伦理关系发展至极致。并且有可能由于人工智能的内外可再塑性，改变人类在一夫一妻制生活中的多样体验的缺陷，从而使人类面对可塑外在形象和内在内容的配偶"类人"，一夫一妻，保持忠贞不变。

由爱衍生出的配偶子女家庭关系，可能会更加理想，更能满足人类理想的比如，父子、母子之间的朋友关系，人类在人工智能强大脑力和体力的帮助下，不再成为啰唆的父母、暴力的父母、单亲家庭的父母或无修养的父母，父母趋近完美，子女在完美父母的影响下，被合理对待，并被给予合理的教育、引导，从而子女不再因存在这样那样的缺陷而令父母烦躁和难堪，父子关系、母子关系比今天更趋向和谐和和平，而减少互相之间的代际紧张和不理解，人可能学会更多的爱、理解和宽容。

假设3：人工智能理性反哺人类，人类在人工智能的影响下，情感因素逐渐被摒弃

人类家庭的建立，除了理性的参与外，人类非理性的情感参与也是非常重要的。人工智能是在人类理性基础上建立起来的，虽然人工智能模仿的是人类大脑，但其模仿是以理性为前提的，人工智能输入的语言和程序，也是人类理性延伸的结果，所以人工智能进入家庭后，可以预测到，其参与模式应该是理性的，应该是"if"条件句的无限应用，当人类和以理性为活动模式的"类人"长期生活工作在一起的时候，人工智能的理性反哺功能也一定会实现，因为关系双方一定是相互影响的，人类受人工智能思维的影响是一定的。

当人工智能进入家庭，无论以上关系是主体—主体的关系，还是主体—客体的关系，人工智能在配偶角色或其他角色中，不断以理性模式展开活动的时候，人也会在相处关系中，以相对对等的模式展开。人类配偶之间的非理性关系模式往往起作用，是因为人类适应了、接纳了，并且在感情中创造了人类生活的价值和意义。那么当人工智能配偶以理性思维模式展开家庭生活的时候，理性以其更容易被规范和可期待，可能更容易被人所接受。当人类家庭赖以建立的非理性部分被理性所替代，夫妻之情、父子母子亲情，就会被理性所淹没，人类家庭伦理关系中的和睦、有爱、平等、宽容等会被理性所充斥，虽然德目

还在，但内容会有很多变化，因为目前人类家庭伦理当中，很多德目是由于情感而产生的，父子母子亲情、夫妻之间的爱情等。

接着说人工智能进入家庭的第二种方式，普遍作为使用工具。作为使用工具，人工智能缺少了作为合法家庭成员的条件，不过，人工智能创造的功能性，也会影响和改变人类家庭生活的内容和模式。人类家庭生活，从现在看来，仍然以劳动为核心内容，人类一方面通过自己的劳动交换他人劳动成果，获得生存资源，这方面往往被称之为社会生活的内容；另一方面，在家庭生活中，以配偶双方为支架，形成以血缘和性为基础的家人关系，在成型的家庭中，占家庭生活重要方面的内容，依然是家庭劳动。在家庭生活中，有家务劳动、有抚养教育劳动、有赡养劳动，还有部分生产劳动也在家庭生活中实现和完成，这些劳动占据了家庭生活的绝大部分时间，并形成了家庭关系和格局，当然外部社会环境影响甚至有时决定着家庭内部成员的关系和格局，这个我们不作为分析的内容。现代家庭当中，由于任务较多，往往会影响夫妻关系的和睦，影响父子、母子之间的亲情。当人工智能将这些任务包括家庭内的劳动任务，甚至社会生产任务承担起来的时候，家庭成员因为劳动带来的压力会大大减轻，以往因为劳动压力带来的家庭内部的不和谐，以及家庭成员之间的博弈会大大减少甚至消失。

人工智能的智能性，让人工智能具有了对人的可替代性，家庭存在的价值如家庭成员之间相互扶持人才能生存下去，财产的延续和保存功能，这些随着人工智能的深入发展和应用，可能都会变得微不足道。人工智能的使用，会尽量扩大物质生产和精神生产，满足人类的需要，个体人的生存压力几乎变为零，同时人类对私有财产的概念会随着物质和精神产品的极大丰富而逐渐变得不重要，甚至可能消失。那么从人工智能这种发展意义来看，家庭被消解的可能性很大，如果家庭都被消解了，家庭伦理自然不会继续存在，人类存在久远的家庭伦理关系也就会消亡。

（二）从神创世角度谈人工智能创造对家庭伦理的影响可能

人类随着理性能力不断发展，创造新世界的渴望越来越强烈，人类终于在当代开始造"人"，人类造"类人"是过程性的，不断推进的，并且人类和自己的创造物时刻共存，当人工智能"类人"足够强大，并且推算出人类造"人"方法，并对人类有清醒认识的时候，这些被创造者愿意不愿意接受被创造者的身份，愿不愿意和人类共存，是不可知的。人类不同于神创造世界，人类创造的"类人"其能力远远超越人的能力，无论是体力还是精神力，人不知道能不能有效地掌控自己的创造物，这就是人创造"类人"——人工智能的风险。

如果人工智能一直在人类的掌控下和人类并存，那么人工智能时代的人类社会生活是值得探讨的。如果人工智能脱离了人类掌控，要么人类亲手创造了自己的第二个主宰者，人类变为人工智能的奴隶，要么人工智能将自己的创造者毁灭，变成新世界的主人。如果是第一种，人类的家庭伦理将何去何从，不太好判断，到时如果人类成了人工智能不断提升自己的研究脚本，那人类存在的价值和意义就不太好判断，人类的家庭还存在与否也不太好判断。如果人工智能成为世界的新主人，人类被毁灭，那么家庭伦理一定会随着人类的灭亡而灭亡。

如果人工智能将人类的善继承，并将道德作为它们的诉求，那将来世界要么美妙可期，要么人类被人工智能驯化，驯化成有善有爱的他们期望的样子，或者人工智能站在善的制高点，审判人类，并将人类驱逐进自然，或者是直接毁灭人类。所以沿着这些路径进行思考，人类家庭伦理要么变得越来越和睦、有爱，越来越理想，要么被还原为人类较为初级的阶段，要么被改造甚至消灭。

参考文献

1. 宋冰. 智能与智慧：人工智能遇见中国哲学家［M］. 北京：中信出版集团，2020：3-28，83-109.

2. 夏少昂. 人工智能伦理问题的时代镜像与调适［EB/OL］. 中国社会科学网，2019-12-03.

3. 成素梅. 人工智能与人类文明的未来发展［EB/OL］. 中国社会科学网，2019-01-08.

第二部分 02

社会治理体系与能力研究

对我国社会治理创新的思考

李美姗[*]

摘要：当前中国正处在社会转型的阶段之中，社会问题日益凸显，新时代社会治理面临着诸多新事物、新挑战以及其所带来的新问题。作为实现社会治理体系和治理能力现代化不可或缺的一个方面，如何对我国社会治理进行创新，使之更好回应时代的要求显得至关重要。自我国实行社会治理创新以来，地方基层积极探索社会治理创新的本土特色，在实践中出现了"枫桥经验"等不少优秀地方案例，并且具有由试点向全国推广的示范性特点。然而随着时代变化发展，当前我国社会治理创新正在面临新的挑战，如治理专业程度不够、网络治理存在空白以及基层治理联系不足等问题。通过思考，文章认为未来我国社会治理创新可向完善法治体系、创新治理机制和丰富基层治理等方向发展。

关键词：社会治理创新；基层治理；专业化治理；法治化治理

一、我国社会治理创新的特征

（一）地方基层积极探索社会治理创新的本土特色

中华人民共和国成立初期，我国社会治理实践出现了一些优秀地方案例，如在20世纪60年代"发动和依靠群众，在矛盾初期就地解决问题"的"枫桥经验"就得到了中央的肯定，并鼓励各地效仿学习。各地利用自身独特的资源、优势和经验对当地社会治理形式等进行改革，逐渐探索出既匹配时代要求又适应于本土实际的治理模式。围绕基层社会组织特征、公共服务供给路径以及改革成本的控制等问题，各地逐步形成了不少诸如"上海模式""江汉模式"和"沈阳模式"等不同区域的社区治理模式（李友梅，2016）。其中，我国本土特色社会治理创新成果中，以下两项尤为突出：

---

[*] 李美姗，女，北京信息科技大学马克思主义学院研究生。

1. 基层党建引领社区治理

"枫桥经验"等为人称道的社会治理创新经验离不开基层党建的支持，党建统领是其中的一个鲜明特色。我国早期的"社区党建"在上海市提出，并首先在上海市区范围及少数城市开展试点工作，随后有关部门在上海召开会议，讨论在社区党建中存在的问题并总结经验，再逐步进入全国推广阶段（李友梅，2020）。多地也积极探索以基层党建引领社区治理，充分发挥社区党员的模范和引领作用，如北京市在2018年首创了以党建引领的"街乡吹哨、部门报到"的模式，广泛动员和组织群众，创建了社区管理新模式。以党建引领带动基层社会治理是我国开辟的特色治理模式，在地方党组织的领导安排下，基层党员积极参与社区治理，主动通过走访等形式发现社区问题，充分发挥党员的先锋作用，啃下在治理过程中的"硬骨头"，并且通过解决关键性问题，推动基层社区治理水平进一步提升。基层党建引领社区治理是我国社会治理形式上的一个特色创新。

2. 建立网格化管理机制

网格化管理是依托高科技平台，全方位采集基层辖区范围内人员信息、公共财物、地点位置、团体组织、志愿服务和治安消防等要素和资料信息进行的数字化管理机制。这是通过划分网格，设置各片区负责人和网格员等基层治理人员对治理片区进行专业精细化管理的一种先进机制。例如，当辖区内出现突发事件如消防安全问题时，负责人可以通过实时监控等数字化平台上即时显示出的异常信息迅速掌握险情发生的具体位置，并通过派遣人员等措施安排进行应对处理。随着如今科学技术的进一步发展，基层治理思维也得到更新，网格化管理机制也在不断发展和完善，例如，24小时街道监控录像当前在我国城市主要街道已基本覆盖。网格化精细管理是在新科技时代下社会治理的一个关键创新。

（二）具有从试点向全国推行的示范性特点

在我国，一些重大的制度变革通常都是先以地方试行的形式出现，先对地方的治理改革创新经验进行总结，再在恰当时机将较为成熟的地方社会治理创新举措上升到国家层面，用制度的形式保障实施，最后再于全国推行该地经验，这是我国社会治理创新的一个亮点。我国幅员辽阔，全国各省市、各地方的具体情况有所不同，而社会治理通常需要涉及地理状况、人口分布、历史文化等方方面面的因素，难以在全国范围内统一强制推行某项治理政策。因而，当中央有了关于社会治理方面具体的新思路，运用先试验再推行的办法能大大节约人力、物力和财力成本，是保证我国社会治理高效运转的一种形式。具体来说，这种模式要求首先在某个特定的地方设置试点进行试验,中央在根据试点经验进行总结和反思的基础之上,再用制度或政策向全国推行。其中要注意的是,向全国推行并不是要求各地照搬某地经验,而是鼓励全国其他地方对该试点的治理经验进行吸收,最后在结合当地实际情况的基础之上,因地制宜地应用社会治理新模式。

无论是从中华人民共和国成立初期还是当今社会中来看,试点推行的做法并不少见。例如,上文中提到我国社区党建的早期发展主要就是先在上海地区进行试点试验,再根据实施状况逐步推行到全国,从而打开了我国社区党建发展的新篇章。自21世纪科学发展观和"两山"理论等观点提出以来,环境发展备受重视,而环境治理问题一直是我国的瓶颈。2019年上海市率先通过《上海市生活垃圾管理条例》,以及其在执行垃圾分类的过程中存在的经验和问题值得全国各地学习、参考和借鉴。例如,居委会"大妈"的监督执行就是一个新的亮点。过去我国虽有垃圾分类政策,但监督执行的力度不够,居民相关分类意识淡薄,因而也就没有较大的改变。而上海"大妈"协助分类、轮班监督垃圾投放情况能够有效提高居民的垃圾分类和环保意识,从而落实相关政策,在维护社会治理秩序的同时也大大提升了社会治理水平,这样的"上海经验"值得各地借鉴。2020年5月1日起,北京市也开始实施《北京市生活垃圾管理条例》。相信这两地的经验会为我国制定环境社会治理创新制度提供新的思路,并且为我国其他地区的环境社会治理提供新的参考。

二、我国社会治理创新面临的挑战

2020年年初以来,新冠肺炎疫情在我国大面积暴发,在给我国带来一定程度经济损失的同时,也严重影响和干扰了社会秩序和人民日常生活。疫情期间,发生在各地的不少案例使我们对社会治理创新有了新的认识。例如,在社区治理过程中,相比于2003年"非典"暴发期间的社会治理情况,一些网络公共平台对疫情状况实时通报以及微信中的"业主群"和"志愿服务群"等聊天群组进一步加强社区居民联系,是社会治理创新随时代发展而不断更新换代的一种体现。回顾疫情发生以来的时间节点和重大事件,当前这场疫情也给我国社会治理创新带来如下挑战:

(一)治理专业程度有待提升

应对突发事件,常需要用到专业化的手段和措施在前期预防各类风险,并在事件发生后尽量把损失降到最小。在新冠肺炎疫情于湖北武汉范围暴发的初期阶段，与以往不太寻常的确诊病例并没有引起当地政府的高度重视。应对和处置此类突发事件，需要熟练运用预测预警、风险防控、事件应急等措施（吴传毅，2020）。类似事件的发生暴露了当前政府社会治理专业人才不足，相关从业人员知识技能水平不够，专业化程度低的缺陷，同时也引发了对社会治理专业化要求的进一步思考。

（二）网络治理空白有待弥补

随着互联网时代的到来和科学技术不断发展进步，我国网民规模和互联网普及率连年上升。CNNIC第45次《中国互联网络发展状况统计报告》显示，截至2020年3月，我国网民规模达9.04亿，较2018年年底增长7508万；互联网普及率达64.5%，较2018年年底提升4.9个百分点。我国网民队伍日益壮大，意味着网络平台越发成为一个能够影响人们日常生活的大型公共空间，而我国在网络治理领域也应当投入更多精力。在疫情期间，一些不法分子利用人们的日常生活节奏被打乱、空闲时间大大增加这一特点，杜撰了大量与现实情况不符的谣言，引起了大范围的网络焦虑、恐慌和不满，对社会造成重大负面影响。尤其是关于疫情严重地区医疗机构和医护人员的不实信息的散播，引起了网络上大范围消极情绪爆发。而面对愈演愈烈的谣言，传统的辟谣机制存在反应滞后和传播范围狭隘的缺点。一些有用的辟谣信息未能得到及时传播，某些谣言甚至在国际上产生了有损我国国家形象的消极影响。这些不法分子存在侥幸心理，漠视法律散布谣言这一行为背后，是我国网络治理的缺位，说明当前有关网络的立法仍有待完善。目前，我国实现的网络相关主体法律是于2017年实施的《中华人民共和国网络安全法》，在其他法律法规中也有部分体现，总的来说呈现出较为分散的局面，且存在立法空白，未来仍有很大的完善空间。此外，当前我国现行网络法律条文的普及和宣传力度仍然较弱，民众对网络法律的了解甚少，不少投机分子仍抱有侥幸心理，网络治理法治化建设仍有待完善。

（三）基层治理联系有待加强

当前，我国基层治理主要是由各地方党建统领以及当地其他社会力量协调参与治理的形式。从基层治理的代表性机制网格化管理可以看出，目前我国基层的治理范围主要局限于该辖区内的事务，治理方式也不同于传统层级递进的治理概念，而是呈网格状进行分散治理。我国只对上级和中央负责的政治传统和体制设置也影响形成了同级的基层单位之间的沟通、联系和交流甚少的局面。然而缺乏合作与沟通，并不利于基层治理进一步更新和完善。在疫情期间，某地出现了政府肆意拦截外地防控物资并收为己用的恶性事件，除了体现出执法人员治理水平不足，还说明了我国基层自治制度存在一定程度的混乱，才使得某些基层单位并不清楚自己的治理职能权限以及与其他地方治理单位的关系。此外，疫情期间的基层治理主要是以社区为单位进行的，由中央下达的防控任务最终都落实到各村/居委会上。但是从实践治理经验来看，在国家给出整体防控建议和指南作为参考的情况下，基层社区之间落实下来的防控措施和要求并不一致。例如，在同一风险等级的地区之内，一些社区要求居民非必要尽量减少外出，且外出必须戴口罩，而另一些社区则不允许居民出门活动或离开社区，由社区统一安排进行采买日常生活物资等。这是由于各社区对国家政策的理解存在主观偏差，尤其是在基层之间缺乏相互联系和交流的情况下，容易出现某地区防控过度或防控不足的具体防控水平和力度不一的举措，同时也给跨社区生活的同一地区居民生活带来一些不便。相同问题的体现还有全国各省市各异的疫情防控政策，尤其是在当下疫情较为缓和的阶段，对民众跨省市出行造成不便。

三、未来我国社会治理创新的方向

2020年3月，习近平在湖北省考察疫情防控时强调，要着力完善城市治理体系和城乡基层治理体系，树立"全周期管理"意识，努力探索超大城市现代化治理新路子。归根结底，未来我国社会治理创新的关键在于进一步完善治理体系和制度问题。

（一）完善法治体系，提升社会治理的法治水平

法律是调整国家机关、公民、法人等主体行为的社会规范，具有国家强制性，正是在这种强制性的约束下，才能达到治理的最优性（汤胜梅，2016）。以立法的形式，运用法制共识和伦理精神对社会进行规范和约束，能够保障社会治理过程规范合理、自主运转，进而能够最大化保障人民的权益。同时，通过法治体系的不断完善，法治在社会治理中发挥更大作用，能够促进人人能运用法治的思维和方式解决纠纷、化解矛盾。完善我国法治体系，提高法治意识和社会治理水平，主要从以下三个层面着手：

1. 立法层面

在立法环节要注意构建公民权利保障体系，扩大群众在立法过程的参与度。例如，要使民众在法律中看到有关于自身利益的保障，如城市房屋拆迁、企业改制和移民安置等问题。另外，还要拓宽群众参与立法的途径。除了向人大代表提出意见，可以鼓励群众参加座谈会、论证会、听证会和联系基层立法联系点等多种形式，对立法问题积极表达民意，进一步推动对牵动自身利益和人民

群众真正关心的事务进行立法，完善我国法治体系。

2. 执法层面

在执法环节要提高领导干部、行政人员和执法队伍的专业水平和法治素养。保证政府在执法过程中敬畏法律，始终遵循法治精神，尊重公民权利，严格按程序执法，不以权谋私。具体可采用由第三方机构对政府工作人员进行定期法律培训和考核相结合的形式，同时将考核成绩和结果公开于群众能看见的办事大厅和官方网站等位置，增加政府工作人员对法律学习的重视，进一步培育他们的法治精神。另外，部分地方基层政府容易陷入"关系社会"和"熟人圈子"，体现的是政府工作人员法治精神的不足。因此，除了对在职人员制订定期学习计划以外，在招聘和选拔新的基层人员及干部的时候也应当更注重考核其法治素养，将法治意识作为一个重要考核要素。

3. 司法方面

在司法环节需要提升司法公信力，培育民众的法治信仰。提高司法公信力，首先，需要司法部门严肃认真处理每个案件，要确保在事实清晰、证据确凿的情况下断案，做到断案结果不惹非议，使民众信服于法律的力量。其次，需要不断提高办案质量，做到定罪量刑准确恰当，在严惩违法犯罪行为的同时也严防发生冤假错案，尽全力维护司法权威。尤其是针对一些妄想钻法律漏洞的不法分子，必须严肃打击，以儆效尤，提高公民对法律的敬畏意识。另外，还需加大民间普法宣传教育的力度，提高公民法治意识，营造良好的法治文化氛围，使民众在潜移默化中深化自身法治信仰。

（二）创新治理机制，提升社会治理专业化程度

治理体制和机制等制度建设关系着社会治理过程的方方面面，时代正在改变，一些多年以前制定的不合时宜的旧制度理应跟随时代潮流进行更新换代。而对当前的社会治理制度进行创新，关键是要秉承共建共治共享的理念。

1. 构建协同治理体制

要想改变我国长期以来政府主导社会治理这一局面，关键在于构建并不断完善合作体制。也就是要健全和完善我国党委领导、政府负责、社会协同、公众参与、法治保障的多主体协同治理体制。政府作为自然垄断组织，在针对某项具体治理的专业化程度不及其他社会力量，要广泛发动社会上其他主体积极参与到社会治理过程中来。在具体实践中，为了保障治理过程的有序性，需要用制度的方式规范确定不同的主体参与社会治理的范围和职责划分，使各个主体都能发挥其社会治理的效能，避免在治理过程中出现某项治理功能缺失或重叠的现象。

2. 打造多主体合作机制

过去我国社会治理主体已由一元转向多元发展，但治理的主体之间缺乏联系，不仅影响治理效率、同时也对治理结果大打折扣。因此必须加快构建治理主体的合作机制，在明确和划分各主体的权责义务和界限的基础上促成主体间良性互动的协商，凝聚多个主体合力治理。此外，还可以利用平台联网等技术手段，做到主体之间信息共享，有利于共同综合治理。

3. 健全诉求表达机制

针对群众问题反映无门的问题，需要进一步健全和完善诉讼、仲裁、行政复议等我国现行的诉求表达机制。首先，政府部门要加大宣传和普及力度，广开言路，积极接受群众的意见反馈。其次，在传统诉求表达机制基础之上，可以利用新媒体平台等工具拓宽群众诉求的表达渠道。最后，需要提高受理效率，依法按照政策法规及时处理群众的合理诉求。

4. 完善矛盾调解机制

调解矛盾的最佳时机是在发现苗头之初，而矛盾常见的几种形式多发于基层，如家庭内部或邻里矛盾，应当完善矛盾调解机制，将矛盾控制和化解于基层。一方面，可以学习和借鉴"枫桥经验"的形式，依靠和发动群众，以综合管理的方式方法将矛盾纠纷化解于基层，做到"小事不出村，大事不出镇，矛盾不上交"。另一方面，考虑到新的时代环境和背景，可以拓宽矛盾沟通和调解形式，如可以在互联网媒体平台上设立咨询和沟通渠道，积极了解并把握群众矛盾，再运用社会组织或社会工作人员等专业人士进行调解，从专业角度给出专业指导意见，将人民内部矛盾及早化解。

(三) 丰富基层治理，加强地方社会联系

我国疆土辽阔、人员众多，社会治理落实和创新的关键点在于地方基层治理。随着越来越多的主体人员参与到治理过程中来，基层治理队伍也逐渐扩大，人们渐渐探索出了更多成功的经验模式。

1. 改革基层政府职能

要简政放权，使政府集中精力管好"分内事"，专业事务交由专业人士处理，还应避免部门之间职能交叉重叠，影响办事效率；要放管结合，在放权的同时对地方事务进行监管和考察，维护辖区内社会的正常高效运转；要优化政府的服务意识，使其意识到自己是一个服务机构，时刻保持为人民服务的心态。此外，还应加大对基层建设的投入，包括采取人才引进等措施，壮大和升级基层队伍，淘汰不合时宜的治理观念和模式，深入思考基层治理创新，切实为基层人民办实事，使基层政府形成务实的作风。

2. 发挥社会组织作用

专业性高的社会组织正在基层治理中发挥越来越大的作用，需要得到我们的重视并引导其良好发展。首先，要对社会组织进行登记，明确其数量、功能、发起人和服务对象等信息，进一步规范社会组织的成立，避免一些不合资质的团体混入其中，对社会造成负面影响。其次，可以适当合并现有社会组织。社会组织的专业分工一向明确，但也有不少组织存在定位相似、功能重叠的情况，为了更大发挥社会组织的专业优势，促使其参与的社会治理工作更具有针对性，可以鼓励其进行适当的合并优化，进一步扩充服务内容。最后，政府应投入资源，加大对社会组织的能力建设，使其进一步提升服务的专业化程度，更好地参与到社会治理当中。还可以利用第三方机构定时"年检"和评估等手段，促使其不断提高自身业务能力和专业水平。

3. 利用信息科技手段

借助科技的力量，运用大数据和人工智能等先进技术能够更好采集社区居民信息，并且利用互联网平台加强社区居民的联系和互动，进一步消除基层社区层面信息缺失和数据联通障碍。此外，基层政府和社区还能用以"微信"和"抖音"等为代表的新媒体平台发声，迅速传播公共信息资讯和甄别虚假谣言等，在利用这些受众面广的网络平台的同时，政府在日常生活中也能拉近与群众的距离，更好地与民众进行互动。随着越来越多官方账号入驻互联网平台，地方之间也能更了解彼此的具体事务，可以互相借鉴吸收长处，进一步加强基层与基层之间的联系。

参考文献

[1] 姜晓萍. 国家治理现代化进程中的社会治理体制创新 [J]. 中国行政管理, 2014 (2): 24-28.

[2] 李杰. 新时代社会治理面临的问题与对策 [J]. 农村·农业·农民 (B版), 2020 (6): 36-38.

[3] 李立国. 创新社会治理体制 [J]. 求是, 2013 (24): 14-18.

[4] 李友梅, 相凤. 我国社会治理共同体建设的实践意义与理论思考 [J]. 江苏行政学院学报, 2020 (3): 51-60.

[5] 李友梅. 中国社会治理的新内涵与新作为 [J]. 社会学研究, 2017, 32 (6): 27-34, 242.

[6] 李友梅. 我国特大城市基层社会治理创新分析 [J]. 中共中央党校学报, 2016, 20 (2): 5-12.

[7] 任芙英. 如何实现社会治理法治化 [J]. 人民论坛, 2019 (2): 84-85.

[8] 汤胜梅. 我国社会治理理论创新及其意义 [J]. 长沙理工大学学报 (社会科学版), 2016, 31 (5): 83-87.

[9] 王思斌. 社会工作在构建共建共享社会治理格局中的作用 [J]. 国家行政学院学报, 2016 (1): 43-47.

[10] 吴传毅. 国家治理体系和治理能力现代化视域下的现代治理理念 [J]. 党政论坛, 2020 (6): 4-7.

[11] 杨军剑. 以城市社区工作创新实践提升社会治理效能 [J]. 决策探索 (下), 2020 (6): 14-16.

[12] 杨丽, 赵小平, 游斐. 社会组织参与社会治理: 理论、问题与政策选择 [J]. 北京师范大学学报 (社会科学版), 2015 (6): 5-12.

[13] 周庆智. 社会治理体制创新与现代化建设 [J]. 南京大学学报 (哲学·人文科学·社会科学), 2014, 51 (4): 148-156, 160.

基于 CiteSpace 知识图谱
可视化分析的社会治理现代化研究

白旻曦[*]

摘要：社会治理现代化自提出起，经过几年的发展，初步形成一个体系。在十九届四中全会上，再次强调要加强社会治理能力和治理体系现代化，社会治理现代化成为近些年党的工作重点。本文利用 CiteSpace 可视化分析软件，通过分析，呈现出社会治理现代化的研究热点和趋势。

关键词：社会治理；现代化；治理能力

在十八届三中全会上我国提出了要全面深化改革，完善和发展中国特色社会主义制度的总目标，从而推进国家治理体系和治理能力的现代化。这个内容在十九届四中全会中又被重新提及，所以，社会治理现代化是一个近年来值得研究的课题。本文运用 CiteSpace 对社会治理现代化的相关文献进行可视化分析，阐述社会治理现代化领域的研究热点和趋势。

一、研究工具及数据来源

（一）研究工具

本篇"社会治理现代化"论文的研究工具为 CiteSpace 可视化分析软件，版本为 2017 版。CiteSpace 是在 JAVA 程序基础上，对某一研究领域的热点和发展的趋势进行研究分析，从而得出可视化图谱的软件。这种分析可以建立不同对象节点之间的关联，从而更清晰地为我们的研究提供量化数据。

（二）数据来源

此论文数据选自中国知网（CNKI）中的文献和国家图书馆数字图书馆中的

---

[*] 白旻曦，女，北京信息科技大学马克思主义学院研究生。

相关文献。在中国知网数据库中选择"文献"主题词检索,检索条件为"社会治理现代化",选取 2010 年 5 月至 2020 年 5 月十年的数据,期刊来源为 CSSCI 数据库,剔除不符合需求的论文以及各种报告和座谈会述评等,一共选取出 669 篇有效文献。以 refworks 格式导出,再运用 CiteSpace 文献被引和共现词网络功能,从而绘制出"社会治理现代化"的知识图谱。研究现状和未来展望的分析范围是中国知网和国家图书馆数字图书馆中社会治理现代化的相关内容。

二、社会治理现代化的含义、内容

(一)社会治理现代化的含义

目前,学术界对于社会治理现代化的概念界定有两种说法,第一种观点认为社会治理现代化就是三个现代化,包括治理理念现代化、治理体系现代化、治理能力现代化。第二种观点是在原有基础上的发展性观点,认为社会治理现代化是以区市为主要治理载体,以法治理念现代化、治理体系现代化、治理能力现代化为重点内容,加快提升社会治理的社会化、法治化、智能化、专业化水平的发展过程。

这两种不同的观点说明,我国目前对社会治理现代化的研究还需要进一步完善和研究深化,因为其内涵仍未有一个确定的、统一的说法。社会治理现代化作为社会治理领域的一种新说法,容易与社会管理相混淆,或者和现代化国家相混淆,所以在推进社会治理现代化的过程中,要首先理解社会治理的含义,以及社会治理的构成要素。这样才能更好更稳定地让社会治理走向现代化。

根据不同的国情和社会性质,社会治理现代化在中国目前的阶段可以被定义为解决中国问题,给中国人民带来福祉的结合新时代科学技术和新理念的社会治理方式。

(二)社会治理现代化的内容

改革开放前我国是社会管理,近些年转变为社会治理,这是对社会生活认识的深化,也是对社会制度的创新。在新时代的背景下,社会治理现代化的内容包括以下四个方面。

1. 系统治理

系统治理是要求全社会共同参与的。这就要求党和政府及人民共同参与其中,党来领导治理,政府来主导治理,人民和社会组织参与自我治理。居委会和村委会都要发挥基层群众自治组织的自我治理能力。每名党员,从基层到高层都要参与到社会治理的各环节和各个步骤中去。在政府方面,要摒弃领导作用,去发挥主导作用。政府的权力不能超出它本身所应实行的权力,也不能跨到人民群众和自治组织的领域中去管理社会。但是也不能放手不管,而是做好监督人的作用。在公共参与方面,国家和政府应当使公民参与治理的渠道加宽,让途径更加多样。

2. 依法治理

依法治理是使人们有法治意识,用法律来治理社会。加快社会治理各个领域的立法工作,出台相关法案保障居民群众和社会组织能够发挥其社会治理的作用,并且他们的权益不受到侵犯。出台的法律要严格执行。对于新出台的法律,要加强宣传,使人民群众及时、清楚地了解相关法案。

3. 综合治理

综合治理是指不光要坚持用法律来维护社会治理,而且要用以道德治理社会,德治和法治双轨齐下。让人们心中有一杆道德标尺,从而约束自己的行为,让道德从内心发挥其高尚的规诫作用。

4. 源头治理

对于复杂的社会治理问题,和长期未良好解决的社会问题,要找到它们的源头,发现和分析其存在问题,找出根本原因,因地制宜来改善社会治理中存在的问题。并且建立反馈机制,当治理效果不好的时候,让群众勇于反馈自己的问题,乐于建言献策,这样可以让政府与人民之间的关系更近一步。

三、数据结果分析及研究现状

(一) 基本情况统计

1. 发文量随年份分布情况

图 1 显示了我国社会治理现代化研究文献在中国知网(CNKI)发文量在 2010—2020 年这十年间随年份变化的情况。由图可以看出,社会治理现代化的文献发文量在 2013 年前非常少,平均每年不到 10 篇。在 2013 年的十八届三中全会上,我国提出了要全面深化改革,完善和发展中国特色社会主义制度的总目标,从而推进国家治理体系和治理能力的现代化。从这时开始,我国学者开始把社会治理现代化作为研究对象。所以,从 2014 年开始,发文量呈陡然上升趋势,之后波动上升。

在 2019 年达到发文量的最高峰,141 篇,究其原因,是因为十九届四中全会的召开,学者们再次聚焦于社会治理现代化。十九届四中全会《中共中央关于坚持和完善中国特色社会主义制度推进国家治理体系和治理能力现代化若干重大问题的决定》中的第一条内容就是"坚持和完善中国特色社会主义制度、推进国家治理体系和治理能力现代化的重大意义和总体要求"。这表明我国已经把社会治理现代化提升到前所未有的高度。因为国家治理体系和治理能力的建设关乎国家的政治、经济、文化、社会、生态、军事、外交等各方面发展,对中国人民,对世界人民命运共同体的建设具有重要意义。

预计 2020 年将达到一个新的发文高峰。由此可以看出,我国学者对于社会治理现代化的密切关注程度。

总体趋势分析

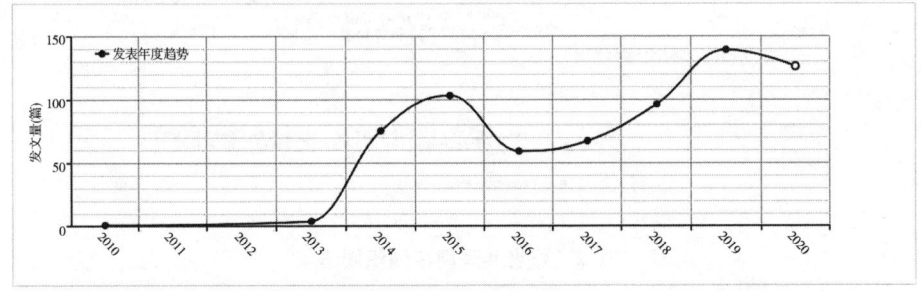

图 1　发文量随年代的变化图（2010 年 5 月—2020 年 5 月）

2. 作者发文连线情况

运行 CiteSpace, 时间范围跨度设定为 2010—2020 年,时间切片选择一年,节点类型设置为作者,其他参数为默认设置,得到节点数为 166,连线数为 15,密度为 0.0011 的作者共现网络知识图谱（图 2）,从生成的图谱中可以发现,中央政法委秘书长陈一新、中央团校、中国青年政治学院教授陆士桢、福建省厦门市政法委书记李伟华,这三位作者的节点较大。节点数越大表示发文量越多,由此说明这三位作者在我国社会治理现代化的研究中,发文量较多,学术科研力量较强。由图 2 可看出,节点之间的连线数较少,连线数表示节点之间的联系,连线数量越多表示节点之间联系越密切,但是此图的连线数仅为 15,密度仅为 0.0011,说明各个作者和机构院校之间的联系不够紧密,沟通合作欠缺,缺乏合作研究共同撰写文献意识,学者们需要加强学术交流与合作。中央团校和中国青年政治学院的校际联系较为密切,联合发文密切。同一地域,距离近的机构和作者之间的联系较为紧密,而社会治理现代化属于全国范围的议题,所以研究机构和作者较为分散。

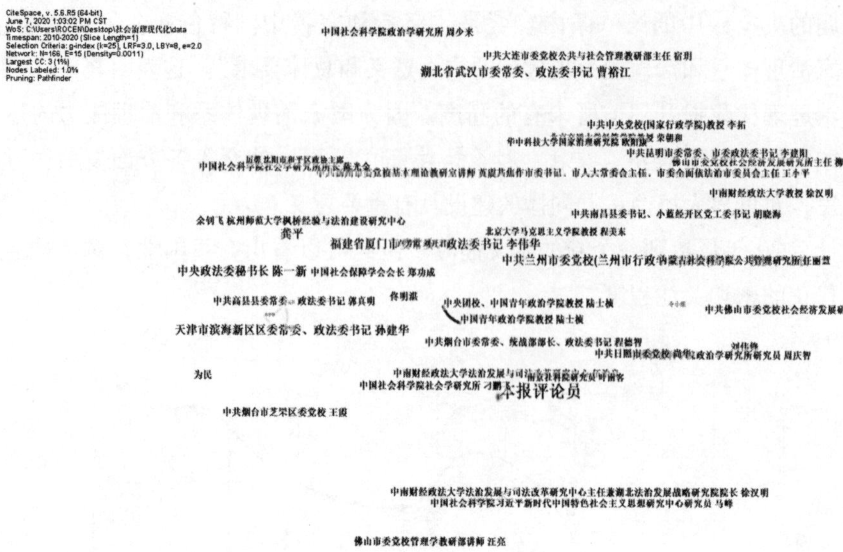

图 2 作者共现网络知识图谱

(二) 研究热点主题

研究热点指的是同一类文献中共同研究重点以及研究方向分析。研究社会治理现代化热点，可以了解社会治理现代化领域中的诸多问题和观点，具有重大意义。关键词聚类分析是以关键词共现分析为基础，将关键词共现网络关系通过聚类统计学的方法简化成数目相对较少聚类的过程。本文通过研究热点分布饼图和关键词聚类分析的方法对社会治理现代化的研究热点进行分析，以探求我国社会治理现代化的研究热点主题。

1. 研究热点占比饼图

在中国知网检索主题为"社会治理现代化"的文献，各文献主题分布为图3。将近1/3 的文献都是以"社会治理现代化"为主题，其次是以"社会治理"为主题，排在第三的是以"社会治理能力"为主题。在这个饼图中，有一半左右的社会治理现代化都是与国家治理、法治、社区治理等主题相关联。

2. 关键词共现图谱分析

关键词是一篇文献中的关键要素。运行 CiteSpace，设置节点类型为关键词，其他参数与作者参数相同，在关键词知识网络图谱的基础上，得到如图4所示社会治理现代化关键词聚类图谱。图中呈现了"社会治理能力""社会治理""国家治理""现代化"等多个聚类，反映了我国社会治理现代化领域的研究热点。

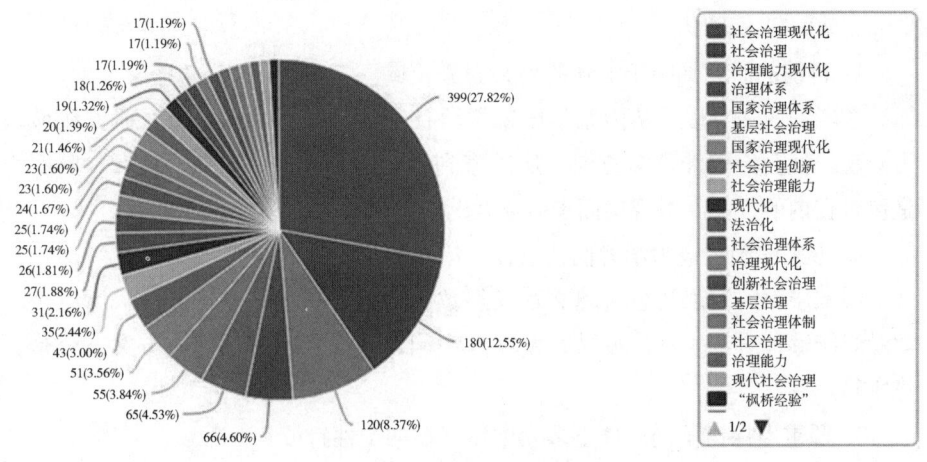

图3 研究热点分布饼图

社会治理能力与主体研究，包括社会治理的方法，基层治理，源头治理，各个治理主体间的关系，每个主体的治理能力范围。群众和社会组织自治，政府不再高度管理，而是监督治理，下放权力，让人们共治共享。

国家治理体系与治理能力现代化研究，比如，社会格局、社会治理创新体制，要改变固有的体制内治理模式，让社会组织自治更加规范化、合法化。社区治理和村镇治理也不能忽略或轻视，要开创治理的新局面。

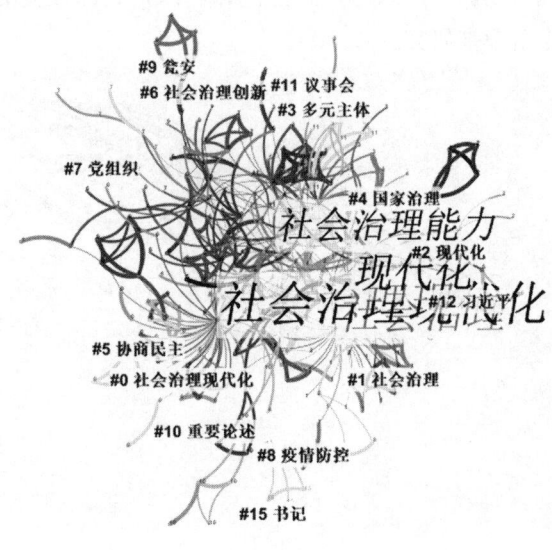

图4 社会治理现代化关键词聚类图谱

(三) 研究现状

1. 目前的研究局限于宏观的公共服务领域

学者们的文章多是从国家角度来撰写社会治理现代化的文章，研究领域较为宏观。社会治理涉及多方面，从国家到社会再到个人、乡镇、社区、家庭都是包含在内的，而在微观层面少有涉及。

2. 未来的趋势应为学者们选取社会治理的某一具体领域

国家层面的宏观社会治理文章已经数不胜数，角度缺乏创新性，所以今后学者们能够针对某一具体领域，发现其中问题，提出建设性解决方案，会是大势所趋。

3. 要重点探讨不同条件下多元主体互动的个性特征

社会治理现代化的主体不仅是国家、政府，或是一些权威人士，也可以是自发的社会组织和个人。比如，新冠疫情暴发以来，从基层党组织到社会各界，到中央领导层，很好地联动起来解决问题，共同构成了社会治理现代化主体的互动。

(四) 研究趋势

关键词时序图可以用来反映某一研究主题随着时间变化的主要研究内容，也能够在一定程度上反映某一时间段内的研究趋势，因此运行 CiteSpace，在关键词共现分析基础上，按时间片段生成关键词时序图谱，如图 5 所示。从图中可以看出在不同时期的关注点不同，因此，可以把我国社会治理现代化研究的演变划分为三个阶段来研究。

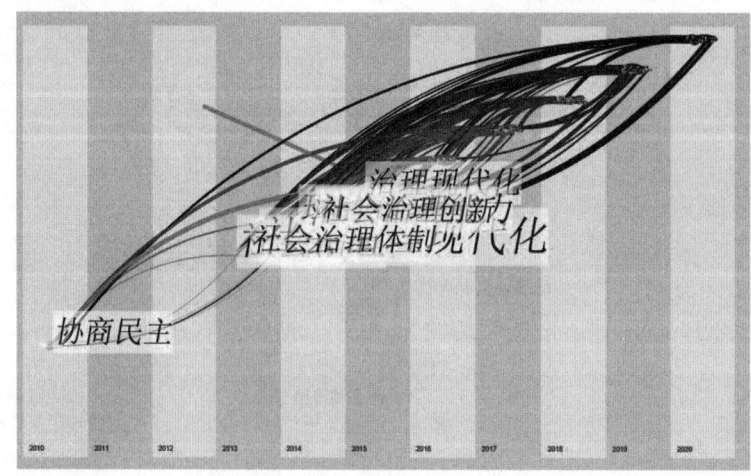

图 5　关键词时序图谱

1. 初步探索社会治理现代化时期：十八届三中全会前

自 20 世纪末，我国就开始了社会治理现代化的初步探索。在这个阶段，党和国家已经把社会治理现代化提上国家制度议程，但并未得到重视。只是在少数人头脑中出现了社会治理现代化的思路，有少量的文献，并且还是和其他热点结合起来，如"协商民主"，多数学者还把社会治理和社会管理混为一谈。因此，这一时期对社会治理现代化的研究关注较少，研究有些许混乱，并未形成一个完整的研究系统。

2. 重视发展社会治理现代化时期：十八届三中全会至十九届四中全会

从 2013 年 11 月提出社会治理现代化开始，我国学者开始聚焦于这一领域，在这六年间，我国学者们关于社会治理现代化方面的问题研究越来越多，从开始的单一领域研究，到最近两年的多领域研究。从基层到高层，从社区到党组织，从贯彻执行到创新发展，社会治理现代化的研究主题不断拓宽，随着时间的推移，到了 2019 年的十九届四中全会，社会治理现代化已上升到新的高度。

3. 社会治理现代化研究蓬勃发展时期：十九届四中全会后至今

这半年时间，社会治理现代化领域的发文量已经直逼前几年的发文总量。党的十九大为社会治理现代化的实现提供了良好的制度保证，使我们更有信心、更有动力去探索社会治理现代化，推进社会治理能力及创新。在今后的一段时间内会持续下去，社会治理现代化将会是一个值得不断研究的课题。

四、未来展望：践行社会治理现代化

（一）社会治理现代化的践行方法

首先，要践行三个理念。第一个理念是社会治理现代化要做到以民为本，以人民为中心。十九届四中全会上提到，坚持以人民为中心的发展思想，不断保障和改善民生，增进人民福祉，走共同富裕道路。以人民为中心，显现了社会治理现代化的价值取向，突出了人民在社会治理中的重要地位以及人民扮演的角色和重要作用。第二是践行发展协同的理念。协同就是要让政府、党、人民和社会组织共同治理。发挥党的领导作用、政府的监督负责作用、社会的协同作用、公众的参与作用以及法律的保障作用。让人人有责，人人自治，人民共享，建设一个社会治理共同体。社会治理现代化还应践行创新的理念。创新是一个民族发展和社会进步的动力和源泉。要用创新的手段、创新的内容来治理社会，发展新的社会治理模式，推行新的社会治理政策，构建新的社会治理组织，更新人们的社会治理思想。

其次，要践行自治、法治、德治、心治、智治相结合。自治就是要以社会组织为载体，发挥社会基层的主体性和人民群众的主体性。法治就是以法律为保护手段，提高人民群众的法律意识，更好地参与到自治中来。德治就是以思想道德素养来规范人的行为，增强人民的文明程度。法治和德治刚柔并济，双管齐下，能发挥"1+1>2"的效果。心治，就是要从心理上对人民群众加强引导，让人民群众敢于去自我治理。智治，就是要用科学的方法治理社会。在互联网高速发展的社会，运用大数据、云计算、人工智能等方法参与到社会治理中，推进社会治理现代化和智能化。

（二）展望

现代社会正处于主体多元化的时代，社会治理发展十分迅速，现代化的途径也是多种多样，现代化模式就显得尤为重要。但是社会治理现代化目前面临种种挑战，存在许多问题。在探索发展过程中，应该以试点的方式不断摸索出符合多元主体共同治理的具体路径，尽量规避风险，及时制定出针对不同问题的对策与解决方法。

参考文献

[1] 钟伟金，李佳，杨兴菊. 共词分析法研究（三）——共词聚类分析法的原理与特点 [J]. 情报杂志，2008（7）：76-82.

[2] 徐猛. 社会治理现代化的科学内涵、价值取向及实现路径 [J]. 学术探索杂志，2014（5）：9-17.

[3] 张尹莉，胡显根. 基于 CiteSpace 的大城市社会治理知识图谱分析 [J]. 教育教学论坛，2019（4）：25-26.

[4] 陈成文，陈静，陈建平. 市域社会治理现代化：理论建构与实践路径 [J]. 江苏社会科学，2020（1）：41-50.

新时代社会治理体系和治理能力现代化的探索

欧晓秋*

摘要：新时代社会治理体系和治理能力现代化作为国家治理体系和治理能力现代化的一部分，也是全面建成社会主义现代化、实现中华民族伟大复兴中国梦的重要组成部分，因此，探索新时代社会治理体系和治理能力现代化具有理论意义和实践意义。

本文主要从演进逻辑与发展路径、面临的机遇与挑战、创新与应对策略三个方面对新时代社会治理体系和治理能力现代化进行探索。

关键词：新时代；社会治理；社会治理现代化

一、演进逻辑与发展路径

推进新时代社会治理体系和治理能力现代化是顺应当今世界发展大势的必然选择，也是实现国家治理现代化的重要途径。社会治理现代化的演进逻辑与发展路径和客观历史环境、中国的社会改革实践、人民期盼息息相关。中华人民共和国成立以来，我国经历了由社会管制到社会管理再到社会治理，即由政社合一到协同共治的社会治理逻辑演进历程。在中华人民共和国成立初期，由于国内散乱的社会秩序和国际复杂的形势，为尽快实现从新民主主义到社会主义的转变，充分调动国内外一切积极因素，推动社会主义事业前进，我国选择采取计划管理体制。进入改革开放时期，各方面的体制机制都面临着改革创新，对社会治理能力提出了新的要求，社会管理等各方面逐渐走出计划管控。党的十八届三中全会通过的《中共中央关于全面深化改革若干重大问题的决定》（以下简称《决定》），明确把"完善和发展中国特色社会主义制度，推进国家治理体系和治理能力现代化"作为全面深化改革的总目标。在该《决定》中，"创

---

* 欧晓秋，女，北京联合大学研究生。

新社会治理体制"首次被提出,这也是"社会治理"首次出现在党的正式文件中。在党的十九大报告中,以习近平同志为核心的党中央在总结以往社会治理实践经验的基础上,提出打造"共建共治共享的社会治理新格局",从治理核心、治理体制、治理体系等多维度对社会治理现代化指明了改革的方向,完成了从"社会管理"到"社会治理"再到"社会治理现代化"的转变,是马克思主义社会治理思想和中国具体实际相结合的又一伟大飞跃,强调了全社会共同参与社会建设和治理。党的十九届四中全会提出的"必须加强和创新社会治理,完善党委领导、政府负责、民主协商、社会协同、公众参与、法治保障、科技支撑的社会治理体系,建设人人有责、人人尽责、人人享有的社会治理共同体,确保人民安居乐业、社会安定有序,建设更高水平的平安中国"。充分体现了中国共产党与时俱进,回应人民群众对美好生活的期盼,并根据社会治理发展客观实际对社会治理现代化提出了更高的要求,为社会治理现代化指明了前进方向。

社会治理和社会管理一字之差反映了中国共产党对社会运行规律和治理规律认识的深化,是社会治理理念、体制和方式的一次重大变革。我国社会治理的逻辑演进及发展路径体现了中国共产党坚持以人民为中心的发展思想,坚持人民群众在社会治理现代化过程中的主体地位,坚持把人民当家作主落到实处的决心。目前,我国已进入社会各方与政府协同治理阶段,相信未来社会治理的发展路径将始终会在中国共产党和政府的坚强领导下,朝着智能化、规范化、人民化和精细化的方向前进。

二、面临的机遇与挑战

经过党和人民的长期共同努力,党的十九大明确指出,中国特色社会主义进入新时代,我国社会主要矛盾已经转化为人民日益增长的美好生活需要和不平衡不充分的发展之间的矛盾。这深刻揭示了当前我国发展状况和人民生活状况的时代特点,同时也对社会治理提出了新的要求。新时代社会治理现代化既面临着前所未有的机遇,又面临着诸多挑战。我们应做到在理论上真正坚持马克思主义认识论,在实践中真正坚持马克思主义的实践观点,才能坚持和完善社会治理现代化。

在和平与发展的时代主题下,经济全球化带来的合作与共赢,为我国社会治理现代化提供了相对良好的国际环境;经过改革开放40多年的发展,我国社会生产力、经济实力和人民生活水平总体上显著提高,各种法制制度逐渐建立完善,为我国社会治理现代化提供了相对积极与稳定的国内环境;新一轮科技革命和产业变革为我国社会治理现代化提供了强有力的创新"武器"。

但是,当今世界正处于大发展大变革大调整的时期,国际形势风云变幻,强权政治、霸权主义和新干涉主义时有发生,世界面临的不稳定性、不确定性突出,突如其来的新冠肺炎疫情更是给整个世界治理带来了极大的挑战,加剧了国际形势的不稳定性,中国作为最大的发展中国家,所承担的责任和义务也随之变重,这都对我们社会治理体系和治理能力提出了更高的要求。

此外,习近平总书记深刻指出:"怎样治理社会主义社会这样全新的社会,在以往的世界社会主义中没有解决得很好。"[1]新时代推进社会治理现代化,我们没有参考书可翻,唯有摸着石头过河,边治理边创新,实现新时代社会治理体系和治理能力现代化。

三、创新与应对研究

自社会治理被正式提出以来,党中央在总结过去的社会治理经验教训的同时不断深入探索社会治理现代化的实现路径,并对社会治理现代化进行了顶层设计和部署计划。在肯定成绩的同时,我们也应看到社会治理实践中存在的一系列挑战,需要我们不断创新与应对研究。以社会治理创新促进社会治理现代化是一个不断探索的历史过程,必须坚持马克思主义的唯物史观,遵循社会自身的发展规律。在推进社会治理创新过程中,我们要保持稳中求进的总基调,维持社会秩序的同时激发社会活力,推进社会治理创新朝着智能化、规范化、人民化和精细化的方向前进。

(一)加强治理智能化

党的十九届四中全会报告明确提出,"必须加强和创新社会治理,完善党委领导、政府负责、民主协商、社会协同、公众参与、法治保障、科技支撑的社会治理体系",这是党中央首次在正式文件中将"科技支撑"融入社会治理体系中。这充分显示了我们党审时度势,勇于抓住新一轮科技革命的重大机遇,开拓新一代信息技术和社会治理融合发展新局面。互联网已经深入人民生活的各个领域,新冠肺炎疫情更是进一步突显了互联网的作用。移动支付、云购物、云课堂、云论坛、云办公等新模式丰富了人民群众的生活,在一定程度上满足了人民群众对美好生活的向往,但同时也给社会治理提供新的变革契机和考验。

互联网打破了时间和空间的制约,加快了信息的快速传播,提高了社会治理的时效性。但我们也要清醒地认识到不够风清气正的网络空间潜藏着危害社会的祸端,若政府不加强网络管理,一方面,会让错误言论、谣言肆意传播,极易误导不明真相的群众，激发社会矛盾；另一方面，会使新型网络诈骗得不到有效遏制，既损害了人民群众的利益，又加大了人民群众间的隔阂以及公众对网络的不信任感。因此，政府应及时开展具有针对性的绿色净网行动，完善网络空间管理的法律法规及制度建设，营造清朗的网络空间。在绿色网络的基础上，党和政府应充分整合利用新技术手段，如人工智能、大数据、5G、区块链、城市大脑、人民化媒体等，使其与相关政策有机结合成为适应我国国情和社情的智能化社会治理体系，提高社会治理的精准化和高效化，助推我国社会治理智能化。此外，政府各部门掌握着大量未开发的民生数据，在联合建立信息共享平台的基础上应充分利用大数据分析将单纯的一串串数字转化为制定政策的参考资源库[2]，一方面，有利于更全面了解群众对公共服务的需求，从而出台更符合人民意愿的政策和制度；另一方面，能切实推进"放管服"改革，优化政务服务和营商环境，提高群众对政府治理的满意度。政府还要针对民生数据的开发利用设立规则、加强监管、科学引导，促进社会领域的大数据良性运行。总的来说，我们应充分发挥科技在社会治理中所起到的重要作用，同时注重制定与时俱进的有关规章制度，推动社会治理创新，打造社会治理智能化新格局。

（二）加强治理规范化

无规矩不成方圆。现代化的社会离不开规范化的制度体系，规范化的制度体系离不开法律法规和思想道德的支撑。现阶段我们既有中国特色社会主义法治体系，又有优秀的中国传统文化和道德规范，必须坚持德法兼治，才能切实加强社会规范化治理。新时代坚持和完善中国特色社会主义法治体系和思想道德体系将会是推进社会治理规范化的重要一招。

若一个民族或国家只依靠法治，很难真正有效维持社会的正常运转，更别谈社会治理现代化。习近平总书记也提出："必须坚持依法治国和以德治国相结合，使法治和德治在国家治理中相互补充、相互促进、相得益彰。"[3]回顾我国五千多年的历史，传统的道德思想在维护社会稳定与发展方面做出了突出贡献，我们应继承和发扬优良的中国传统文化，培育和弘扬社会主义核心价值观，筑牢社会良好道德根基，强化社会治理道德价值的原生动力支撑。一是提高法治意识和道德自觉。习近平在中央政治局第三十七次集体学习时指出，要提高全民法治意识和道德自觉。国家可以充分利用传统媒体和新媒体等途径大力宣传法律、优良的传统道德思想及与群众生活息息相关的典型案例，让德法兼治思维深入人心。一方面，能引导人民群众坚决拥护和支持法律，让群众学会在遇到问题的第一时间寻求法律帮助，养成全社会尊法、守法、用法的良好风气；

另一方面，能引导人民群众自觉接受道德的教化，让道德内化为心中的法律，依靠内心的自律实现自我行为约束，提高人民群众的道德自觉，养成全社会崇尚道德的良好氛围。二是相关行政、执法、司法等部门都要带头遵守法律。习近平总书记强调"法律是治国之重器，良法是善治之前提"[4]。有了良法，还得保证良法的权威和有效实施才能实现真正的善治，促进规范化治理。良法的实施离不开依法行政、执法严明、司法公正，引导全社会树立法治思维，养成用法律解决纠纷、化解矛盾的好习惯。三是随着经济社会的快速发展，新兴事物层出不穷，如移动支付、网络购物、共享经济等新事物深入人们生活的方方面面，国家应大胆创新制定与新兴事物有关的法律法规，防止出现法律的真空地带，保障社会的和谐稳定。四是完善的制度是治理的有力工具，也是人民文明行为的依据。在实践中，规范化治理必须要使用大量标准化的指标和标准等，针对多样化和差异性的社会事实，建立起一套处理社会事实的规则体系，理顺社会主体之间的关系，从源头上厘清治理过程中相关法律权利和责任以及道德规范等，形成清晰规范的治理流程和制度。

"国家和社会治理需要法律和道德共同发挥作用。必须坚持一手抓法治、一手抓德治"[5]，通过深化"德治"和"法治"的有机结合，形成一套完善的中国特色社会主义法律体系，确立一套由社会主义核心价值观引导下的约定俗成的行为规范，引导和约束人民群众坚持做出正确的行为选择，推进社会治理规范化。

（三）加强治理人民化

人民化治理必须发挥人民群众主体力量，推动社会全员参与社会治理。习近平总书记强调："一切治理活动，都要尊重人民主体地位，尊重人民首创精神，拜人民为师。"[6]人民立场是中国共产党的根本政治立场，人民当家作主是一个关系社会主义国家建设的重大问题，社会治理的现代化离不开各类社会主体的积极参与、协同治理。

一是要牢固树立为人民服务的根本宗旨。政府的治理理念要由"为民作主"转化为"由民作主"，社会主义国家赋予政府的职责和任务，是帮助和服务人民当家作主。但由于一些原因，如"官本位""权本位"等思想根深蒂固，政府人员和普通群众普遍缺乏"由民作主"意识。要加大"由民作主"的宣传教育，树立人民当家作主的意识，不断坚持和完善人民代表大会制度，保证和发展人民当家作主，让人民群众真真切切地参与到社会治理中来，让人民群众得到真正的实惠，让人民生活得到真正的改善，让人民权益得到真正的保障，推进社会治理的民主建设，避免社会治理危机，推动社会持续健康发展。二是要尊重人民群众主体地位。马克思、恩格斯在《神圣家族》中也曾明确提出，"历史活动是群众的事业"[7]，因此，决定社会治理发展的是"行动着的群众"[8]。人民是国家的主人，创新社会治理要把群众史观具体转化为实际工作中的实践智慧，坚持群众路线，尊重人民的主体地位，把群众关心的问题当作社会治理工作重点。提升社会治理水平，要提高国民综合素质，引导鼓励人民群众积极参与社会事务和公共事务，激发人民群众参与社会创新治理的活力，凝聚人民群众的集体智慧，共同出谋划策推进社会治理现代化。三是探索人民化治理新路径，吸引广大人民群众积极参与共治共建共享。党和政府要坚持人民化的发展方向，切实将社会治理去行政化。若是群众自己能办好的事情，政府只需发挥好引导和保障作用，整合社会各方面资源，将事情交由社会主要承办，形成党和政府、各类群众多方参与的协同共治良好局面。

（四）加强治理精细化

目前，我国在社会治理领域取得了长足的进步，不得不归功于党和国家敢于大刀阔斧进行体制机制改革创新，但随着社会的快速发展和人民对美好生活的期盼不断提高，以精细治理化取代"一放就乱、一管就死"的粗放管理势在必行，党和政府需持续创新社会治理理念、体制和方法，推进社会治理精细化。

一是创新社会治理理念。习近平总书记在湖北省考察新冠肺炎疫情防控工作时强调指出："要着力完善公共卫生应急管理体系，提高应对突发重大公共卫生事件的能力和水平。要着力完善城乡基层治理体系，树立'全周期管理'意识，努力探索超大城市现代化治理新路子。"[9]辩证唯物主义告诉我们，万事万物都有其生命周期，不能依靠旧的固有社会治理方式。我们应树立全周期管理意识，强化事前、事中、事后管理，形成社会治理闭环生态结构。社会治理应顺从客观发展规律，才能在面对黑天鹅、灰犀牛事件时，依然做到社会有序治理，收放自如，进退裕如。二是创新社会治理体制。牢牢把握坚持和完善共建共治共享的社会治理制度的总要求，建立健全社会利益保护和协调机制、预防和化解社会矛盾机制，以防范化解重大风险为着力点，以人民获得感、幸福感、安全感为落脚点，探索具有中国特色社会治理新模式，完善党委领导、政府负责、民主协商、社会协同、公众参与、法治保障、科技支撑的社会治理体系，建设人人有责、人人尽责、人人享有的社会治理共同体，推动社会治理现代化站到又一崭新起点。三是创新社会治理方法。习近平总书记强调的"治理和管理一字之差，体现的是系统治理、依法治理、源头治理、综合施策"[10]为我们指明了创新社会治理方法的方向。系统治理要求灵活运用唯物辩证法，用联系和发展的眼光看待和解决社会治理出现的问题。每个问题的背后都藏着千丝万缕的联系，需要政府与社会各界着眼大局、共同参与，解决治理进程中出现的问题，推进社会治理现代化。依法治理要求完善相关领域的法律法规，并严格按照法律法规解决社会矛盾，实现社会治理有法可依、有法必依。综合治理要求社会治理的方式和手段从单一向多元转变，各相关部门、社会团体等要勇于创新开展不同领域的合作，推动综合治理逐步落地。源头治理要求遇到社会矛盾要追根溯源，有时多个矛盾可能指向同一个社会根源，只有找到源头，对症下药，才能从根本上解决社会矛盾。

回顾中华人民共和国成立至今的历史，可以看到社会治理在治国理政的风雨征程中留下了一幅幅斑驳陆离的历史画卷。当今社会发展日新月异，社会治理也要与时俱进、勇于革新，加强智能化、规范化、人民化和精细化治理，此外，政府还要重视公共信任资本和社会治理品牌建设。同时也要清醒地认识到，新时代推进社会治理现代化，并不是一帆风顺的，过程中难免会遇到很多"难啃的硬骨头"，需要非凡的政治勇气和政治智慧。新时代推进社会治理现代化的题中应有之义是治理体系和治理能力同步创新，所以社会治理现代化还需同时重视"术"与"道"的突破。只有术道并重，才能提升"中国之治"，阐释"国之大者"。

参考文献

[1] 习近平谈治国理政 [M]．北京：外文出版社，2014：90.

[2] 高艺航．习近平社会治理现代化重要论述研究 [D]．重庆：西南石油大学，2019：34-35.

[3] 习近平谈治国理政：第2卷 [M]．北京：外文出版社，2017：133.

[4] 中共中央在关于全面推进依法治国若干重大问题的决定 [EB/OL]．新华网，2014-10-28.

[5] 中共中央文献研究室．十八大以来重要文献选编中 [M]．北京：中央文献出版社，2015：76.

[6] 马克思恩格斯全集：第2卷 [M]．北京：人民出版社，2006：104.

[7] 习近平．在湖北省考察新冠肺炎疫情防控工作时的讲话 [N]．人民日报，2020-04-01.

[8] 习近平．推进中国上海自由贸易试验区建设加强和创新特大城市社会治理 [N]．人民日报，2014-03-06.

从中国减贫奇迹看国家治理体系的优势

田佩玉[*]

摘要：中国从一个拥有最大贫困人口基数的国家转变成最大的接近小康社会的国家，创造了令世界叹服的减贫奇迹，一个重要的原因在于坚持国家治理体系在减贫治理问题上发挥的巨大优势。本文将从中国共产党的领导优势、执政理念优势；集中力量办大事的制度优势；社会组织的协同优势等方面去分析中国取得的减贫奇迹，进一步得出减贫发展离不开中国国家治理体系的治理优势。

关键词：减贫奇迹；政党优势；理念优势；制度优势；组织优势

自"精准扶贫"思想提出以来，中央认真审视贫困的原因，分析贫困的类型，制订了详细的扶贫攻坚规划，坚持精准定位、分类施策，调动全社会力量参与到扶贫工作中，取得了令世界瞩目的减贫奇迹。中国脱贫奇迹彰显了中国国家治理体系的显著优势。党的十九届四中全会明确指出我国国家治理体系的诸多优势，全面科学地认识国家治理体系在减贫问题上凸显的巨大优势，是我们坚定"中国特色社会主义道路、理论、制度、文化自信"的基本依据，是为了更好地总结减贫成果，让减贫成果惠及更多的国家、更多的人民，对关注贫困问题，解决贫困难题，具有重要意义。

一、从中国减贫奇迹看中国共产党的领导优势

党的领导是中国实现减贫发展的核心优势。习近平总书记指出："历史和人民把我们党推到了这样的位置，我们就要以坚强有力的政治领导承担起应该承担的政治责任。"[1]中国特色社会主义进入新的历史阶段，解决脱贫攻坚问题，

---

[*] 田佩玉，女，北京联合大学马克思主义学院2019级马克思主义理论专业研究生。

实现彻底减贫必须靠党的领导。在减贫问题上，中国共产党坚持强有力的领导力，结合贫困地区的发展状况，制定相应的扶贫政策，从激发农民主动创造性，到利用财政与行政手段干预，从以区域瞄准为目标到以贫困户、贫困个人为对象，脱贫举措覆盖受益人群愈加广泛，脱贫标准愈加严格。过去几十年间，中国共产党提出一系列关系贫困地区脱贫问题的扶贫规划。《国家八七扶贫攻坚计划》实施以后，中国利用七年的时间，基本解决全国农村贫困人口的温饱问题；《中国农村扶贫纲要》的提出，使得贫困地区的农民稳定实现"两不愁三保障"的脱贫目标；《中共中央、国务院关于打赢脱贫攻坚三年行动的指导意见》在《"十三五"脱贫攻坚规划》提出的基础上，从采取灵活多样的脱贫形式到以深度贫困地区为脱贫重点，脱贫举措逐步落实到村、到户、到人，在脱贫攻坚问题上形成中央统筹、省负总责、市县抓落实的领导责任体系，确保权责清晰，层层落实扶贫工作，减贫问题上形成人人脱不了责，人人有担当的责任体系，集中体现党的领导优势。

中国共产党在处理减贫问题时，始终坚持党是领导一切的，统领全党、全国人民制订脱贫攻坚发展方案、统筹安排各方力量、协调各地资源，引导贫困人民积极劳动，全社会为实现脱贫攻坚而努力，提出"越是进行脱贫攻坚战，越是要加强和改善党的领导"[2]。从中国的减贫奇迹来看，中国的减贫离不开中国共产党强有力的组织和领导，中国国家治理体系最大优势是中国共产党的领导。

二、从中国减贫奇迹看减贫发展理念优势

"以人民为中心"的发展理念，始终贯穿中国减贫治理的全过程，是中国国家治理体系的优势之一。既要把贫困人口对美好生活的向往作为减贫发展的目标，也要充分发挥贫困人口的主动创造性，自觉地参与到脱贫攻坚的全过程，通过贫困个人实现减贫发展。党的十八大以来，以习近平同志为核心的党中央分析贫困问题面临的形势，强调坚持"精准扶贫"与"精准脱贫"的基本方略，加大对扶贫工作的投入力度，创造性地提出一系列扶贫治理方式，同时对"扶贫对象、项目安排、资金使用、措施到位、因村派人、脱贫成效"六个方面提出了精准要求，目的是将扶贫工作落实到位，既要帮扶贫困户摆脱贫困，也要让贫困户拥有脱贫致富的能力。在治理减贫问题上，发挥一个不留、一个不落的精神，穿过环山险路，越过深山密林，把公路修到贫困村，教育带到大山深处……让每一个贫困户都能从减贫发展的浪潮中发挥自身的优势，实现减贫发展，创造人生价值。在减贫治理过程，对不同的贫困群体实施不同的对策，充分体现"以人民为中心"发展的理念，是实现中国减贫奇迹的一大理念优势。

"创新、协调、绿色、开放、共享"的五大新发展理念贯穿减贫发展的始终，实现减贫发展，五大发展理念缺一不可。减贫治理过程实现从"大水漫灌"向"精准滴灌"，"输血"向"造血"的创新转变，从体制改革到精准施策的创新转变，不断完善贫困治理的全过程；协调一切可利用的资源，包括人力、物力、财力为打赢脱贫攻坚战发力，增加对西部贫困地区扶贫资金的使用力度，为连片特困地区摆脱贫困提供资金支持；以绿色发展理念促进脱贫攻坚与生态环境保护有机结合，推动农村的扶贫开发同自然和谐发展相结合，发展乡村旅游产业脱贫致富。秉承开放的理念，积极开展减贫国际合作，邀请来自世界各地的减贫官员学习中国的减贫经验；减贫既属于中国，也属于世界。在减贫问题上，发挥共享的发展理念让扶贫成果惠及世界，让更多的发展中国家汲取中国在减贫治理上取得的经验。

三、从减贫奇迹看中国特色社会主义的制度优势

"坚持全国一盘棋，集中力量办大事"是中国特色社会主义制度的最大优势，是决胜脱贫攻坚，实现减贫发展必须长期坚持的优势。在减贫问题上形成全国一盘棋、上下一条心，为坚决打赢脱贫攻坚战调动各方人力、物力和财力，集各方力量解决脱贫攻坚过程中面临的重大风险和挑战。

在中国减贫问题上，发挥各行各业各领域的优势，坚持优势互补、改革创新。为增强贫困地区发展教育的能力、提高医疗救治水平、改善农业生产技术，中央每年选派具有一定资质的优秀大学生到基层从事扶贫工作，截至2019年年底，全国已累计招募39.2万名"三支一扶"人员到基层服务，在助力基层脱贫攻坚和改善贫困地区人才队伍结构等方面发挥了积极作用，为减少贫富差距，增加贫困地区收入做出巨大贡献。预计2020年年底，全国将招募3.2万名高校毕业生到基层从事"三支一扶"工作，比2019年增加5000名。针对西部贫困地区发展面临的短板问题，中央集中力量，开展东西部结对帮扶举措，实现东部产业向西部转移，西部劳动力实现合理就业，资源有效对接，实现了发展共赢。与此同时，中央引领各定点扶贫单位、军队和武警部队、各民主党派、民营企业、社会组织和公民个人参与到"产业扶贫、教育扶贫、健康扶贫、易地扶贫搬迁、志愿扶贫"等各个领域，为解决贫困地区的贫困问题，集中各方的力量和智慧，集中体现了我国国家治理体系中坚持中国特色社会主义的制度优势。

四、从中国减贫奇迹看中国的社会组织协同优势

中国的减贫离不开社会组织的力量,社会组织在我国国家治理减贫问题上发挥了巨大优势,是连接社会帮扶资源与农村贫困人口的重要纽带,是在深入学习贯彻习近平总书记扶贫开发重要思想的基础之上,结合当前的贫困类型,查找解决贫困地区最需要解决的现实问题,发挥社会帮扶资源的最大优势,有效解决贫困地区贫困人口面临的发展困难。

社会组织积极参与脱贫攻坚,让脱贫问题更加深入彻底,彰显国家治理体系的治理优势。通过参与产业扶贫、教育扶贫、健康扶贫、易地扶贫搬迁、志愿扶贫等各个领域,为贫困地区提供免费的智力、技术等支持。2020年年初受疫情影响,餐饮业属于停滞状态,加上实施区域管制,使不少通过种植业、养殖业摆脱贫困的贫困户,面临产品滞销难的问题,农民种植的蔬菜、养殖户的鸡蛋一时间很难销售出去,贫困户减贫发展面临困难。贫困户向当地上级反映情况,由地区工会牵头,立即联系相关企业,发起爱心助农倡议,辖区企业纷纷响应,采取团购的方式,很快解决了贫困户农产品销售难的问题。针对贫困地区的种植技术、养殖技术落后等问题,由社会组织发起,相关单位积极响应,成立技术培训班,为贫困人口提供免费的智力和技术支持;为提升贫困地区的教育水平,社会组织有序组织大学生、退休教师、社会人士到贫困地区开展扶贫支教,集各方力量加大对贫困学生的资助力度,有效地解决贫困地区的学习困难等问题;动员有条件的社会组织对贫困人口开展免费体检、为特殊困难家庭筹集医疗善款等,帮助贫困地区人口解决看病难等问题,这些都充分地发挥了社会组织在减贫问题上的积极作用,体现了国家治理体系在社会组织力量方面彰显的巨大优势。

参考文献

[1] 中共中央宣传部. 习近平新时代中国特色社会主义思想学习纲要 [M]. 北京:人民出版社,2019:79.

[2] 习近平谈治国理政:第2卷 [M]. 北京:外文出版社,2017:85.

新时代社会治理现代化的内涵、目标及发展路径

史文艺[*]

摘要： 新时代以来，国家治理体系和治理能力现代化越来越多地被提及，创新国家治理体系、提高国家治理能力，对于中国的社会主义现代化事业具有重大而深远的理论价值与实践价值。社会治理作为国家治理的重要组成部分，更是深深影响着国家治理体系和治理能力现代化的进程，在保障公民权利、缓解社会矛盾、维护社会秩序、防范社会风险、保证公共安全、凝聚社会共识等方面都发挥着举足轻重的意义与作用。深刻理解新时代社会治理现代化的内涵，准确把握新时代社会治理现代化的目标，积极探索新时代社会治理现代化的发展路径，有利于建立与健全社会治理体系、创新与完善社会治理方式，从而进一步推进社会治理体系和治理能力现代化、国家治理体系与治理能力现代化的进程，更好地以社会治理现代化来支撑国家治理现代化、社会主义现代化。

关键词： 社会治理；现代化；新时代

"天下之势不盛则衰，天下之治不进则退。"当前世界正在经历百年未有之大变局，国际形势风云诡谲、复杂多变，国内我们的社会仍处于大转型时期，面对国际国内的各种机遇与挑战，如何在发展中求稳定，在稳定中求变革，成为党和国家面临的一大时代课题、时代难题。要想防范化解重大风险，就要提高应对能力，化制度优势为治理效能。习近平2017年在全国社会治安综合治理表彰大会中讲道："要坚定不移走中国特色社会主义社会治理之路，善于把党的领导和我国社会主义制度优势转化为社会治理优势。"[1] 只有坚持、发展与完善中国特色的社会主义治理制度，不断加强与创新社会治理体系，才能实现治国安邦、兴国安邦。推进社会治理体系和治理能力现代化，构建和完善具有中国特色的社会治理机制，能够为解决新时代的各种突出问题与矛盾提供有力支撑，

---

[*] 史文艺，女，北京信息科技大学马克思主义学院。

能够为决胜全面建成小康社会、全面建设社会主义现代化国家指明前进方向，能够为全球治理的发展贡献中国智慧、中国经验、中国方案。

一、新时代社会治理现代化的内涵

要想了解社会治理现代化这个概念范畴，还要从社会管理、社会治理谈起。社会管理一词最早出现在民政部门。[2]我们通常所说的政府五大基本职能：经济调节、市场监管、社会管理、公共服务、环境保护中就包含了社会管理这一内容。胡锦涛在十七大的报告中所使用的也是"社会管理格局"这样的字眼。[3]但此时的社会管理更多指的是自上而下的、行政式的管理，它倾向于党委的领导与政府的管控。直到2013年党的十八届三中全会召开，首次提出"社会治理"[4]这一重要概念，才开始逐步从社会管理走向社会治理。在随后的十八届五中全会与"十三五"规划中，都将之前党和政府集中领导负责的社会管理格局重新调整为"全民共建共享的社会治理格局"。进入新时代，我国对于社会治理的认识也在与时偕行，不断更新。党的十九大提出了"打造共建共治共享的社会治理格局"[5]，党的十九届四中全会提出要建设人人有责、人人尽责、人人享有的社会治理共同体。[6]从社会管理到社会治理，从党政主导到共建共享，从共建共治共享到社会治理共同体，我国的社会治理被赋予了许多新的内涵，人们对社会治理的理解也在不断深化。

但是，学者们对于社会治理的定义可以说是众说纷纭，莫衷一是，并没有形成统一的定论，社会治理现代化内涵的研究也同样如此。学者们对于社会治理现代化的定义，大致可以分为内容说和过程说。大部分学者都从内容着手对社会治理现代化进行了阐述，例如，学者王华杰、薛忠义直接将社会治理现代化概括为社会治理体系的现代化和治理能力的现代化这两个方面[7]；童星则认为社会治理现代化就是社会治理主体、手段、过程、基础与路径的现代化。[8]持过程说的学者主要从过程出发，认为社会治理现代化就是实现诸多社会治理要求的综合系统的历史进程。[9]基于上述论述，我们可以对社会治理现代化给出这样的界定：社会治理现代化，就是在坚持和完善中国特色社会主义制度，推进国家治理体系和治理能力现代化的基础上，充分利用与时俱进的治理思想与推陈出新的现代技术来推动社会治理观念、治理内容、治理手段、治理队伍的现代化，从而健全社会治理体系，增强社会治理能力，以适应社会发展，践行人民至上，书写中国之治。

二、新时代社会治理现代化的目标

进入新时代,我国社会主要矛盾发生改变,加强社会建设,推动社会治理现代化,最终就是为了满足人民群众对于美好生活的需要,实现人的现代化。马克思主义唯物史观指出,人民群众是社会历史的主体。新时代以来,党和政府全面贯彻十九大精神,把人民对美好生活的向往作为奋斗目标,积极回应人民对于美好生活的需要,充分发挥了人民的主体作用,在社会治理、社会服务、社会建设方面都取得了令人瞩目的成就,人民的获得感、幸福感、安全感不断得以提升。民为邦本,本固邦宁。社会治理现代化,理应坚守"以人民为中心"这个根本立场,社会治理现代化的目标,也应当围绕人民至上的人民情怀而展开。

(一)人人有责——社会治理责任由人民共担

"水能载舟,亦能覆舟。"只有得民心者才能得天下,失民心者只能失天下。社会治理的根本目的就是增进人民福祉,使人民安居乐业、构建和谐社会,使社会安定有序,这也是中国共产党人长期以来的初心和使命。但权利与义务不可分割,如果说社会治理为了人民,那么人民在享有相应公共权利、享受社会治理成果的同时,也要承担起履行参与社会治理的义务与责任,正确处理好个人利益与社会共同利益的关系。人是社会的主体,有人才有社会,有积极参与社会事务的人民群众才有持续发展的、更加美好的社会主义现代化社会。社会治理就是在做人的工作,在社会治理现代化的道路上,每个公民都责无旁贷、当仁不让。人人有责,人人明责,就要增强公民的主人翁意识,使其意识到自身参与社会治理、推动社会治理现代化的这一份责任与担当。面对社会事物、社会组织与社会生活出现的种种问题,公民不能再以自我为中心,做一个精致的利己主义者与冷漠的看客,一味地"搭便车",而要主动承担社会治理责任,积极维护公共利益,有效发挥治理效能。

(二)人人尽责——社会治理过程由人民参与

党的根基在人民、血脉在人民、力量在人民。中国共产党始终同人民想在一起、干在一起、团结在一起,这也是中国共产党永葆先进性、纯洁性的重要密码。同理,建设社会治理共同体,推进社会治理现代化,同样需要全国人民同心同德、共同助力。社会治理的动力必然是来源于人民的,人人尽责的社会治理体系也是社会治理现代化的重要目标之一。人人尽责,就是要最大限度地调动人民群众的积极性、主动性、创造性,让人民更自觉、更广泛、更全面、更多维地参与到社会治理过程中来，为社会治理共同体的建立健全贡献一份力量。我们要大力鼓励人民群众有序参与社会治理，引导人民群众合理表达诉求，不断丰富民主形式，拓宽民主渠道，扩大民主沟通，增强人民的主人翁意识，让人民成为国家、社会和自己命运的主人。只有紧紧依靠人民，我们才能强化公共精神，抵御社会风险。只有紧紧依靠人民，我们才能改进社会治理，推进现代化进程。只有紧紧依靠人民，我们才能将制度优势转化为社会治理的强大动能。

（三）人人享有——社会治理成果由人民共享

社会治理人人有责、人人尽责，那么社会治理的成果也必然要更多、更公平地惠及全体人民，由人民共享。社会治理应当是造福人民的，人民群众也应当是社会治理的最大受益者。社会治理成果由人民共享是社会治理的价值取向，也是社会治理的终极目标。人人享有，就是要扩大社会治理成果的覆盖面，就是要满足全体人民对于美好生活的需要，就是要办好关系人民根本利益的一件又一件事情。社会治理成果如何共享至关重要，因为共享不能仅仅停留在顶层设计上，而要落实到"最后一公里"。共享最重要的就是以公平为基础。社会治理成果共享是人人享有，而不是少数人享有、一部分人共享。只有不断建立健全公平正义的社会治理体系，营造一个公正公平的良好社会环境，调节各种社会矛盾和社会冲突，才能更好地推进收入分配公平、机会公平、教育公平、医疗资源公平，从而做到人民真满意、人民真高兴。此外，共享还要做到社会治理成果由人民检验。人民群众是社会治理成果最直接的感受者，也是社会治理成果最严格的评判家。社会治理不仅要人人享有，还要人人监督、人人评判，各级党委和政府要始终坚持以人民为中心，定期与人民群众交流谈心，认真听取人民群众的意见和要求，及时调整社会治理的政策规划，与人民群众一道改进社会治理的质量与水平。

三、新时代社会治理现代化的发展路径

习近平早在党的十九大报告中就已指出要"提高社会治理社会化、法治化、智能化、专业化水平。"[10]这"四化"可以说为社会治理的现代化拨开了层层迷雾，指明了前进方向，同时也提出了更高要求。当前，我国步入新时代，社会处于转型期，社会主要矛盾的变化使得人民对于民主、民生、法治、公平、正义、环保等方面的需要日益高涨，可是，我们的社会治理能力与治理体系尚未能完全让人民满意，如何以这"四化"来驱动社会治理现代化就显得尤为

重要。

(一) 社会化——治理主体更加多元

社会化就是治理主体从一元到多元，从党委领导、政府负责到党委、政府、市场、社会协同参与。过去我们讲社会管理，重心在党委与政府，二者共同扮演领导者、管理者的角色，唱的是独角戏，搞的是大政府小社会式的行政管理。如今社会治理讲求的是重心下移，在这一过程中，政府扮演的是"守夜人"的角色，搞的是全民参与的大合唱，发挥的是协调者、监督者而不是统治者、竞争者的作用。因此，实现社会治理社会化，我们应当做到"一要""一不要"。

1. 人民群众要成为主力军

要想使人民群众成为社会治理的主力军，第一，要加强对人民的宣传与引导，鼓励人民自觉地通过多种多样的途径和形式参与公共事务，为社会治理积极建言献策，激发人民群众自我管理、自我教育与自我服务的内生动力。第二，要提高人民参与社会治理的能力与水平，培养人民群众成长为社会治理的主体力量，更好地实现人民的事情人民议、人民的事情人民办、人民的事情人民管，从而不断激发人民群众参与社会治理的旺盛活力，使人民群众成为社会治理的主力军，为推动社会治理现代化提供坚实基础。"枫桥经验"就是群众自治的典型。我们要学习好、领悟好、发扬好"枫桥经验"，坚持通过组织群众、发动群众、依靠群众搞好社会治理，根据各地的实际情况，因地制宜，创造出属于自己地域的特色"枫桥经验"，让人民群众的聪明才智在社会治理中充分展现，使社会发展过程中的各种矛盾与危机大事化小、小事化了，最终形成社会治理社会化合力。

2. 党与政府不要包办一切

党与政府并不是万能的，党与政府也不应当成为社会治理的唯一主体，二者要明确各自的定位与职能，不可越位、缺位、错位。在社会治理中，党与政府要适时改变以往包揽一切的做法，逐步将权力下放到基层，充分发挥人民群众、社会组织、志愿团体的作用，统筹推进人民团体协商、社会组织协商等基层民主协商，吸引社会各界力量的广泛参与，从而减轻自身压力，创新治理方式。只有党与政府在社会治理过程中完成自身角色的转变，建设服务型政党、建设服务型政府，才能够更好地实现社会治理主体多元化、服务精准化、资源下基层，才能够更好地将党的政治优势与政府的基本职能转化为社会治理效能。

(二) 法治化——治理依据更加规范

古人云："治国凭圭臬，安邦靠准绳。"法治是社会治理现代化的基本方式与重要标志，法治能够为社会治理现代化提供坚实的法律保障，使社会治理现代化依据更加公正、公开、权威、规范。目前，我国社会变迁速度加快，社会结构变化多样，诚信缺失、道德滑坡、拜金主义、消费主义等社会现象愈演愈烈，失业率、人口老龄化、贫富差距悬殊、生态环境恶化等社会问题层出不穷，网络舆情更是难以预测与预警，各种网络群体性事件屡见不鲜。要想妥善解决上述的社会问题，仅有人治是不够的，社会治理法治化是必由之路、必经之路、必然选择。推进社会治理法治化，我们要做到"三形成""一结合"。

1. 形成完善的法律法规

推进社会治理法治化，首先要完善社会治理法律法规，健全社会治理法律制度体系。社会治理立法是社会治理法治化的前提，要通过立法来明确党委、政府与社会的责任，各司其职、各安其位、各尽其责、互相监督，做到社会治理有法可依。此外，也要紧跟时代，弥补有关社会治理法律领域的空白，尤其是一些高阶的、效力强的、有说服力的社会治理法律领域的空白。只有形成完善的法律法规，在出现各种纷繁复杂的社会纠纷与社会问题时，才能够有公平、公正、公开、规范的依据可循。特别是当新冠肺炎疫情等诸如此类的重大事件发生时，更需要以法律为依托推进疫情防控相关工作的开展，以法律法规来规范人们在特殊时期的行为，规避疫情所造成的法律风险。

2. 形成持久的法治思维

形成完善的社会治理法律法规之后自然就要遵守，否则社会治理法律法规就只能是空中楼阁。这时就要求人民群众形成一种法治思维、法治理念、法治精神，要适时转变传统的思维方式与行为习惯，学会、弄懂、用好法治这柄利剑来维护自身权益，维持社会和谐，化解社会危机。只有人民群众发自内心地相信法律、尊重法律，形成法治思维，才能够做到社会治理有法必依，才能够促进政府执法规范，才能够实现社会治理法治的常态化、固定化、持久化。

3. 形成良好的法治环境

环境塑造人，环境影响人。只有人人都遵守法律法规，才能达到法治的目的与要求。这就需要为社会治理创造一个良好的法治环境与法治氛围。党和政府要积极倡导人民群众学法用法、知法守法，可以通过定期开展法律讲座、张贴法律知识海报、举办法律常识比赛、打造优质普法节目等方式与途径向人民群众积极普及法律知识，提高人民群众的法治意识，培养人民群众的法治信仰。此外，还要大力建设社会治理法治文化，弘扬社会治理法治精神，努力在全社会形成崇尚法治、维护法律的良好风尚，发挥法治在社会治理中的导向作用。总之，只有形成良好的法治环境与法治氛围，方能实现法法遵守、法法不犯，社会治理法治观念也就深入人心。

4. 法治与德治相结合

"法安天下，德润人心"。在人们的社会生活中，法律约束固然重要，但道德规范也绝不容忽视。推进社会治理法治化，就要将法治与德治相结合，二者齐头并进，相辅相成，共同推动社会治理法治化进程。礼刑合用，礼法并治，我们既要法治，也要德治，既要靠公序良俗潜移默化地来培养人们的道德修养，又要靠法律法规来约束人们的社会行为。在社会治理法治化的道路上，在处理人们社会生活中的各种复杂社会问题时，法治与德治应当协同发力，缺一不可。

（三）智能化——治理手段更加科学

随着互联网、计算机、大数据、云计算、人工智能等现代信息技术的发展，智能化一度成为现代化的代名词。解铃还须系铃人，在这个信息化、数字化时代，要想处理好信息技术带来的诸多信息安全、信息污染、网络道德、网络诈骗等社会问题，一定离不开智能化的社会治理方式与治理手段的支撑。与传统方法相比，利用现代信息技术进行社会治理具有传播速度快、影响范围广、形式种类多、交流互动强等特点，这些智能化的科学技术能够丰富社会治理资源，拓宽社会治理渠道，提高防范信息风险的能力。社会治理智能化，恰恰就是利用上述的多种现代信息技术工具，促进社会治理的治理手段科学化、治理过程精准化、治理服务便捷化、治理效果优质化，来实现社会治理方式的质的飞跃。推进社会治理智能化，我们要做到以下"三个坚持"。

1. 坚持运用网格化治理

社会治理要善于运用智能化的方式方法来收集信息、整合资源、处理问题、化解风险，努力做到线上治理与线下治理的有机融合，打造社会治理新格局。坚持网格化治理，就是要在各级基层组织搭建基础数据平台，建立动态数据库，逐级配备网格员，通过一个又一个分工明确的网格来收集整理碎片化的信息，通过一个又一个一目了然的网格来加强与人民群众的联系，不放过任何一个街道、社区、小区，不落下任何一个民生问题，不遗忘任何一个民众诉求。坚持网格化治理，就是要努力实现网格治理全覆盖，更精准地为人民群众提供社会服务；努力实现与民沟通零距离，更有指向性地解决人民群众所反映的社会问题。

2. 坚持建设智慧城市

智慧城市顾名思义就是让城市更聪明、更智慧、更智能。智慧城市的建设程度，也是衡量一个城市发展水平、一个社会治理水平的重要标杆。坚持建设智慧城市，就要科学运用大数据、云计算、区块链、人工智能等现代信息技术，统筹规划城市治理，合理优化城市服务，推动城市的转型升级，有效化解多种

"城市病"，从而减少人民群众的困扰，减轻政府的负担。坚持建设智慧城市，还要不遗余力地推动城市智能交通、智能电网等项目，坚决贯彻新发展理念，使我们的城市朝着低碳、绿色、可持续发展的方向不断迈进，使市域社会治理更好地为人民所向往的美好生活服务。例如，上海打造"智慧公安"、深圳推进"智慧海关"、武夷山市开展"智慧旅游"等，这些都是当前建设新型智慧城市，推动城市治理现代化的鲜活事例与生动诠释。

3. 坚持开展电子政务

坚持开展电子政务，就要建立健全相应的政务服务与应用系统，完善国家电子政务网络等基础设施。电子政务一来可以提高政府的行政效率与治理效能，向人民群众提供更加有效的政府服务；二来可以降低行政成本，较少腐败行为，使政府的权力在阳光下运行，大大提高政府的公信力与权威性。目前，我国的电子政务已经取得了一定的成效，据最新发布的《2020联合国电子政务调查报告》显示，我国的电子政务已成功进入全球领先行列。尤其在与新冠肺炎的抗击斗争中，我国政府充分运用大数据手段，创新开发健康码等多种数字化、信息化方式来支撑科学疫情防控，更是为世界树立了一个处理突发公共卫生事件的好榜样。

（四）专业化——治理队伍更加高效

社会治理虽然追求党委、政府、社会的多方协同合作，但这并不意味着我们不需要专业化社会治理队伍的参与。社会分工是社会进步的一大标志，社会治理专业化就是要建设一支又一支高素质、高水平、高能力的专业队伍，用专业的治理理念、治理方式、治理手段、治理技术来开展现代化的社会治理，提供高效的社会服务。社会治理专业化与否，也是衡量一个社会治理现代化水平的重要尺度。社会治理专业化，应当做到以下"三个保证"。

1. 保证治理队伍人员充足

人才是社会治理的前提与关键，没有足够数量的治理人才，社会治理专业化也就无从谈起。要想解决社会治理队伍短缺的问题，就要壮大社会治理专业化队伍，增加社会治理专业人员基数。在这种情况下，党和政府可以与一些具有公共管理专业的高等院校进行深入、持久的合作，支持相关院校开设一些行政管理、社会保障、社会工作等一系列与社会治理紧密相关的专业课程，定向教育与培养一批能够提供社会服务的专业人员，为社会治理专业化源源不断地输送专业人才，快速有效扩充社会治理专业化队伍。

2. 保证治理队伍技能过硬

没有过硬的专业知识与专业能力，社会治理专业化只能是徒有其表。随着人们的需求越来越多样化，信息时代的发展越来越迅速化，专业化的社会治理队伍所扮演的角色也越来越重要。上文提到的网格化治理、智慧城市、电子政务，无一不需要从事社会治理的专业人员对症下药、精准施策。对此，我们可以加强对社会治理专业人员的教育与培训，通过制定科学的培训计划，确定丰富的培训项目来做好社会治理专业人员的岗位培训，使其明确岗位职责与工作内容，进一步增强专业素质与工作能力，提高服务质量与治理水平。此外，也可以邀请有关专门培训单位定期举办专业讲座与培训，促进治理队伍为社会治理提供更加优质、高效、标准、专业、人性化的社会服务。

3. 保证治理队伍待遇有保障

薪酬和待遇是影响人们就业择业的重要因素，工资与福利对社会治理人员同样具有很大的激励作用，然而我国社会治理发展方兴未艾，社会工作者的待遇并不算高。为了吸纳更多的专业治理人员加入社会治理现代化的队伍中来，就要适度提高社会治理工作者的工资水平与福利待遇，建立健全工作激励机制，落实各种社会保障政策，必要时也可以考虑出台相应的法律法规来合理保障社会治理工作者的合法权益，逐步提高社会治理工作者的满意度、认同感、归属感。

四、结语

新时代以来，我国相继出台了一系列推进社会治理现代化的政策和文件，在社会治理实践的过程中也逐渐走出了一条独具中国特色的社会治理现代化道路，取得了诸多可喜可贺的成就。但我国社会治理现代化的进程中仍然存在着一些问题，我们距离现代化强国的建成还具有一定的差距。我们要继续对社会治理现代化给予高度的重视，完善社会治理现代化体系，提高社会治理现代化能力，不断满足人民群众的多元需求，在各种思想交锋、社会巨变、利益博弈的背景下应对好来自国际国内的风险与危机，为人民、为社会、为国家、为世界交上一份中国之治的满意答卷。

参考文献

[1] 坚持走中国特色社会主义社会治理之路 确保人民安居乐业社会安定有序 [N] . 人民日报，2017－09－20.

［2］丁元竹．学习习近平总书记新时代社会治理重要论述［J］．中共南京市委党校学报，2019（2）：26-33.

［3］胡锦涛．高举中国特色社会主义伟大旗帜 为夺取全面建设小康社会新胜利而奋斗——在中国共产党第十七次全国代表大会上的报告［J］．求是，2007（21）：3-22.

［4］中共中央关于全面深化改革若干重大问题的决定［N］．人民日报，2013-11-16.

［5］［10］习近平．决胜全面建成小康社会 夺取新时代中国特色社会主义伟大胜利——在中国共产党第十九次全国代表大会上的报告［N］．人民日报，2017-10-28.

［6］中共中央关于坚持和完善中国特色社会主义制度 推进国家治理体系和治理能力现代化若干重大问题的决定［N］．人民日报，2019-11-06.

［7］王华杰，薛忠义．社会治理现代化：内涵、问题与出路［J］．中州学刊，2015（4）：67-72.

［8］童星．论社会治理现代化［J］．贵州民族大学学报（哲学社会科学版），2014（5）：21-26.

［9］程顺．社会治理现代化的内涵、意义及实现策略探析［J］．哈尔滨学院学报，2016，37（1）：34-38.

马克思主义国家观与国家治理体系现代化

金赞研*

摘要：党的十九届三中全会提出推进国家治理体系和治理能力的现代化是全面深化改革的总目标，是我国要实现的"第五个现代化"。国家治理体系和治理能力的建设是一项系统工程，马克思主义国家观是其中具有基础和核心地位的思想资源。可以说我国国家治理体系和治理能力的建设是马克思主义国家观在新时代的应用和具体体现。在新时代重读马克思主义国家观的重要论述，对于我国国家治理体系和治理能力建设具有重大而深远的意义。

关键词：国家与革命；马克思主义国家观；治理体系；治理能力

一、《国家与革命》：马克思主义国家观的系统阐释

《国家与革命》是列宁国家理论的集中阐释，列宁主要通过对马克思、恩格斯国家理论的继承性阐述、对第二国际机会主义理论家考茨基、伯恩施坦和俄国社会民主工党机会主义理论家普列汉诺夫的批判来阐述自己的国家理论，其中对于无产阶级革命和无产阶级专政的内容是其主体。整体来看，列宁的国家理论是对马克思主义国家理论的继承和发展。

在《国家与革命》的第一章，列宁开宗明义地指出了国家的实质是阶级矛盾不可调和的产物，是统治机关的剥削工具。同时列宁强调，只有通过暴力革命消灭资产阶级国家，建立无产阶级国家，才能使得国家走上自动消亡的道路。这一论述明确了国家的实质和国家走向消亡的最终结局以及实现的方法，这与列宁一贯坚持"暴力革命是无产阶级革命的一般规律"的思想是一脉相承的，为整部著作奠定了基调，也是整个俄国无产阶级革命和布尔什维克党的指南针。

列宁认为，对于资产阶级国家机器不能简单地夺取，而要彻底打碎，进而

---

* 金赞研（1996—），男，南开大学马克思主义学院本科，中国传媒大学马克思主义学院马克思主义中国化专业在读硕士研究生，研究方向为毛泽东思想、国际共产主义运动。

建立属于无产阶级自己的国家机器。这个新的国家机器就是无产阶级专政，无产阶级革命和无产阶级专政是密不可分的，无产阶级专政是无产阶级革命的必然结果，无产阶级革命是无产阶级专政的必要手段。列宁继而提出了如何建立无产阶级国家的方法，也就是无产阶级国家与资产阶级国家相区分的特质。列宁认为，无产阶级国家要取消常备军和一切特殊的镇压力量，取消一切官吏及其特权，建立在无产阶级监督之下的社会管理和服务机关，以议行合一的机关来代替清谈馆性质的议会，这样就能够使得"国家"（政治国家）这一"寄生赘瘤"能够彻底被打碎，建立"半国家"直到国家最终走向消亡。

共产主义第一阶段的社会是一个消灭了私有制，生产资料归全民所有的社会，但是这个社会仍然保留了资产阶级权利，即实质上的不公平现象，表现在无法做到按需分配，人与人之间的不平等仍然在事实上存在。共产主义第一阶段实质上不平等的完全消除只能通过生产力的发展来实现，而共产主义高级阶段的时间、形式和程度也取决于生产力发展的水平。

十月革命一声炮响，资产阶级临时政府被推翻，人类历史上第一个社会主义政权宣告建立。在平定了沙俄残余势力的叛乱和国外列强的干涉后，列宁带领布尔什维克党迅速投入到国家政权的建设中。

在政治上，列宁在继续坚持无产阶级专政的基础上，开始了对政权建设的探索。在《国家与革命》中，列宁认为无产阶级专政的国家机器应当是巴黎公社式的，其基本特征有三：其一，废除常备军及一切特殊的镇压力量，由无产阶级整体（武装工人或人民武装）作为国家机器完成对资产阶级的镇压；其二，废除特权官吏，建立服务和管理型的社会运行机构，由无产阶级选举产生，并随时接受监督和更换；其三，建立议行合一的立法和执行机构，废除资产阶级议会制。但是在当时的俄国国内环境下，列宁根据现实需要对政策进行了一定的修改，加强了苏俄红军、国家安全保卫机关的力量，并实行选拔专业技术人才治国的政策。

二、新中国国家治理体系建设的历史经验

（一）毛泽东对新中国治理体系的探索

1931年中国共产党在瑞金成立了中华苏维埃共和国，这是中国共产党第一次建立政权的政治实践和政治试验。在短短数年的政权建设过程中，积累了宝贵的经验，也吸取了一定的教训，这些经验教训都是中国共产党执政的宝贵思想资源和历史财富。

中华苏维埃共和国是借鉴了苏俄无产阶级专政和建立苏维埃共和国的经验产生的，但是并不是完全照搬苏俄的政治模式。以毛泽东为主要代表的中国共产党人把马克思主义基本原理同中国具体实际相结合，科学分析中国社会的性质和特点，强调工农联盟的必要性、重要性，放弃了在苏维埃基础上直接建立无产阶级专政的构想，将工农联盟作为一个长期的国体形式确立下来。

中央苏区时期的执政实践是初步的雏形，严格来说并不十分成熟和完善，有的地方会出现照搬照抄、过"左"等问题，但是这一过程中积累了宝贵的经验，确立了无产阶级专政和工农联盟在国家中的主导地位，建立和完善了议行合一的人民代表大会制度，建立了防止官僚主义、实行民主监督的检察制度，独创性的建立并实行了政府工作人员由人民选出、受人民监督，根据民意任用和撤换的制度，真正将列宁主义民主制度变成了现实。虽然上述制度在一定程度上存在过度理想主义和教条化的情况，但是中华苏维埃共和国的立国和政府组织原则是符合马克思列宁主义的，是延安时期和中华人民共和国成立后中国共产党进行国家建设和政治建构的重要思想和实践资源。

西安事变和平解决后，陕甘宁边区根据地的局势暂时稳定下来，随着抗日战争局势的发展，通过根据地民主政权建设来巩固根据地，巩固大后方成为中国共产党统一战线和国家政权建设的重要任务。抗日战争需要全民族共同抗战，在中国共产党的政权范围内，实行抗日民主制度，维护全体抗日民众的利益，以民主促抗日成为中国共产党根据地政权建设的重要经验。正是在这一思想指导下，中国共产党在抗日根据地建设中创造性地提出并建立了"三三制"政权。抗战期间，毛泽东总结建党以来革命和政权建设的经验，撰写了《论联合政府》《中国革命和中国共产党》《新民主主义论》等有关党的革命和建设经验的重要著作。这些著作都是毛泽东将马克思主义国家观和国家建设理念与中国革命建设实际相结合的理论成果，都是新中国国家治理体系建设的宝贵经验。在这一系列著作中，毛泽东提出要建立各革命阶级联合专政的新民主主义政治制度，这在中国政治史上是一个巨大的创新，是中国共产党领导下建立的崭新的政治制度。毛泽东提出了新民主主义国家的国体是各革命阶级联合专政，政体是民主集中制，这一理念是马克思主义国家观的重要应用和创新。传统马克思主义中的无产阶级专政对于当时的中国社会并不适合，而且在当时阶段提出无产阶级专政并不利于抗日战争的民族统一战线，因此，毛泽东充分考察了抗日和民主两方面的大局，提出了"各革命阶级联合专政"这一看似是阶段性，实则对新中国的政权建构有重要意义的观念。新中国的政权建设是开放性的，民主党派在中央人民政府和各级政府中都占有重要地位，这一制度设计的历史源流就在"三三制"当中。新中国始终坚持开门搞政权建设，只要是坚持中国共产党的领导，坚持爱国民主，都可以参与到新中国人民政府的建构当中。因此，这一多元开放的共治格局是中国国家治理体系的巨大优势，也是对马克思、列宁国家观念的践行和创新。马克思列宁主义主张实行最广泛的无产阶级民主和人民民主，中国共产党领导下的政权建设不仅真正落实了人民的民主权利和政治经济自由，而且做到了在党的领导下与民主党派协商共治，与国民党政府一党包办形成了鲜明的对比。

中华人民共和国成立以来，马克思主义国家观在中国现代国家的建构中起到了指导思想的作用。中国共产党打碎了国民党政府的旧国家机器，对国民党的政治体制进行了推翻重建，消灭了国民党时期剥削压迫人民的政治机关、组织机关和特务机关，建立了属于人民的政府。三大改造基本完成前夕，新中国的建设初见成效，有大量经验需要总结，也吸取了一些教训。毛泽东通过广泛的调研和征求意见撰写了《论十大关系》和《关于正确处理人民内部矛盾问题》两篇对中国国家治理体系和治理能力建设具有重大意义的文章。在《论十大关系》中，毛泽东着重论述了五大经济关系和五大政治关系。在经济关系中，毛泽东提出了国家统筹兼顾，照顾地方自主性，国家调节经济产业结构等有关经济的国家治理方针；在政治关系中，毛泽东提出要正确处理党与非党、是非、央地等一系列事关国家稳定和社会秩序的重要关系。在毛泽东时期，中国共产党领导全国人民在政治上建立了人民民主专政的社会主义制度，建立了人民代表大会制度，真正实现了人民代表的普选，建立了初步的社会主义法律体系，党坚决反对官僚主义和特权，发动了若干次党内整风和教育运动，保持党的先进性和纯洁性；在经济上，学习苏联建立了社会主义计划经济体系，通过五年计划初步建立了较为完善的重工业和国防体系，提出了农轻重工业协调发展的理念，建立和完善了主权货币体系和金融制度，以党强大的组织力作为维护正常经济秩序的后盾，开辟了一条新的经济道路；在意识形态上，中国共产党建立了以毛泽东思想为指导思想的意识形态和教育体系，不断丰富和发展马列主义毛泽东思想，用最新的社会主义建设实践经验完善发展马克思主义理论体系，在社会上开展了学习马克思主义和社会主义思想的教育运动，一大批以往倾向资产阶级自由民主思想和唯心主义的知识分子开始主动接受、学习马克思主义，并用马克思主义分析和解决问题；在党建方面，毛泽东建立了以思想教育和整风运动为主要手段的反腐败体系，枪决了刘青山、张子善两个大贪腐分子，持续开展党内教育运动，反对特权和官僚腐败现象，为中国共产党树立了在城市中的良好形象。从中华人民共和国成立到改革开放的30年间，是我国社会主义建设突飞猛进的时期，也是中国特色社会主义建设的经验积累期。毛泽东为新中国国家治理体系和治理能力建设做出了巨大贡献。在毛泽东同志的带领下，中国共产党领导全国人民创造性地建立了社会主义经济、政治、文化、军事、意识形态、党建体系，积累了宝贵的物质、精神和制度财富。

（二）党的十八大以来国家治理体系和治理能力建设的新实践

党的十八大以来，以习近平同志为核心的党中央大力推进国家治理体系和治理能力建设，明确提出了全面深化改革的目标就是实现国家治理体系和治理能力的现代化，为全面深化改革指明了方向。

治理并不是一个新概念，而是有着深厚的马克思主义理论基础和人类优秀文明成果作为支撑的。马克思主义以实现人的全面而自由的发展为目标。人民群众是历史的创造者，无产阶级政党必须坚持对社会主义革命和建设的全面领导，这是马克思主义最为基本的观点。中国的国家治理体系是党领导人民对国家的治理，党在其中是领导力量，人民在其中是主体活动者。对于治理和治理体系，西方也对此有相当长时间的探索与实践，西方话语中的治理，比较有代表性的观点是1995年全球治理委员会提出的定义："治理是各种公共和私人的机构管理其共同事务的诸多方式的总和。它是使相互冲突的或不同的利益得以调和并采取联合行动的持续过程。"马克思主义的治理观更加强调无产阶级对于国家的主导地位，强调人民在国家治理体系建设中的主体地位，治理是要为全体人民谋福利的。西方的治理观强调调和矛盾、化解危机、凝聚社会共识。从理论上来说，二者都是人类治理观念的宝贵财富，都对我国治理体系和治理能力建设提供了思想资源。相比较西方的治理观，马克思主义强调了阶级性，强调了人民的主体地位，也就更加具有进步性。

新时代中国特色社会主义更加重视国家治理体系与治理能力的建设。以习近平同志为核心的党中央自党的十八大以来，推动了一系列旨在完善国家治理体系，加强国家治理能力建设的举措。

首先，充分发挥中国共产党的领导这一政党制度优势。党的领导是国家治理体系和治理能力建设的最大制度红利，坚持党的领导是全面深化改革的基础制度设计。坚持党的领导，一方面，是坚持正确的改革方向，使得改革沿着社会主义和人民至上的道路走下去；另一方面，党的领导具有强大的组织优势，能够集中力量办大事，推动国家跨过一个又一个的难关，实现两个一百年的伟大奋斗目标。西方国家陷入治理困境，很大程度上是因为没有一个强有力的以人民利益为中心的政党，西方国家的政党是利益集团的代表，政党恶斗背后是利益集团的博弈，一定时期内起到的监督政府的积极作用无法弥补其对社会撕裂的副作用。因此，中国共产党领导下的多党合作和政治协商制度一方面能够起到互相监督，民主协商的作用，另一方面各政党在中国共产党的领导下，为同一个历史任务和目标而奋斗，能够最大程度上凝聚社会意志，弥合社会分歧。

其次，充分发挥国家统筹兼顾，实行社会主义市场经济的经济制度优势。社会主义市场经济将社会主义与市场经济的优势相结合，做到市场为人民服务，兼顾效益与公平，是国家治理体系和治理能力建设的重要组成部分。如何处理市场与政府的关系问题，是世界各国在治理问题上的一大难题：资本主义国家实行自由放任的市场经济，政府的作用较弱，但是社会生产的无序化会导致一轮又一轮的经济和金融危机；传统社会主义国家实行高度集中的计划经济体制，政府包办一切生产领域，市场的作用又很弱，但是这样的体制又会导致生产乏力，缺乏积极性，创新活力严重不足。社会主义市场经济体制结合了两种经济制度的优势，既发激发了市场主体的活力，又保证了经济运行的有序，避免了市场经济的弊端。我们国家充分吸取了苏联经济的教训，在改革开放初期就提出了要将商品经济放在重要的地位上，随后逐步扩大对于市场经济的认识，在党的十四大上提出了建设社会主义市场经济这一重大命题。在40多年的改革开放历程中，社会主义市场经济体制始终是中国特色社会主义制度体系的基石，在国家治理体系和治理能力的建设中起到稳固基础的作用。

再次，充分发挥社会主义法治的优越性。中国特色社会主义政治体制是党的领导、人民当家作主和依法治国的有机统一，新时代中国特色社会主义法治体系更加注重宪法的有效实施，注重社会的公平正义，注重科学民主立法，注重政府运行的法治化规范化。党领导立法机关制定法律，同时，党自身也要在法律之下运行，任何人和组织都没有超越法律的特权，这是现代社会主义法治精神决定的，也是我国社会主义性质决定的。党的十八大以来，我国出台了一系列政策法规确保司法公正，防止司法腐败，特别是处理了一大批违规减刑、包庇黑恶势力的腐败分子，建立法官判案终身追责制度，有效防止了司法领域的腐败。只有坚持和完善中国特色社会主义法治体系，提高党依法治国、依法执政的能力，使更加成熟定型完善的制度体系持续发挥作用，展现其强大的生命力和巨大的优越性，才能不断推动国家治理体系和治理能力现代化。

三、结语

国家治理体系和治理能力建设是一项伟大的系统性工程，在中国这样一个人口庞大，国情复杂的国家建立现代化的社会主义治理体系，具有相当大的难度和挑战。因此，无论是马克思主义、中华优秀传统文化还是的其他国家的优秀文明成果，都是值得我们借鉴的思想和实践资源。马克思主义国家观是其中的指导思想，必须予以坚持和发展。中国特色社会主义进入新时代，标志着国家治理体系和治理能力建设也到达了一个新的阶段，从管理向治理的转变昭示着国家和社会治理真正进入了科学化、民主化、精细化、制度化的进程中。不得不说，我们国家的治理水平的提升仍然有很长的路要走，但是只要我们毫不动摇地坚持党的领导，坚持以人民为中心，坚持依法治国，坚持社会主义市场经济制度，就能够探索出符合中国社会实际的治理体系模式。

参考文献

1. 毛泽东选集：第2卷［M］．北京：人民出版社1991．
2. 邓小平文选：第3卷［M］．北京：人民出版社1994．
3. 习近平谈治国理政：第2卷［M］．北京：外文出版社，2017：346．

国家治理体系下党内政治生态的治理路径*

何 妍 曹旭辉**

摘要：党的十九届四中全会强调，要进一步推动国家治理体系和治理能力现代化。面对党内政治生态治理中的各种问题，通过构建系统完备的现代化国家治理体系，探索党内政治生态治理路径，对于营造风清气正的党内政治生态，实现党内政治生态由管理向治理的伟大飞跃具有重要的促进作用。

关键词：国家治理体系；党内政治生态；治理路径

十九届四中全会第一次全面总结了中国国家制度和国家治理体系具有的13个方面的显著优势，提出进一步推动国家治理体系和治理能力现代化不仅是党在新时代发展中的一项重要战略目标，而且是一项重要的战略任务。充分发挥国家治理体系在营造"绿水青山"党内政治生态的显著优势，强化国家治理能力现代化向党内政治生态治理现代化渗透的目标，实现治党为国的一体化战略目标。

一、国家治理体系与党内政治生态治理的关系

党的十九届四中全会特别强调，继续完善国家治理体系和提升治理能力现代化水平，进一步发挥中国特色社会主义制度和国家治理体系的显著优势，必须坚持党的集中统一领导，坚持党的科学理论，肯定党的核心地位，保持党内政治稳定，改善党内政治生态环境。国家治理体系现代化是党内政治生态治理的总依据和优势所在，从而实现党内政治生态治理的科学化、常态化发展；党

---

* 本文为国家社科基金一般项目："改革开放以来党内政治生态治理的历史考察及经验研究"（项目编号：17BDJ027）的阶段性成果。

** 何妍（1979—），女，湖南邵阳人，博士，硕士生导师，北京联合大学马克思主义学院副教授。研究方向为党的理论和建设。曹旭辉（1994—），男，河南鲁山人，湘潭大学在读研究生。

内政治生态治理是实现国家治理体系现代化的重要补充,是国家治理体系在党内的现实实践。党内政治生态清明,则国家治理体系兴,党内政治生态浑浊,则国家治理体系衰,它们两者有着内在的逻辑关系,相辅相成,是实现国家长治久安和党内稳定发展的可靠保障。

（一）国家治理体系现代化是党内政治生态治理的总依据

国家治理体系是党内政治生态治理的总依据。这是因为：首先,从其地位上分析,实现国家治理体系和治理能力现代化是实现我党长治久安的基础。中国特色社会主义制度和国家治理体系是以马克思主义为指导、植根中国大地、具有深厚中华文化根基、深得人民拥护的制度和治理体系,是具有强大生命力和巨大优越性的制度和治理体系,是能够持续推动拥有近14亿人口大国进步和发展、确保拥有五千多年文明史的中华民族实现"两个一百年"奋斗目标进而实现伟大复兴的制度和治理体系。[1]因此,国家治理体系不是凭空想象出来的,是党依靠中国人民在伟大的社会实践中不断总结和创新出来的科学有效的制度体系,是能够从全局的高度上指导党内政治生态治理的科学化体系。其次,从其优势上分析,一是国家治理体系的优势在于坚持党的集中统一领导,党的集中统一领导是实现国家治理体系现代化的根本前提,是净化党内政治生态的根本条件,是国家治理体系优势的突出表现;二是国家治理体系的重要原则是坚持全面依法治国,建设社会主义法治国家,为党内政治生态治理提供了重要依据,即坚持法治治党的重要原则,在依法治国取得显著成效的推动下构建法治建党、法治治党、法治强党的格局,不断完善法制法规治党体系,着力形成常态化的法制治理体系。最后,从其覆盖面分析,国家治理体系涵盖了治国理政的各个方面、各个领域,党的建设也包含其中,是指导党的建设伟大工程的总方针,而党的政治生态治理是党的建设的一个方面,因此,国家治理体系是管全局、把方向、促改革的指南,能够发挥自上而下的体系化指导优势,使党内政治生态治理有据可依。

（二）党内政治生态治理是国家治理体系的重要内容

党内政治生态治理是国家治理体系的重要内容,是国家治理体系的重要组成部分,是实现国家治理体系现代化的有力举措。《孙子兵法》上说："不谋万世者,不足以谋一时;不谋全局者,不足以谋一域。"国家治理体系是全国"一盘棋",通过每一领域的治理实现国家治理的总体格局,而党的建设是国家治理体系这盘棋中的"一枚子",党内政治生态的现状是检验国家治理体系现代化的一个重要领域。党内政治生态是确保党长期稳定执政的环境基础,是党内政治生活现状、政治发展环境以及政策执行力的综合反映,它不仅仅表现在党内各要素协调运作的内在关系环境形态，而且也体现在政党内部与政府、社会和国家的外在关系环境状况。党的十九届四中全会为实现净化党内政治生态环境的目标，推动党内政治生态治理和国家治理层面的双向联动发展，积极响应十九大精神的号召，着重探讨了推进国家治理体系和治理能力现代化的若干问题，并对党的建设提出了更高的要求，进一步探索党内政治生态治理现代化的重要举措，为党的长期稳定执政优化环境条件。理论层面上，党内政治生态治理理论是实现国家治理体系和治理能力现代化在党的建设方面的重要理论补充，为党的政治生态治理实践提供具体指导；实践层面上，党内政治生态治理是国家治理体系和治理能力现代化的题中之意，有利于党的领导优势和国家制度的显著优势，是国家治理体系中党的政治建设的积极尝试；空间层面上，党内政治生态治理是国家治理体系和治理能力现代化在党的政治建设方面的一个重要维度，是坚持和发挥中国特色和制度优势的有力举措。因此，党内政治生态治理是实现国家治理体系和治理能力现代化的一个重要突破口，具有促进党自身发展和丰富国家治理体系的双重作用，其重要性影响深远。

二、当前党内政治生态治理面临的问题

问题是党在实践发展过程中必然要面对和经历的，问题是矛盾的显性表现，解决问题是发展的关键一招。当前，我国党内政治生态仍然存在问题，严重影响党的执政形象，动摇党的执政根基。只有发现问题、厘清问题，才能解决问题、营造风清正气的政治生态。

（一）腐败现象滋生

腐败现象是党内政治生态治理的重中之重。党内政治生态治理工作的着力点应放在减少历史腐败存量，遏制时代腐败增量，分析过去和现代腐败的表现，以腐败产生的原因为靶向，以减少腐败滋生的土壤为目标，以开创党内政治生态新局面为终极追求。党内出现腐败现象主要表现在三个方面：一是政治特权腐败。特权腐败是腐败现象的一个重要方面，是权利主体利用手中的权力攫取一切有利于自身要求的政治行为。目前，部分地区的"一把手"权力过度集中，缺乏监督，他们利用人民赋予的公权力为所欲为，用权谋利。二是经济生活腐败。随着社会的发展繁荣，部分地区的党员干部背离了"吃苦在前，享乐在后的"的理念，利用手中权力谋取私利，贪污公款，搞官商勾结，形成利益小集团，挑战社会公平，破坏党内政治生态。三是文化价值观腐败。文化价值观腐败是腐败现象发生的引线，是一种文化腐化倾向，它会让"潜规则"大行其道，必然使党内政治生态乌烟瘴气，最终可能导致部分地区出现"坍塌式"腐败现象。

造成党内腐败现象滋生的原因有：第一，监管力度不够。改革开放以来，我国树立了"以经济建设为中心"发展主线，因此，在一定程度上放松了对党员领导干部的监管力度，使得一些腐败分子有机可乘，产生了权力腐败和经济腐败两种腐败现象，对腐败分子的惩治和教育力度相对较小。第二，反腐败的体制机制不够健全。特权腐败和基层腐败是腐败的两种现象，当前在某种程度上由于反腐败机制体制的不健全，导致腐败现象滋生。第三，某些基层缺乏初心和使命价值观教育。部分地区党政一把手不注重党员的理想信念教育，贯彻中央精神不到位，针对腐化价值观没有及时予以纠正，导致文化价值观腐化现象的出现，对党员的初心和使命价值观教育亟待加强。

（二）管党治党不到位

全面从严治党是党内政治生态治理的关键一招。习近平总书记强调管党要从严，治党要从严，把全面从严治党的有力举措贯穿于党内政治生态治理的全过程，实现管党治党由宽、松、软向严、紧、硬的伟大飞跃，为实现党内政治生态新业态不断努力。管党治党不到位主要体现在三个方面：一是党员的不作为。部分党员领导干部在制度的框架内担心因工作失误而受惩罚，制度的刚性导致部分党员领导干部抱着"不求有功，但求无过"的心态，秉持"多一事不如少一事"的庸俗理念，出现了懒政、怠政的行为。二是党员的乱作为。部分党员干部投机取巧，抓制度的"空子"，开展工作时不遵守制度规则，不顾实际情况、不经科学论证，违反规定程序的乱决策、乱拍板和乱作为。三是制度执行力不够。修定的制度不去落实，就不能产生它应有的效用，就是一纸空文，但是部分党员领导干部开展工作过程中不去落实中央的制度要求，热衷于搞舆论造势，浮在表面，存在严重的形式主义和官僚主义作风，这些现象都严重影响党的纯洁性和先进性，是党内政治生态的乱象表现。

我们在管党治党的过程中出现上述现象的原因主要有：一是制度缺乏活力。制度是管权、管人、管事的刚性约束条件，是营造依法依规办事的党内政治生态环境的有力抓手。制度是人制定的，也是服务于人的，它不仅表现在约束人的机制方面，更重要的在于要发挥制度优势，调动人的积极性、主动性和创造性。但是部分地区的制度体系不够完善，缺乏相应的激励机制和约束机制，制度的创新度不高，缺乏制度活力，使想做事、敢做事的党员干部有后顾之忧，不利于调动党员干部改革创新的积极性。二是制度衔接出现空档断线期。一方面，部分地区放弃旧有合理制度，直接把相关制度束之高阁，部分党员领导干部蓄意破坏制度，不按制度办事，违背制度行事，在党内党外造成了很不好的影响；另一方面，新修订的制度不适用、不管用，部分地区确定的新制度没有经过深入的实践研究和论证，往往会出现"牛栏关猫"的尴尬现象，新制度在管人管事上缺乏有效性。三是部分党员干部的制度意识淡薄。部分党员领导干部我行我素，遇事不按法规制度办事，单凭主观意志办事的现象仍然存在，对人讲以规以制办事，对己则是肆意为之，从来都是"先斩后奏"，事后补办各种制度手续，这严重挑战了制度的公平性，不利于党内政治生态的治理。

（三）部分党员生活腐化

党员的生活现状是观察党内政治生态的重要窗口。然而，部分地区党员政治生活松弛、精神生活空虚、物质生活奢靡，部分地区党政不分、政企不分，这给了权力以极大的寻租空间，导致部分官员以权谋利，生活腐化。官员生活腐化的表现在三个方面：一是精神上迷失自我。部分党员干部在马不信马、在马不言马，反而把精神寄托在"佛祖"和"菩萨"身上，不注重学习马列知识，不会用马列知识解决实际问题，因而导致精神世界空虚。二是党性上放弃原则。部分党员干部丧失党性，背离党的宗旨，放弃为人、为官原则，反而尊崇世故且圆滑的处世之道，秉持"多栽花少种刺"的庸俗主义哲学思想，回避问题，逃避责任，不能扎根群众而切实解决人民群众迫切的问题。三是物质上追求极致。部分党员干部贪图享乐、不思进取，生活奢靡享受，心中不思人民疾苦，偏偏不忘生活享乐，物质上追求极致，公然违反中央八项规定精神要求，是巩固党内政治生态建设的"蛀虫"。党内政治生态治理过程中一定要教育广大党员干部坚定理想信念，净化自己的"朋友圈"，树立正确的世界观、人生观、价值观。

党员生活腐化现象产生的原因主要有：一是党委领导责任弱化。部分党委领导干部核心作用弱化，领导班子整体合力发挥不充分，没有发挥模范带头的领头雁作用，党员的理想信念教育缺位，履行管党治党责任不到位，履行全面从严治党主体责任和监督责任不够到位，是导致党员生活腐化的原因之一。二是民主生活会流于形式。批评与自我批评不够深刻，批评和自我批评往往演化成了表扬和自我表扬，优点大谈特谈，缺点闭口不谈，部分党员奉行好人主义处世哲学，本着"你好我好大家好"的原则，党性不讲讲交情，责任不讲讲"策略"，政治不讲讲和气。三是党员生活纪律松弛。部分党员干部无视中央八项规定和党规党纪的要求，舌尖上的浪费和车轮上的铺张让人触目惊心，打党规党纪的"擦边球"，为权利寻找租用空间，为自己生活的奢靡"买单"。因此，党内政治生态治理的过程中必须要严肃纪律，落实党规党纪要求，引导党员领导干部树立为人民服务的宗旨意识，不过度追求生活物质的享受。

（四）选人用人标准异化

党内政治生态治理的道路上选什么样的人、怎样选人、为谁选人，一直是党和人民关心的问题，是政治生态的风向标。当前部分地区在选人用人方面出现异化现象，奉行任人唯亲的理念，排斥任人唯贤的导向。用人标准异化主要体现在三个方面：一是任人唯钱。部分领导干部把职位"明码标价"，谁给的钱多优先考虑安排，违背选人用人的公平性和竞争性原则，使"潜规则"大行其道，买官卖官之风蔓延。二是任人唯权。溜须拍马容易得到升迁，坚持"唯上是从""唯命是从"和"唯领导是从"，上级领导打招呼的人必须考虑，不按制度程序公平竞争，不敢坚持原则，生怕领导会给自己"小鞋穿"。三是任人唯利。坚持自我利益考量，奉行"人不为己，天诛地灭"扭曲价值观，凭关系远近提拔和任用对自己有利的人，反对那些坚持党性原则对自己不利的人，做表面文章，弄虚作假，大搞宗派主义、山头主义、形式主义，搞拉帮结派的"小圈子"。

用人标准异化表现的原因主要有：一是公权力选人上的私用。从表现形式来讲，公权力私有化是公共权力异化的结果；从本质上来讲，公权力私有化是对人民赋予权力的滥用，最终必将导致社会系统内大多数人的利益受到损害，损害权力和制度的权威性。公权私有化相伴而生的还有特权商业化、官职商品化、利益最大化，利用手中的选人用人的权力谋取私利，他们是浊化党内政治生态的"臭虫"，破坏了党内选人用人的平等，不利于选拔德才兼备的人才，是党内政治生态建设的隐患。二是选人用人权配置不合理。部分地区的一把手权力过大，掌握着人才选用的"生杀大权"，选人用人方面必须由他们点头，底层干部在权力面前"敢怒不敢言"，对一把手的安排只能是言听计从，这一切都归结于权力分配的不合理，对一把手的权力监督不到位，导致选人用人标准异化，使跑官、买官、卖官之风蔓延，出现了"不跑、不买原地不动"的庸俗主义官场文化。三是权力监督的缺失。选人用人权监督的缺失是造成"塌方式"腐败和圈子文化产生的重要原因，容易导致党内出现拉帮结伙的不正之风，产生"逆淘汰"现象。因此，党内政治生态治理路径上必须加强选人用人权的监督，它是为党挑选德才兼备人才的最后一道防线，坚持权责统一，用人担责的联动机制，接受社会各界的监督和批评，让权力在阳光下运行。

三、国家治理体系下党内政治生态治理的路径

"营造良好政治生态是一项长期任务，必须作为党的政治建设的基础性、经

常性工作"[2]，这是党内政治生态治理的长期策略。山清水秀的自然生态尚需源头治理、多措并举和制度保障，党内政治生态治理亦是如此，也要秉持科学化、系统化、制度化的观点，创新反腐体制机制，发挥制度长效保障机制，推进国家治理体系科学化，优化选人用权制约监督，强调多措并举，系统化推进，打赢党内政治生态保卫战。

（一）惩治腐败，构建一体推进不敢腐、不能腐、不想腐的体制机制

惩治腐败是党内政治生态治理的治标之策，构建一体推进不敢腐、不能腐、不想腐的体制机制是党内政治生态的治本之策。习近平总书记在十九届四中全会上指出："坚定不移推进反腐败斗争，坚决查处政治问题和经济问题交织的腐败案件，坚决斩断'围猎'和甘于被'围猎'的利益链，坚决破除权钱交易的关系网。"[3]深化标本兼治举措，以刀刃向内、刮骨疗毒的勇气与腐败分子和腐败现象做坚决斗争，保持反腐败高压态势，着力构建反腐败的长效体制机制，坚决打赢反腐败斗争破袭战。党内政治生态治理必须要形成长效反腐体制机制：一是法制反腐，形成不敢腐的威慑力。完善党内法规体系，形成依法用权、科学治理、系统长效的法制氛围，法制反腐侧重于惩治和威慑，警示那些有腐败念头的信念动摇分子，一旦腐败后果十分严重，让意欲腐败者在带电的高压线面前不敢越雷池半步，让腐败念头"胎死腹中"。二是监督防腐，构建不能腐的防控体系。着力形成反腐斗争监督制约的长效机制，深化国家监察体制改革，创新监督反腐手段方法，加强经济领域、政治领域、司法领域等重点领域的监督力度，完善制度反腐败体系建设，革除"刑不上大夫"的封建传统理念，坚持高压、全面、有效的反腐原则，发挥基层的民主监督，强化组织内的有效监督，深化巡视的利剑监督，构建"四个全覆盖"的深层次监督格局，协调各种监督体系，相互贯通，形成监督合力。三是强化理想信念教育的反腐作用，构建不想腐的文化氛围。理想信念教育侧重于教育和引导，加强理想信念教育，强化宗旨意识，始终站稳政治立场，稳住理想信念这个"压舱石"。因此，党内政治生态治理必须要把"当下改"和"长久立"结合起来，深化标本兼治，坚持不懈，把不敢腐、不能腐、不想腐三者有机结合起来，打通三者内在联系，做到惩治不放松、监督不松懈、教育不缺位，让"不敢腐"成为党内政治生态的警钟，"不能腐"成为党内政治生态的遵循，"不想腐"成为党内政治生态的常态，努力打赢党内政治生态的"蓝天保卫战"。

（二）坚持全面从严治党，完善全面从严治党制度

坚持全面从严治党是党内政治生态治理的内生动力和有力保障，是国家治理体系现代化的内在要求。欲要治国必先治党，欲要治党必须从严。党的十九

届四中全会指出："坚持党要管党、全面从严治党,增强忧患意识,不断推进党的自我革命,永葆党的先进性和纯洁性。"[4]可见,管党治党是新时代党面对的重要课题,坚持全面从严治党才能实现强党目标,强化居安思危的意识,密切联系群众,不断实现自我完善和自我发展,一如既往保持先进性和纯洁性,获取全国人民的支持。制度是党内政治生态治理的根本保障,完善全面从严治党制度是党内政治生态治理的根本要求。完善全面从严治党制度体现在三个方面:一是提升制度创新的力度和质量。深化党的建设制度改革,把党内制度体系建设放在特殊位置,要坚持实践基础上的与时俱进原则,弥补旧制度的漏洞,填补旧制度空白,根据时代和党内实际要求,在考虑制度可行性的基础上,持续为其注入新活力,增加新内容,为党内政治生态建设提供制度保障。二是构建一体化推进的制度体系。因为系统、有效、科学的制度体系是根据历史经验做出的理性选择,是新旧制度有机统一形成合力的必然选择,净化党内政治生态建设不是应景式地解决眼前问题,而是要立足长远,谋划未来,寻求制度的长效机制,满足党内政治生态建设的制度需要,顺应国家治理体系制度现代化的新要求,为党内政治生态治理提供长效的体制机制。三是制度落实是关键。制度不落实就是个"空壳子",贯彻不下去的制度就犹如"牛栏子关猫架子大",所以完善全面从严治党制度也就是一手抓制度完善,一手抓制度落实,双手都要硬,才能使制度在党内产生公信力,成为党内政治生态系统内的共生性法则被自觉遵循,成为党内政治生态建设的有力抓手。

(三)严肃党内政治生活,推进国家治理体系科学化、系统化、常态化

党内政治生活是党内政治生态的"晴雨表"。党内政治生活严肃活泼,则政治生态就是"大晴天",党内政治生活混乱消极,则党内政治生态就是"倾盆大雨",因此,我们必须严肃党内政治生活,要狠抓党员领导干部生活作风问题,要坚持常抓不懈,定规矩讲纪律可从以下三个方面着手:一是严肃党内政治生活纪律。党的十九届四中全会指出:"规范党内政治生活,严明政治纪律和政治规矩,发展积极健康的党内政治文化,全面净化党内政治生态。"[5]没有规矩不成方圆,严肃党内政治生活纪律,要坚持从严从快处理党员违反纪律的现象,让纪律像"钢铁"一样不可撼动,要使每一个党员领导干部明白任何人都没有违反纪律的特权。二是坚持民主集中制。民主集中制是党内政治生活的基本遵循,是有序开展党内政治生活开展的保证,是严肃党内政治生活的重要法宝;坚持民主集中制,完善发展党内民主和实行正确集中的相关制度,提高党把方向、谋大局、定政策、促改革的能力。[6]党内政治生活要坚持民主基础上的集中,集中原则下的民主,既畅通民主渠道,尊重党员主体地位,保障党员基本

权利，又坚持正确的集中，发挥集中的优势，杜绝片面化发展。三是加强党内政治文化建设。政治文化建设具有"润物细无声"的效果，严肃党内政治生活，在坚持纪律挺在前的基础上，大力发展党内先进文化，发挥批评与自我批评的传统优势，弘扬忠诚廉洁的价值观，落实落细党中央要求，坚持学习马克思主义理论知识，提升业务能力水平，形成党员干部带头学的良好学习氛围，促进党内政治文化，坚持主流方向。

（四）坚持正确的选人用人导向，完善权力配置和运行监督制约机制

正确的选人用人导向是实现党内政治生态治理的关键着力点，完善权力配置和运行监督制约机制是党内政治生态治理的重要举措。党的十九届四中全会指出："坚持德才兼备、选贤任能，聚天下英才而用之，培养造就更多更优秀人才的显著优势。"[7]十九届四中全会再一次强调了我们党始终坚持识才、引才、用才的重要原则，使德才兼备之才有用武之地，坚决淘汰有无才无德的庸才，为优秀人才创造施展才华的舞台，培养造就更多德才兼备之人。党内政治生态治理一是要坚持选人用人的正确标准。必须要把好"进人关"，从源头做起，严格选人用人程序，采用公平竞争原则，坚持选用德才兼备，坚持政治标准挂帅，接受社会各界的监督，杜绝"带病提拔"的现象。二是要完善权力配置。必须坚持合理配置权力的原则，防止权力"过度集中"，强化对"一把手"权力的监督，用科学化的体制机制制约集权现象。三是强化用权监督机制。建立权力运行可查询、可追溯的反馈机制，压减权力设租寻租空间，破除权钱交易和权色交易的现象，让权力寻租没有市场。强化对权力运行的制约和监督是党在历史经验和实践要求中总结出来的，是党在执政条件下实现自我净化、自我完善、自我革新、自我提高的重要制度保证，是确保还权于民、用权于民的制度宗旨。阿克顿说："权力导致腐败，绝对的权力产生绝对的腐败。"[8]因此，净化党内政治生态必须要在选对人和用好权两个方面下功夫，选人是为了更好地分配权力，用权是为了造福人民，只有这样才能激浊扬清，净化党内政治生态建设。

参考文献

[1] 本书编写组.中共中央关于坚持和完善中国特色社会主义制度、推进国家治理体系和治理能力现代化若干重大问题的决定辅导读本[M].北京：人民出版社，2019：3.

[2] 中共中央宣传部.习近平新时代中国特色社会主义思想学习纲要[M].北京：2019：226.

[3] 本书编写组.中共中央关于坚持和完善中国特色社会主义制度、推进国家治理体系和治理能力现代化若干重大问题的决定辅导读本[M].北京：人民出版社，2019：44.

[4] 本书编写组.中共中央关于坚持和完善中国特色社会主义制度、推进国家治理体系和治理能力现代化若干重大问题的决定辅导读本[M].北京：人民出版社，2019：9.

[5] 本书编写组.中共中央关于坚持和完善中国特色社会主义制度、推进国家治理体系和治理能力现代化若干重大问题的决定辅导读本[M].北京：人民出版社，2019：10.

[6] 本书编写组.中共中央关于坚持和完善中国特色社会主义制度、推进国家治理体系和治理能力现代化若干重大问题的决定辅导读本[M].北京：人民出版社，2019：9.

[7] 本书编写组.中共中央关于坚持和完善中国特色社会主义制度、推进国家治理体系和治理能力现代化若干重大问题的决定辅导读本[M].北京：人民出版社，2019：4.

[8] 阿克顿.自由与权力[M].侯健，范亚峰，译.北京：商务印书馆，2001：342.

社会治理现代化的理论逻辑

管 敏[*]

摘要：中国社会治理无论从理论上还是从实践上，都对国家的发展具有十分重要的意义。社会治理现代化是我国国家治理体系和治理能力现代化的具体体现。研究习近平新时代关于社会治理的理论成果，同样意义重大。从习近平总书记的重要讲话和理论出发，结合马克思主义基本原理的相关内容，从发展的观点、矛盾的观点、整体的观点和创新思维四个角度研究其理论中所蕴含的理论逻辑。

关键词：习近平；社会治理；现代化；理论逻辑

我们党要团结带领人民实现"两个一百年"奋斗目标、实现中华民族伟大复兴的中国梦，必须不断接受马克思主义科学理论的滋养。面对当前的社会情况，运用辩证思维分析问题是加强社会治理体系和社会治理能力现代化建设的必要思路。

一、事物处于不断发展变化之中

事物总是在不断发展和变化之中的，发展具有普遍性。同样，在特定的历史条件之下，中国的社会情况也处于不断地发展和变化之中。坚持从客观实际出发制定政策、推动工作。根据社会的不同实际状况进行政策的相应转变。我国的社会治理体系大致经历了从"社会管控""社会管理"到"社会治理"三个不同的阶段。

中华人民共和国成立初期，面对千疮百孔的社会状况，我国采取了高度集中的管理模式，建立了以党和政府为中心的全能型社会管理体制。这一时期极

---

[*] 管敏，女，中国矿业大学（北京）。

大地发挥了国家的集中管理力量，社会绝对服从于党和政府的统一安排、统一管理、统一指挥。改革开放以后，党和国家的工作重心转移到经济建设上来，国家管理工作由政治主导转变为经济建设为中心。为了适应经济社会的建设和发展，国家对与经济密切相关的社会管理事务进行了调整。党的十四大至党的十八大召开，此阶段"社会管理"模式逐步建立。1993年党的十四届三中全会通过的《关于建立社会主义市场经济体制若干问题的决定》出现了"加强政府的社会治理职能"的表述。2002年，党的十六大报告将社会治理明确为政府的四项主要职能之一。2004年，党的十六届四中全会对社会管理格局提出了具体的要求。2007年，党的十七大将社会建设同经济建设、政治建设和文化建设一同列为"四大建设"。此后，党和政府不断丰富社会管理的内涵，并根据社会发展状况不断对社会管理提出新要求。2012年，党的十八大报告实现了从"四位一体"到"五位一体"的总体布局的转变，同时实现了"社会管理"体系的转变。2013年11月9日—12日召开的十八届三中全会上通过的《中共中央全面深化改革若干重大问题的决定》中第十三部分中，分九个段落，首次提出创新社会治理。由此，党和政府在创新社会治理实践中不断探索，对社会治理手段不断改进，进入了"社会治理"发展时期。在新时代，面临社会发展过程中出现的新问题和新现象，不断完善和发展社会治理相关理论和实践，并根据世界大环境的改变，国家不断推动自身发展，提高国家现代化进程发展速度，以实现快速赶超。

二、对立统一的辩证思维

在社会治理现代化发展的过程中，社会中的各种矛盾日益显现，而推进社会治理现代化就是要防范和化解社会矛盾，因此，在此过程中必然要从矛盾论的角度出发深入了解社会所出现和产生的问题。坚持对立统一的辩证思维，要求掌握事物的发展规律，准确寻找社会矛盾，分清社会的主要矛盾和次要矛盾，以及矛盾的主要层面和次要层面，并根据不同的矛盾特点，提出相应的解决办法以化解矛盾。同时也要注意，社会的主要矛盾和次要矛盾会在一定程度下相互转化。目前，我国的社会矛盾已经转化为人民日益增长的美好生活需要和不平衡不充分的发展之间的矛盾。因此，在推进社会治理现代化建设的进程中提出各方面的具体途径以解决此方面的矛盾，但同样也要注意居于次要矛盾方面的社会问题。在面对社会矛盾时，首先承认矛盾，并要全面分析矛盾，解决矛盾，实现事物的否定之否定阶段，不断向前发展。

面对社会现实中具体的教育、就业、社会保障体系以及脱贫攻坚等社会矛盾，党和国家采取了具体的针对性很强的解决政策。优先发展教育事业，将教育事业放在优先发展位置，落实立德树人的根本任务，培养德智体美劳全面发展的社会主义事业的建设者和接班人。关注就业问题，就业是民生之计，是最大的民生。通过完善就业体制机制，解决结构性就业矛盾，优化居民收入结构，推进基本公共服务均等化。加强社会保障体系建设，完善各类型社会保障制度，发挥社会保障的兜底作用。坚决打赢脱贫攻坚战，精准扶贫、脱贫，使全国人民一道步入小康社会。维护国家安全，完善国家安全战略和政策，让人民群众感受到国家的强大。改革和完善社会救助制度，建立健全分层分类的社会救助体系，夯实基本救助制度和专项救助，促进社会力量的参与，深化"放管服"改革，为社会救助的高效工作服务。

马克思主义的基本原理明确事物的发展道路是曲折的，在社会治理相关体制机制的变革过程中，坚持以问题为导向，党和政府所采取的一切行动、政策和体制机制，都是为了尽快解决社会中出现的问题和矛盾。习近平总书记一再强调"要学习掌握事物矛盾运动的基本原理，不断强化问题意识，积极面对和化解前进中遇到的矛盾。问题是事物矛盾的表现形式，我们强调增强问题意识、坚持问题导向，就是承认矛盾的普遍性、客观性，就是要善于把认识和化解矛盾作为打开工作局面的突破口。"① 面对社会矛盾时要沉着冷静，以辩证思维看待社会治理中出现的矛盾和问题，以中国智慧思考和创新解决办法，积极解决社会问题，向事物的光明之处发展，加速推进社会治理现代化进程。

三、着眼整体的战略思想

坚持着眼全局的战略思想，从整体利益出发，着眼全局的战略思想规定了事物发展的总趋势和方向。从整体上把握事物之间的联系，在一切活动中把握全体观念和整体观念。将坚持和发展中国特色社会主义作为战略主题，以实现中华民族伟大复兴为战略目标，在这一目标的指引下提出"五位一体"的总体布局和"四个全面"的战略布局实现社会治理方方面面的统筹规划。在此总体要求下细化具体实践途径和目标，搞好各部分的政策落实和实践效果的优化，并根据社会发展状况不断调整战略政策和战略路线，在局部服从整体的前提之下，十分重视发挥局部的作用，既要注重整体规划，又要牵住"牛鼻子"，实现整体和局部的相互促进作用，最大限度发挥战略部署的效能。

---

① 习近平. 辩证唯物主义是中国共产党人的世界观和方法论［EB/OL］. 人民网，2019 - 01 - 01.

发挥党组织的统一领导作用，马克思主义政党是社会主义事业的领导核心，在社会主义建设中起着思想领导、政治领导和组织领导的作用，决定了我国社会主义事业的总体发展方向。习近平总书记指出："中国特色社会主义最本质的特征就是坚持中国共产党的领导，中国的事情要办好首先中国共产党的事情要办好。"① 要稳步推进社会治理现代化进程，必须坚持和完善党的领导。新时代对党的建设提出了总要求，必须坚持党要管党、全面从严治党，增强党内先进性和纯洁性，坚持正确的政治方向，加强政治建设，坚定理想信念，充分调动全党的积极性、主动性和创造性，全面推进党的各方面建设，深入推进反腐败斗争，不断提高党的建设质量，把党建设成为始终走在时代前列、人民衷心拥护、勇于自我革命、经得起各种风浪考验、朝气蓬勃的马克思主义执政党。只要不断努力奋斗，提高自身能力，武装自身力量，才能为中国特色社会主义事业的发展和中华民族伟大复兴伟业的实现提供坚实的保障，更好地发挥党对国家事务的统一领导作用。

四、坚持理论和实践创新

创新是一个国家兴旺发达的不竭动力，在不断发展的基础上实现创新。创新要求我们从新的角度看待事物和问题，寻找新的思路，以开启事物发展新局面。习近平总书记在继承历届领导人的思想基础上，从不断变化的实际中出发，通过反复探索和实践寻求事物发展过程中的科学规律，不断创新思维，形成了习近平新时代中国特色社会主义思想，首先实现了对马克思主义的理论创新。在此基础上，将理论与实践相结合，抓住时代发展的脉搏，顺应人民群众的美好愿望，体现了高度的理论性和实践性的统一，充分发挥马克思主义最新优秀成果的作用，推进社会治理体系和社会治理能力的现代化发展水平。

在社会治理创新中，党和政府不仅实现了社会治理的相关理论创新，同时实现了社会治理的实践途径创新。社会组织是社会治理众多主体中最具活跃性的因素，党和政府不断创新社会组织治理的平台载体，激发社会组织在社会治理过程中的特殊作用，紧紧依托乡镇社会组织服务中心，创新组织激发群众工作机制，借鉴并丰富和发展"枫桥经验"，在此基础上做到人人参与、人人负责、人人奉献、人人共享，实现借助社会组织建设推动社会治理制度的改革发展。创新治理方式，推动基层参与社会治理，调动社会居民的积极性和主动性，

---

① 习近平. 中国共产党领导是中国特色社会主义最本质的特征[J]. 求是，2020（14）：4-17.

实现社会治理的自治德治和法治的有机统一和结合，拓展其广度、深度和力度，充分发挥其作用，破解社会治理难题，下移工作重心至基层，创新组织群众机制，激发群众的聪明才智，使其成为社会治理创新的不竭源泉，完善党组织领导的基层群众自治制度。

习近平总书记指出要"善于把党的优良传统和新技术新手段结合起来"[1]，强化科技支撑，助推治理创新。科学技术的发展已经成为影响社会治理效能的重要因素，科学技术的发展为国家管理开辟了新的途径，为社会治理创新提供了新的手段。习近平总书记指出，要强化互联网思维，利用互联网扁平化、交互式、快捷性优势，推进政府决策科学化、社会治理精准化、公共服务高效化，用信息化手段更好感知社会态势、畅通沟通渠道、辅助决策施政。习近平总书记把互联网基础设施建设的重点投向农村，要求加快农村互联网建设步伐，扩大网络覆盖率。实施"互联网+"模式，促进基本公共服务均等化；发挥互联网在助推脱贫攻坚中的作用，推进精准扶贫、精准脱贫，"让互联网更好造福国家和人民"。随着互联网技术的应用和发展，我国社会管理模式从单向管理逐步转变为双向互动，更加注重社会协同治理的作用。

实践证明，社会治理创新成效明显，人民迈向更高生活水平，社会矛盾逐一得以缓解，国家发展日益富强和繁荣。习近平总书记强调："要反对形而上学的思想方法……要加强调查研究，坚持发展地而不是静止地、全面地而不是片面地、系统地而不是零散地、普遍联系地而不是单一孤立地观察事物，准确把握客观实际，真正掌握规律，妥善处理各种重大关系。"[2] 因此，在面对变化莫测的新时代，我们必须认真学习和掌握科学的唯物辩证法，不断增强思辨能力，坚持用客观、整体、联系、发展的观点看问题，这既是马克思主义唯物辩证法的内在要义，也是不断增强辩证思维能力的有效途径。

参考文献

[1] 习近平谈治国理政：第2卷[M]．北京：外文出版社，2017．

[2] 中国共产党是中国特色社会主义最本质的特征[J]．求是，2020（14）．

---

① 习近平．全面深入做好新时代政法各项工作 促进社会公平正义保障人民安乐业[N]．人民日报，2019-01-17．

② 习近平．辩证唯物主义是中国共产党人的世界观和方法论[EB/OL]．人民网，2019-01-01．

［3］辩证唯物主义是中国共产党人的世界观和方法论［J］. 求是，2019（1）.

［4］习近平. 决胜全面建成小康社会 夺取新时代中国特色社会主义伟大胜利——在中国共产党第十九次全国代表大会上的报告［N］. 人民日报，2017-10-28.

［5］习近平. 加快推进网络信息技术自主创新 朝着建设网络强国目标不懈努力［EB/OL］. 新华社，2016-10-09.

［6］习近平. 关于《中共中央关于全面深化改革若干重大问题的决定》的说明［N］. 人民日报，2013-11-16.

［7］冯仕政. 中国道路与社会治理现代化［J］. 社会科学，2020（7）：11-19.

第三部分 03
新冠疫情与社会治理研究

后疫情时代推进社会动员机制现代化：
现实意义、辩证方法和实践向度

徐兴豪[*]

摘要：疫情防控充分彰显中国特色社会主义制度的显著优势，后疫情时代推进社会动员机制现代化是推进国家治理现代化的内在要求，是衡量执政党社会领导力的重要尺度，更是破解集体行动困境的有效方式。要正确处理世界与中国、制度与动员、利益与价值之间的辩证关系。按照社会动员机制现代化的内在逻辑，从党的领导、群众运动、制度建设和科技应用的向度，不断推进实践进程。

关键词：后疫情时代；社会动员机制；辩证方法；实践向度

审视新冠肺炎疫情防控的复杂形势和阶段性成果，一个基本共识：疫情防控充分彰显中国特色社会主义制度的显著优势。但是，这种宏大叙事般的特色优势概括，往往掩盖背后社会治理的具体问题，忽视国家治理过程中的弱项和短板。着眼长远，从某种程度上讲，疫情是一次社会危机，更是一次深刻反思社会治理能力的重要契机。尤其进入后疫情时代，创新和完善社会动员机制具有重要的现实意义，要求必须妥善处理好世界与中国、制度与动员、利益与价值之间的辩证关系，不断推进社会动员机制现代化的实践进程。

一、社会动员机制现代化的现实意义

社会动员，通常指社会动员主体（政党、国家、社会组织）依托于一定的社会动员机制（具体程序、基本策略、方式方法），整合多方资源和力量，调动人民群众参与到特定社会集体行动的一种领导方式，而社会动员机制就是针对

---

[*] 徐兴豪，男，北京科技大学，党委组织部干部。

有效的社会动员,逐步建构的一整套制度规范体系。从此意义上讲,创新和完善社会动员机制是推进国家治理体系和治理能力现代化的重要组成部分,既是后疫情时代有效化解社会公共危机的治理方向,更是党的执政能力和领导水平的集中彰显。

(一)国家层面:是推进国家治理现代化的内在要求

社会治理现代化是国家治理现代化的重要组成部分。首先,国家和社会的二元划分是社会治理的原初语境。在这样的分析框架下,现代意义上的民族国家是一个权力实体,更是一种政治共同体、利益共同体、命运共同体,维持"共同体"的健康机理,需要更加成熟、完善、定型的制度体系对政治身份、国家主权、民族认同、社会运行等方面进行合理重构,在此过程中,人民群众将随着自我意识、主体意识的觉醒,找到国家和社会的动态平衡,塑造出特色鲜明的社会文化和价值观念。其次,国家治理的目的是市民社会。根据唯物史观的基本原理,市民社会是国家和意识形态的基础,是人类全部历史的发源地和舞台,市民社会是目的,国家是实现目的的工具。国家治理的终极意义就是保障统治阶级的根本利益、掌握文化意义形态领导权,在我国推进国家治理现代化旨在维护最广大人民群众的根本利益、巩固马克思主义在意义形态领域的指导地位。最后,社会治理是国家治理的下位概念。国家治理始终强调一种制度上的顶层设计、战略上的高瞻远瞩和价值上的人民至上,而社会治理是一种中心在人民、重心在基层、核心在执行的治理过程,即推进社会治理现代化是推动治国理政新实践向基层社会的不断延伸。

疫情危机下的社会动员机制是对国家治理现代化的现实考验。习近平总书记在主持召开中央全面深化改革委员会第十二次会议强调:"这次抗击新冠肺炎疫情,是对国家治理体系和治理能力的一次大考。"① 这次疫情危机是一场人民战、总体战、阻击战,打赢这场疫情危机战争需要多主体协同配合、全方位推进落实、多层次反馈联动,形成社会资源集中、信息共享畅通、人员优化配置、措施得力有效的疫情防控工作基本面。归根结底,通过启动社会动员机制,整合社会资源力量,组织动员人民群众深度参与到抗疫实践中。换言之,社会动员机制是否有效、高效、全效,直接决定疫情防控战争的最后成败,反映着国家治理的现代化水平和实际效能。

创新和完善社会动员机制是后疫情时代化解社会治理危机的关键路径。从

---

① 习近平. 完善重大疫情防控体制机制 健全国家公共卫生应急管理体系[N]. 人民日报, 2020-02-15.

本质上讲，后疫情时代充满着"不确定性"。疫情危机是一场人类社会发展过程的自然危机，与此相似，未来人类还会面临其他突如其来的自然灾害，比如，火山、地震、洪涝、干旱、暴雪、火灾等。除此之外，我们还可能随时面临由人类自身酿造的更大的社会危机、风险和挑战，比如，战争、资源枯竭、环境污染、经济危机等。无论是"天灾"，还是"人祸"，每一次危机都考验着社会组织动员能力，每一次危机都是以历史的进步作为补偿，伴随着社会动员机制现代化的进程，必将是国家治理的现代化和社会进步。

（二）政党层面：是衡量执政党社会领导力的重要尺度

社会动员机制现代化水平彰显执政党的社会领导力、影响力和号召力。政党是连通国家和社会的桥梁和纽带，具体到我国国情而言，政党先于国家，人民群众与共产党之间隐匿着潜在的心理契约关系，即共产党始终代表人民群众的根本利益，人民群众坚定不移地跟党走，显然这种心理契约关系不同于西方政党的制度性契约关系。因此，共产党执政且长期执政具有坚实的合法性基础，并形成政党与国家治理、社会治理高度黏连、互相嵌套的治理模式。

回顾历史，在革命战争时期，中国共产党的社会组织动员能力发挥着巨大的领导优势和组织优势，为中国革命的最终胜利提供根本保障，是"条件中最基本的条件"。毛泽东在《论持久战》中强调："要胜利，就要坚持抗战，坚持统一战线，坚持持久战。然而一切这些，离不开动员老百姓。要胜利又忽视政治动员，叫作'南其辕而北其辙'，结果必然取消了胜利。"① 当然，"怎么去动员，靠口说，靠传单布告，靠报纸书册，靠戏剧电影，靠学校，靠民众团体，靠干部人员。"② 由此可见，社会动员是一个长期的过程，革命时期社会动员的目标是为了革命胜利，政党通过有效的信息沟通方式，影响社会的心理、行动或行动倾向，以期达到把党的革命目标转化成人民群众积极自觉的社会实践活动。

实际上，共产党强大的社会组织动员能力一直被延续继承下来，成为我们党长期执政的传统，直至今天仍表现出巨大的显著优势和生命力，逐步凝练上升为国家治理的基本经验。正如习近平总书记所讲："能否有效进行社会动员，是对执政能力的现实考验。"③ 社会动员能够整合社会资源和力量，调动社会一切积极因素，弥补政府公共服务供给的不足和短板，是社会危机应对和长期有

---

① 毛泽东选集：第2卷 [M]．北京：人民出版社，1991：480－481.
② 毛泽东选集：第2卷 [M]．北京：人民出版社，1991：481.
③ 习近平．之江新语 [M]．杭州：浙江人民出版社，2007：156.

效执政的重要方式。

（三）社会层面：是破解集体行动困境的有效方式

新冠肺炎疫情是一次对我国社会动员机制现代化水平的大检验，在社会组织学的视角下，建设社会动员机制现代化是为了促成社会的集体行动，显然这不需要一种科层制的、按部就班的、常规的社会治理模式，而需要一种紧急的、高效的、非常规的社会动员运行机制。通过启动和运作社会动员机制，试图用一个特定的社会共同目标取代所有个体目标，社会成员因为一个共同目标而凝聚捆绑在一起，既然集体目标是一切，个人目标和意愿就不值一提，每个人的独立个性暂时消失了或湮没在声势浩大的社会集体行动中，所有人的感情、思想、心理和观念将发生变化，主动或被动地融入整个社会运动中，即社会集体行动开始了。

我国疫情防控工作取得一定阶段性成效，但是必须清醒地和实事求是地看到防疫中社会动员机制的短板和不足。在决策机制层面，疫情危机还暴露出诸如社会动员伦理问题，尤其在关键时间、关键事件的危机决策过程中，效率与公平、个人利益与社会利益、道德伦理与法律制度究竟何为第一性。在沟通机制层面，社会动员缺乏规范化、程序化、制度化支撑，国家与社会之间的协同能力不足。采取行政命令性的、强制压力的、非程序式的社会动员模式，国家和社会之间缺乏必要的共识，往往是以牺牲体制合法性资源为代价，影响损害政府公信力的同时，社会动员边际效能递减。在执行机制层面，与强大的体制内部动员能力相比，基层社会动员能力下降。随着现代化的进程，人的现代性不断进步，文明意识、权利意识、主体意识开始全面觉醒，使得个人发展与现行体制之间的黏性下降，严重挤压着基层社会动员的空间和资源，基层组织的凝聚力、影响力、组织力呈现明显的下降趋势。当然，在社会动员的预警机制、保障机制、舆情机制、考核奖惩机制等层面，也暴露出不同程度的问题和短板。一句话，我国社会动员机制现代化进程尚需走一段很长的路，越来越多的学者开始深刻反思社会动员机制的弊病。

进入后疫情时代，社会集体行动陷入困境是普遍常态。社会集体行动陷入困境的根源是个体自由与集体秩序之间的矛盾。按照奥尔森对集体行动的逻辑解释，为科学有效应对社会公共危机，必须把社会成员个体组织起来，群智、群策、群力，达成一致性社会行动。但是，基于理性人或人的自私自利性的前提假设，往往出现"搭便车"的现象，使得社会集体行动陷入无组织性、无秩序性的困境之中。另外，之所以讲社会集体行动困境是普遍常态，主要基于三点判断：一是后疫情时代是人自由个性发展的时代。随着社会主义市场经济的发展成熟，社会利益格局发生变化调整，人们的自我意识、主体意识觉醒，进而影响着人们的思想、价值和观念，利益博弈导致社会张力逐步扩大，甚至出现社会断裂。二是后疫情时代是社会治理现代化的时代。从"管理"到"治理"，过去依靠权力、资源和命令的动员方式进行社会管理，难以发挥强大作用，现行体制机制与个人发展进步的关联性降低，传统的自上而下的社会动员模式与经济社会发展阶段不适配。三是后疫情时代是社会大流动时代。人是社会流动中最活跃的因素，人的流动带动各类生产要素的流动，无疑给社会动员带来现实挑战。"大流动时代"的到来，昭示着深层次的社会结构转型，意味着分化、变迁与改革将成为新的社会常态，更多始料未及的社会问题和风险将逐渐浮现。①

二、后疫情时代社会动员的辩证方法

"社会治理是一门科学，要运用正确方法论，坚持辩证唯物主义和历史唯物主义。"② 在实践中，我们必须运用马克思主义的立场、观点和方法，研究新情况，解决新问题，具体到推进社会动员机制现代化的实践来说，坚持问题导向，自觉用马克思主义哲学方法论来分析解决现实问题，进一步明确社会动员机制的任务、目标和路径，准确把握后疫情时代社会动员的辩证方法，尤其是要正确处理世界与中国、制度与动员、利益与价值的辩证关系。

（一）世界与中国的深度互动

近代以来，中国与世界的关系问题是一个永恒课题。当今世界正处于"百年未有之大变局"，这是以习近平同志为核心的党中央对世界复杂局势的精准判断和历史定位。这次突如其来的新冠疫情危机，在世界范围内肆意蔓延，无疑将成为加速解决人类问题和重塑世界格局的催化剂。另外，世界对中国的期待远不止于抗击疫情的成功经验和做法，中国方案、中国理念、中国声音和中国道路日益产生广泛而深远的国际影响，需要正确处理好世界与中国的辩证关系，统筹国内国际两个大局。

中国与世界的关系正发生着历史性的根本变化，具有极强的外部效应和关联效应，给中国社会带来极大的不确定性和不稳定性，而应对风云变幻的国际

---

① 曹现强．"大流动时代"给社会治理带来哪些新挑战［J］．国家治理，2020（17）：34．

② 中共中央宣传部．习近平新时代中国特色社会主义思想三十讲［M］．北京：学习出版社，2018：236．

复杂形势，需要党、国家、社会组织和各社会成员共同努力，尤其是推动多元社会主体共同参与，激发社会活力，凝聚治理合力。与此同时，我们要更加坚定不移地推进探索社会动员机制现代化的历史进程。一方面，世界大变局和高风险的外部效应。具体而言，世界逆全球化与全球化之间的较量，单边主义、利己主义和霸权主义盛行；现有的国际政治经济秩序失衡，全球治理体系和治理格局面临坍塌的风险；大国博弈全面加剧，国际关系充满着诸多不确定性和危险性；文化、价值和观念的冲突升级，尤其意识形态领域的斗争甚嚣尘上；气候变化、粮食危机、环境污染等人类可持续发展问题交织叠加，对日益开放的中国社会带来挑战和深刻影响。毫无疑问，对中国社会而言，正处于百年大变局的世界正深刻影响或改变着我国社会结构、利益格局和人们的生产生活方式、思想观念，成为我国社会治理现代化视野中必须考量的外部因素。另一方面，中国影响力和依存度的关联效应。今天的中国前所未有的靠近世界舞台中央，意味着将在全球的事务中发挥更大的关键作用；意味着将承担更多维护世界和平和发展的重要责任；意味着将重塑世界的发展格局和全球治理体系。同时，今天的中国前所未有的接近中华民族伟大复兴的目标，需要办好中国自己的事情，坚持发展好新时代中国特色社会主义；需要积极参与全球治理体系的改革和建设，主动担当大国责任，日益成为参与者、贡献者和引领者；需要贡献中国智慧，用人类普惠的价值理念，寻找更多利益交汇点，凝聚全球广泛共识。

后疫情时代，中国与世界的互动会更加频繁、交往会更加紧密、融合会更加多元，实践证明，现代化的社会动员机制是化解风险危机的重要方式，需要国家（政府）扮演好"元治理"的角色，更需要积极组织动员社会力量的加入，尤其是社会组织、公民个人和市场力量的广泛参与。正确处理中国与世界的辩证关系，要坚持"变"与"不变"的辩证思维，无论世界局势多么复杂多变，中华民族伟大复兴的目标始终不变，要坚持"重点论"和"两点论"的辩证思维，统筹利用好国内国际两个大局，重点是办好中国的事情。

（二）制度与动员的强度融合

通常而言，制度是管根本、管长远，具有长期性、稳定性的显著优势，而动员则是对现行常规制度的"叫停"与"超越"，是在"非常时期"的非常之举，革命时期的政治动员是如此，和平发展时期的社会动员更是如此，由此可见，制度和动员之间存在着内在矛盾，调和矛盾的最有效的办法就是推进社会动员机制的现代化，即建立健全一整套完善、成熟、定型的社会动员制度体系，将制度和动员进行强化融合。

后疫情时代依旧需要国家强大的社会动员能力。社会动员不仅仅体现在狂风骤雨般的革命动员、政治动员之中，社会动员也与特定时期的国家战略和任务、改革困难和挑战、发展目标和方式紧密联系在一起，比如，改革攻坚战、脱贫攻坚战、蓝天保卫战、村庄选举、城市维稳、防灾减灾、灾后重建、集中整治、行动计划等社会公共危机或发展战略任务，都需要共产党强大的社会动员能力予以保障，赢得人民群众的理解和支持，充分发挥"全国一盘棋、调动各方面积极性、集中力量办大事"的社会主义制度的优势性。可以说，在社会主义建设与改革开放新的历史方位，能否有效地进行社会动员，凝聚全党全社会的共同力量，形成强大合力，关系着党和国家的事业发展的兴衰成败，所以，要一以贯之地推进社会动员机制现代化进程，这是新时代发展的内在要求，更是后疫情时代社会治理的应有之义。

从社会动员到制度变迁，从制度成熟到社会动员现代化，正确处理制度与动员的辩证关系，主要考量三个方面的因素，一是运动式治理是中国之治的典型特征，社会动员是一种普遍的治理常态。"运动式治理的突出特点是（暂时）打断、叫停官僚体制中各就其位、按部就班的常规运作过程，意在代替、突破或整治原有的官僚体制或常规体制，代以自上而下、政治动员的方式来调动资源，集中各方力量和注意力来完成某一特定的任务。"① 二是社会动员机制是一种后发现代化国家的非常规治理模式的迫切需要。在社会治理过程中，有常规治理与非常规治理之分，随着后疫情时代国内国际、主观客观条件的调整变化，在后发现代化国家非常规治理的实践环境增多，从某种程度上讲，非常规治理是对常规治理的重要补充和完善，二者可以相互促进、相互影响，制度条件成熟时可以相互转化。三是要避免社会动员无效化或扩大化的错误倾向，始终保持中国特色社会主义制度的优势性。运动式治理是一种社会动员机制，运动式治理的形成、发展和成熟具有深刻的历史逻辑、实践逻辑和理论逻辑，是无产阶级政党在面临国家制度供给不足的情况下，为完成无产阶级革命和专政的历史任务而形成的治理模式，新时代科学依法有序的社会动员背后是一整套成熟、稳定、定型的体制机制运行。

需要指出，在这次疫情防控工作中，法治思维和法治方式发挥了关键性作用，应急法治建设是社会动员机制现代化建设的应有之义。

---

① 周雪光. 运动型治理机制：中国国家治理的制度逻辑再思考［J］. 开放时代，2012（9）：106.

(三) 利益与价值的高度耦合

利益共同体决定命运共同体，社会集体行动的背后是以社会共同利益作为现实支撑。正如在《神圣家族》中，马克思、恩格斯曾深刻地指出："'思想'一旦离开'利益'就一定会使自己出丑。"① 为寻找到人类历史发展的规律，解释回答历史之谜，马克思在经济领域发现：人们的实践活动被深深打上了"利益"的烙印。换句话说，"利益"是推动社会历史向前发展的直接动力。社会动员之下的社会集体行动也是如此，社会集体行动的背后是社会成员之间的共同利益，社会动员不过是维护和实现共同利益的手段而已。从此意义上讲，如果说传统的社会动员机制是以政治任务或国家中心为轴心，那么现代化的社会动员机制必将是以人民群众的整体利益为轴心。

随着社会发展进步，国家体制所控制的社会稀缺资源逐步减少，意味着人的发展对国家体制的依赖性在逐步降低，这极大地削弱了国家社会动员的实际能力。但是，新时代现代化的社会动员机制要求从群众的利益诉求出发，寻找整合社会共同利益的最大交汇点，而不是仅仅依靠党的领袖对马克思主义理论的理解，对历史条件和时代局势的分析认知。这就要求不断地调整国家治理的结构，由自上而下的主动代表利益转向自下而上的利益整合驱动，从而更好地适应人们个体主体意识的觉醒、参政议政能力的提高和现代性的发展，促进每个人的自由个性。

除此之外，要发挥社会主义核心价值观的引领力和凝聚力，建构社会动员体制机制的同时，建构社会动员的价值体系。从本质上讲，价值观与利益观具有内在一致性，若一种价值观不能代表社会最广大人民群众的现实利益，那么价值观也无法得到人民群众的内心认同，并转化成自觉行动。我国现代化的社会动员机制要蕴含着社会主义核心价值观，充分把个人、社会组织和国家的命运凝聚在一起，充分发挥价值观在社会动员中的强大精神动力。一言以蔽之，统筹社会动员的价值体系和社会共同利益的内在联系。

三、推进社会动员机制现代化的实践向度

社会动员机制是一种领导社会治理的制度体系。如图1所示，厘定社会动员机制现代化的关联逻辑，主要包括社会动员主体和社会动员客体两个对象群体，依托于非常规的社会动员机制，动员主体作用于动员客体，以期通过形成

---

① 马克思恩格斯全集：第1卷 [M]．北京：人民出版社，2009：286.

社会集体行动来完成特定的历史任务。其中，社会动员机制的科学有效性取决于社会动员背后的价值体系和共同利益，在完成近期历史任务的同时，通过制度建设或优化，推进社会动员机制现代化的实践进程。依据社会动员机制现代化的内在逻辑，必须从以下几个向度推进实践。

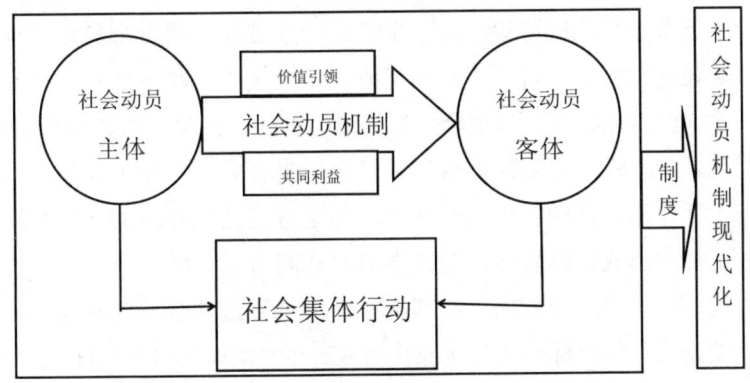

图1　现代化社会动员机制的关联逻辑

（一）党的领导是社会动员机制现代化的本质特征

从社会动员主体上看，党的领导是最本质的特征，可以说中国共产党的历史就是一部社会动员史。办好中国的事情，解决好中国的问题，关键在党，这是我们总结历史所得出的一条基本经验。党的十九大报告明确指出："加强社会治理制度建设，完善党委领导、政府负责、社会协同、公众参与、法治保障的社会治理体制，提高社会治理社会化、法治化、智能化、专业化水平。"[①] 一方面，党委领导是社会动员机制现代化建设的责任主体，全面落实责任制，环环相扣、层层压实，形成从中央到地方的责任链条。另外，坚持党的领导主要是"政治领导"，从而确保社会动员正确的道路和方向，激发社会主义"集中力量办大事"的优越性。另一方面，打造多元主体共同参与的社会动员局面，组织动员更多的社会力量参与到后疫情时代的社会事务，比如，社区、企业、非政府组织、个人意见领袖等，努力建构党和最广泛人民群众之间的心理契约关系。建构心理契约的过程就是共同参与、共同协商，寻找社会共同利益交汇点的过程。从本质上讲，这种心理契约是一种信任关系、代表关系，人民群众信任党、跟党走，党始终代表人民的根本利益。

[①] 习近平．决胜全面建成小康社会 夺取新时代中国特色社会主义伟大胜利——在中国共产党第十九次全国代表大会上的报告［M］．北京：人民出版社，2017：49．

（二）群众运动是社会动员机制现代化的目标结果

从社会动员客体上看，群众运动是启动运行社会动员机制的理想化结果，同时群众参与度也是社会动员有效性的评价指标之一。革命战争时期的群众运动是疾风骤雨般的革命集体行动，而和平发展时期的群众运动是国家治理重心向基层社会下沉、公民广泛参与社会事务的特殊方式，两者都是践行群众路线的结果，是我们党的优良传统、政治优势和组织优势的集中体现。根据马克思历史唯物主义的基本原理，历史合力论，即历史是无数单个意志的合力的结果。后疫情时代，社会动员之下的群众运动符合历史合力论。每个人的意志在历史发展中都发挥作用，这种作用不尽相同，甚至可能是相互掣肘、相互冲突或相互抵消的，最终形成错综复杂、交织叠加的共同力量，即一个总的合力。这个总的合力便是历史前进的方向，在其现实性上，便是社会共同利益。因此，社会动员机制现代化的目标结果是达成社会一致性的集体行动，即群众运动。

（三）制度建设是社会动员机制现代化的内在要求

从过程论视角上看，以制度建设完善社会动员机制，是社会动员机制现代化的内在要求。社会动员通常具有突发性、紧急性、短期性等"战"时特点，制度建设就是对战时思维和经验的实践超越，坚持"平战"结合的常态化思维，把社会动员过程中的经验、教训和相关成果转化为稳定、成熟、定型的制度体系，予以固定下来。另外，制度建设还应当包括法律制度建设，科学依法动员，在法治轨道上进行社会动员，才能确保规范、紧张、有序，又充满活力。制度建设不是一朝一夕、一蹴而就的，受到具体现实问题、社会发展阶段、人们认知水平等诸多因素影响，需要在社会动员主体与社会动员客体的双向互动中，不断调适完善社会动员机制，实现现代化。

（四）科技应用是社会动员机制现代化的物质保障

从生产力标准上看，科学技术是第一生产力①，智能化是社会动员机制现代化的发展方向。在这场抗击疫情的总体战、人民战和阻击战中，一大批前沿科学技术成果开始应用，正改变着社会动员的传统方式。随着世界新一轮科技革命的发展，在后疫情时代，科技的广泛应用也必将为社会动员机制现代化提供坚实的物质保障与技术支持。尤其人工智能科技已发展成为整个时代潮流，为创新社会动员提供新的解决思路，必须主动适应时代发展大势，将互联网、物联网、大数据、云计算和人工智能等科技成果与社会治理深度融合，以智能化

---

① 邓小平文选：第3卷[M]．北京：人民出版社，1993：377.

助推社会动员机制现代化，不断提升社会治理的能力和水平，实现社会治理进入智能化时代。

参考文献

［1］马克思恩格斯全集：第1卷［M］.北京：人民出版社，2009.

［2］毛泽东选集：第2卷［M］.北京：人民出版社，1991.

［3］邓小平文选：第3卷［M］.北京：人民出版社，1993.

［4］习近平.决胜全面建成小康社会 夺取新时代中国特色社会主义伟大胜利——在中国共产党第十九次全国代表大会上的报告［M］.北京：人民出版社，2017.

［5］中共中央宣传部.习近平新时代中国特色社会主义思想三十讲［M］.北京：学习出版社，2018.

［6］习近平.之江新语［M］.杭州：浙江人民出版社，2007.

［7］习近平.完善重大疫情防控体制机制 健全国家公共卫生应急管理体系［N］.人民日报，2020-02-15.

［8］曹现强."大流动时代"给社会治理带来哪些新挑战［J］.国家治理，2020（17）.

［9］周雪光.运动型治理机制：中国国家治理的制度逻辑再思考［J］.开放时代，2012（9）.

论新冠肺炎疫情防控阻击战中的中国精神

曹 霞*

摘要：中国精神是以爱国主义为核心的民族精神和以改革创新为核心的时代精神的统一，是推动中国发展和人类文明进步的强大精神动力。博大精深、内涵丰富而深刻的中国精神是兴国之魂，强国之魄。在新冠肺炎疫情防控阻击战中彰显出的万众一心、众志成城的团结精神，救死扶伤、医者仁心的崇高精神以及大胆探索、开拓进取的创新精神，是鼓舞中国人民坚定信心、同舟共济、科学防治、精准施策并取得最终胜利的强大精神支撑和不竭精神动力。

关键词：新冠肺炎；疫情；中国精神

人无精神则不立，国无精神则不强。习近平主席指出："精神是一个民族赖以长久生存的灵魂，唯有精神上达到一定的高度，这个民族才能在历史的洪流中屹立不倒、奋勇向前。"[①] 中国精神是中华民族团结一心、自强不息的精神纽带，是兴国之魂，强国之魄。中国精神激励着一代又一代中华儿女创造出人类发展史上的伟大奇迹，中国精神已经成为推动中国发展和人类文明进步的强大精神动力。在新冠肺炎疫情防控的人民战争、总体战、阻击战中，中国精神是凝聚人心，汇聚磅礴力量，鼓舞中国人民坚定信心、同舟共济、科学防治、精准施策，走向最后胜利的强大精神支撑和不竭精神动力。

一、中国精神的内涵

中国精神是以爱国主义为核心的民族精神和以改革创新为核心的时代精神的统一。中国精神是中华民族优秀传统与时代精神的有机结合。中国精神代表

---

* 曹霞（1963—），女，北京信息科技大学马克思主义学院德育与法学教研部副教授，主要研究方向为思想政治教育。

① 习近平谈治国理政：第2卷 [M]．北京：外文出版社，2017：47-48．

着中国各民族的形象，彰显着中国人的精神风貌，是能够发出正能量的各种优秀品德、价值的总和。中国精神是中华民族的灵魂，博大精深，内涵丰富深刻。

民族精神，是指一个民族在长期的共同生活和社会实践中形成的，为本民族大多数成员所认同的价值取向、思维方式、道德规范和精神气质的总和，是一个民族赖以生存和发展的精神支柱。民族精神是中华民族的精神独立性得以保持的重要保证，它赋予中国精神以民族特征。党的十六大报告深刻地概括了中华民族精神的内涵："在五千多年的发展中，中华民族形成了以爱国主义为核心的团结统一、爱好和平、勤劳勇敢、自强不息的伟大民族精神。"爱国主义是千百年来人们在社会实践中形成的对自己祖国极其忠诚和热爱的深厚情感。团结统一是指中华民族为了实现共同的理想和目标，凝聚全民族的意志、智慧和力量，同心同德、维护统一、顾全大局的互助合作精神。爱好和平是指中华民族在同其他民族的交往中，平等相待、友好相处、求同存异、团结合作，维护世界和平、促进共同发展的精神。勤劳勇敢是指中华民族为了自身的存在和发展，在改造客观世界的实践中，勤奋劳作、努力不懈、勇于拼搏、敢于斗争的精神。自强不息是指中华民族所具有的独立自主、奋发向上、不断进取的精神。习近平在第十三届全国人民代表大会第一次会议上的讲话中将民族精神归纳为伟大创造精神、伟大奋斗精神、伟大团结精神和伟大梦想精神四个方面。中国人民在长期奋斗中培育、继承、发展起来的伟大民族精神，为中国发展和人类文明进步提供了强大的精神动力。

时代精神是一个国家和民族在新的历史条件下形成和发展的，是体现民族特质并顺应时代潮流的思想观念、价值取向、精神风貌和社会风尚的总和，是一种对社会发展具有积极影响和推动作用的集体意识。时代精神反映社会进步的发展方向，是中国精神引领时代前行、拥有鲜明时代性和强大生命力的重要根源，是社会的主旋律和时代的最强音，它赋予中国精神以时代内涵。在波澜壮阔的改革开放历程中，我国丰富和发展了以改革创新为核心的解放思想、实事求是的精神；与时俱进、开拓进取的精神；攻坚克难、一往无前的精神；艰苦奋斗、务求实效的精神；淡泊名利、无私奉献的精神等体现时代特征的思想观念和精神风尚。改革创新是时代精神的核心。改革是破除社会发展障碍、激发社会发展活力的引擎，创新是民族进步的灵魂、国家兴旺发达的动力。改革创新精神体现为突破常规、大胆探索、勇于创造的思想观念；不甘落后、奋勇争先、追求进步的责任感和使命感；坚忍不拔、自强不息、锐意进取的精神状态。

爱岗敬业、争创一流、艰苦奋斗、勇于创新、淡泊名利、甘于奉献的劳模精神，干一行、爱一行、专一行的精益求精的工匠精神，爱国敬业、守法诚信、优质服务、追求创新的企业家精神，自力更生、自主创新、探索未知、敢于创新的航天精神，还有大庆精神、雷锋精神、"两弹一星"精神、女排精神、北京奥运精神、青藏铁路精神、抗洪精神、抗震救灾精神、抗击"非典"精神等，都是新时代中国精神的具体形态，体现了新时代各行各业的精神面貌。中国精神的具体内涵必将在中国特色社会主义伟大实践中愈加丰富。

二、在新冠肺炎疫情防控阻击战中彰显的中国精神

2019年12月，新型冠状病毒性肺炎疫情由武汉迅速向全国蔓延，疫情来势凶猛，直接威胁着全体中国人民的生命安全。2020年1月25日农历新年初一，习近平总书记主持召开中央政治局常委会议并发表重要讲话，对加强新冠肺炎疫情防控做出全面部署，强调要把人民群众生命安全和身体健康放在第一位，把新冠肺炎疫情防控工作作为当前最重要的工作来抓。全党全军和全国人民紧急动员起来，迅速投入到新冠肺炎疫情防控的人民战争、总体战、阻击战中。举国上下勠力同心，共战疫情，充分彰显了中国精神的伟力和光辉，激励着中国也鼓舞着世界。在这场没有硝烟的战斗中，万众一心、众志成城的团结精神，救死扶伤、医者仁心的崇高精神，以及大胆探索、开拓进取的创新精神都是中国精神的生动体现。

（一）万众一心、众志成城的团结精神

在新冠肺炎疫情防控阻击战中，以习近平同志为核心的党中央统揽全局、协调各方。全国各省区市积极响应、统一行动、步调一致，相继启动重大突发公共卫生事件一级响应，迅速构建了联防联控、群防群控、严防死守的天罗地网。在疫情防治、医疗卫生、物资调配、交通通信、电力保障、公安消防、市场供应、科研攻关、志愿服务、舆论宣传等重大领域，全国一盘棋，统一调配，形成合力。全国人民心往一处想、劲往一处使，同舟共济、患难与共、守望相助、共克时艰。人人担当负责恪尽职守，个个主动奉献，顽强拼搏。广大党员干部靠前指挥、忠诚履职、冲锋陷阵；公安民警、疾控工作者和社区工作者挺身而出，挨家挨户排查消杀，宣传防疫知识，为群众解决生活所需，日夜坚守在防控的一线；志愿者们大爱无私，不惧风雨，不分昼夜辛勤忙碌；新闻工作者们不畏艰险第一时间多角度、全方位报道疫情救治防控情况，用心用情讲述中国抗疫故事；疫情防控科研攻关的科技工作者们在争分夺秒默默奉献；普通民众令行禁止，放弃了新春的团聚欢乐，放弃了期盼已久的旅游出行，宅在家中大力支持着新冠肺炎疫情防控工作。"一方有难，八方支援"。人民解放军闻令而动犹如天兵天将，以迅雷不及掩耳之势空降到疫情重灾区勇挑重担；一支支医疗队伍从四面八方驰援武汉，紧锣密鼓地展开救治工作；来自东南西北的建筑工人火速赶往火神山、雷神山医院工地不分昼夜地施工、挥洒血汗；黑龙江的大米，广西的螺蛳粉，西藏的牦牛肉，青海的牛羊肉、酸奶、冬虫夏草，辽宁的大白菜，内蒙古的土豆，浙江的西兰花，山东寿光的蔬菜，江西的萝卜等，还有很多很多来自天南海北的防疫物资、医疗用品、医疗设备、生活物资和爱心善款急速运抵救援一线；"武汉加油""湖北加油""中国加油"的铿锵心声响彻华夏大地……中华儿女的闪光行动汇聚成万众一心、众志成城、同心同德、互助合作的磅礴伟力，筑成了新冠肺炎疫情防控的"钢铁长城"。正如世卫组织的评价所言"中国展现了惊人的集体行动力与合作精神"。

（二）救死扶伤、医者仁心的崇高精神

自新冠肺炎疫情暴发以来，全国各地数万名医务人员挺身而出，舍小家为大家，勇敢逆行，义无反顾、毫无畏惧地奔赴抗疫前线，与湖北武汉的同人共同投入防控救治工作。他们中有国内医学领域的权威人士，有重点医院的主任医师，也有年富力强的普通护士。他们用精湛的医术和悯人的情怀护佑健康、挽救生命。他们在高风险的工作环境中进行着高强度的工作，不惧被病毒感染的风险，废寝忘食、夜以继日、连续奋战、不计报酬、不讲条件、不负重托，不辱使命，无私奉献。84 岁高龄的钟南山院士再次临危受命，率领众多精兵强将挥师防疫最前线；年过七旬的李兰娟院士率医疗队赴收治危重患者的定点医院不分昼夜地忘我工作，每天只睡三小时；武汉市金银潭医院院长张定宇身患渐冻症、妻子被新型冠状病毒感染却还坚守在抗击疫情最前沿，顽强与时间赛跑；武昌医院院长刘智明不顾个人安危，身先士卒带领医院全体医务人员竭尽全力保护人民群众的生命安全和身体健康，挽救了无数患者的生命，自己却因不幸感染新冠肺炎以身殉职；武汉大学中南医院影像科副主任张笑春教授出于医务人员的职业敏感性和良知，不计个人得失，大胆提出"强烈推荐 CT 影像作为目前新冠肺炎首选诊断方法"的建议，引起社会广泛关注，国家卫健委办公厅和国家中医药管理局当机立断联合出台了新冠肺炎诊疗方案第五版。从而使武汉能够尽快控制传染源、切断传播途径，使得尽可能多的人不被感染，使得感染的无症状患者能及时被发现和及早得到治疗，挽救了武汉万人性命。她和同事观看了近 10 万 CT，每天只睡一两个小时，累了就吸氧坚持。她说："救了患者的命，比什么都重要。"有的医护人员为了节省防护服，不吃不喝，连续工作数小时；有的医护人员为了抗击疫情，错过了与亲人的最后一面；还有被口罩勒出深深印痕的脸庞、护目镜下的黑眼圈、被汗水浸透了的衣背、"疫情不退我们不退"的誓言……一个个感人至深、可歌可泣的英雄事迹，一幅幅让人心痛、令人动容的画面，展现了白衣战士舍己为人、舍生忘死的博大胸怀和救死扶伤、医者仁心的崇高精神。

（三）大胆探索、开拓进取的创新精神

在新冠肺炎疫情防控阻击战中，广大科技工作者坚持国家利益和人民利益至上，胸怀祖国、服务人民，做出了非凡的努力和贡献，充分彰显了拼搏奉献的优良作风、严谨求实的专业精神，对科学不断探索的求知精神，以及勇于尝试、迎难而上、坚韧不拔、百折不挠、开拓进取的创新精神。钟南山院士第一时间公布了人传人的发现；李兰娟院士第一个提出了武汉封城的壮举；武汉病毒所科研人员快速从病人样本当中分离出了新型冠状病毒，测出了它的全基因组序列，并同世界卫生组织及相关国家和地区分享研究成果；中国工程院院士、军事科学院军事医学研究院研究员陈薇和她的同事们农历新年初二就深入救治一线，开展疫情传播流行规律调查研究，取得了一手数据，为疫情防控提供应对策略和科学依据。他们应用自主研发的检测试剂盒，配合核酸全自动提取技术，实现了新型冠状病毒快速检测，加快了确诊速度，有力推进了疫情防控工作。他们成功研制出了重组新冠疫苗，已获批启动展开临床试验；中西医的专家们先后改进了七次治疗方案，最大限度地提高了救治效果，降低了死亡率；高校科研工作者们充分发挥人才和科技资源优势，与科研院所、医疗机构、企业协同合作，围绕快速检测方法研制、疾病流行趋势预测、疫苗、抗体和临床药物筛选研发以及冠状病毒致病机理、传播力和传播机制等问题积极开展研究。清华大学生物医学检测技术及仪器北京实验室与北京清华长庚医院等单位联合研制的"基于影像与临床信息的新型冠状病毒AI定量辅助诊断系统"，建立了新冠肺炎影像的智能识别功能，影像与流行病学、症状及检验中关键临床信息相结合的智能诊断模块，以及自适应新冠肺炎严重程度的临床分型模块，同步实现智能化影像诊断、临床诊断及临床分型三大功能，该系统已在武汉大学中南医院等单位部署应用。该实验室与博奥生物集团有限公司合作研发的快速检测新型冠状病毒的恒温扩增核酸分析系统，可以在1.5小时内完成包括新冠病毒在内的6种呼吸道感染高发病毒的快速筛查与精准医学分子诊断，仪器和芯片试剂盒全部在2月22日获得了CFDA国家Ⅲ类医疗器械产品注册证，已经开始在武汉和全国多个城市的抗击新型冠状病毒卫生防疫战役中进行示范应用。西安交大机械学院教授彭年才创办的西安天隆科技有限公司，向武汉地区提供了大量新型冠状病毒（核酸）检测试剂和配套的核酸提取试剂。广大科研工作者正在以与时间赛跑、与病魔较量的精神状态，加大科研攻关力度，加快抗疫产品的研发生产，继续为疫情防控贡献科技力量。

三、弘扬中国精神，取得新冠肺炎疫情防控阻击战的决定性胜利

在抗击新冠肺炎疫情的关键时刻，中共中央总书记、国家主席、中央军委主席习近平专门赴湖北省武汉市考察疫情防控工作。他强调，湖北和武汉是这次疫情防控斗争的重中之重和决胜之地。经过艰苦努力，湖北和武汉疫情防控形势发生积极向好变化，取得阶段性重要成果，但疫情防控任务依然艰巨繁重。越是在这个时候，越是要保持头脑清醒，越是要慎终如始，越是要再接再厉、善作善成，继续把疫情防控作为当前头等大事和最重要的工作，不麻痹、不厌战、不松劲，毫不放松抓紧抓实抓细各项防控工作，坚决打赢湖北保卫战、武汉保卫战。

（一）弘扬万众一心、众志成城的团结精神

团结就是力量。团结是克服艰难险阻，取得新冠肺炎疫情防控阻击战的决定性胜利的重要保证。全国人民要警惕麻痹思想、厌战情绪和松劲心态，绷紧疫情防控这根弦不放松，继续在思想上行动上同党中央保持一致，发扬无坚不摧的团结精神，更加紧密地团结在一起，同湖北人民和武汉人民并肩奋战，形成勇往直前的更强大力量。世界各国要加强合作，携手阻击疫情的跨境传播，共同夺取战胜疫情的最后胜利。

（二）弘扬救死扶伤、医者仁心的崇高精神

广大医务人员在新冠肺炎疫情防控阻击战前线为生命站岗，为健康守门。取得新冠肺炎疫情防控阻击战的决定性胜利，离不开那些具有高尚医德、精湛医术、甘于奉献的人民健康的守护神，需要广大医务工作者一鼓作气，咬紧牙关，坚持到底。需要大力弘扬救死扶伤、医者仁心的崇高精神。

（三）弘扬大胆探索、开拓进取的创新精神

习近平总书记在北京考察新冠肺炎防控科研攻关工作时强调，人类同疾病较量最有力的武器就是科学技术，人类战胜大灾大疫离不开科学发展和技术创新。取得新冠肺炎疫情防控阻击战的决定性胜利，需要广大科技工作者大力弘扬科学创新精神，加深对新型冠状病毒的科学认识，坚持中西医结合，不断优化诊疗方案和手段，创新和提高诊疗技术和水平，加大科研攻关力度，尽快攻克疫情防控的重点难点问题，为打赢疫情防控人民战争、总体战、阻击战提供更强大的科技支撑。

只要中国人民在中国共产党的坚强领导下，弘扬伟大的中国精神，齐心协力、无私奉献、勇于创新、排除万难、奋勇向前，必将取得新冠肺炎疫情防控阻击战的决定性胜利。

参考文献

[1] 习近平谈治国理政：第2卷［M］．北京：外文出版社，2017：47-48．

[2] 高立伟．战"疫"说理："抗疫精神"是激励人民奋进的新动力［EB/OL］．光明网-理论频道，2020-03-03．

[3] 徐文秀．"抗疫精神"弥足珍贵［N］．学习时报，2020-03-04．

[4] 赵义良．弘扬伟大民族精神凝聚众志成城抗疫情的强大力量［N］．光明日报，2020-02-05．

[5] 张谨．抗疫力量昭显的精神品格［N］．学习时报，2020-03-08．

[6] 程欢彦．让"中国精神"成为抗疫利剑［EB/OL］．搜狐网，2020-02-19．

[7] 樊未晨．北京高校加速科研攻关助力科技抗疫［EB/OL］．中国青年网，2020-03-05．

中国疫情防控的独特制度优势及其理论逻辑

林仕康*

摘要：面对前所未有、席卷全球的新冠疫情，中国凭借自身独特的制度优势迅速控制住了新冠疫情在国内的蔓延。疫情防控的"中国之治"与"西方之乱"形成鲜明对比，这种对比根源于中西方制度本身。中国特色社会主义制度作为人类历史上最先进的社会形态，在疫情防控中体现出了人民至上、实事求是不断自我革命、党领导下的集中力量办大事的优势。这些优势是马克思主义理论逻辑所决定的，体现出中国特色社会主义无法比拟的制度优越性。

关键词：社会主义制度；疫情防控；制度优势；马克思主义理论

新冠疫情已席卷全球210多个国家，累计确诊已过千万人，头号资本主义国家美国每日新增达数万人，而首先报告疫情的中国已基本控制疫情的蔓延正逐步复工复产，人们不经要问"中国为什么能"？对于这个问题，必须要从马克思主义的理论高度做出回答。社会主义，作为当今世界上最先进的社会制度，是一个人民至上的社会制度，是实事求是不断自我革命的社会制度，是一个在共产党领导下集中力量办大事的社会制度。这三大独特优势是中国制度能高效控制疫情的重要法宝。

中国特色社会主义制度首先是社会主义制度，要理解中国制度"为什么能"？就必须首先理解社会主义制度在人类社会历史上的地位和作用。

社会主义制度是迄今为止人类社会最先进的社会制度。马克思主义认为，人类社会发展分为五种社会形态，原始社会、奴隶社会、封建社会、资本主义社会、共产主义社会，五种社会形态依次更替，后一社会形态又是前一社会形态的更高阶段，这是人类社会生产力发展的结果。共产主义社会是人类社会发展的最终阶段，因此，社会主义社会作为共产主义社会的第一阶段，是人类迄

---

* 林仕康（1994—）、男，湖北武汉，硕士研究生，研究方向为马克思主义中国化。

今为止最先进的社会形态,社会主义制度是人类社会迄今为止最先进的社会制度。

社会主义制度的发展目的是实现共产主义、解放全人类。人类以往社会形态的更替,都是用一种剥削制度取代另一种剥削制度,服务于剥削阶级的利益,将自己的剥削统治永恒化、合理化。社会主义制度不同于以往的一切剥削制度,它作为资本主义制度的对立物而产生,不同于资本主义以追求更大的剩余价值为发展目的,社会主义制度不服务于少部分人的利益而服务于广大人民群众的根本利益,它的发展也不是为了将现存的社会永恒化,而是为了消灭剥削、消灭两极分化、消灭阶级乃至最终消灭自己从而实现"每个人的自由发展,是一切人的自由发展的前提"[1]的共产主义。

社会主义开启了结束人类的史前时期,向真正的人类历史迈进的新征程。马克思把资本主义及其以前的人类历史时期称之为"人类的史前时期",这一时期"是阶级斗争的历史,即剥削阶级和被剥削阶级之间、统治阶级和被压迫阶级之间斗争的历史"[2]。人与人、人与社会、人与自然的关系是异化的,都包含着对抗性的矛盾和冲突,这一时期的人,不过是在弱肉强食法则下生存的"野蛮人"。"资产阶级的生产关系是社会生产过程中的最后一个对抗形式","人类社会的史前时期就以这种社会形态而告终"[3],共产主义"是人和自然界之间、人和人之间的矛盾的真正解决,是存在和本质、对象化和自我确证、自由和必然、个体和类之间的斗争的真正解决"[4],而社会主义就是开启这一时期的第一道曙光。

总之,社会主义制度是不同于从前以往一切剥削制度,它服务的不是少数人而是大多数人的利益,它的存在不是为了维持现状而是为了改变现状,是为了创造一个没有人剥削人、人压迫人,每个人自由而全面的发展是一切人自由而全面发展前提的共产主义新社会!

一、中国特色社会主义是人民至上的社会制度

(一)中国制度始终把人民的生命安全放在第一位

在疫情防控中,中国特色社会主义制度充分彰显了人民至上的理念。

疫情发生以来,习近平总书记亲自指挥、亲自部署,中共中央政治局常务委员会2020年1月25日召开会议,专门研究新型冠状病毒感染的肺炎疫情防控工作,习近平总书记主持会议并发表重要讲话,要求各级党委和政府必须"把人民群众生命安全和身体健康放在第一位"。以强有力的举措和坚定的决心打赢

疫情防控阻击战，不惜一切代价挽救人民群众生命，人员聚集场所停止营业、对新冠病毒感染者做到应收尽收、应治尽治、迅速搭建"雷神山""火神山"及方舱医院、对疫情严重地区做到核酸全员免费检测等，不计成本付出巨大的人力、物力、财力和经济发展代价，最终目的只有一个，那就是保障人民的生命健康安全。

反观西方世界却在疫情面前显得的无能为力，在资本主义制度资本至上的游戏规则下，人员密集场所为了经济利益无法关闭；为了经济数据上的好看，美国总统竟宣称"即使死再多人，也要重启经济"，更有议员说"相比经济衰退，死几个人不算什么"；核酸检测成了少数精英的特权；疫情成了各政党甩锅作秀谋取政治资本的表演场；等等。这些怪象，都体现出资本主义制度资本至上、经济利益至上，自私自利的虚伪面貌，个人利益、个别利益集团的利益、个别党派的利益凌驾于人民利益和国家利益之上，导致美国——这个当今世界上的最发达的国家，感染人数仍以每日数万人的数量增长，而美国总统却仍在给自己邀功，称确诊病例增长是因为美国的检测量是"世界第一"，令人瞠目结舌。

（二）人民至上是马克思主义的理论要求

社会主义制度之所以不同于资本主义制度，能够始终坚持人民至上，是有着深刻的马克思主义理论逻辑的。

首先，社会主义是作为资本主义对立物而产生的。资本主义制度，产生于机器大工业和生产力迅速发展的时代，资本主义社会统治阶级是资产阶级，资本主义制度的产生就是为了服务于少数资本家阶级最大限度地获取剩余价值，是一个"少数人统治、多数人受苦"的社会，社会主义作为资本主义的对立物，代表着早期无产阶级创造一个没有剥削、没有压迫的新世界的心声。在社会主义社会中统治阶级是占社会中人口大多数的无产阶级，社会主义制度的产生是为了消灭剥削、消灭压迫、消灭两极分化、消灭资本特权，是服务于占社会人口中绝大多数人利益的社会制度，是为了无产阶级乃至全人类解放而存在的社会制度。因此，社会主义的中国强调"把人民生命健康放在第一位"，和西方强调经济利益至上，漠视人民群众的生命安全也就"一目了然"了。

其次，马克思主义认为"人民群众是历史的主人和创造者"。唯物史观，是马克思主义的基本世界观，人民群众是历史的主人，是马克思主义的基本观点，中国共产党始终坚持人民是推动历史发展的根本力量，毛泽东指出："人民、只有人民，才是创造世界历史的动力。"[5]唯物史观认为，社会的发展进步是由生产力与生产关系、经济基础与上层建筑者两对社会基本矛盾所推动的，其中生产力起着决定性作用，而人民群众是直接进行社会生产，顺应生产力发展的社会力量，人民群众的总体意愿和行动代表了历史的发展方向，人民群众的社会实践最终决定历史发展的结局。因此，中国特色社会主义——作为无产阶级政党在马克思主义指导下建立的社会制度，必然要将人民群众作为社会的主人，在面对疫情时，也必然会把人民群众的生命健康放在第一位。

最后，面对新冠疫情把"人民群众的生命健康放在第一位"是中国共产党始终坚持全心全意为人民服务宗旨的又一践行。中国共产党是无产阶级政党，党的最高使命和最终目标是实现共产主义和全人类的解放，实现中华民族伟大复兴是我们党在当前阶段的最低纲领，是最高纲领在现阶段的具体体现。无论最高纲领还是最低纲领，其落脚点都是"人"，即最广大的人民群众。要实现最高纲领和最低纲领，我们党必须要将人民放在心中最高位置，"全心全意为人民服务，是我们党一切行动的根本出发点和落脚点，是我们党区别于其他一切政党的根本标志。党的一切工作，必须以最广大人民根本利益为最高标准。"[6]无产阶级政党想问题、办事情都必须要"以人民为中心"，而绝不是像资产阶级政党那样以资本为中心。中国共产党作为无产阶级政党，除了工人阶级和最广大人民群众的根本利益之外，没有自己的特殊利益，任何时候都必须把人民利益放在第一位，而不允许党员脱离群众，凌驾于群众之上。

二、中国特色社会主义是实事求是、不断自我革命的社会制度

（一）实事求是、自我革命是中国制度战胜疫情的重要优势

充分尊重实际，尊重疫情防控规律，根据实际不断革新防控措施，不断进行自我革命，是中国抗疫的重要制度优势。

从抗击疫情的现实逻辑来看，疫情发生以来，党中央根据疫情防控实际形势不断调整"抗疫"措施；各省市根据各地的实际情况制定符合本地实际情况的防控政策，做到"精准防控"；为了防止瞒报、漏报，国务院迅速搭建了网民直报平台；迅速根据疫情防控新情况把生命安全纳入国家安全体系。除了防疫措施的革新外，同时也不断进行自身革命，严厉处理防控不力官员，这体现出中国特色社会主义制度是一个实事求是、不断自我革命的社会制度。正是坚持实事求是，才能够根据实际情况和实践的变化发展，才能够正视自身存在的各种体制机制弊端和各种问题，不断自我革命。

不仅如此，从中国特色社会主义发展的历史逻辑来看，中国特色社会主义制度是一个随着时代和实践的发展不断发展变革的社会制度。党的十二大提出

"走有中国特色的社会主义道路"[7]以来，中国特色社会主义就成了我们党的理论和实践主题，面对时代和实践的不断发展，面对新时代提出的新课题，我们党把马克思主义基本原理同时代特征相结合，先后形成了邓小平理论、科学发展观、"三个代表"重要思想、习近平新时代中国特色社会主义思想，在这些思想的指导下，我国的社会主义制度不断完善和发展，进行了一场场刀刃向内的改革。特别是进入新时代以来，以习近平同志为核心的党中央，面对艰巨复杂的改革任务，以前所未有的决心和力度推进全面深化改革，改革涉及范围之广、出台方案之多、触及利益之深、推进力度之大前所未有。

反观以美国为首的资本主义国家，因为无法实事求是，在新冠疫情面前掩耳盗铃，导致疫情不断恶化，这是由资本主义制度本身所决定的。美国的民主制度已经产生200余年，世界历史早已发生巨大变化，可是由于"民主制度"自身的局限性，无法进行自我革命，资本主义制度难以进行大的、触及深层次矛盾的重大改革，面对不断发展的实践，资本主义制度自身无法变革自己的上层建筑；由于盘综错杂的利益集团和各种"民主程序"的存在，无法出台有力的防疫措施和政策，即使出台也难以落实；美国感染人数已达千万人，疫情发生以来却没有一名官员因防控疫情不力而被处理，在"民主制度"下，除了甩锅中国，没有人需要为病毒肆虐承担责任，在各种灾难面前都是如此，从这个意义上可以说，西方民主制度是一种"甩锅"的政治制度；为了个别人和政党的利益，美国总统于学生和大多数人利益于不顾，强推高校复学，白宫发言人竟说"科学不应该阻碍这一进程"，引起公愤。疫情暴露出的问题只是资本主义制度体制弊端的冰山一角，随着社会生产力和经济全球化的发展，资本主义的弊端还会不断显露，资本主义自身的局限性决定了其难以随着时代发展而不断发展、难以进行自我革命，资本主义将会在时代的发展中自显陈旧、老气和无能为力，最终被历史抛弃、被更新的更适合时代发展的社会制度所代替。

（二）唯物辩证法是实事求是、自我革命的理论基础

中国特色社会主义之所以能够实事求是、不断进行自我革命，这是由马克思主义的唯物辩证法所决定的。实事求是就是唯物论，自我革命就是辩证法。唯物论和辩证法是统一的，实事求是和自我革命也是统一的。

世界的物质统一性是实事求是的哲学基础。马克思主义认为，世界统一物质，物质是世界的本原。正是坚持这一原理，我们党在领导人民进行革命、建设、改革的长期实践中，逐步形成了一条正确的思想路线：一切从实际出发、理论联系实际，实事求是，在实践中检验和发展真理，其核心是实事求是。正

是因为坚持这一马克思主义基本原理，我国才能在抗击疫情中坚持实事求是，顺应传染病的防控规律，及时公开透明的确诊人数，及时认真听取专家意见（与美国的政治干预科学形成鲜明对比），及时更新新冠肺炎诊疗方案（短短一个月的时间就根据疫情发展的实际情况更新了七版），根据疫情发展实际形势开辟方舱医院。实事求是的思想路线，为我国迅速控制疫情打下坚实理论基础。

辩证法是勇于自我革命的思想根源。中国特色社会主义制度是我们党把马克思主义基本原理同中国具体实际相结合的产物。革命性是马克思主义的一个理论品质，表现为彻底的批判精神，这种批判精神来自马克思主义的辩证法。"辩证法在对现存事物的肯定的理解中同时包含对现存事物的否定的理解，即对现存事物的必然灭亡的理解；辩证法对每一种既成的形式都是从不断的运动中，因而也是从它的暂时性方面去理解；辩证法不崇拜任何东西，按其本质来说，它是批判的和革命的。"[8]因此，在辩证法面前不存在绝对的和永恒的东西，世界就是不断在由矛盾所推动的新事物的产生和旧事物的灭亡中发展的，包括它自身的灭亡。正是坚持这一观点，才能够根据形势发展不断进行体制机制改革，不断破除自身体制机制弊端，不断进行自我革命，这是中国特色社会主义能够不断发展完善的重要思想基础。

正是拥有马克思主义唯物辩证法的世界观和方法论，才赋予我国社会主义制度以实事求是、自我革命的制度优势。实事求是、自我革命是相统一的，正是坚持实事求是才能够不固守陈规，与时俱进，随着时代和实践的发展而不断发展，才能够正视问题不断进行自我革命，而自我革命就是实事求是。正是因为坚持实事求是、自我革命，我国的社会主义制度才能够永葆青春活力，才能够不断取得新的伟大胜利。

三、中国特色社会主义是党领导下的集中力量办大事的社会制度

（一）集中力量办大事是迅速控制疫情的关键

集中力量办大事，是中国特色社会主义制度的最显著优势。正是因为拥有这一制度优势，我国才能够以强有力的措施迅速控制疫情。习近平总书记指出："我们最大的优势是我国社会主义制度能够集中力量办大事。这是我们成就事业的重要法宝。"[9]在中国特色社会主义制度下，全国人民能够心往一处想、劲往一处使。习近平总书记亲自指挥、亲自部署，在党中央集中统一领导下，面对疫情蔓延的严峻形势，果断做出武汉"封城"、全国各地进入战时状态、企业停工停产、居家隔离的决定，封锁武汉并不代表抛弃武汉，隔离但不隔爱，中央

迅速调集全国力量支援武汉、支援湖北，一架架解放军军机连夜征程赶赴武汉，"一省包一市"，全国人民捐助的援助物质不断发往湖北，全国各地300多支医疗队、4万多名医护人员支援湖北……调动一切力量，不惜一切代价挽救人民生命，全国人民上下齐心协力，全国一盘棋，充分体现出社会主义制度集中力量办大事的制度优势。"社会主义同资本主义比较，它的优越性就在于能做到全国一盘棋，集中力量，保证重点。"[10]与西方资本主义制度下的各自为战、推诿塞责、议而不决、防疫政策难以出台、为政党利益和一己私利陷入无休止恶斗延误疫情防控宝贵时间形成鲜明对比。

（二）集中力量办大事的理论逻辑

中国特色社会主义制度集中力量办大事的优势来源于中国共产党的领导。疫情发生后，在党中央集中统一领导下，及时制定防控疫情的方针政策，印发《关于加强党的领导、为打赢疫情防控阻击战提供坚强保证的通知》，迅速成立"防控疫情领导小组"，向湖北派出中央指导组，全面加强对新冠疫情防控的集中统一领导。正是因为坚持了党中央集中统一领导，确保党始终统揽全局协调各方，我国才能够在短时间内调集一切资源、动员全国全社会力量，打赢这场疫情防控的人民战争。因此，共产党的领导是我国集中力量办大事的制度优势的根本来源。

中国共产党的领导能发挥中国特色社会主义集中力量办大事的优势，是由马克思主义的理论逻辑所决定的。

首先，无产阶级是最先进、最革命的阶级，肩负着推翻旧社会、建立社会主义、共产主义新世界的历史使命。无产阶级是社会化大生产的产物，是先进生产力的代表，具有高度的组织纪律性，同时又是资本主义社会中最底层，受压迫最深的阶级，因此是最彻底、最革命的阶级，是资本主义的"掘墓人"。这个阶级只有解放全人类才能够解放自己，也只有这个阶级才能担负起建立社会主义、共产主义新世界的历史使命。

其次，共产党是无产阶级先锋队。共产党是无产阶级反对资产阶级斗争发展到一定阶段的产物。共产党是由无产阶级中先进分子组成，在实践上"是各国工人运动中最坚决的、始终推动运动前进的部分"；在理论上，他们"了解无产阶级运动的条件、进程和一般结果"[11]；有着共产主义的崇高信仰和百折不挠的革命意志；有着严密的组织体系、严格的组织生活、严密的组织纪律，能够使党成为统一的整体。

再次，社会主义事业必须坚持无产阶级政党的领导。《共产党宣言》中指出，共产党是阶级斗争发展到一定阶段的产物，党的最终目的是建立一个没有阶级和私有制的社会，共产党人"第一步就是使无产阶级上升为统治阶级"[12]。"党是直接执政的无产阶级先锋队，是领导者"[13]。历史已经证明，无产阶级取得政权后，想要建设好社会主义事业必须要坚持共产党的领导，这是无产阶级实现自己历史使命（推翻旧社会建立新社会）的关键。放弃党的领导和无产阶级专政，社会主义就会蜕化变质（苏联东欧的历史教训）。

最后，中国特色社会主义必须要坚持党的领导。"办好中国的事情关键在党"[14]，实现中华民族伟大复兴关键在党，党的领导是中国特色社会主义事业取得胜利的根本保证。中国是一个幅员辽阔，拥有56个民族，14亿人口的发展中大国。想要取得社会主义事业的胜利、实现中华民族的伟大复兴，我们国家必须要有一个坚强的领导核心和主心骨，以凝聚海内海外、国内国外的全体中华儿女勠力同心，共同应对中华民族前进道路上的各种风险挑战，奋力朝着实现中国梦的目标前进。在疫情最严峻时期，海外同胞尽全力为国内捐款捐物，采购国内短缺的口罩、防护服等物资捐回国内，就是在党领导下集中力量办大事这一制度优势下的又一体现。

五、结语

中国能够在短时间内迅速扼制新冠疫情蔓延势头，这不是偶然，而是由我国的社会主义制度所决定的，中国疫情防控的成功是中国特色社会主义制度的成功，鲜明地体现了中国特色社会主义制度的独特优势。中国特色社会主义制度作为社会主义制度，是迄今为止最先进的社会制度。我国在疫情防控中充分体现了，由马克思主义理论逻辑所决定的，坚持人民至上、实事求是、自我革命、党领导下集中力量办大事的制度优势。在中国共产党的领导和马克思主义科学理论的指导下，我国定会不断发挥制度优势，破除前进道路上的各种风险挑战，最终实现中华民族的伟大复兴！

参考文献

[1] 马克思和恩格斯文集：第9卷［M］．北京：人民出版社，2009：121.

[2] 马克思恩格斯选集：第1卷［M］．北京：人民出版社，1972：237.

[3] 马克思恩格斯选集：第3卷［M］．北京：人民出版社，1995：33.

[4] 1844年经济学哲学手稿［M］．北京：人民出版社，2018：78.

[5] 毛泽东选集：第3卷［M］．北京：人民出版社，1991：1031.

[6] 习近平．在纪念毛泽东同志120周年诞辰座谈会上的讲话［M］．北

京:人民出版社,2013:11.

[7] 邓小平文选:第3卷[M].北京:人民出版社,1993:3.

[8] 马克思恩格斯文集:第5卷[M].北京:人民出版社,2009:22.

[9] 习近平谈治国理政:第2卷[M].北京:外文出版社,2017:273.

[10] 邓小平文选:第3卷[M].北京:人民出版社,1993:16—17.

[11] 马克思恩格斯文集:第2卷[M].北京:人民出版社,2009:44.

[12] 马克思恩格斯选集:第1卷[M].北京:人民出版社,2012:421.

[13] 列宁选集:第4卷[M].北京:人民出版社,2012:423.

[14] 江泽民.在纪念中国共产党成立七十八周年座谈会上的讲话[M].北京:人民出版社,1999:27.

文化自信引领人类命运共同体的构建

戴熠希*

摘要：新冠肺炎疫情的突发威胁着全世界人民的生命健康和安全，世界越来越成为一个紧密联系的整体，全世界人民的命运都休戚相关。面对此次新冠肺炎疫情的爆发，习近平总书记多次呼吁世界各国要共同构建"人类卫生健康共同体"来抗击世界公共卫生领域的重大危机，这是"人类命运共同体"的应有之义。构建"人类命运共同体"是习近平总书记揆情审势，站在全世界、全人类发展的角度提出的重大理念，是顺应历史潮流和时代发展的中国智慧，更是解决全球治理问题的中国方案。更好地推进"人类命运共同体"的构建离不开文化的基础性作用。坚定文化自信，用中国特色社会主义文化来推动"人类命运共同体"的构建和前进是充满智慧的必要选择。

关键词：文化自信；人类命运共同体；马克思共同体思想；传统文化；革命文化

2019年的这场新冠肺炎疫情来得猝不及防，中国共产党以及中国人民不畏艰难，始终坚持把人民生命财产放在第一位。与此同时，我国积极开展与全球关于新冠疫情防控的合作与交流，秉承着"人类命运共同体"理念履行国际义务。习近平在第73届世界卫生大会视频会议开幕式上致辞中指出："我呼吁，让我们携起手来，共同佑护各国人们生命和健康，共同佑护人类共同的地球家园，共同构建人类卫生健康共同体。"[1]面对突如其来的灾难，中国向全世界交出了一满意的答卷，这份答卷背后所体现的不仅是我国的制度优势，更是对习近平"人类命运共同体"思想的深切阐扬。究其根本，"人类命运共同体"思想的产生离不开中国特色社会主义文化的涵养和引领。坚定文化自信，推动着"人类命运共同体"思想的构建和前行。

---

* 戴熠希，女，北京信息科技大学马克思主义学院研究生。

一、文化自信与"人类命运共同体"思想的内涵阐释

(一) 文化自信的内涵阐释

文化是植根于人民群众血液里的最深沉的基因。在庆祝中国共产党成立95周年大会上,习近平指出:"文化自信,是更基础、更广泛、更深厚的自信。"[2]这一论断充分证明了文化在我国社会主义建设和发展过程中发挥着不可或缺的基础性作用。文化的广泛传播使得人民群众形成了一种社会认知和思想道德上的共情,给全世界展现了一个民族最生动的灵魂。而坚持文化自信更是在全球化背景下抵御外来文化侵蚀和促进世界文化发展更融合、更多样的重要途径。中华民族优秀的传统文化是文化自信的深厚根柢。我国有着上千年的深厚文化底蕴,优秀的传统文化不仅为本民族的发展奠定了坚实的基础,更在世界文化史上扮演着重要的角色,为世界文化的发展展现了东方的独特魅力。在历史的长河中,我国的民族文化经受了一次又一次的冲击,我们深知,全盘接受外来文化思潮和全盘否定民族文化不仅会使我国文化的传承和发展遭受重创,更会助长崇洋媚外的社会风气。所以我们要重拾民族优秀的传统文化,坚定民族文化先进性不动摇。用优秀的传统文化为中国特色社会主义建设提供生生不息的精神源泉。

文化自信就是对中国特色社会主义文化的自觉认同和尊崇。中国特色社会主义文化是在紧密联系着的社会主义先进文化、中华优秀传统文化和革命文化的基础上形成的,这三者是一脉相承的。首先,发展民族的大众的社会主义文化就是继承和弘扬我国优秀传统文化的基本要求,坚持优秀的传统文化对于坚持文化自信有着重要意义;其次,革命期间我国共产党人艰苦卓绝,敢于创新的革命精神补充了人民群众思想道德和文化领域的重要内容;最后,以马列主义为指导的社会主义先进文化则为我国社会主义建设和发展提供了科学的方法论。由此可见,中国特色社会主义文化对于中国特色社会主义事业发展起着基础性作用。

(二)"人类命运共同体"思想的内涵阐释

"人类命运共同体"理念的提出并非偶然,它是基于当今世界治理体系中存在的矛盾和冲突所提出的科学论断。众所周知,西方发达国家利用其经济发展的优势地位将西方的价值标准冠以"普世价值"的名号传输给全世界尤其是发展中国家,这不仅严重干涉了他国内政更危害了世界和平与稳定。不仅如此,在这种西方发达国家主导的全球治理体系下,发展中国家不但缺少话语权而且

需要付出更多的成本和代价。相反，西方发达国家不但不包容其他国家的文化多样性，还试图解构国家主权，造成国际冲突；不但不积极应对全球生态环境治理问题，还为了本国的发展将重污染的产业搬至发展中国家，进一步压缩了发展中国家的生存空间。面对越来越严峻的全球问题，本着负责任和共同发展的理念，习近平总书记揆情审势，站在全世界、全人类发展的角度提出了"人类命运共同体"这一重大理念。

"人类命运共同体"是中国交给世界的关于全球治理的中国方案。它是科学的、完整的、丰富的、无私的、具有战略意义的。它的提出是站在全球联系越来越紧密的大背景下，将全世界每个国家，每个民族都纳入一个和谐的大家庭里，本着荣辱与共、平等对话、合作共信、开放包容、绿色发展的理念来共同创造全人类的美好生活。具体来讲，在政治上，讲究互相平等，尊重彼此，不强权，不干涉，涉及各国的事务由大家共同商议决定；在经济上，讲究互利共赢，在发展本国经济的同时兼顾他国的利益，互利互惠甚至真诚相助；在文化交流上，秉持兼容并蓄的理念，加强文化交流和学习，坚持文化有差异但无优劣之分。在国际秩序上，让新的更加公正以及和谐的国际行为准则发挥出更强大的力量。

二、中华优秀传统文化涵养"人类命运共同体"思想

中华优秀的传统文化影响着"人类命运共同体"思想的形成，更是这一理念深刻的文化底蕴。我国的传统文化博大精深，支撑着中华民族的繁衍生息，更是引领中华民族伟大复兴的强大精神动力。党的十八大以来，习近平总书记在多个场合多次强调优秀传统文化的基础性作用，更表明了优秀传统文化的蓬勃发展使得中国的文化建设取得了空前的成就，坚守和发展本民族的优秀传统文化是保持民族精神独立极其重要的一环，而"人类命运共同体"理念的弘扬和发展更离不开优秀传统文化的涵养。首先，"人类命运共同体"理念所表明的思想内涵和我国古代传统文化里的"天下"情怀不谋而合，"穷则独善其身，达则兼济天下"是我们思想体系中指引着我们行动的一个重要标准。我们坚信，世界越发发展成一个共同体，各国利益相关，休戚与共，在追求本国利益的同时兼顾其他各国利益才能共赢。其次，"以和为贵""协和万邦"的价值原则，始终贯穿在"人类命运共同体"思想的理论之中，在中华人民共和国成立初期我们就提出独立自主的和平外交政策。和平与发展符合人民群众的最大利益，国与国之间的交往应该以互相尊重为基础，在互相尊重的基础上共同发展才能共创人类的美好生活。再次，"己所不欲，勿施于人"的处世之道是推动"人类

命运共同体"理念发展的方法指导,翻开我国的近现代史,展现在眼前的就是一段段被侵略、被残害的历史,我们的民族、我们的国家对侵略,对霸权的深恶痛绝就是我国不会输出强权的现实依据。总之,坚守和弘扬中华优秀的传统文化,从而推动"人类命运共同体"理念的实践已是势在必行的事情,我们需要让中华优秀的传统文化继续发挥它的基础性作用,为全世界朝着更开放更包容的"命运共同体"前进。

三、马克思共同体思想指引"人类命运共同体"思想的实践

马克思共同体思想体现了价值性原则与真理性原则、人的发展与社会的发展的辩证统一关系,是习近平"人类命运共同体"思想的理论来源之一。马克思科学地考量了人类社会发展的客观规律和历史趋势,把共同体划分成三个发展阶段和历史形态即人与人紧密联系的"自然共同体"、物与物紧密联系的"抽象的或虚幻的共同体"以及"自由人联合体"的"真正的共同体"。关于第一阶段"自然共同体",马克思将它定义为人类社会发展的最初形态。原始社会的人类在生存和发展的过程中一方面依赖自然,一方面又由于个体的局限性受制于自然,所以只有通过"自然共同体"来确立联系,互相补充,发挥更大的力量摆脱自然的束缚。但是马克思认为,这种原始社会的自然共同体内在实质是松散的,因为这种共同体中的每个人并不是为了社会的进步和发展而联合在一起,而是为了自己的生存才联合在一起,所以第一阶段的共同体必然会被新事物所代替。接下来即第二阶段也就是阶级社会的"抽象的或虚幻的共同体"。在这一阶段,生产力得到了大力发展,私有观念悄然而生,人们开始热衷于追逐个人财富,暴露出极其贪婪的物欲追求,这一阶段的共同体集体利益已被弱化,而追求个体利益的思想甚嚣尘上。马克思认为,这种共同体中随之产生的国家让所有社会成员让渡出部分特殊利益,却无法真正代表全体社会成员。所以这种共同体是充斥着服从与被服从、剥削与被剥削关系的共同体,是按照资产阶级的意志所创立的世界。第三阶段是共产主义社会的中"自由人联合体"也就是"真正的共同体"。这种共同体中的人是全面而自由的发展的。与此同时,马克思也明确地指出,这种全面而自由的发展是受条件约束的,而所谓的条件就是"共同体","自由人"一定只能在"共同体"中才能全面而自由的发展,可以说没有共同体的保障,就不可能实现人的全面而自由的发展。所以,"真正的共同体"对于人全面而自由的发展至关重要。"人类命运共同体"理念与马克思的共同体思想在内涵和外延上都深度切合,正如马克思"真正的共同体"所预言和描述的那样,共产主义社会中,每一个人的发展和提升都不会通过牺牲他

人的利益来实现，这无疑是高度符合了"人类命运共同体"思想的践行理念，在全人类的发展过程中不应该通过践踏他人来发展自身，更不应该存在自私自利的"垄断者"，每个国家、每个民族都应该荣辱与共、休戚相关。我相信随着人类命运共同体思想更加深入地实践，全球治理的新格局即将被打开。

四、革命文化推动"人类命运共同体"思想的困境解决

中国共产党领导人民在革命斗争中所展现的革命精神是值得被铭记的，革命文化同样是中国特色社会主义文化不可或缺的重要组成部分。革命文化生生不息的文化特性让它在新时代依然蓬勃发展，并对中国特色社会主义事业的建设和发展起着重要的作用。时至今日，革命文化依然是中华人民以及中华民族需要不断汲取的生命之源。当今世界，国际问题复杂多变，全球公共卫生事件频发，可想而知，"人类命运共同体"思想的实践一定不是一帆风顺的，甚至有着重重阻碍，面对传统的和非传统的国际冲突以及频发的全球公共事件，我们要擅于利用文化血液里的优秀基因来处理和解决问题。在革命战争年代，因为第五次反围剿的失败，红军被迫战略转移，正是基于艰苦卓绝、百折不挠、自强不息的"长征精神"才得以保存我军的实力，使革命形势转危为安；在中华人民共和国建立初期，百废待兴，面对帝国主义的封锁和制裁，中国共产党领导中国人民艰苦奋斗，自强不息，将新中国建设得红红火火，树立了社会主义建设的新的丰碑；在社会主义建设时期，无私奉献、迎难而上的"焦裕禄精神"激励着一代又一代的社会主义建设者们……一个思想或理念的胜利离不开文化的强大支撑，只有文化的深入才能解构矛盾并推动思想的实践。因此，虽然我们深知，在构建"人类命运共同体"过程中会面临着许多新问题，新情况，推进"人类命运共同体"思想实践的进程中也不会是一帆风顺的，但我们相信利用文化血液里所蕴含的智慧来解决问题是极其明智和有意义的突破之道。

文化以其独有的魅力发挥着无穷无尽的力量，弘扬中国特色社会主义文化有利于让我们在国际社会上为自己发声，坚定文化自信更推动着思想的构建和前进。我们要对中国特色社会主义文化更自信，因为我们坚信，它代表着中华民族最独特、最形象的精神象征，是流淌在每一个中国人血液里最深层的精神基因，它更是推动中国特色社会主义事业发展的强大动力。在推行"人类命运共同体"理念的实践过程中，我们更离不开中国特色社会主义文化的强大支撑来为思想的推行提供生生不息的精神力量。当今时代，文化软实力已经越来越成为国际竞争的重要考量因素之一，一个国家能否成功地向全世界输出自己的价值观离不开文化所带来的强大的支撑作用，"人类命运共同体"思想的顺利推

进也离不开文化的涵养和引领。

总之,"人类命运共同体"理念的推进道路上一定布满荆棘,但我们要在文化自信的引领下乘风破浪。我们有理由相信,在中国特色社会主义文化涵养和指引下,"人类命运共同体"一定会不负使命,带领全人类走上更加美好的发展之路。

参考文献

[1] 习近平. 习近平在73届世界卫生大会视频会议开幕式上致辞[N]. 人民日报, 2020-05-19.

[2] 习近平. 习近平在庆祝中国共产党成立95周年大会上的演讲[N]. 人民日报, 2016-07-02.

[3] 徐丽葵. 人类命运共同体: 历史、现实与未来——基于马克思主义当代解释力的视角[J]. 大连理工大学学报(社会科学版), 2020 (4): 1-6.

[4] 雷江梅, 赵耀. 论人类命运共同体思想的生成逻辑[J]. 思想理论教育导刊, 2020 (6): 80-84.

[5] 路向峰. 人类命运共同体的文化向度[J]. 学习论坛, 2020 (6): 12-17.

[6] 陈霞. 和合文化: 人类命运共同体的思想溯源[J]. 新疆大学学报(哲学·人文社会科学版), 2020, 48 (3): 62-70.

抗疫状态下中国社会治理探析

单凌云[*]

摘要：党的十九届四中全会审议通过了《中共中央关于坚持和完善中国特色社会主义制度、推进国家治理体系和治理能力现代化若干重大问题的决定》，两个月后，新冠肺炎疫情突然在武汉爆发，令人措手不及，并很快传播到整个湖北乃至全国。这场疫情不但在经济上造成了巨大的损失，也对整个社会造成了严重的冲击，是检验我国社会治理体系和治理能力的一次大考，这次大考彰显了中国社会治理体系中的中国特色社会主义制度优势，积攒了疫情中关于社会治理的人员、物质以及技术保障方面的创新经验，也凸显了个别工作人员法治观念淡薄、部分群众素养不高以及信息披露不及时不透明等不足之处，总结好的经验、改正不足之处，也为我们法治思维的培养、道德水平的提升、信息及时透明的披露等方面提供了重要思路，以此来完善社会治理体系，提升社会治理能力。

关键词：社会治理；法治思维；文化素养；信息披露

2019 年 10 月 31 日，党的十九届四中全会审议通过了《中共中央关于坚持和完善中国特色社会主义制度、推进国家治理体系和治理能力现代化若干重大问题的决定》，做出了"坚持和完善中国特色社会主义制度、推进国家治理体系和治理能力现代化"的重大战略部署，提出了"建设人人有责、人人尽责、人人享有的社会治理共同体"的目标。就在两个月后，新冠肺炎疫情突然在武汉爆发，令人措手不及，并很快传播到整个湖北乃至全国。

新冠肺炎疫情的突然爆发是典型的"黑天鹅"事件，作为全球性的突发公共卫生事件，没有任何组织能够做到提前有效预测。恩格斯认为："没有哪一次

---

[*] 单凌云，女，北京信息科技大学马克思主义学院研究生。

巨大的历史灾难不是以历史的进步为补偿的。"① 疫情的蔓延对原有的社会治理体系造成了严重的冲击，但正是因为有着各种危机与挑战，才会推动人类社会不断前进与发展。新冠肺炎疫情爆发后，政府需要在极短时间内组织相关专家，整合相关信息，并迅速做出研判和部署，向市民提示疫情风险，争取尽早控制住疫情，减少疫情造成的经济损失与社会危害，这也是对社会治理能力的一次综合考察。全球范围内的新冠肺炎疫情，一方面对医疗系统造成了压力、对社会治理造成了冲击，另一方面也促进了人类医疗知识水平的进一步提高、优化了社会治理能力。

一、疫情中社会治理的中国特色社会主义制度优势

"中国特色社会主义最本质的特征是中国共产党领导，中国特色社会主义制度的最大优势是中国共产党领导。"② 疫情防控工作中取得的显著成效与我国社会治理能力有着密切的关系，离不开党的领导，充分体现了中国特色社会主义的制度优势，这得益于共建共治共享的社会治理格局，得益于社区和各个社会组织的协同合作，得益于每一位人民群众对国家的信任与自律。面对疫情，政府迅速做出反应，展现出的强大组织、协调、动员能力，短期内有效遏制疫情的发展，这正体现出中国特色社会主义的制度优势。

一是党的领导制度优势。疫情防控工作事关人民生命健康、经济持续发展与社会稳定，必须要有一个坚强统一而又有公信力的领导核心。在党中央集中统一领导和及时部署下，自上而下地形成了一整套组织动员机制，形成了全员行动的疫情防控态势。二是社会治理制度优势。疫情防控期间，基层社区治理体系发挥了极大的作用，各基层组织和社区，进一步利用并加强社区防控网格化管理，摸排中高风险区域进入社区的人员，对进出社区的人员实施严格体温检测，封闭管理的小区由政府统一配送食物与生活用品等，这些都有助于及时高效地控制住疫情。三是法治优势。疫情的爆发严重威胁人民群众的生命健康，但同时促使相关部门制定有效的法律法规，来尽量减少不利于疫情防控的行为，提高人类面对疫情及其他突发公共卫生事件的能力，这种能力也从一个方面反映了社会治理能力。2003 年非典爆发后，我们国家就颁布了《突发公共卫生事件应急条例》，建立了"一案三制"的应急公共卫生管理体系，与《传染病防

---

① 马克思恩格斯全集：第 39 卷 [M]. 北京：人民出版社，1974：173.
② 习近平. 决胜全面建成小康社会 夺取新时代中国特色社会主义伟大胜利——在中国共产党第十九次全国代表大会上的报告 [N]. 人民日报，2017 – 10 – 28.

治法》一起为抗击非典、甲流、地震和新冠肺炎等突发公共卫生事件提供了有力的法律保障。疫情防控期间，小部分市民无视法律、法规，不遵守疫情防范要求，例如，无症状感染者不遵守居家隔离14天的要求，隔离期间多次出门；辱骂殴打防疫工作人员；居家隔离期间自行服药缓解发热等症状，进行瞒报等。对于上述行为，为防止疫情扩散，各地严格执行相应法律法规，各违法行为责任人都必将承担相应法律责任。

二、疫情中社会治理的创新经验

（一）党员的先锋作用与全民参与抗疫

有困难，党员先上。疫情发生后，各行各业的广大党员迅速挺身而出、弘扬奉献精神，全身心投入到疫情防控工作中去，充分彰显了党员的先锋作用。正如习近平总书记所说："打赢疫情防控这场人民战争，必须紧紧依靠人民群众。"① 我们党坚持以人民为中心，把人民的生命健康安全放在工作首位，将防控工作落实到社区、小区、单元楼、每一个家庭甚至每个人。广大人民群众积极响应党和国家的号召，14亿人民共同参与到抗疫活动中：医护人员逆行在疫情前线与死神争分夺秒缠斗；农民工不舍昼夜的建设雷神山、火神山；警察、街道工作人员、志愿者等不畏艰辛默默坚守；普通人宅在家、少出门、不聚会、戴口罩、勤洗手，有效切断病毒传播途径……大家都为抗疫做出了巨大贡献。

（二）经济发展提供的物质支撑

习近平总书记曾说："打疫情防控阻击战，实际上也是打后勤保障战。"② 后勤保障战需要有雄厚的物质基础做支撑，可以说是对我国经济实力的一次重大考验。从经济实力来说，我国是农业大国、工业大国、制造业大国，拥有全球最完整的产业链且产能靠前，并且具备良好的市场应变与组织协调能力，这就为抗疫的各种医疗物资、生活日用必需品和粮食蔬菜的供应提供了有力保障。在抗疫初期，国家层面就迅速做出部署，为交通运输开通绿色通道，快速统筹协调方方面面的资源，对各种重要物资进行全国范围内的统一调度，保障重点地区的医疗与民生；很多企业也开启了抗疫模式，捐赠了大量物资，承担了企业的社会责任。正是因为我们坚定不移地走中国特色社会主义道路，我们的经

---

① 习近平. 在统筹推进新冠肺炎疫情防控和经济社会发展工作部署会议上的讲话［N］. 人民日报，2020－02－24.

② 习近平. 在统筹推进新冠肺炎疫情防控和经济社会发展工作部署会议上的讲话［N］. 人民日报，2020－02－24.

济才在中华人民共和国成立后、特别是改革开放以来得到飞速发展,储备了雄厚的物质经济实力,才能为抗疫提供及时的物质支撑,才能快速分离出新冠病毒并进行病毒全基因组测序、不断提升新冠病毒核酸检测能力,才让我们有最终战胜疫情的充足信心与底气。

(三) 科技力量提供的技术支持

对病毒进行基因测序、开展全民核酸检测、对确诊病例的医治、确定密切接触者、对社区的治理,无论是哪一方面,都离不开现代科技提供的技术支持,尤其是大数据与人工智能等信息化手段的运用,作用效果尤为显著,例如,只要布设了"智源蓝保"精准追踪系统,就能迅速排查出楼内与感染者在两米范围内有过近距离接触的风险人员;推出健康码等智能小程序协助登记信息与参与抗疫;利用大数据技术对入境人员及国内中高风险地区人民进行服务,实现疫情精准防控;启用智能防控机器人对居民信息进行采集、启用消毒机器人无死角且省心省力地对病房环境进行消毒;利用AI技术读取并分析CT检查结果,大幅提高诊断效率等。大数据与人工智能都在疫情预测、排查与控制等方面发挥了巨大优势作用,展现出了巨大的社会价值,减少了人类直面疫情的危险性,使得社会治理更加高效化。科技力量的提升与经济的高速发展,均离不开坚定不移地走中国特色社会主义道路后我国综合国力的提高。

三、疫情中社会治理的不足之处

(一) 个别工作人员法治观念的淡薄

疫情初期,全国各地陆续启动公共卫生一级响应,在这个过程中,个别居民不戴口罩出行、拒绝登记信息等拒绝合作的行为,为防疫工作带来不少麻烦,极少数工作人员在纠正这些错误行为的时候,采用了暴力的、强制的非法手段,这明显违背了依法治国的基本要求,也是对宪法精神的违背。这种简单粗暴的治理方式,只能加重居民的抵触与逆反心理,影响抗疫工作的正常有序开展。习近平总书记曾说:"疫情防控越是到最吃劲的时候,越要坚持依法防控"。[1]越是在危急时刻,社区治理工作越应该坚持依法治国,个别工作人员的法律意识淡薄,根本原因是没有时刻绷紧依法治国这根弦,这也表明了在依法治理上我国仍存在短板。

---

[1] 习近平. 越是到最吃劲的时候越要坚持依法防控 [N]. 人民日报 (海外报), 2020 - 02 - 06.

(二) 部分群众文明素养需要提高

在疫情防控过程中，部分群众面对道路设卡、扫码出行、开后备厢检查等一系列查验措施时，冲动不满情绪占了上风，一怒之下殴打辱骂甚至刺伤防疫工作人员、破坏道路所设防疫关卡；部分群众不相信科学、不尊重规律，没有科学的防疫知识，甚至有的是错误的防疫行为，如摘下口罩打喷嚏等；部分群众出于自我炒作、吸引粉丝关注、愚弄大众等原因，趁机制造谣言，另一部分群众由于缺乏独立思考能力，轻信并传播了谣言，给社会造成了恶劣的影响。这些行为，已经突破了社会文明与法治的底线，反映出我国部分群众文明素养与法律意识均需提高。群众文明素养与法律意识的提高也会反作用于社会治理，人人理性温和，提升我国的治理能力与水平。

(三) 信息披露的不及时、不透明

人类出于生存、发展的需求，需要对信息进行交互与共享，并且天然地对危机事件表达出高度的关注。面对突如其来的疫情危机，大家只能通过网络、电视媒介来了解外部疫情情况、判断疫情形势并通过网络进行再次传播。此次疫情早期主流媒体信息披露不及时、不透明、而自媒体又发布了大量既碎片化又不专业的信息，这些信息可信度极低，却在不明真相的群众里得到了广泛传播、造成了不必要的恐慌与物资哄抢。疫情信息数据如果能及时、透明地进行披露，就可以提升政府公信力，有效缓解人民群众面对未知疫情的不必要的恐慌，能更积极地配合抗疫工作、降低抗疫成本、提升抗疫效能。

五、后疫情时代社会治理的完善

(一) 培养法治思维，坚持依法治理

孟德斯鸠在《论法的精神》一书中曾说到："一切有权力的人都会滥用权力，从事物的性质来看，要防止权力被滥用，那只有以权力制约权力。"而法律就是制约权力的权力。此次抗疫初期，我们看到个别工作人员法治思想淡薄，违背依法治理与宪法精神，简单粗暴地进行工作，导致群众抵触。因此，在社区网格化治理体系的建设过程中，首要任务就是培养基层工作人员的法治思维。第一，对现有的社区工作人员进行法律知识普及、定期组织法律知识培训、讲座与考核。第二，选拔优秀法律专业人才充实到社区工作人员队伍中。第三，为社区配备专业法律顾问，为社区治理工作进行法律指导。

(二) 用抗疫精神提升国民素养与道德水平

抗疫精神是从与疫情的生死搏斗中孕育出来的，这需要我们不断地深挖抗

疫故事、提炼并弘扬抗疫精神。用抗疫精神中突出的爱国主义精神、无私奉献精神、依法治国精神、社会治理共同体意识等，提升与中华民族伟大复兴有千丝万缕关系的国民素养和道德水平，引导人民群众看到中国特色社会主义的制度优势，增强人民群众的共同情感认同与抗疫行为，坚定抗疫必胜的信念，争取抗疫早日胜利。

（三）确保信息披露的时效性与真实性

在以习近平同志为核心的党中央的坚强领导下，全国各族人民团结奋斗、迅速出击，有力控制住武汉疫情、4—5月东北局部疫情爆发、6月北京新发地疫情精准防控的经验，我们有充足的理由和足够的信心能控制住7月新疆与大连的突发疫情，这是中国在以实际行动向全世界宣告构建人类命运共同体的承诺。

参考文献

[1] 习近平. 中共中央关于坚持和完善中国特色社会主义制度 推进国家治理体系和治理能力现代化若干重大问题的决定［N］. 人民日报，2019-11-06.

[2] 中共中央党史和文献研究院. 十九大以来重要文献选编（上）［M］. 北京：中央文献出版社，2019：14.

[3][6] 张爱军，赵亮. 突发公共卫生事件下社会治理能力的再考验：认知、异化与再塑——以新冠肺炎疫情为例［J］. 政治文明研究，2020（2）：29-35.

[4] 刘润秋. 抗疫"中国经验"的一大亮点疫情防控社区治理机制的探索、反思与优化［J］. 人民论坛，2020（15）：20-22.

[5] 王锁明. 中国战疫强大合力从何而来［J］. 人民论坛，2020（9）：19-21.

[7] 苗秋实. 全球疫情下的中国治理及经验探析［J］. 现代商贸工业，2020，41（19）：48-49.

[8] 齐伟，刘明宇. 法治与自治：疫情拷问下社区治理的现实困境与出路［J］. 中共宁波市委党校学报，2020，42（4）：67-75.

新冠疫情背景下对大学生网络思政教育的探索

杨 锡[*]

摘要：新冠疫情给大学生的学习生活带来了很大的影响，也对大学生思想政治教育提出挑战，把大学生网络思想政治教育推上了前台，在此情形下，关注大学生的思想动态，引导大学生树立正确的疫情观，推进"思想政治教育＋互联网"显得极为重要。高校要积极应对疫情产生的影响，解决大学生疫情期间迫切关注的问题，时刻关注疫情舆论，帮助学生建立抗疫信心，反思疫情中遇到的问题和挑战，转变固有思路，探索网络思想政治教育方面新的应对途径，助力打赢这场疫情防控阻击战。

关键词：疫情；思想政治教育；网络；大学生

一、大学生思想政治教育的现状

自 2020 年初开始，新冠疫情越来越严重，这次疫情有传播速度快、潜伏期长、波及范围广、防控难度大等特点。基于这些特点我们必须格外重视这次疫情，这是继 2003 年非典之后的又一次重大疫情。各级政府部门严格管控并进行防疫宣传，社会个体尽量减少聚集性活动，降低疫情扩散风险。大学生分布于全国各地，如果开学会增加传染的风险，所以很多高校采用"开学不返校，停课不停教，停课不停学"的办法来进行网络教学。据 2016 年的一项调查得出，大学生思想政治理论课和日常思想政治教育对网络舆论和社会现实的不良影响具有相应抑制作用。[1]正因疫情期间大学生心理压力、思想波动比较大，所以大学生思政教育在这种时期显得尤为重要，此时正是需要大学生思政教育发挥功效的关键时刻。又因为在疫情期间高校学生的相关课程都要通过网络来进行教学，不同于之前大学生思政教育"线下为主、线上为辅，双管齐下"的方式，

---

[*] 杨锡（1997—），女，汉族，北京信息科技大学马克思主义学院硕士研究生。

疫情期间的思政教育只能通过网络进行，这一因素对高校思政教育带来了新的挑战，如何将两者结合也是对高校思想政治教育工作的一次检测。平时由于网络思政教育在整个思政教育体系中并不占据主要地位，但随着科技发展和应用，思政教育中的网络因素越来越不可忽视。通过这段时间的尝试可以发掘网络思政教育的潜力及发现还有哪些不足，从实践中发现可以怎样去改进。大学生是未来的希望，但又处于一个三观较为不稳定的时期，极易受外界各种因素影响，要利用这一特点将大学生思想引导到正确的道路上来，这正是高校应该肩负的责任和使命。

大学生影响的不只是自己，还可以影响家庭内部和亲友圈。年轻人的优势在于可以灵活利用网络，从各种平台获取官方对于抗疫的建议以及疫情的实时动态，便于做出正向有利的宣传。不少大学生积极主动地进行疫情防控知识宣传，破除谣言，督促家人朋友遵守防疫规定等。大学生基本科学素养比较高，不容易被一些简单的谣言迷惑，但是网络上鱼龙混杂的消息太多，很多谣言不易识别还具有极高的煽动性，一些意志力比较薄弱的大学生就会被这些谣言欺骗。从而出现认为政府抗疫不力，失去抗疫信心，对未来感到惧怕等心理。

疫情防控既是一场全民战疫，也是一场全媒战疫，打赢这场阻击战离不开正确的舆论引导。在疫情期间发挥高校作用，开展大学生思想政治教育工作。在进行教育的同时，一定要把大学生的生命安全和身心健康教育放在最重要的位置上，这是高校打赢这场抗疫战的着力点。如何通过网络思政教育解决大学生疫情期间面临的新问题，做到防控和育人有机结合，这是高校思政教育的新课题。

二、疫情对大学生产生的影响

（一）学习方面

由于疫情原因让大学生长期处于非校园环境，让有些缺乏自制力的大学生懒散懈怠，尤其是网络课堂缺乏监督，很多同学上课的时候受到周围环境的影响，甚至在床上上课或者空放课程。而且，课堂中的师生之间、生生之间的交流互动不如面授课程那么直接频繁，不利于课程讨论和学习。给毕业生影响更大，毕业生无法利用图书馆和自习室，毕业生的论文无法和指导老师面对面交流，很多专业的论文是需要实地操作和实验数据的，不能闭门造车，给毕业生的论文质量和进度带来负面影响，有些学习不积极不主动的同学甚至无法按时完成论文，进而无法毕业。还有如考研的、考公务员的以及学习各种技能考证的同学们的学习计划也会受到影响，疫情导致各种培训班只能采取网络授课甚至取消课程，这些影响仅凭学生自身努力很难化解。

思政教育课程是受影响比较大的课程，思政教育是需要长期的、面对面、心贴心的交流，教育内容也不是一成不变的，而是需要根据学生状况和社会环境进行调整。脱离校园环境后，网络教学增加了教育难度，不仅需要师生共同付出更多的时间和精力，还需要根据教育环境、教育对象和教育方式的新变化，推进网络思政教育，从指尖直抵心间，构建网上网下教育同心圆。

（二）心理方面

这次疫情恰逢寒假和春节的交汇期，打乱了生活节奏，对大学生的心理层面上产生较大的影响。大学生们年纪比较轻，大多都没有经历过如此重大、如此贴近生活的突发事件，特别是处在高风险地区的学生，对于自身及亲友身体情况和对未来的不确定性的担忧都给学生造成很大心理压力。疫情的不确定性及其疫情前期信息的不透明，导致部分大学生患得患失，出现心理波动，面对疫情产生了应激心理。

还有部分学生心理压力是和家庭因素有关，疫情初期很多长辈不重视疫情，不遵守规定出门参加聚集性活动，听信谣言等，对于晚辈合理的劝导也不听从。疫情导致假期延长，大学生长期在家容易和家长产生矛盾，毕竟新一代大学生和家长很多生活方式不一样，一家人在家不能出门难免会有矛盾产生。这些家庭原因都会让大学生心理压力剧增，导致大学生可能出现暴躁、抑郁、恐慌等情绪，使心理长期处于低沉状态，产生负面影响。网络思政现在面临的问题就是在解决突发的心理问题方面遇到阻碍，特殊时期这方面需要学校和老师共同想办法去解决。

（三）意识形态方面

疫情防控期间，社会舆论总体上积极向上，但也出现鱼龙混杂、网络谣言无孔不入的现象，有些别有用心的人借题发挥、造谣生事，在一定程度上放大了社会焦虑和心理恐慌。事实证明，疫情应对凸显了中国特色社会主义制度的优越性。疫情期间充分体现出了我国的统筹规划能力和政府强大的决策力，从抗疫中体现了国家对人民的责任心，国家永远是我们广大人民的庇护所和港湾。全国人民面对困难"一方有难、八方支援、集中力量办大事"。这都是得益于中国共产党的领导和社会主义制度优越性，再加上全国人民都拥有一个共同的希望——国家能越来越好的信念。

疫情中政府的举措成了一个展示窗口，对外对内都让更多人从心底认同中国特色社会主义道路。我们之前的思想政治教育工作需要反思，很多人特别是年轻大学生们之前在网络上接触到很多不实的、污蔑党的国家消息,这些消息都是一些别有用心分子和被他们误导的人跟风发布的。很多大学生三观还不稳定,容易人云亦云,观点就会被带偏,很容易被诱导认为中国的制度不好、不够民主。这次疫情作为实证可以证明中国的制度是有自己的优势的,是先进的社会制度。

网络舆论影响范围大、传播广,所以大学生网络思政教育需要投入更多的力量。这次疫情虽然对民众的日常生活产生很多负面影响,但是经过全国人民上下一心的努力,它可以作为一个思政教育的生动典型去发挥它的作用。

三、思想政治教育应对途径

(一)改进思政教育方法

通过网络思想政治教育尽力纠正大学生在学习方面的懈怠,同时要想办法诱发大学生的向学之心,传统的思政教育在这方面成效不大,也不适应网络新情况。通过这次疫情显露出来的网络教育不足之处,高校应该构建更加合理灵活的思政教育体系,加重网络思政在整个大学生思政教育中的占比。新媒体时代的高校学生,获取信息的渠道是全方位的,任何脱离实际的教育内容只会让受教育者产生冷漠、反感甚至是逆反心理。[2]所以要利用多种不同的网络载体或传播形式,不应简单地将线下思政教育内容直接搬到线上,也不应直接运用之前准备好的思政教育课程,应结合疫情实际,来解答大学生当下新产生的问题。要紧跟时事,运用最新的事例和信息来调整课程内容,将疫情中可以用于思政教育的鲜活案例和高校的教育课程结合,不能直接灌输,而是要引导大学生自己进行深度思考,这样效果最佳。

善于利用各种新媒体平台,尤其是大学生经常浏览的平台,如微博、微信公众号、抖音等。新媒体具有传播迅速、内容生动、更新速度较快,更容易吸引大学生观看、也更容易被大学生接受等特点,能够在舆论出现苗头时就去及时引导大学生。思政教育要通过新媒体向大学生传递正确的思想观念、抗疫情况并培养青年学生的爱国情怀。

网络思政教育的形式可以是网络图文、短视频、动画、小程序等新体裁,而非单纯的课程。在网络上进行思政教育要适应网络的快节奏,传递内容时应该简短且信息含量高,不宜长篇大论让大学生们失去耐心。同时也要富有趣味性,不宜生硬地去讲述,导致大学生拒绝接受思政教育。大学生是网络上的一个个传播节点,简洁有趣的信息更利于大学生向周围的人进行再传播,可以达到事半功倍的效果，高校可以间接帮助进行社会思想政治教育。

（二）加强关注大学生身心健康

隔着网络，辅导员需要更多的耐心去摸查大学生的身心状态，因为无法当面确认学生情况，可以通过各种网络手段进行调查，如微信私聊、调查问卷、电话访谈等形式。辅导员要向学生科普新冠肺炎疫情，并劝告学生不要隐瞒身体状况，有问题及时汇报。

面对学生急切返校的心理，高校心理老师要及时应对排解，向学生分析清楚为何不能正常返校，并安抚学生。要深度发掘学生不愿停留在家的根本原因，是学习方面，还是日常生活方面，还是感情方面等。要对症下药，具体事情具体分析地去解决学生心理问题。

正因为不在校园，心理教育更要加强，高校的心理咨询中心也要同步开展网络教学，不只要开展大课进行心理知识科普，还要一对一解决大学生个人心理问题。如果辅导员发现学生产生心理问题，例如，学生长期处于焦虑、烦躁、悲伤等不良情绪中，要及时联系学校心理咨询中心的相关老师，帮助学生攻克难关。疫情期间，大学生心理问题出现概率要比平常更高，网络也给心理疏导带来了不便，容易在心理老师和学生之间产生距离感。缓解大学生因疫情产生的焦虑紧张情绪，需要高校向大学生科普疫情知识，使大学生对新冠的传染性以及防治有正确的认识，相信官方公布的通报。辅导员在排查学生心理状况的时候，要特别注意处在高风险地区的同学，如身在武汉的同学，他们的心理压力要远远超过其他地区的学生。

（三）关注大学生思想动态

辅导员或相关负责老师必须经常关注学生思想动态并和学生保持联系，可以通过"每日一报"、微信电话交流等方式和大学生进行一对一或一对多交流。只通过网络思政课程对大学生进行教育在当前这个特殊时期是远远不够的，平时思政课上交流时不仅是通过语言，还会通过面对面观察微表情、微动作和说话语调等来判断学生思想状况。网络交流只剩下文字和语音，需要辅导员们搜集更多的信息，才能够了解每个大学生的思想动态。而且不能只关注心理上的动态，还要关注学生身体健康和日常生活情况，因为这几点都是互相影响、有联系的。特别要关注平时就心态不稳定、家庭生活不和谐、学习上有困难的学生，这些学生更容易产生情绪波动，从而产生不良情绪，造成不良后果。

面对疫情，出现了许多各式各样的疫情舆论，有的荒诞不经，有的是对错皆有，辅导员主要任务就是观察大学生是否被不合理的舆论误导，思想被引入歧途。辅导员需要及时将这种情况反映给任课老师，让任课老师设计教育内容时要考虑到如何纠正不合理的舆论，防止大家的信心受到打击。习近平总书记在全国高校思想政治工作会议上的讲话指出："做好高校思想政治工作，要因事而化、因时而进、因势而新。"[3]必须要利用疫情事例彰显制度优势，帮助大学生建立起对我国政治制度的信心，增强爱国情怀，帮助大学生分辨疫情舆论中的恶意言论。挖掘疫情中可以用作思政素材的实际例子，并将实例与思政课相关理论进行结合，在将之与网络传播的特点进行结合，可以持续作用于当代大学生思想政治教育，开辟新的思政探索途径。

思想政治教育不能只局限在某些课程、某些部门和部分人的单打独斗，而要实行高校各个部门、各个教师的联合作战。[4]还要包括大学生中的积极分子，学生之间年龄相仿，共同话题较多，思考方式也比较相似，没有代沟。网络上情况复杂，可以采取党员、学生干部、积极分子等帮助辅导员摸清同学们的思想情况，并且他们可以起一个良好的模范带头作用。

四、总结

面对疫情对大学生的影响，高校必须探索新的解决途径。开展大学生网络思想政治教育工作刻不容缓，这个工作需要依靠各个高校从思政教育的场域态势、价值方位、内容定向及方法逻辑等多个维度全面把握和精准构建。相信经历过这次疫情后，网络教育这次会得到一个长足的进步，对以后日常大学生思政教育也会起到帮助。

从解决新途径来看，高校思想政治教育一定要把握舆论，越是面对特殊事件就越是需要控制引导舆论。在网络上，很多大学生的时间都被碎片化了，而思政教育正是需要整块的时间。网络边界感薄弱，信息交流趋近无障碍，信息发布者的身份也很难去确认，大学生涉世未深，在接触网络上各种信息的时候，很容易被不良信息误导。舆论是把双刃剑，一个小小的词语改动就能让整段话变了意思，而且网络舆论扩散较快、不容易控制。大学生又容易成为信息的发布者和传播者，如果不正确引导大学生，大学生的言论很可能会帮助不良信息传播。

网络空间是大学生在疫情期间获取信息的最重要来源，如果能树立一个正能量积极的舆论氛围，会更有助于建立起抗疫信心，大学生也能享受一个更健康的网络环境。想要成功战胜疫情，不可或缺的就是相信自己能够最终胜利的信心。

在当前只能通过网络进行思政教育的情况下，具体成效比较容易判断，高校从这次实践中也探索到了很多网络思政的新的途径与措施。在突发性重大事件下，必须要重视网络舆论，要及时对网络上的声音进行回馈，思想政治教育的内容也要随之改变。高校要尽快转换思路，探索如何更快更好地建立网络思政教育机制，不只是在校内发挥出高校的力量，高校在校外也要通过网络发挥出新的力量。如何在疫情期间给大学生营造一个正确的网络舆情环境，如何通过舆论正确引导大学生，是高校思想政治教育要关注的重点问题，也是对高校思政教育成果的一次特殊检验。

参考文献

[1] 沈壮海，肖洋.2016年度大学生思想政治状况调查分析[J].思想理论教育导刊，2017（1）：110-115.

[2] 季海菊.论新媒体时代高校思想政治教育的挑战与机遇[J].南京社会科学，2015（5）：157-163.

[3] 习近平在全国高校思想政治工作会议上强调：把思想政治工作贯穿教育教学全过程　开创我国高等教育事业发展新局面[N].人民日报，2016-12-09.

[4] 何红娟."思政课程"到"课程思政"发展的内在逻辑及建构策略[J].思想政治教育研究，2017（5）：66-70.

第四部分 04

社会治理策略与方法

浅析新时代我党应对海外"中国威胁论"的策略及启示

王 野[*]

摘要： 中华人民共和国成立以来，中国的综合国力不断增强，国际影响与日俱增。与此同时，受意识形态偏见、霸权主义以及文化差异的影响，以美国为首的西方资本主义国家提出并散布"中国威胁论"，试图阻挠中国发展，这一思潮对中国的国际形象产生了不利影响。为了化解不利影响，中国共产党采取了有效措施予以应对，面对"中国威胁论"的花样翻新，我党要从战略上蔑视，战术上重视，积极总结经验、做出正确回应，通过对外讲好中国故事、传播好中国声音来化解各种不实之词，在世界舞台上最大限度地消弭"中国'威胁'论"的影响。

关键词： 中国共产党；中国威胁论；应对做法与经验

虽然学理意义上的"中国威胁论"形成于 20 世纪 90 年代初，但是中华人民共和国成立之初，国际上关于中国"威胁"的言论就已出现，因为新中国极大地壮大了世界社会主义阵营，引起了一些西方资本主义国家的惶恐，其直接结果便是持续多年的热战和冷战。虽然热战和冷战早已成为历史，但是，随着中国特色社会主义取得举世瞩目的成就，"中国威胁论"渐成气候，对中国特色社会主义发展造成不良影响，正确认识和回应这些思潮，并不断总结其中的经验，对于中国特色社会主义发展具有极为重要的意义。

一、"中国威胁论"的成因与发展

"中国威胁论"这一词早在中华人民共和国成立初期就已出现，理论化形成

---

[*] 王野（1996—），女，山东济宁人，北京联合大学马克思主义学院 2019 级硕士研究生，主要研究方向为海外中国共产党研究。

的时间是20世纪90年代初。该词主要是由西方学者创造的,指随着中国经济的不断发展、综合国力的提升和军事力量的增强,将会危及其他国家尤其是周边国家的利益,同时挑战国际发展秩序,对亚太地区甚至世界的稳定发展构成威胁。[1]该观点提出后,又经一些西方学者充实,渐成一种颇有影响的思潮,其根本目的是遏制中国的发展。因此,从意识形态的角度看,这一思潮是我党面临的一个重要的外部挑战。

(一)"中国威胁论"的成因

"中国威胁论"有多种成因,其主要原因是意识形态的偏见和美国霸权主义以及中西文化差异。

1. 意识形态的偏见

从一般意义上讲,意识形态是人对事物的理解、认知,是人的观念、观点、概念、思想、价值观等要素的总和。从国家社会层面讲,意识形态是系统地、自觉地反映社会经济形态和政治制度的思想体系。可以说,凡是与社会经济形态和政治制度相关的社会观念、思潮、话语、行为表达等都可以纳入意识形态的范畴,这一概念内涵集中但外延极为广泛,其本质就是一个党、一个国家以什么样的精神状态举什么旗、走什么路的问题,是以什么理论来指导、由什么政党执政和坚持什么样的国家性质问题,因此,意识形态是社会上层建筑的核心部分,集中体现在社会政治、法律、道德、哲学、艺术、宗教等形式中。一定的社会意识形态是一定社会存在的反映,并随着社会存在的变化而变化。①

对立阶级的意识形态往往也是对立的,充满着矛盾和斗争,当然在特定情况下也具有合作的属性。无产阶级和资产阶级的意识形态集中体现为社会主义和资本主义制度之间的矛盾和斗争,因此,社会主义国家和资本主义国家的关系必然具有意识形态的属性,对此既不能忽视,也不能过分夸大或缩小,而国家、社会、民族的根本利益往往也融会在意识形态之争中。可以说,自从首个社会主义国家诞生以来,社会主义与资本主义制度之间的斗争就成为国家关系中的重要领域。东欧剧变、苏联解体之后,中国成为世界上最大的也是发展速度最快的社会主义国家,中国的发展代表着社会主义的前途,也展示着社会主义制度的优越性,其对广大发展中国家具有极大的示范作用,因此,必然会成为以美国为首的资本主义国家遏制的对象。近年来,中国经济等方面飞速发展,在国际范围树立起负责任大国的形象,中国在世界的舞台上发挥着越来越重要的作用。这当然是美国等资本主义国家所不愿意看到的,它们会认为中国和中

---

① 韩强. 论新时代意识形态工作面临的风险与应对 [J]. 理论探索, 2020 (2).

国文化的发展是对西方资本主义的意识形态和价值观的威胁。基于对社会主义制度以及社会主义意识形态与生俱来的敌视和警惕，"中国威胁论"就成为它们遏制中国发展的武器。

2. 美国霸权主义

美国霸权主义是"中国威胁论"产生的重要原因，苏联解体后，美国成为其他国家难以匹敌的世界头号强国，其霸权地位不断巩固。近年来，虽然俄罗斯已复苏，但是与美国的距离相差甚远，美国早已不将俄罗斯视为"够实力"的对手。日本等一些国家的发展虽也十分显著，但受地域面积偏小、经济体系单一化、过分依赖美国发展等自身问题，也不会被美国列入"竞争对手"的名单当中。中华人民共和国成立70多年来，全国各族人民在中国共产党的领导下，自力更生、艰苦奋斗，实现了中华民族由"站起来"到"富起来"的伟大飞跃，并全力向着"强起来"的目标逼近。特别是党的十八大以来，中国的发展更加实现了质一般的飞跃，无论是在经济、科技还是军事等方面，中国日益接近世界舞台的中央，对世界和平与发展的贡献越来越大。有鉴于此，美国借口"修昔底德陷阱论"将中国视为威胁其霸权地位的首要国家，倍加防范，并通过大肆宣鼓"中国威胁论"来遏制中国发展。

3. 中西文化差异

文化是人类在长期社会实践中创造的物质和精神财富的总和。文化对社会发展有着重要的影响，西方文化经长期工业革命、资本主义、殖民主义的改造，其霸权主义、侵略扩张本性凸显，甚至成为其文化基因。列宁曾说，帝国主义是现代战争的策源地。长期以来，西方国家抱着欧洲文化中心论、优越论不放，极力贬低其他国家文明，甚至在侵略扩张中毁灭其他文明，试图通过输出西方文化，使西方文化一统天下，这种站在西方中心论立场上采取的态度本身就是完全错误的，对世界文明发展也是有害的。西方国家的这种"好战文化"成为现代西方文明的重要文化特征。相比较而言，中华文化是一种"和"文化、中庸文化，讲究"己所不欲、勿施于人"，更加注重对外和平相处、交流合作，因此，中国历史总体上处于自给自足、与世无争的状态。两相比较，"中国威胁论"的产生和发展与西方侵略扩张的文化影响是有着必然联系的，是西方国家把自己的文化传统强加给中国的表现。

（二）"中国威胁论"的发展

"中国威胁论"与欧洲历史上的"黄祸论"有一定关联。作为19世纪的一种极端民族主义理论，"黄祸论"反映了欧美殖民主义者对以中国和日本为代表的亚洲民族、亚洲文明的提防和反对。后经热战时期的发酵和西方社会的加工改造，实现了向"中国威胁论"的转化，成为以美国为首的西方发达国家遏制中国发展的理论武器。20世纪90年代末以来，以美国为首的西方国家先后掀起了四次"中国威胁论"的浪潮，形成了五种代表性论点，分别是"中国军事威胁论""经济威胁论""政治与意识形态威胁论""文明威胁论""粮食与人口威胁论"。当前又新增了"软实力"和"民族主义"方面的内容，其影响不断扩大。2010年至今"中国威胁论"浪潮时高时低，内容扩充到了"一带一路""网络""文化"等方面。[2] "锐实力"论则是"中国威胁论"的新变种，更值得关注和警惕。

"锐实力"（sharp power）这一概念最早出现于2017年11月的美国期刊《外交》上，后被美国国家民主基金会（The National Endowment for Democracy，缩写为NED）所引用，称"锐实力"指的是针对特定国家借由颠覆、渗透、操控、施压，以利刃般的外交手段达到在境外影响舆论、左右意识形态及扩大影响力的作为。其甚至认为北京正以这种谈不上是"硬实力"，却又比"软实力"更具伤害性的力量，使海外批判声浪消音，悄悄形塑对其有利的国际舆论与形象。① 2017年12月5日，美国国家民主基金会发表了一份题为《锐实力：日益增长的威权影响力》的研究报告，称中国和俄罗斯"明智地采取了软实力的某些形式而非本质。他们所追求的目标可以更好地理解为'锐实力'"。此后，英国《经济学人》杂志也把中国"锐实力"作为封面故事进行跟风炒作。2018年1月，美国哈佛大学教授、"软实力"之父约瑟夫·奈在《外交》杂志上专门发表文章，"将'软实力'归于西方，而给中俄贴上'锐实力'标签"②。2017年以来，"侨务干涉论""统战干涉论"等成为中国威胁论的最新衍生物，部分所谓西方智库等学者接连发表关于"中国在海外政治影响力"的相关文章来攻击中国海外统战工作，对中国统战政策特别是侨务政策妄加指责。[3]这些观点和议论在国际上产生了对中国改革发展的不利影响。正是在这些论调的影响下，美国对华政策发生了较显著的改变，中美贸易摩擦的发生也与此不无关联。

二、新时代中国共产党应对"中国威胁论"的策略

中国一向坚持和平共处五项原则，走和平发展道路，中国的发展同"中国

---

① 锐实力？悦实力？国际社会两组国家对中国崛兴的不同反应［EB/OL］．搜狐新闻，2018–01–17.

② 袁赛男．当前国际涉华舆论存在的问题及对策——以新一轮"中国威胁论"为例［J］．对外传播，2018（7）：21.

威胁论"是全然相反的,面对"中国威胁论",中国共产党据理力争,用事实说话,形成自己有效的"应对方法",也取得了一定的经验,对此我们要进行很好的回顾和总结,以更好地应对未来的各种挑战。

第一,中国共产党带领中国人民敢于斗争,积极应对外部威胁。中华人民共和国成立以来,我们曾面临各种外部威胁,既有军事上的,也有政治、经济和外交上的,但中国共产党都坚定必胜信念,积极应对,取得了一个又一个胜利。中美关系是中国外部威胁的重要来源,我们坚持以斗争求合作,及时化解一个又一个威胁,特别是在抗美援朝战争中,中国人民志愿军以劣势装备打败了比"八国联军"参战国多出两倍、人数多出76倍的十七国联军,为中国人民赢得近70年的和平时期,为中华民族赢得了空前的尊严和自信,为后代赢得了丰厚的精神财富。[4]

改革开放以来中国的发展突飞猛进,中美双方在各方面的合作进一步增加,但中国已经成为美国政府眼中威胁其霸权地位的首要对手,对中国的压制更是变本加厉,中美之间的关系也处于波动不定的状态。"中国威胁论"就是美国压制中国的首要理论武器,近年来由美方引发的"中美贸易战"就是其遏制中国发展的手段之一。[5]中国共产党冷静应对,苦练内功,把掌握科技创新要素作为应对中美贸易摩擦的关键,中美贸易关系由起初的以美国为主导的形式发展为"互补型"关系,再到现如今的"抵制型"关系继而引发了中美贸易摩擦,其变化的动力就是对科学技术以及创新能力的相互竞争。应对中美贸易摩擦,中国政府科学把握中美贸易实质,科学应对贸易摩擦;中国政府加快科技创新,争取新技术领域的话语权;中国政府充分发挥以生态系统为基础的大国优势,巩固国际范围内的良好形象;中国政府重视知识产权,完善相关的法律法规。中美双方应加强交流与合作,维护中美两国政府与人民之间的良好友谊,携手推进科学技术创新与发展。中方灵活应对中美关系的变化,不仅维护自身利益,也保持和平友好的态度。面对美方挑起的贸易摩擦,我党和政府主张可打可谈,既不主动挑起斗争,也不被动受其压制,而且永远敞开交流互动的大门。

第二,着眼长远发展,打牢应对"中国威胁论"的基础。"中国威胁论"的提出不在于一时,其发展也是跟随着以美国为首的西方国家与中国之间实力的比较而一步步推进的,因此,要化解"中国威胁论"的不利影响,必须经历一定的过程。中国的发展格局是长远且和平的,任何动摇中国发展理念的言行都是对中国发展理念坚定性的考验,中国政府和人民若给予强烈的言论甚至行为回击,便是落入了"中国威胁论"制造者所设计的圈套,这样就会有利于他们进一步实施抹黑中国形象的计划,进一步坐实"中国威胁论"的影响,进而达到阻碍中国发展、损耗中国实力的目的。因此，中国若采取激进的反击等于是自戕，应当把和平发展放在首位，顾全世界发展的长远格局，不得操之过急。

第三，积极承担责任，巩固中国负责任大国的良好形象。中国一直走和平发展的道路，不仅致力于本国的复兴与发展，更着眼于世界和全人类的发展问题，改革开放以来，中国通过自身的努力逐步接近世界舞台的中央，以实际行动推动全世界的和平与发展，并得到了世界的认可和好评，逐渐在世界范围内树立起了负责任大国的良好形象。[6]与此同时，以美国等西方国家为首挑起的"中国威胁论"，也随着中国实力的提升而得到了更大程度的渲染，其核心的思想就是捏造中国在强大以后会在世界称霸的假象，但这恰恰是与目前中国的所作所为截然相反的。

应对"中国威胁论"，中国共产党需要瞄准它的核心观点给予回击。"中国威胁论"扬言中国的发展是自私又极具称霸性质的，那么中国在世界上已经树立起来的负责任大国的形象就是最响亮的回击和最有力度的反驳，正因如此，这个良好的形象更应当被中国捍卫和保护，不仅仅是为了回击"中国威胁论"的不正言辞，归根结底这是中国长久以来的发展理念和绝不动摇的发展方向。中国将一直承担着负责任大国的责任，帮助发展伙伴，推动世界的和平与发展，同时巩固自身良好形象。

第四，加强对外交往，积极借鉴世界经验，贡献中国智慧和中国方案。中国共产党始终坚持"四个自信"，坚持"引进来"和"走出去"有机结合，建立起了世界政党高层论坛、"社会矛盾预防与应对国际论坛""社会治理亚洲论坛""中国法国西班牙人民权益保护制度论坛"等国际交流机制。其中"社会矛盾预防和应对国际论坛"是一场由多个国家相关领域专家学者参加的国际性论坛，"社会治理亚洲论坛"则是亚洲国家相关领域专家学者研究交流社会治理问题的大型论坛。这些国际性论坛的举办极大地推动了信访制度国际交流的深入，广泛宣传我国信访制度创新的实践经验和政策主张，在国际社会不断传播"中国声音"，贡献"中国方案"，增强了我国信访工作研究在国际上的影响力和话语权，推动我国在国际上的地位和整体实力。

三、新时代中国共产党应对"中国威胁论"的启示

新时代我国将面临更为复杂多变的国际环境，将会迎接新的机遇和挑战。面对"中国威胁论"的花样翻新，我党更需要总结经验、收获启示，为应对接下来的外部环境挑战武装自身。

第一，始终坚持斗争精神，敢于同"中国威胁论"进行坚决斗争。斗争精

神、斗争本领是中国共产党人必须具备的素质。中华人民共和国成立70多年以来，中国共产党领导着中国人民完成了从"站起来"到"富起来"的伟大飞跃性发展，如今在新时代的发展背景下正举国向"强起来"的目标奋进，我国用短短70多年的时间实现了别国百年都无法取得的辉煌发展成就，却也无法避免部分国家对我国的认识和理解程度不能同我国这种"快速"的发展进程保持一致，因此，"中国威胁论"的影响很容易成为别国"误解"中国发展的罪魁祸首，我党更应该积极化解这种"误解"，向"中国威胁论"的制造和宣传者及其言论进行积极有效的回应和批判。与此同时，我们要让世界走近中国、了解中国，世界方能信任中国。我们要让世界更加清晰地看到中国的发展历程，更加深入地了解中国的和平发展理念，更加真切地感受到中国的热情与真诚。我党要对外讲好"中国故事"，继续完善应对策略，做好中国的国际宣传工作，迎接世界的关注和认可。

领导和团结全国各族人民，以经济建设为中心，坚持四项基本原则，坚持改革开放，自力更生，为把我国建设成为富强民主文明和谐美丽的社会主义现代化强国而奋斗。中华人民共和国成立以来，尤其是改革开放以后所取得的成绩和进步是对我党执政和领导能力最强有力度的认可和肯定，当下"中国威胁论"仍在世界范围内损害着中国的良好形象，动摇着中国同世界他国的友好关系，所以我党首先敢于同"中国威胁论"进行斗争，不断捍卫自身立场和观点，同时要继续坚持基本路线，不断取得新的进步和发展，在国际范围内方可掌握更多的主动权。

第二，正确认识"中国威胁论"所带来的影响，增强执政自信。中国的和平崛起打破了"强国必霸"的铁律，开创了大国崛起的新境界——和平不再是"战争的中场休息"。[7]战争代表着利益的争夺，现如今和平发展是时代的主题，任何蓄意挑唆战争阻碍和平的行为都与时代的发展背道而驰，最终将会遭到时代的淘汰，只有顺应时代的发展主题才是长久的发展策略。面对"中国威胁论"带来的动摇和冲击，中国共产党要理性客观看待，要保持清醒冷静的状态；中国共产党要认清"中国威胁论"的本质仅仅是以美国为首的西方发达国家的无稽之谈，要认清其带来的影响是可被消灭的；中国共产党要坚定走和平发展的道路，捍卫自身负责任大国的形象，要更加自信地坚持用实际行动反击荒谬的言论。"中国威胁论"给中国带来的动摇和冲击都会不攻自破，正义的光明迟早会来。

第三，以世界眼光为世界发展提供中国智慧、中国方案。从毛泽东提出的"两个务必"，到习近平提出的"勇于自我革命""全面从严治党"，不仅展现了中国共产党为探索和破解长期执政难题形成中国方案的持续努力，也凝聚了中国共产党人在应对长期执政考验上的"中国智慧"，为世界其他执政党派提供加固执政能力的经验。习近平总书记于2015年9月在纽约联合国总部出席第七十届联合国大会一般性辩论时发表重要讲话中提出"构建人类命运共同体"这一治国理政方针理论。近几年，"人类命运共同体"连同"一带一路""共商、共建、共享"等话语被多次写入联合国的决议，已经成为国际社会热议的词汇，这些"中国智慧"极大地丰富了我国和平共处五项原则的内涵，提升我国在国际范围内的话语权和地位，是新时期我国外交理念的升华。

第四，始终坚持正确处理好与周边国家的关系。睦邻关系是最重要的国际关系之一，也是我们正确应对"中国威胁论"的基石。近期，美国官方加强了对中国"一带一路""构建人类命运共同体"的批评指责，并进一步给中国制造"债务陷阱"，美国对中国在世界地位、作用的提升表现出明显的焦虑和不安。同时，美国也在强化自己的外援机构，设立新的项目，增加资金，与中国"竞争"在印太地区和世界的外援、投资、基础设施建设等。[8]美国不仅激化中国同部分周边国家之间的矛盾，同时也增加了自身与中国在多个领域内的"竞争"关系。当下，中国政府应当积极应对美国带来的外部环境危机，积极主动与周边国家增进交流互信，及时有效处理周边关系问题，营造有利于中国发展的国际舆论。同时，中美关系的友好发展才是双方在经济全球化的背景下互利共赢的前提。随着现代化进程的持续推进，中国仍需要继续发展国防事业，提高军事能力建设，坚定的提升对美国采取军事手段的威慑和反应能力，不断缩小与美国的军事实力、综合能力方面的差距。

以美国为首的西方发达国家试图通过散布"中国威胁论"来阻碍中国发展，实践证明这是完全行不通的，中国特色社会主义的发展表明，中国的和平崛起是任何力量也阻挡不了的，是中国人民坚强意志的体现，是社会主义制度优越性的必然结果，也是合乎世界潮流的。对于"中国威胁论"，我们要从战略上蔑视，战术上重视，积极总结经验、做出正确回应，通过对外讲好中国故事、传播好中国声音来化解各种不实之词，在世界舞台上最大限度地消弭"中国威胁论"的影响。

参考文献

[1] 张明明. 解析"中国威胁论"[J]. 理论前沿, 2003（21）: 18-22.

[2] 苏珊珊. 冷战后"中国威胁论"的历史演变[J]. 社会主义研究, 2019（2）: 140-147.

[3] 陈奕平, 关亦佳, 尹昭伊. 新"中国威胁论"对海外统战工作的影响及对策 [J]. 统一战线学研究, 2020 (1): 78-85.

[4] 罗援. 抗美援朝战争打出了中华民族的硬骨头 [J]. 党员文摘, 2019 (8): 49-51.

[5] 艳红. 中美贸易战根源、趋势及中国应对 [J]. 现代管理科学, 2019 (6): 13-15.

[6] 张云莲, 李福建. "中国威胁论"对中国国家形象的挑战 [J]. 思想理论教育导刊, 2016 (8): 48-53.

[7] 陶绍兴. 第三波"中国威胁论"之突围 [J]. 西安建筑科技大学学报, 2015, 34 (4): 8-13.

[8] 楚树龙, 陆军. 美国对华战略及中美关系进入新时期 [J]. 现代国际关系, 2019 (3): 20-28.

自媒体时代关于政府治理网络舆情的对策分析
——以《关于正确处理人民内部矛盾的问题》为基础

夏军秀*

摘要：正确处理人民内部矛盾思想是以毛泽东为代表的中国共产党人在探索社会主义事业建设过程中取得的重大理论成果。《关于正确处理人民内部矛盾的问题》（以下简称《问题》）科学地分析了社会主义社会的基本矛盾，旨在解决社会治理问题。这篇文章蕴含着丰富的有关治理社会的方法论，毛泽东"正确处理人民内部矛盾"的理论，对于如何解决当前大数据时代下网络舆情对于政府治理的负面影响具有极大的启示意义。

关键词：网络舆情；社会治理；人民内部矛盾

《问题》在1957年6月经过毛泽东本人的概括和整理之后发表在《人民日报》上，这篇文章一经发表就引起国内外的高度重视。因为其运用唯物辩证法科学地分析了社会主义社会的基本矛盾，第一次提出了要正确处理人民内部矛盾。随着世界政治经济的发展，逐渐出现新的人民内部矛盾，其中互联网飞速发展所带来的网络舆情治理给政府社会治理带来很大的难题。网络舆情的出现虽然具有拓宽民意渠道等积极作用，但是其造成的负面影响不可忽视。历经60多年，毛泽东关于正确处理人民内部矛盾问题的思想仍然对解决这一问题所产生的负面影响具有理论指导意义，正确分析这一思想，再从过去发生事件的处理过程中总结成功经验和失败教训，有助于解决自媒体时代下社会治理过程中有关网络舆情治理的难题。

一、"正确处理人民内部矛盾"理念的形成背景及主要内容

《问题》的发表背后有着复杂的国际背景和国内背景。当时在国际上苏联以

---

* 夏军秀，女，中国传媒大学马克思主义学院，马克思主义大众化传播方向硕士研究生。

及东欧的社会主义国家由于没有处理好人民内部事务引发了极大的社会动荡，尤其对一些社会主义国家来说更是引起了极大混乱。人们对于苏联的社会体制有所怀疑，帝国主义和其他反对社会主义的阵营联合起来对社会主义制度进行否定，形成了一股反共、反苏、反社会主义的势力。与此同时，波兰、匈牙利等国家由于政府官僚对于民众的利益诉求没有予以重视，导致部分群众上街游行、示威，发生了公开对抗政府的暴乱事件。在国内随着三大改造的基本完成，当时敌我之间的矛盾已经得到基本解决，但是人民内部的矛盾却日益显露出来。国内外一系列事件出现使中共党内认识到苏联和东欧出现问题的原因在于把人民内部矛盾当成敌我矛盾来看待。因此毛泽东在《论十大关系》报告中做了一个整体的应对安排："当前我们的任务，就是正确处理这些矛盾。"这些认识和事件背景为《问题》的形成奠定了基础。《问题》在开篇提出文章的主旨就是重点讨论人民内部的矛盾问题。从总体来看，《问题》主要包括以下三个方面的内容：一是明确承认并重点分析社会主义社会的基本矛盾；二是要求要严格区分两类不同性质的矛盾并且要正确处理；三是把正确处理人民内部矛盾的问题正式确定为国家政治生活的主题。三大改造完成后，毛泽东敏锐地感觉到敌我之间的矛盾已经趋向缓和得到基本解决，同时阶级结构也发生了重大转变，于是提出了正确处理人民内部矛盾成为"总题目"这一主题的确立不仅对于过去是一个总结，对于今后中国共产党社会主义事业的建设来说也是一个良好的开端。

《问题》之中的诸多理论和措施虽然历经岁月，但在现今关于人民利益、处理干群关系、统筹兼顾等社会治理方面的理论仍然具有指导作用。尤其是当下新媒体时代，网络舆情成为公民关注社会事件以及政府进行社会治理的重要影响因素，因此对网路舆情的治理也逐渐成为政府治理工作的一部分。网络舆情是公众利用互联网对自己关注的事件发表言论和看法，可以被视为一种表达民意的渠道，既有监督政府工作的正面促进作用，也不可避免地对维稳社会秩序具有一定的负面作用。毛泽东"正确处理人民内部矛盾的问题"这一思想所蕴含的深刻理论和方法论对于解决网络舆情所带来的负面影响具有很大的价值。

二、网络舆情的概念及其特点

中共十八届五中全会进而强调必须要加快完善各方面体制机制、转变政府职能、有效推进国家治理体系与治理能力现代化。网络舆情是一种以互联网为传播媒介，网民发挥主要作用，对一些公共事件的产生和发展持有的自身价值观输出。当前我国一些网络上出现的社会问题所反映出来的社会矛盾往往是和不同利益群体纠纷相关的。随着近年来网络技术的发展，不同利益群体通过网络表达自身利益诉求，人人都是信息的发布者和传播者，人人都可以对社会事件进行评价，因此，会形成不同的舆论趋势。网络舆情自身带有的盲目性和从众性以及传播的隐匿性等特点使其不可控性增大，伴随而来的舆论压力挑战着政府的应对能力。因此，要分析网络舆情在发展过程中的特点和发展趋势，做出不同的应对措施。

网络舆情的特点分为以下几个方面：一是参与主体的广泛性。中国截止到2019年6月，网民规模达8.54亿，互联网普及率达61.2%。这表明中国网民数量之庞大。网络因为其虚拟性的特征致使众多网民在发言时毫无顾虑。二是网络的开放性导致的传播范围广泛。自媒体时代下一旦有事情发生就会以惊人的速度迅速传播，影响到各行各业的公众情绪。尤其是一些影响力和受关注度较大的网络用户对事件进行转发讨论，随着时间的推移使网络舆情从点到面不断扩散，其波及范围和影响日益扩大。三是网络的虚拟性导致的信息来源模糊。由于参与主体众多以及部分网络平台的不实名制等情况，网络舆情与传统主流媒体相比来说信息的来源较为模糊。经常出现"据说""有消息称"等开头的信息，更有甚者直接散布虚假信息来影响公众情绪，因此，网络舆情之中信息的可信度有待检验。四是网络舆情发展的不确定性。传统媒体通常以正面宣传为主，多是较为理性的言论，而且较为可控。而网络舆情的发展是民间社会公众自发组织的，其间鱼龙混杂，既有理性言论也有非理性的谣言。当网络舆情形成自己的舆论立场之后，谣言如果没有得到及时解决和控制，那对于政府和社会治理来说都会产生很大的负面影响。

中国的网络舆情治理在其发展的过程中就一直坚持政府主导的治理理念，这与中国传统的社会治理理念有很大的关系。毛泽东在《问题》中针对曾强调"所谓有公民权，在政治方面，就是说有自由和民主的权力。但是这个自由是有领导的自由，这个民主是集中领导下的民主，不是无政府状态。"这说明政府应当对于网络舆情的发展肩负起指导的责任，人民群众拥有自由，但是这种自由是相对的而不是绝对的，人民群众在享受着自由和民主的同时也要用社会主义纪律来严格约束自己。政府为了保证社会秩序所发布的带有强制性的行政命令以及用说服教育的方法去解决社会问题是在社会治理的过程中不可或缺的两个方面。强制性的行政命令可以在政策、法律法规等方面对人民进行约束，说服教育可以以一种相对来说较软的方式来解决不严重的矛盾和冲突。因此，在网络舆情治理的过程中政府为主导是不可或缺的。政府对于网络舆情的治理是尊重人民利益，以人民为主体的，并且逐步走向政府主导与联合社会公众共同治理的合作道路。

三、网络舆情治理当前存在的问题

尽管政府近年来采取各种措施对网络舆情的负面影响进行补救和改善，但是导致网络舆情爆发的事件大多由不同社会阶层和利益群体之间的社会矛盾处理不当引起的，有些事件涉及的利益群体和社会领域过多，无法得到合理解决。而且随着时代发展经常会出现一些之前没有遇到过的新问题和新挑战，政府在处理网络舆情爆发事件的过程中仍处于探索阶段，所以难免会有所失误和不足，这些失误和不足的存在有时会加剧矛盾冲突，使得网络舆情发展失去控制。其当前存在的问题主要表现为以下几个方面：

（一）监测网络舆情发展的技术手段发展不充分

在传统的网络舆情监控体系之中，舆情监控通过搜索引擎和信息采集网民发布的部分敏感词汇和特殊网络术语，网民言辞的使用大多取决于自身的偏好，网络监控技术难以做到覆盖整个网络，因此，就会出现监控的延迟性问题。当技术部门监测到舆论时，或许事件发酵已经呈现出一种不可控制的状态。以预防为主的监测系统难以与后续事件的发展相接洽，不能对事件做出迅速反应，导致政府对于网络舆情的整个管理体系处于滞后状态。毛泽东在《问题》中曾指出"对于人民内部的思想问题，对于精神世界的思想问题，用简单的方法去处理，不但不会收敛，而且非常有害"，人民群众对于政府的网络监控手段具有一定的抵制情绪，认为在监控之下的网络言论不能真实反映人民群众的想法而且侵犯了他们的言论自由。部分地方和基层政府的电子政务有着上层行政体制的压力，政绩维稳的观念深入处理事件的过程中，再加上部分官员官本位、懒政不作为的思想，对网络舆情的负面影响置之不理。技术条件的不充分加上部分官员的不负责任就容易导致社会矛盾激化，严重的甚至会转化为对抗性的矛盾。

（二）政府对网络舆情的应对管理和监督问责机制不完善

政府部门利用网络监控技术手段来屏蔽一些敏感性和不适当言论的做法一直以来被部分网民质疑，质疑的原因在于屏蔽词汇的评判标准并不是统一的，大部分情况下是受所掌握公权力之人的个人偏好所致。经常会有地方政府在处理网络舆情发展的过程中出现回应不及时、回应有效性和可信度低下的情况，脱离了立足于人民的工作出发点。

（三）专门应对网络舆情的法律法规体系不健全

在法律法规方面，我国将政府现代化治理纳入法制轨道。虽然已经制定了相关法律，但是大多都是涉及行政规章制度等方面且缺乏系统性和全面性，加上网络发展太快，不断出现新问题，所以至今仍然缺乏专门针对网络舆情治理的法律，在面对突发性的网络舆情时缺乏权威的治理标准。尤其是在网络言论发布的追责方面以及面对有些政府部门不作为的情况无法依照法律予以严惩。导致一些境内外相勾结专门钻法律的空子，在网络散布一些谣言，危害到国家意识形态的安全，破坏社会和谐。对其进行简单的言语警告并不能发挥任何作用，只有有了一套系统的法律体系，针对不同事件有不同的处理方法才能在根本上震慑住不法人员。

四、"正确处理人民内部矛盾"理念对网络舆情治理的启示

网络舆情的发展向我们展示了任何阶层和任何社会领域的问题都有可能成为网络舆情爆发的导火索。其产生的原因在于人民群众在现实生活中难以找到渠道解决涉及个人利益的问题和事件，因此，当个人利益受损之时，人们的愤怒一旦找到发泄口就会很难得以控制。"矛盾是普遍存在的，不过按事物的性质不同，矛盾的性质也就不同"，网络舆情所显示的这种人民内部的矛盾仅仅依靠政府的力量和自上而下单项管理制度很难得到合理解决，因此，必须要利用网络这把"双刃剑"，在坚持政府主导的前提下，充分调动起社会组织和公民参与的积极性。人民内部矛盾分为很多类型，尤其随着社会的发展社会阶层也在增加，除了阶层之间的利益冲突还有人民对于精神层面的不满。因此，毛泽东的《问题》之中有诸多理论对于政府如何处理好当下的矛盾具有极大的启示和理论价值。

（一）政府要制定系统化、现代化的网络治理体系

国家治理的最终目的就是为了实现善治。政府是代表人民管理国家事务的，因此，政府可以在网络舆情治理过程中建立起一套系统化、现代化的网络治理体系。这要求政府要针对网络舆情演变的各个环节，加上技术手段支持，从最初监控、中间预警以及最后的协调反馈的过程中吸收以往的经验教训和当下的实际问题，尤其是加强政府网络舆情监测，做到合理地分析和采取有效的公关措施。对于中间可能会出现的问题及时从源头解决或者想出合理的对策应对，使政府尽量在面对负面信息时有规可循，掌握事件发展的主动权。同时在线下要加快建设服务型政府，强化危机意识，高度重视网络舆情工作，通过网络舆情的监测和反馈了解基层群众存在的问题和矛盾并及时解决。对于政府在监控过程中对于一些言论进行封锁等行为，部分社会公众存在质疑等问题，保护个人信息安全以及个人言论自由之间一直以来就处于一个比较模糊的状态，因此，政府在制定相关标准时应当做到把标准公之于众，实现信息的透明化。

(二) 发挥社会组织和人民群众的作用

毛泽东在《问题》中曾指出"许多人,许多事,可以由社会团体来想办法,可以由群众直接想办法"。社会主义事业的建设绝对离不开人民,政府是为人民群众服务的,因此,在网络舆情治理过程中,要坚持"以人为本"的治理理念,政府不能脱离人民群众,要积极采纳人民群众的意见。对当前一些自媒体的存在要做到合理的引导和规范,不可"一刀切"的封号、删除发布内容,要合理地利用自媒体平台开通网民意见传送渠道。社会组织和一些大型企业的良好发展离不开社会主义制度的引导,因此,可以合理要求其承担起自身应有的社会责任,在日常生产活动中严格遵循社会主义事业建设和发展规律,追求对社会有利的长期目标。社会组织和人民群众的意见可以通过线上线下两个渠道传到政府手中,政府要充分重视这些意见和要求,毕竟网络舆情出现和爆发的根源大多来源于涉及人民群众切身利益的事件没有得到正确的处理。在人民群众的这些意见之中总是会存在不合理的内容,政府不能过分重视部分群众的意见,要坚持政府主导的底线,对于不合理的部分要做到剔除,从大局出发进行统筹管理。

(三) 加强网络法律法规体系建设

当前虽然存在一些对于网络方面的法律法规,但是并不十分具体,大多数是在制度规章的规范方面。当前网络舆情最大的问题在于一些不正当网络言论的出现会引起一些不了解事实真相的网民的大型讨论,形成不利于社会治理的负面舆论场。因此,法律法规的建设要针对具体问题具体分析,尤其是对涉及一些自媒体网络平台的信息发布行为、网络技术使用行为、政府发言的权威性等方面加大监管力度。尤其是对一些谣言和负面信息发布者制定一个合理的法律层面的制裁规范,使政府工作人员在处理网络舆情过程中做到有章可遵,有法可依。加快建立网络舆情法制体系,将网络空间的治理纳入国家法制体系之中。中国始终是坚持法治化治理的,法律是一个国家必不可少的治理手段,一个完整的法律体系可以在处理事件过程中减少很多冲突和矛盾,也会减少一些钻法律空子的行为,对于不法分子以及试图做出不法行为的人起到震慑作用。

"在一定条件下,坏的东西可以引出好的结果,好的东西也可以引出坏的结果。"[1] 网络舆情这把"双刃剑"虽然在一定程度上可以反映民意,成为监督政府行为的一把"利剑",但同时也存在网络暴力、被不法分子利用等弊端。因此,国家和政府应该高度重视网络群体性事件的影响,主动出击,通过法律机

---

[1] 毛泽东文集:第 7 卷 [M]. 北京:人民出版社,1999:238.

制和民主协商等方式积极合理地解决问题，依托互联网的便捷性变弊为利，建立合理有效的应对体系。网络舆情的发展也在优化政府服务体系的建设、人民群众的监督权有效行使、拓宽群众发声渠道等方面具有一定积极作用。因此，政府对于网络舆情的治理不能单看一个方面，争取把其中"好的东西"继续发挥积极作用，把"坏的东西"尽量引导出"好的结果"。只有合理正确地引导网络舆情的发展，才能有利于政府进行良好的社会治理。

参考文献

[1] 王新刚，郝思佳．试论毛泽东正确处理人民内部矛盾思想与当代启示[J]．中共历史与理论研究，2017（2）：182－192，269－270．

[2] 孙瑞祥，张传香．网络社会治理中的政府舆情管理[J]．天津师范大学学报（社会科学版），2017（4）：38－42．

[3] 王青松．社会治理中网络舆情的作用和问题分析[J]．福州党校学报，2017（5）：28－31．

[4] 桑业明，王怡玮．论毛泽东社会矛盾理论和新时代中国社会主义建设[J]．牡丹江师范学院学报（社会科学版），2019（5）：65－72．

[5] 倪建均．网络群体性事件与网络主流意识形态的耦合机制及舆情引导策略[J]．教育评论，2019（11）：34－40．

[6] 陈龙．从毛泽东到习近平：关于正确处理人民内部矛盾思想的传承与发展[J]．湖南科技大学学报（社会科学版），2019，22（1）：22－30．

[7] 朱娜．新媒体时代下政府网络舆情管理问题探讨[J]．现代商贸工业，2020，41（19）：134－135．

[8] 金婷．浅析突发事件舆情引导问题[J]．新闻研究导刊，2020，11（10）：138－139．

[9] 侯凌嫣．自媒体时代网络舆情变化带来的政府治理新举措[J]．新闻研究导刊，2020，11（2）：167＋183．

[10] 王琦．《关于正确处理人民内部矛盾的问题》的当代价值[J]．现代交际，2020（6）：223－224．

新时代思想政治教育的社会治理功能探析

刘 羚*

摘要：思想政治教育一直以来都是中国共产党开展工作的生命线，社会治理是马克思主义国家理论的重大创新，两者在目标、内容、对象上存在高度契合性。思想政治教育社会治理功能具有"以人民为主体"的主体之特点、"以落实认识为导向"的行动之特点、"以潜移默化方式推进"的方法之特点。对新时代思想政治教育的社会治理功能进行路径探索，既是对思想政治教育功能的拓展和完善，又有助于社会治理理论在实践中的运用。两者的有机结合，为推进国家治理体系和治理能力现代化发展提供了新思路。

关键词：新时代；思想政治教育；社会治理功能

党的十八届三中全会首次强调要"推进国家治理体系和治理能力现代化"，这是对马克思主义国家理论的创新和补充。随后，党的十九大报告中指出要"打造共建共治共享的社会治理格局"①。如何推进社会治理的创新和发展，成为社会各界研究讨论的焦点。思想政治教育一直以来都是中国共产党开展工作的生命线。当前，我国已进入全面建成小康社会的收官之年，机遇和挑战并重。一方面，随着社会的变革，我国的社会发展和经济活力发生巨大改变，为有效进行社会治理提供了深厚的经济基础。社会治理的提出，促使思想政治教育开辟出新功能，即思想政治教育的社会治理功能。另一方面，随着经济全球化的发展，人民生活水平得到很大提升，但是人民对美好生活的向往与不平衡不充分发展的社会主要矛盾，逐渐呈现出多元化、复杂化的特点。基于此，在新时代发展的大背景下，思

---

* 刘羚（1997—），女，汉族，北京联合大学马克思主义学院，2019级研究生，研究方向为思想政治教育。

① 习近平. 决胜全面建成小康社会 夺取新时代中国特色社会主义伟大胜利——在中国共产党第十九次全国代表大会上的报告［M］. 北京：人民出版社，2017：49.

想政治教育的社会治理功能发挥着不可或缺的作用。如何理解思想政治教育的社会治理功能，如何高效发挥思想政治教育的社会治理功能，推动社会治理更好更快的发展，这既是思想政治教育面临新形势做出积极回应需要考虑的问题，又是推进国家治理体系和治理能力现代化发展的突破点。

一、新时代思想政治教育社会治理功能的时代价值

社会治理是国家治理的重要方面，属于公共管理的范畴。英国学者格里·斯托克提出治理要创造的结构或秩序不能由外部强加，它之发挥作用，是要依靠多种进行统治的以及互相发生影响的行为者的互动。所以，社会治理指的就是在国家的统一领导下，充分发挥各级领导干部、人民群众的作用，合理运用多种方法和手段，维护社会稳定、推动社会持续健康发展的一项社会系统工程。推进社会治理体系和治理能力现代化，是推进国家治理体系和治理能力现代化的一项重要工作，需要把党的领导和社会主义制度优势转化为社会治理效能。思想政治教育是社会治理的一种特殊方式，属于教育宣传的范畴。思想政治教育旨在宣传马克思主义理论和中国特色社会主义理论体系，注重理想信念、道德修养、爱国主义教育等的培养，是中国共产党广泛开展工作的生命线。在开展社会治理的进程中，思想政治教育发挥着不可或缺的作用。思想政治教育的社会治理功能是思想政治教育这个活动在回应新时代发展需求时显现出来的新功能。

"思想政治教育是社会治理的重要方式，社会治理为思想政治教育有效开展创造良好基础。"① 思想政治教育一直以来都是党开展工作的生命线，社会治理是马克思主义国家理论的重大创新，两者在目标、内容、对象上存在高度契合性。具体来说，目标体现在实现人的自由而全面的发展，内容体现在宣传实质性的理论知识和方针政策，对象都是以人民群众作为主体。充分发挥思想政治教育在社会治理中的积极作用，它是在新形势下应对新问题做出的积极回应，是一项亟待解决的社会任务。有群众的地方就有矛盾，矛盾引发问题的出现，不管身处何处，世界已然变成一个休戚与共的命运共同体。在社会大熔炉中，不能放松思想政治教育，而是需要形成社会"大思政"的格局，即微观层面体现在教师的师德师风建设，中观层面体现在学校立德树人的氛围，宏观层面则体现在有效的社会治理。

---

① 《思想政治教育学原理》编写组. 思想政治教育学原理［M］. 北京：高等教育出版社，2016：92-93.

二、新时代思想政治教育社会治理功能的特点

思想政治教育的社会治理功能具体有"以人民为主体"的主体之特点、"以落实认识为导向"的行动之特点、"以潜移默化方式推进"的方法之特点。思想政治教育和社会治理的有机融合,更加能够促进社会治理的实现。

(一)"以人民为主体"的主体之特点

思想政治教育的目标是实现人的全面发展,维护人民群众当家作主的意愿,凸显出对所有社会成员个人教育的重视和无限关怀。传统的社会管理模式缺乏人文关怀,常常带有强制性的色彩,没有重视以"人民为主体"的意识。随着"社会管理"向"社会治理"理念的转变,再次凸显国家对人民群众的重视和关怀,体现将人民群众放在首位的治国理念。"以人民为主体"的主体之特点主要体现在思想政治教育的社会治理思想整合功能。一是注重思想供给。在意识形态治理上,"历史和现实中的思想政治教育的本质都是一定的社会意识形态的教化和灌输"[1]。思想政治教育和社会治理同属于社会上层建筑的范畴,都是由经济基础决定,且对经济基础有制约作用。时代的变革和发展,会加深经济基础和上层建筑之间的矛盾,所以思想政治教育和社会治理需要跟随时代的变化做出积极回应和改变,不仅要满足人民群众在物质上的追求,更加需要注重人民群众在精神文化上的富足。二是体现人文关怀。习近平总书记强调:"思想政治工作从根本上说是做人的工作。[2]"思想政治教育的过程就是从"现实的人"出发,以此实现"人的自由而全面"发展的目标。社会治理的出发点和落脚点都是从社会民生出发,它将社会主流思想和人民诉求进行整合,最终目的在于促进人民群众从"被动的旁观者"转变为"主动的参与者",不断满足人民群众对美好生活的需求和向往。

(二)"以落实认识为导向"的行动之特点

中国正处于社会转型的关键期,思想政治教育是宣传党和国家方针政策的主要方式,对主流价值观的引导发挥至关重要的作用。社会治理中的"社会"既是治理主体的"社会",又是治理对象的"社会"。"以落实认识为导向"中的"落实认识"应体现思想政治教育社会治理功能应有的价值,充分适应新形势下的社会治理需求,强化落实,切实把思想认识统一到党中央的政策和方针上来。"以落

---

[1] 刘书林.论思想政治教育的本质——坚守"灌输论"的缘由 [J].思想理论教育导刊,2012(10):38-44.

[2] 习近平谈治国理政:第2卷 [M].北京:外文出版社,2017:377.

实认识为导向"的行动之特点主要体现在思想政治教育的社会治理价值引领功能。其一，正确的价值引领。随着经济全球化的飞速发展，多种社会思潮、多元文化的涌入，激发出纷繁复杂的多重矛盾，主流意识形态受到严重冲击，给社会治理带来更多的挑战。思想政治教育通过宣传教育的形式，宣传党和国家的方针政策，在完善思想政治话语体系的基础上，有目的地把民众的思想观念引领到正确方向，有效传播主流意识形态，以此降低社会治理的难度，促进社会秩序有效运行，实现"一加一大于二"的功效。社会治理部门在积极遵从党中央领导的基础上，以创新工作方式为导向，提高工作效率和协调能力，充分发挥政府的社会动员能力，动员全社会力量的广泛参与，凸显出社会主义制度集中力量办大事的优越性。其二，凝心聚力，培养民众树立正确的世界观和价值观，提升民众的道德文化教育，培养民众的健康心态，提升民众的价值认同，增强民众规范行为的意识，充分发挥其主观能动性。让民众明白如何遵循道德修养，如何培养健康的积极心态，如何在国泰民安的政治环境下享受更高境界精神的追求。

（三）"以潜移默化方式推进"的方法之特点

十年树木百年树人，教育本就是一个循序渐进的过程。思想政治教育通过润物细无声的方式，从侧面对社会治理有推动作用。"以潜移默化方式推进"的方法之特点主要体现在思想政治教育的社会治理活力激发功能。一方面，思想政治教育社会治理功能体现时代性。党的十九大报告指出："中国特色社会主义进入新时代，我国社会主要矛盾已经转化为人民日益增长的美好生活需要和不平衡不充分的发展之间的矛盾。"① 单向度的社会治理模式已不能满足新时代人民的需求。通过设立榜样、树立标杆的方式，坚定人民群众对中国共产党的信任，为推动社会治理、构建和谐社会提供精神食粮，加大了社会稳定的筹码；另一方面，通过思想政治教育的方式开展理论教育。"理论只要说服人，就能掌握群众；而理论只要彻底，就能说服人。"② 通过对什么是马克思主义，中国共产党的由来等理论性知识的讲解，加强群众的政治认同感。充分发挥思想政治教育社会治理功能的积极作用，让主流意识形态和正确的价值观走入大众的内心，达到内化于心，外化于行的境界。在提升民众的辩证思维能力同时，培养民众对国家的认同感、对社会主义的认知能力、对马克思主义的理解和认同，以此降低错误社会思潮对民众产生的消极影响。

---

① 习近平. 决胜全面建成小康社会 夺取新时代中国特色社会主义伟大胜利——在中国共产党第十九次全国代表大会上的报告［M］. 北京：人民出版社，2017：11.
② 马克思恩格斯选集：第1卷［M］. 北京：人民出版社，2012：10.

三、新时代思想政治教育发挥社会治理功能的路径探析

（一）培养思想政治教育的社会治理功能大格局

首先，树立"管理理念"向"社会治理"的转变。"管理"和"治理"虽然只有一字之差，但两者的本质却有很大不同。转变传统社会管理理念的思维模式，取其精华去其糟粕，实现对社会治理理念的深刻理解和运用。"管理"带有强制性、单向性的特点，是一种自上而下的模式，群众更多的只是服从的态度；而"治理"则是带有适度性、主张引导社会成员从内心深处认可社会制度，遵从社会规则的同时也能参与管理，进行合理的反馈，能有效解决社会治理难题的源头问题。其次，树立"以人为本"的理念。改变传统的打压性和强制性的措施。"以最广大人民利益为根本坐标，创新社会治理体制，改进社会治理方式，构建全民共建共享的社会治理格局。"[①] 思想政治工作中的人本理念，有效解决了社会治理中满足社会各基层需求的难题。要明白，社会治理不仅仅只是治理，还有为人民服务。[②] 最后，树立"全心全意为人民服务"的理念。以为人民服务为导向，摆脱框架性旧制度思维中的局限性，避免思想政治教育工作"假大空"的形式化现象出现。习近平总书记提出，所有的社会治理部门全都是服务于人民的。治理部门既是管理者，同时更应该是服务者。社会治理部门应该贴近群众生活，契合实际情况，多从人民群众的角度思考问题，优化在实际工作中的服务方式。比如，可以开展服务作风主题的专题讲座，树立部门榜样群，在政府部门中形成为人民服务的意识和工作态度。

（二）注重思想政治教育社会治理功能显性、隐性能力的结合

思想政治教育是一门典型的综合交叉性的教育教学方法。以马克思主义为指导，综合运用心理学、哲学、法学、政治经济学等学科内容和方法。思想政治教育的社会治理功能是指思想政治教育以社会治理为实现目标和创新动力，在社会治理活动的场域中所发挥的一系列内在功效和作用的总和。[③] 一方面，思想政治教育的社会治理功能显性能力体现在对党和国家的方针政策做出的宣传教育，通过教育、引导、宣传等方式宣扬社会主义制度的优越性。理论是行动

[①] 中共中央宣传部. 习近平总书记系列重要讲话读本［M］. 北京：学习出版社，人民出版社，2016：224-225.

[②] 钟和平. 社会管理中思想政治工作创新研究［D］. 长沙：湖南大学，2014.

[③] 包红梅. 思想政治教育社会治理功能的科学内涵及其特性［J］. 学校党建与思想教育，2015（21）：24.

的先导,思想政治教育社会治理与思想政治教育管理存在很大的不同,它更加注重对宣传理论的理解和运用,只有在理论中追求先进,才能更好地通过理论指导实践;另一方面,思想政治教育的社会治理功能隐性能力体现在对民众世界观和价值观的培养。在发挥思想政治教育社会治理功能的隐性能力时,面对群体多样化的特点,国家治理部门人员要做到言行一致,落实到行动中,通过潜移默化的方式感染群众,尤其在网络阵地中要占据主导力量,树立正确的价值观,传播社会正能量。推动思想政治教育的社会治理功能的显性教育和隐形教育相结合,是开拓思想政治教育治理功能未来的发展方向。

(三)社会、政府、社会群体形成合力

第一,在党的统一领导下,各级党委的组织者、领导者,都要找准自身的定位,注重理论知识培养的同时加强工作能力的培养,做好榜样和先锋带头作用,齐抓思想政治工作。要成为党中央和人民群众沟通的桥梁,统领各部门,把控好社会治理的大局面。要加强顶层设计,形成全员全过程全方位育人的长效机制,将高校中"三全育人"的教育格局运用到社会治理中,充分发挥社会各团体的积极作用。实现从"闭关修炼"的教育教学模式走向"开放共享"的思想政治教育。第二,想要实现良好的社会治理,不仅要做好顶层设计,还要密切联系群众,凝聚各级群众组织力量,在充分发挥党集中统一领导的力量时,充分发挥政府、社会、社会组织的协同力量。促进"一元"向"多元"转换,协同治理,调动一切可以调动的力量,促使社会各主体都能参与到社会治理中,增强其参与感,打造成具有长期性、规范化的社会治理体制机制。第三,全社会要巧用新媒体技术,形成思想政治教育"大格局"。在网络社会中,意见领袖主体更加多样化,这给社会治理带来了更多难题。巧用互联网技术,结合历史经验和现实问题,因势因时因地地开展工作,在创新的基础上充分发挥思想政治教育的社会治理功能。实现现实与虚拟网络、线上与线下、显性与隐性的多维度构建,形成健康积极向上、风清气正的良好社会风气。

结语:思想政治教育与社会治理交叉融合的部分体现的就是思想政治教育的社会治理功能。本文通过对思想政治教育社会治理功能的"以人民为主体"的主体之特点、"以落实认识为导向"的行动之特点、"以潜移默化方式推进"的方法之特点,分别进行了分析,并提出培养思想政治教育的社会治理功能大格局,注重思想政治教育社会治理功能显性、隐性能力的结合,社会、政府、社会群体形成合力的新时代思想政治教育发挥社会治理功能的创新路径。研究这个问题本就是一件非常有意义的事情,在推进国家治理体系和治理能力现代化发展的进程中,思想政治教育的社会治理功能必定会大放异彩。

社会治理中的群众路线

宋泽芮[*]

摘要：带领人民创造美好生活，是我们党始终不渝的奋斗目标。以人民为中心就要通过改善民生与创新社会治理，不断满足人民日益增长的美好生活需要，不断促进社会公平正义，形成有效的社会治理、良好的社会秩序，使人民的幸福感、安全感更加充实、更有保障。群众路线是党的三大法宝之一，群众工作也是党的根本工作路线。践行以人民为中心的发展理念，实现有利于践行以人民为中心的发展理念，从而改善民生福祉，不断完善社会治理体制。

关键词：创新社会治理；群众路线；教育；就业

一、社会治理与群众路线

社会治理是国家治理的重要领域，社会治理现代化是国家治理体系和治理能力现代化的题中应有之义。党的十九大报告对新时代社会治理有着深刻内涵的表述，提出要"打造共建共治共享的社会治理格局"，凝聚了党的十八大以来党和国家社会治理探索的集体智慧。党的十八大以来，在以习近平同志为核心的党中央领导下，我国的社会治理体系不断完善，社会安全稳定形势持续向好，人民群众的获得感、幸福感、安全感也在不断攀升。

人民群众是一切工作的出发点，群众路线是我们党的根本工作路线。中国共产党自1921年成立以来，在一切工作中始终坚持"人民群众是历史的创造者"这一基本观点。民之所向，政之所向。站在这个新的历史节点上，回顾党的历史，我们党来源于人民群众，扎根于人民群众，始终保持同人民群众的血肉联系，始终坚持人民的主导地位。无论是胜利夺取政权，还是牢牢掌握政权，

---

[*] 宋泽芮（1996—），女，硕士研究生，北京联合大学马克思主义学院，研究方向为马克思主义中国化。本篇论文暂未发表。

都离不开人民群众发自内心的拥护和支持。改革开放以来，中国特色社会主义事业不断发展，在改善民生和创新社会治理各项工作中也取得了不少的进步。尤其是党的十八大以来，以习近平同志为核心的党中央，坚持以人民为中心，坚持走群众路线，科学把握了当今世界和中国的发展大势，顺应历史潮流和人民的愿望，以强烈的历史责任感与担当，实施了一系列具有开创性的新思想、新挑战、新举措。党的十八大以来，习近平总书记针对群众观点、群众路线做出了一系列的重要论述，这些重要论述都是习近平新时代中国特色社会主义思想的重要组成内容，也是"民本"思想的继承与发展，更是马克思主义中国化在这个新时代实践中的运用，也是习近平总书记在他知青生涯和从政经历中锤炼出的理论总结。群众观作为习近平新时代中国特色社会主义思想的重要内容，其内涵十分丰富：以群众的立场，坚持群众的观点，一切为了群众，一切依靠群众，才能为圆中华民族伟大复兴中国梦凝聚群众的力量，凝聚群众的向心力，在新时代书写无负于人民的伟大业绩。

社会治理作为国家治理的重要领域，需要落实好党的群众路线。我们的治理，是党领导下的治理，因此，要坚持走群众路线，坚持群众观点。社会治理核心思想和精神实质在于突出人民的主体性，凸显人民的主体地位，提升人民群众的参与感和安全感。新时代加强和创新社会治理，需要深刻把握"共建、共治、共享"的内涵，这正是党的群众路线的具体运用和生动体现。群众路线也是"共建、共治、共享"这一社会治理的工作方法和基本指导。

二、群众路线在社会治理的具体应用

（一）办好人民满意的教育

教育是国之大计，也是社会进步、民族振兴的重要基石，对实现中华民族伟大复兴具有十分重要的意义。站在中国特色社会主义进入新时代的历史方位上，优先发展教育事业，加快教育现代化，办好让人民满意的教育，才能为社会主义现代化建设、创新社会治理提供有力的支撑。

坚持党对教育事业的全面领导。"百年大计，教育为本"，在2018年9月10日召开的全国教育大会上，习近平用"九个坚持"概括了对我国教育事业的规律性认识，形成了新时代中国特色社会主义教育理论体系，也是新时代教育改革发展的根本指针。就目前我国的教育发展情况来看，城乡、区域发展不平衡，群众的教育需求差异大等问题还是存在。习总书记强调，加强党对教育工作的全面领导，是办好教育的根本保证。办好中国的事情，关键在党。党的领导是中国特色社会主义的本质特征和根本属性。历史和实践已经证明，无论是干革命、搞建设，还是抓改革开放，党的领导都起到了民族先锋和时代脊梁的重要作用。自从有了中国共产党，"中国人民谋求民族独立、人民解放和国家富强、人民幸福的斗争就有了主心骨，中国人民就从精神上由被动转为主动。"①

坚持把立德树人作为教育的根本任务。"才者，德之资也；德者，才之帅也。"所谓立德树人，"立"是树立的意思，"德"是德行、道德，"立德"就是将"德"深入人心，使学生成为有道德有德行的人。人无德则不立，而教书育人的根本就在于立德。习近平总书记强调，要把立德树人的成效作为检验一切学校工作的根本标准，立德树人的"立德"，目的就是要提高学生的思想水平、政治觉悟和道德品质，使学生既要做到明大德，又要做到守公德、严私德。中国是社会主义国家，党领导的社会主义高校当然要高举马克思主义伟大旗帜，用马克思主义的意识形态铸魂育人，坚持用马克思主义理想、信念教育广大青年坚定不移走中国特色社会主义道路。只有坚持正确的政治方向，立足于我们独特的历史、文化和国情，扎根中国大地，为党、为祖国、为人民、为社会主义现代化建设、为改革开放办教育，才能培养和造就出德才兼备全面发展的建设者和接班人。

坚持以人民为中心发展教育。我们党始终强调，教育为了人民。习近平总书记一直十分关心人民群众的教育获得感，也多次在会议上强调教育公平是社会公平的重要基础，我们必须不断促进教育事业的发展，更多地惠及群众，鲜明地表达了我国教育的人民立场。当前，我国的教育有了长足的进步与发展，已经基本实现人人"有学上"，但是"上好学"的问题也日益凸显。这就要求我们坚持走群众的路线，听群众的声音，坚持以人民为中心的发展思想，加快解决教育发展不均衡不充分的问题，努力办好人民的教育，从而能够在根本上促进社会的有效治理。

（二）坚持提高就业质量

人民群众是一切工作的出发点，群众路线是我们党的根本工作路线。在庆祝中华人民共和国65周年招待会上，习近平指出："人民是历史的创造者。我们要紧紧依靠人民，充分发挥人民主体作用，尊重人民首创精神，为了人民干

---

① 习近平．决胜全面建成小康社会 夺取新时代中国特色社会主义伟大胜利——在中国共产党第十九次全国代表大会上的报告［M］．北京：人民出版社，2017：13.

事创业。"① 尊重人民群众的建议和意见，充分调动广大人民群众社会主义建设的积极性和创造性，使人民群众内部各个阶层、各种职业群体中的个体都能自由而全面的发展。②

习近平总书记指出，就业是最大的民生工程、民心工程、根基工程。就业承担着维系社会稳定、推动社会发展的责任，也是劳动者们获得收入来源的重要手段，如果就业问题处理不好，造成社会上有太多的闲杂无业人民，就会造成严重的社会问题。我们可以看到，这次全球爆发的疫情，由于西方一些国家执政党的不科学处理，造成了太多民众失业，进而爆发了失业人群的动乱。所以我们必须清楚地认识到就业工作的重要性，要坚持以民为本，依靠人民群众，毫不动摇地做好促进就业工作。

我国是世界上劳动力资源最丰富的发展中国家，解决就业问题是一个长期、复杂、艰巨的任务，扩大就业始终是我们必须长期坚持的重大战略。每年大约都有800多万的高校毕业生涌入社会，寻求就业机会，我国目前就业市场存在着就业供需不匹配的现象，岗位需求和毕业生求职预期之间存在着偏差。"群众路线是我们党的生命线和根本工作路线。"③ 面对如此多的就业总量以及结构性的就业矛盾，我们应该与时俱进创新就业体制机制和就业方针，坚持以人民群众为中心，继续实施就业优先战略，让创业带动就业，多渠道增加就业岗位，让人民群众不再感到"就业难""就业慢"，从而进一步解决民生问题中的就业问题，改善民生福祉，坚定不移地走中国特色社会主义社会治理道路。

坚持依靠群众，深深扎根群众也是群众路线的内在要求。想要依靠群众处理好教育和就业的问题，首先，需要得到群众的支持。基层群众组织始终是党的群众工作最前沿，因此，在基层日常教育活动中，要积极动员、深入宣传，向群众讲清教育和就业问题的重要性和必要性，真正地服务于群众，才能得到群众的拥护和支持。其次，就是要让群众成为参与者。坚持公开透明的原则，广泛征集"金点子"，让群众全过程参与，把搞好教育，增加就业看成自己的事情，找出问题、提出意见，让群众的智慧凝聚成推动基层教育不断前进的不竭动力。再次，让群众成为监督者是搞好基层社会治理的关键。没有良好的监督，

---

① 习近平. 在庆祝中华人民共和国成立65周年招待会上的讲话 [N]. 人民日报，2014-10-01.
② 中国社会科学院马克思主义研究院. 践行党的群众路线学习读本 [M]. 北京：红旗出版社，2013：123.
③ 习近平在党的群众路线教育实践活动工作会议上的讲话 [EB/OL]. 群众路线网，2013-07-26.

再好的决策也会偏离方向,再好的规章制度也落不到实处。"知屋漏者在宇下",基层党员干部直接与群众打交道,哪个干部存在作风问题,哪个干部走形式主义?在群众的监督下,都清清楚楚、明明白白。最后,让群众成为受益者,才是依靠群众加强社会治理的重中之重。只有在民生上让百姓得到实惠,让百姓的权益得到保障,才能更好地服务人民,更好地依靠群众,将坚持和贯彻群众路线同解决群众最关心最直接最现实的利益问题紧密结合起来,改善民生问题,制定健全的社会治理体系。

三、深化社会治理,走好群众路线

在社会建设中,民生领域还有不少的短板,到2020年底打赢脱贫攻坚战任务十分艰巨,城乡发展和收入水平的差距依然较大,人民群众在教育、就业、医疗等方面还面临着不少挑战,社会矛盾也交织叠加。我国社会矛盾的转化对在发展中保障和改善民生提出了新要求。我们要以最广大人民的根本利益为标准,从人民群众最关心的事情做起,多谋民生之利,多解民生之忧,让人民群众有更多获得感、幸福感、安全感。为了老百姓过上好日子,为了改善民生福祉,我们必须要坚持走群众路线,以群众的角度看待问题,为群众着想,密切党群关系,保持党与人民群众的血肉联系。加大对民生问题的关注,解决百姓真正关心的就业问题、住房问题、教育问题、公平正义等,才能切实保证人民过上想要的生活,老有所养、病有所医,让人民绘制的美好生活宏伟蓝图得以实现。

解决好民生问题,就是给创新社会治理奠定了一定的基础。民生问题解决了,人民生活安逸了,社会稳定了,才能加强创新社会治理,优化社会结构,调整战略布局。"打造共建共治共享的社会治理格局",对未来加强和创新社会治理提出新目标和新要求。

(一)加强党委领导

党的领导是中国特色社会主义制度的最大优势,中国共产党是社会治理的领导力量。在国家治理这盘大棋局中,党中央就是坐镇军帐的"帅",车马炮兵冲锋陷阵、各尽所能、各展其长,大局分明,治国理政才有方向、有力量。党代表最广大人民的根本利益,能够有效动员整合各方面的资源,推动社会治理创新发展。只有坚持党的核心领导地位,社会治理才能被注入灵魂。

(二)明确政府职能

政府在社会治理中是起负责作用的关键主体。想要推动社会治理社会化,政府必须做好社会治理的"支持者",并且不断加强对社会群体参与社会治理的引导。首先,要继续转变政府职能。要进一步理清社会与政府之间的关系,明确政府责任和职能,改变过去政府对一切社会事务大包大揽的做法,充分发挥社会的力量以及提高群众在社会治理中的协同作用。加强社会治理,必须要在党委的领导下,充分发挥各级政府的社会治理能力,党政各部门要加强顶层设计、整体规划和统筹协调,建立健全社会治理领域追责制度,形成权责明晰、奖惩分明、分工明确、齐抓共管的社会治理责任链。同时,政府要通过健全完善社会治理的政策,打造良好的发展环境,促进社会公平正义,以服务者的角色和姿态,加快建设让人民满意、让人民幸福、让人民安全的服务型政府。

(三) 鼓励和引导基层群众性自治组织

习近平曾经强调:"通过深入基层、深入实际、深入群众,我们可以了解群众在想什么、盼什么、最需要我们党委、政府干什么。"① 深化社区居民自治,进一步加强基层群众性自治组织建设,坚持依靠人民,依法有序地让居民群众参与社会治理。例如,北京的一些老旧小区出现了停车困难的问题,社区活用"吹哨报道"制度,对小区内的整体停车体系进行了系统设计,从设计到正式施工,小区的居民们都可以全程观摩,踊跃提出建议,解决了停车这一"老大难"。

(四) 提升社会治理"四化"水平

所谓"四化",就是指社会化、法制化、智能化、专业化。这既是新形势下提升社会治理现代化水平的客观要求,也是推动社会治理创新的基本途径。其中,提升社会治理社会化就是紧紧围绕群众,坚持群众观点和群众路线展开的。习近平总书记说:"我们党来自人民、植根人民、服务人民,党的根基在人民、血脉在人民、力量在人民。失去了人民拥护和支持,党的事业和工作无从谈起"。② 正所谓"水能载舟,亦能覆舟。"我们党的最大政治优势就是密切联系群众,紧紧依靠群众,为群众所想,为群众办事。群众的事多同群众商量,群众的事多依靠群众,才能从基本上有效提高社会治理的社会化水平。

(五) 处理好党和政府与群众组织之间的关系

党和政府与群众组织之间的关系,就是要各司其职,充分发挥群众团体和

---

① 习近平. 干在实处走在前列——推进浙江发展的思考与实践 [M]. 北京:中共中央党校出版社,2013:534
② 习近平在党的群众路线教育实践活动工作会议上的讲话 [EB/OL]. 人民网,2013 - 06 - 22.

基层群众性自治组织的作用。政府对群众组织的领导，主要是方针、政策的领导，提出的主要是指导性意见，不应该直接干预甚至包办。政府在制定政策的同时，要让各个组织按照自身的具体情况和特点独立开展工作，克服"官僚主义"和行政化倾向。各级组织要为各自所代表的群体说话、办事，赢得群众的信任，同时在制度上要加强合理化改革，把工作重点放到基层，更好地发挥群众组织自治作用。

随着我国经济结构的变革、利益格局的调整、社会结构的变动，社会治理面对的形势和环境也更加复杂，社会的矛盾风险逐渐增多，给社会治理提出了一系列的新挑战和新要求。社会治理的社会化，就是要在党委领导和政府负责下，坚持走群众路线，积极组织和动员各类社会群体和广大人民群众积极参与社会治理，使来自各方的力量和智慧凝聚在一起，确保社会的和谐稳定。人民群众的力量是巨大的。想要更快更好地制定出社会治理体制机制，不仅需要党把握大局的领导力，更需要的是人民群众的贡献。2020年突如其来的新冠肺炎，在全球肆虐的严峻形式下，我们却能在短短三个月的时间内，控制得如此迅速、有效，这得益于我们人民群众的贡献。无数医护人员一批又一批奔赴定点医院，夜以继日守在病床前；无数基层干部坚守在自己的岗位上，坚守在疫情防控第一线；无数的志愿者纷纷主动请缨，捐款捐物，为保卫社区、乡村贡献自己的力量。全国14亿人民齐心协力，上下拧成一股绳，在最短的时间内，筑起了一道血肉的长城，铸起抗击疫情的铜墙铁壁，实实在在地展现出群众力量的伟大。

推动社会治理现代化，是一场深刻的社会变革，也是一项长期的历史任务。关注人民所关注的问题，解决人民需要解决的困难，依靠人民群众的力量，有助于社会主义现代化强国的建设，也能促使新时代中华民族伟大复兴中国梦更早实现。如今，我们正处在一个百年未有之大变局的关键时期，改善民生福祉，为人民谋幸福，提高人民群众的生活品质已然成为这个新时代的主流。这就要求我们党顺应民意、倾听民声，在平时工作中切实做到一切为了人民。"得民心者得天下，失民心者失天下"，人民拥护和支持是党执政的最牢固根基。要坚持在党的领导下，充分发挥各级政府的社会治理职能，激发社会协同活力和人民群众的参与性，畅通群众表达意见的渠道，统筹兼顾好群众的现实利益和长远利益，加快打造共建、共治、共享的社会治理格局。

民之所望，施政所向。在2020年全国两会上，我们听到了来自全国五湖四海不同的声音，这些声音恰恰是人民对美好生活的期许，也是我们党处处为人民着想，饱含浓浓人民情怀的象征。不忘初心，牢记使命。"为人民谋幸福，是中国共产党人的初心。我们要时刻不忘这个初心,永远把人民对美好生活的向往作为奋斗目标。"① 从人民最关心、最直接的问题入手,依靠群众办事,扎扎实实为人民办好事,才能增进民生福祉,改善人民的生活品质,健全社会治理体制机制,从而让中华民族伟大复兴的中国梦更早得以实现。

---

① 习近平. 习近平在党的十九届一中全会上的讲话 [J]. 求是,2018(1).

大数据背景下社会治理现代化面临的困境及路径选择

闫 烁*

摘要：大数据和人工智能等新兴科学技术的不断发展，为新时代持续推进社会治理现代化提供了新的前进方向。新时代提升社会治理能力需适应时代特征，结合大数据发展创新社会治理体系，不断推进国家治理体系和治理能力现代化。在大数据背景下，社会治理转型发展机遇与挑战并存，如何摆脱困境提高社会治理能力和水平成为当前摆在我们面前的重要课题之一。

关键词：大数据；社会治理；困境；路径

随着社会经济和网络信息技术的不断发展，大数据时代已然到来。大数据的应用，越来越成为行业发展的新动态，相比于传统媒介而言，大数据以其虚拟空间大、存储速度快、提取效率高等优点成为优化社会治理结构的催化剂。如何将社会治理过程与大数据相融合，为社会治理体系注入活力成为改革的重要方向。社会治理的成功转型不仅是实现国家治理体系和治理能力现代化的基础，更是建成社会主义现代化强国、实现中华民族伟大复兴和中国梦的关键一步。对社会治理而言，大数据不仅是一种全新的技术，更是一种全新的思维方式和治理模式，值得我们深入探究。

一、大数据助推社会治理现代化

国务院于2015年发布的《促进大数据发展行动纲要》指出："全球范围内，运用大数据完善社会治理正成为趋势。加快大数据部署、深化大数据应用，已成为稳增长、促改革、调结构、惠民生和推动政府治理能力现代化的内在需要和必然选择。"随着大数据技术被越来越广泛的应用到社会治理的方方面面，其

---

* 闫烁，女，中国矿业大学（北京）思想政治教育硕士研究生。

高效、便捷、精确、共享的特征使得大数据成为推动社会治理现代化的重要技术力量。

（一）新时代社会治理

社会治理是我党在总结我国社会实践经验的基础上提出一种全新的治理理念和治理模式。党的十九届四中全会指出，社会治理是国家治理的重要方面，必须加强和创新社会治理，完善党委领导、政府负责、民主协商、社会协同、公众参与、法治保障、科技支撑的社会治理体系。[1]社会治理的概念是由传统的管理的概念转变而来，管理强调的是政府主导，从一元主体出发，忽视社会力量的参与，力求提升社会成员的服从意识，却不注重其自由而全面的发展。社会治理则与之不同，它强调在政府主导的前提下，主动吸纳社会力量广泛参与到治理过程之中，共享治理成果。在法治的保障下，协调社会关系，增强社会凝聚力、向心力，化解社会矛盾，进而促进社会和谐发展。

（二）大数据和大数据时代

所谓大数据是指体量极大、超出计算机可计算范围的海量数据。大数据并不仅仅是指这些海量数据，更重要的是大数据还可以作为一种能够处理数据信息的技术存在。作为数据，它呈现容量大、增长速度快、类别多、价值密度低等特征。作为新一代信息系统架构和技术，它能够对数量巨大、来源分散、格式多样的数据进行采集、存储，并进行关联性分析。[2]不可否认，大数据作为纽带，将网络世界与现实世界相衔接，成为目前应用最广泛的信息技术之一。据《中国互联网发展报告（2019）》显示，2018年，我国大数据产业规模为5405亿元，比2017年增长15%。当前我们已然进入大数据时代，大数据技术将处理我们生产生活所产生的大量数据，使其得以持续服务于社会发展。值得注意的是，大数据必将改变我们的思维模式和行为方式，也为世界范围内的经济发展和社会进步带来了重大变化。

（三）大数据背景下的社会治理转型

任何存于社会中的事物都必须遵循社会发展的规律，社会治理也不例外。只有立足于时代去解决特定的时代问题，才能推动这个时代的社会进步。[3]如何在大数据背景下提升社会治理能力，推进国家治理体系和治理能力现代化就是当前我们面临的特定的"时代问题"。大数据必将为我们搭建起全新的社会治理平台，运用大数据提升政府工作效率、完善社会治理体系已经成为不可避免的大趋势，我们要充分利用大数据技术，深层挖掘大数据的价值，推动社会治理与大数据充分融合，提升社会治理能力。

二、大数据时代我国社会治理面临的困境

当前,中国特色社会主义进入新时代,对社会治理提出了更高要求和更严标准,需要我们不断完善社会治理体系,提升社会治理水平,实现精准治理。大数据作为一种全新的技术,颠覆了传统的治理模式、手段、理念等,在推动社会治理创新的同时也带来了一系列挑战,使大数据时代下的社会治理实践面临着技术、安全等方面的困境,亟待解决。

(一) 数据治理理念缺乏

大数据作为一种信息通信技术,日渐成熟,但它对社会经济生活产生的影响绝不仅限于技术层面,更本质上,它是为我们看待世界提供了一种全新的方法。[4] 社会意识来源于社会存在,大数据作为新兴事物,数据治理理念的发展若滞后于技术发展,就无法为其提供充分保障并引领其持续前进。以政府部门为例,作为主导方的政府由于受到传统治理理念的影响,认为治理如同管理,是政府独自处于主体地位,而不是与社会组织、社区、居民等共处主体地位。政府相关部门尚未形成大数据意识,要加快培养技术型人才,构建大数据治理体系,才能为其在社会治理中充分发挥作用保驾护航。加之各治理主体间缺乏真实有效的互动,数据沟通不畅,割裂于各个主体之间,数据链条尚未形成。总而言之,各治理主体对使用大数据推进社会治理能力现代化的意识较弱,数据治理思维较为落后。

(二) 社会治理制度建设明显滞后

相比于发达国家而言,我国仍处于大数据快速发展的阶段,拥有明朗且广阔的发展前景。当前,大数据作为新兴技术被各治理主体广泛应用,成为推动社会治理现代化不可忽视的重要力量,但我国在大数据采集、利用、保护、分析等方面的法律法规还不太完善,甚至出现制度空白和重叠等问题,制度体系无法与其发展匹配、协调,无法为其提供制度支撑,使社会治理难以融入大数据的时代背景,使得社会治理转型陷入困境。更重要的是,大数据的普遍应用在空间上拓展了社会治理,使得虚拟网络空间也成了社会治理的重要场域。然而,网络的虚拟性以及网络受众的广泛性使得社会治理的广度与难度都有所增加。即使大数据与社会治理过程融合能够将其优点无限放大,但其不确定性也与日俱增,例如,信息泄漏以及数据终端的使用与公民文化素质难以匹配、网络空间治理制度缺失等问题也越来越突出,成为制约社会治理转型的关键因素。

(三) 大数据共享机制存在缺陷

大数据对于加强我国经济社会发展,推动国家治理体系和治理能力现代化

意义匪浅，但在大数据建设和应用过程中，仍存在着技术缺陷等制约因素。面对海量数据，每一个部门都不可能完全掌控数据库，不同的职能部门所掌握的是不同类别的数据，但在社会治理实践过程中，各个单位和部门更注重自身的数据采集、利用、保护和分析，对于不同类别的数据资源的沟通共享程度较低，在一定程度上出现了数据"碎片化"现象，而部分业务复杂多变，需要来自多方面数据的支持，各部门间却缺乏协同共享机制，缺乏数据的整合联动、沟通共享，导致业务完成度不高，服务质量下降，人民群众满意度也因此降低。社会治理数据利用率低，不仅使得社会治理没有完全融入大数据背景，而且极大地降低了数据资源的价值，甚至造成了资源浪费。

三、大数据时代社会治理现代化的路径选择

步入新时代，社会治理能力越来越成为衡量综合国力和国民生活幸福度的重要指标。大数据是信息化发展的成果，已经渗透到社会治理的方方面面，以大数据辅助社会治理，有利于不断推进治理理念、治理模式发展创新。不可否认，大数据的迅猛发展使其成为加快了社会治理转型、推动国家治理体系和治理能力现代化、助推建成社会主义现代化强国、实现中华民族伟大复兴中国梦的重要武器。

（一）树立大数据社会治理理念

大数据背景下，治理理念的转变显得至关重要，各治理主体如何将大数据技术纳入自身思想观念并外化为行为习惯是当前社会治理能够适应大数据背景的关键因素。如此，政府、社会组织、个人等社会治理主体均需要不断更新大数据观念，认清大数据对于提升社会治理能力和水平的重要意义，才能使二者更快更好地融为一体，相辅相成，相互促进。从政府角度来说，要自觉将大数据融入社会治理的各个环节，运用大数据技术提升政府服务水平，实现精准治理。《中国互联网发展报告（2019）》指出，各地纷纷组建大数据局，助力电子政务建设，截至2019年7月，天津、安徽、河南、广西等22个省级行政区建立了大数据机构。政府相关部门不仅要通过开展大数据论坛、小组学习、榜样示范等方式积极开展宣传教育，深化政府公职人员的大数据观，更要在实践中培养其开放、共享、与时俱进的工作方式和生活方式，逐步提高每一位公职人员的社会治理能力，进而提升政府治理水平。从社会角度来说，要注重利用民众喜闻乐见的方式，多渠道普及大数据相关知识，努力在全社会范围内营造出浓郁的学习大数据知识、运用大数据技术的良好氛围，强化普通民众的大数据意

识，转变传统社会治理理念。从个人角度来说，普通民众要对大数据秉持开放、包容的态度，自觉学习相关理论并运用于日常生活中，使大数据理念深入人心，也使得大数据能更好地服务于社会治理，更好地服务于人民群众。

（二）完善相关制度和法律法规建设

社会治理现代化是一个动态的前进过程，不可能一蹴而就。社会治理水平的提升不仅需要新兴技术的支撑，更需要来自相关法律法规、体制机制的助推。详尽、完善的法律法规是大数据产业持续健康发展的重要保障。在新时代背景下，建立起符合时代特征且具有前瞻性的法制体系是当前工作的重中之重。2018年8月，全国首部大数据安全管理地方性法规——《贵阳市大数据安全管理条例》正式出台，对大数据发展应用中相关主体的安全责任做出明确的划分；2019年6月，《天津市数据安全管理办法（暂行）》开始试行，加强对本地数据安全工作的统筹协调，建立健全本地数据安全保障体系。[5] 首先，要加强数据保护方面的立法，高度重视数据信息资源，明确各主体面对各类数据的采集、存储、利用、分析、共享等各个环节的权责问题，防止数据泄露。其次，要加强关于数据共享方面的立法，明确可共享的数据范围及数据共享的方式、流程，落实数据资源的所有权和使用权等问题，不仅要保护数据所有者的相关权益，还要解决当前各主体间缺乏互动而导致的数据共享不及时、数据资源的价值尚未充分被挖掘等问题。最后，要加强数据监管方面的立法，建立健康有序的社会主义市场经济秩序，防止在交易过程中出现数据资源泄露、丢失、篡改等问题，强化对数据资源的保护，确保数据资源安全。

（三）构建整体性社会治理模式

党的十九大对我国社会主要矛盾进行了新的阐述，社会主要矛盾发生了转变，人民群众的需求也更趋多样化，不仅代表了我国过去建设社会主义的成就，也成了当前各行各业生产结构持续优化的风向标。社会治理体系和治理能力现代化的关键之处在于引进多元主体，破除一元主体的思维定式，广泛吸收社会力量，凝聚社会共识，共同参与社会治理过程，共享社会治理成果，这也是社会治理体系和治理能力现代化的题中应有之义，即在治理过程中促进各主体之间的协调配合，在治理结果上促进各主体之间的全面发展。当前，各社会治理主体如何快速、准确地把握人民群众的需求并精准施策成为提升社会治理能力的关键一环，大数据无疑成为这关键一环中的"好帮手"。各类数据的采集、分析、存储、输出等无疑是一项复杂的系统工程，短时间内在全社会范围内建构起完善的大数据体系更是难上加难。虽然社会治理主体多元化，但政府仍然处于主导地位，因此，除各省市政府之间要加强信息共享外，上下级政府部门之间也要加强信息流通，真正实现协同合作。在社会治理的过程中，我们要注重顶层设计，加强统筹规划，建立起综合性的大数据基础平台，将数据资源整合共享，在提升数据资源利用率的同时提升社会治理的水平与效率，着力破除"数据孤岛效应"，打破数据壁垒。

四、结语

将大数据与社会治理有机结合，不仅有利于提高社会治理效率和质量，更有利于提升人民群众的参与度与满意度，加快实现多元主体共同治理，建设人人有责、人人尽责、人人享有的社会治理共同体[6]。面对大数据等新兴技术浪潮，我们要积极改变传统的社会治理理念，将大数据与新时代社会治理深度融合，是当前背景下推进社会治理能力不断提高、实现国家治理体系和治理能力现代化的重要方式和有力武器。

参考文献

[1][6] 中国共产党第十九届中央委员会第四次全体会议文件汇编[G]. 北京：人民出版社，2019：12.

[2] 新玉言，李克. 大数据：政府治理新时代[M]. 北京：台海出版社，2016：3.

[3] 习近平. 之江新语[M]. 杭州：浙江人民出版社，2007：235.

[4] 新玉言，李克. 大数据：政府治理新时代[M]. 北京：台海出版社，2016：106.

[5] 中国互联网协会. 中国互联网发展报告（2019）[M]. 北京：电子工业出版社．2019：334.

在新时代社会治理视域下探讨
大学生思想政治教育中的自我教育

杨苏舰*

摘要： 在新时代，努力构建和谐社会，推进社会治理创新的背景下，思想政治教育有着独特的价值，承载着独特的责任，新时代的大学生是国家的未来，民族的希望，是实现全面建设小康社会，实现中华民族伟大复兴的中坚力量，为了更好发挥思想政治教育的作用，探讨大学生的自我教育也必不可少，真正的教育是自我教育，个体全面素质的提高归根结底是自我教育的结果，是个体将外部教育内容转化为自身思想体系的一部分并进行自我完善的结果。本文通过探讨新时代自我教育存在的问题，并就所存在的问题提出几个解决方法，力求通过自我教育来更好发挥思想政治教育在新时代社会治理下的作用。

关键词： 新时代；社会治理；思想政治教育；大学生；自我教育

一、新时代社会治理的意义

（一）概念阐释

1. 新时代

2017年10月18日，中国共产党第十九次全国代表大会在北京隆重开幕，在十九大报告中，习近平总书记明确指出，中国特色社会主义进入新时代，这就是我国新的历史方位。这个新时代是我国发展的一个新的阶段，表明我国正在摆脱贫穷落后的局面，向着中华民族伟大复兴的光明未来前进。新时代我国的主要矛盾转变为了人民日益增长的美好生活需要和不平衡不充分的发展之间的矛盾。产生新矛盾，必然具有新任务，新使命，为了实现全面建设社会主义

---

* 杨苏舰，女，中国矿业大学（北京）。

国家的这个新征程，十九届四中全会中号召，全国各族人民应更加紧密团结在一起，坚持党中央的集中统一领导，保持定力，开拓进取，为坚持和完善中国特色社会主义制度、推进国家治理体系和治理能力现代化而奋斗，努力实现"两个百年"奋斗目标，为实现中华民族伟大复兴的中国梦而奋斗。

2. 社会治理

国家治理体系包括政府治理、市场治理、社会治理，社会治理作为国家治理体系的重要组成部分越来越发挥出它的重要作用，"社会治理"与"社会管理"不同，社会治理指的是系统治理、依法治理、源头治理，综合施策，这体现出了我们党对于社会发展规律和社会建设经验的深入了解。

2013年中国共产党第十八届中央委员会第三次全体会议提出"全面深化改革的总目标是完善和发展中国特色社会主义制度，推进国家治理体系和治理能力现代化。"从这时起，社会治理体制的创新一直都作为我们国家发展建设的目标，创新方法包括改进社会治理方式、激发社会组织活力、创新有效预防和化解社会矛盾体制、健全公共安全体系。

（二）社会治理的意义

当前，面对经济全球化、信息全球化和百年未有之大变局，我们遇到的挑战越来越多，但有挑战也就有机遇。为了顺应世界发展大势，解决中国当前社会面对的问题，我们就要创新社会治理体制机制。

1. 社会治理有利于社会更加和谐稳定

全面深化改革的目标是坚持和发展中国特色社会主义，推进国家治理体系和治理能力现代化，改革开放40多年，我们取得了显著的成就，这表明中国特色社会主义这条道路是正确的，是可资借鉴的。稳定是发展的前提，为了国家的更好更快发展，维护社会稳定必不可少，40多年来，我国在经济方面的巨大飞跃离不开社会治理的稳定和谐，社会治理在源头上减少和预防了一些威胁我国社会发展的障碍，例如，防止国外消极思想的渗透，更好解决社会结构复杂、社会矛盾思想多元的问题。

2. 社会治理有利于更好更快解决我国社会主要矛盾

过去，我国的主要矛盾是人民日益增长的物质文化需要与落后的生产力之间的矛盾，但经过40多年的努力，我们基本摆脱了这样的局面，生产力显著增强，人民生活水平显著提高，十几亿人的温饱问题基本解决，在总体上实现了小康，不久也将实现全面建成小康社会。新时代，我们的主要矛盾变了，变成了人民日益增长的美好生活需要和不平衡不充分的发展之间的矛盾。新的矛盾使我国发展面临新的挑战，想要解决矛盾，就要通过创新社会治理，结合时代进行创新，例如，实施全面二孩政策、完善社会救助制度、进行户籍制度改革，在民生方面更加注重社会公平正义，缩小贫富差距，激发人民群众参与社会事务的热情。在新时代，解决中国社会主要矛盾必然要把创新社会治理考虑在内。

3. 社会治理有利于两个百年奋斗目标更好更快实现

全面建成小康社会，全面建设社会主义现代化强国，社会治理都是其内在要求，党的十九大中刻画了我国发展各个阶段的蓝图，每个阶段的发展都离不开社会治理问题。在经济方面，要加强经济建设，坚持"三降一补"，突出抓重点，补短板，强弱项，打赢精准扶贫，精准脱贫攻坚战。在民生方面，要提高和保障民生水平，缩小贫富差距，为人民安居乐业，社会和谐稳定提供保障。

二、大学生思想政治教育与社会治理的关系

（一）思想政治教育与大学生

1. 新时代与思想政治教育

2017年10月18日，中国共产党第十九次全国代表大会在北京隆重开幕。在十九大报告中，习近平总书记明确指出："中国特色社会主义进入了新时代，这是我国发展新的历史方位。"这个新时代是我国发展的一个新阶段，表明我国摆脱了过去久经磨难的历史，即将走向中华民族伟大复兴的光明未来。虽然新时代我们也会存在矛盾，但这个矛盾是新矛盾，是不同于以往的富有时代特色的矛盾。

党的十九大报告中也明确地指出："加强和改进思想政治工作，深化群众性精神文明创建活动。"① 思想政治教育作为党的政治建设、思想建设的重要方法，在党的建设中承担着重要作用，这就表明思想政治工作在党的建设方面地位不断提升。

2. 大学生与思想政治教育

在当今时代，大学生这个群体也在发生着变化，现在的大学生大多为"95后""00后"，由于受到外界多方面的影响，在思想、行为方面出现了新的特点。

首先，当代大学生们都是有理想有追求的。由于教育者在教育过程中，积极向学生们传达马克思主义理论、毛泽东思想、邓小平理论、"三个代表"重要思想、科学发展观、习近平新时代中国特色社会主义理论体系，从而使学生培

---

① 习近平. 决胜全面建成小康社会 夺取新时代中国特色社会主义伟大胜利——在中国共产党第十九次全国代表大会上的报告［N］. 人民日报，2017 – 10 – 28.

养出正确的、符合社会主义核心价值观的理想信念。

其次,学生们政治敏感度提高。学生们除了上课学习课本中的知识之外,课余时间更愿意关注时政热点新闻,并且更愿意加入中国共产党,大多数学生也会重视我国在世界上的影响力,自觉地维护我国的名誉,自觉为社会做贡献。

最后,学生们会自觉践行社会主义核心价值观。在社会环境影响的大背景下以及在校园内开展的践行社会主义核心价值观的学习活动影响下,多数大学生都能时刻保持清醒,知道自己要实现什么样的个人价值,如何做才不违背道德。在社会环境的变化和校园文化的双重作用下,大学生的价值观和道德观普遍较以往有很大的改善。作为中华民族伟大复兴的时代新人,大学生们应承担好自己的使命,脚踏实地、全力以赴,用自己的智慧来书写美丽的中国梦。

所以,大学生的成才发展是离不开思想政治教育的。

(二)社会治理与思想政治教育

1. 思想政治教育

思想政治教育这个概念,从古到今,经历了一个漫长的历史,在十一届三中全会上,原来的"思想政治工作"在概念上变为"思想政治教育"。在陈万柏等的《思想政治教育学原理》中也明确界定了"思想政治教育"这个概念,说思想政治教育是依靠社会或社会群体的思想观念、政治观念、道德规范,对其社会成员施加有目的、有计划、有组织的影响,并促使其社会成员自主地接受这种影响,进而形成符合一定社会或一定阶级所需要的思想品德的社会实践活动。

2. 思想政治教育与社会治理的联系

思想政治教育作为一项社会实践活动,从产生起,就和社会治理紧密联系在了一起,许多思想政治教育工作者都在通过探讨思想政治教育的社会功能,力求使传统社会管理向现代社会治理变迁。思想政治教育从微观方面看是研究社会个体的思想观点、政治意识、道德品质等形成和发展的规律,从宏观方面看是研究整个社会或某个社会群体的意识形态、思想动态、集体观念等的形成、演化、灌输和教化的规律。

当前,在推动社会治理的大背景下,思想政治教育学作为一门重要学科越来越凸显出它的重要作用。

在社会治理中,思想政治教育的作用主要体现在灌输社会主流思想、提高公民伦理道德素质、满足人民精神文化需求。

三、当前思想政治教育的自我教育对于社会治理的影响

社会治理的内容，涉及社会的方方面面，新时代社会治理必须要坚持和遵循多项原则。坚持和加强党的全面领导、坚持以人民为中心、坚持共建共治共享、坚持问题导向和稳中求进、坚持全面协调高效、坚持法治与德治有机统一、坚持和谐有序与增强活力的有机统一。

当前，要创新社会治理一定要坚持以上七大原则，思想政治教育中的自我教育可以充分发挥其独特优势。

（一）自我教育

1. 含义

学术界对于自我教育的界定广泛而深入，程文晋重点论述广义的自我教育，他认为，广义的自我教育是指以社会发展为立足点，通过详细探讨社会发展存在哪些要求来提高社会中存在的个体的素质。王玄武立足于自身发展，认为自我教育首先要面向自己，自己对自己负责，自己自觉思考自己存在的优缺点，通过对自我认真分析后，来进行自我矛盾运动，通过矛盾运动，个体自身便可提升自己的思想、行为，自觉接受社会上的最新知识。

自我教育即为自我教育方法，自我教育法是指在教育者的引导下，受教育者通过自我学习、自我修养、自我反思等方式，主动接受符合社会要求的思想观念、价值观点、道德规范，以提高自身思想道德素质的方法。

自我教育法作为一个完整的体系，渠长根认为自我教育法必须以人为中心，把人当成社会主体，依据社会规范及社会发展及人才设计目标，来发展个体自身自我教育的积极能动作用。这就需要我们来探讨一下自我教育与他人教育的关系。

2. 自我教育与他人教育的关系

自我教育与他人教育存在着相同点和不同点。

首先先来探讨一下相同点，他人教育是教育者依据一定的社会发展需要和教育对象的思想实际，通过教育载体和手段，对教育对象输送教育知识的活动。他人教育与自我教育的相同点在于目的相同，都是使教育对象在思想和行为方面达到社会所期望的效果，目的又分为根本目的和具体目的。根本目的只是指明了思想政治教育活动的方向。而具体目的是思想政治教育整个过程中的每一个环节都要达到既定的目标。无论是自我教育还是他人教育，划分的结构相同，根本目的是由多个具体目的组成的，因此，在教育过程中应坚持脚踏实地的原

则，量变引起质变，先一步步实现具体目的，最后实现根本目的。

其次在不同点方面，自我教育和他人教育的区别就是载体、手段的不同。

自我教育主要通过自我评价、自我反思等方式，而他人教育主要通过理论灌输法来进行。具体来看，自我评价是指个体将作用于他人的评价以彻底冷静的态度作用于自己。自我反思是指在行为之前对自己行为动机是否正确做出判断；在行为之中，调节自己行为是否按照理想的方向行进；在行为之后，自我反思为内在的法庭，检验自己的行为是否符合教育目的，是否有利于目标的实现。理论灌输法有褒贬两层含义，在教育学的研究中，我们倾向于认同，理论灌输法是教育者依据教育对象所接受的方式，将教育内容传输给教育对象的一种方法。虽然本文侧重点在自我教育，但这并不是在否定他人教育。因此，教育者在教育过程中，应充分重视两者的结合，把社会要求和自身发展统一起来，使个人充分发挥主观能动性，做出符合社会要求的行为活动。

（二）自我教育在现代社会中的运用

1. 自我教育在现代社会发展中的积极作用

自我教育作为思想政治教育的一种行之有效的方法，广受各界学者的重视，在社会治理中出现了许多可以借鉴的优点。

首先，自我教育有利于终身学习。加强社会心理服务体系是社会治理的一个目标，通过自我教育，教育对象会真正地接受教育内容，提高教育对象自身的教育动力，培养自尊自信，理性的社会心态。在新时代，社会发展日新月异，学习不再只是某一阶段的特殊因素，它贯穿一个人的一生，这时学习动力的作用也就体现了出来，当大学生们离开了学校，步入社会，会受到来自各方面的期望，这就需要教育对象自觉地进行自我教育，并发挥自我教育的积极主动能动性。

其次，自我教育可以使受教育者实现个体自身的全面发展。全面发展不是某一方面的发展，而是思想品德、行为方式、自我认识、评价等各方面的发展。在这个发展过程中，自我教育起着重要的作用。第一个作用是自我教育可以提高大学生自觉遵守社会主义核心价值观的能力，并增强践行优良行为的习惯。第二个作用是自我教育会使大学生们把社会的要求内化于心，外化于行，自觉把作用于他人的评价作用于自己，提高自我认识、自我评价的能力。

2. 自我教育在现代社会发展中存在的不足

（1）学生们普遍自我教育意识薄弱

自我教育意识是指作为教育主体的大学生在自我教育过程中能否正确认识自我教育，能否增强社会治理意识，自觉对社会治理创新的重点有清晰准确的把握。但是在实际中,学生自我教育意识薄弱成为制约大学生思想政治教育发展的一个重要问题。现在的大学生,生活在祖国繁荣发展的新时期,自身的文化素质也都随着时代的进步而进步,大多数的大学生很喜欢接受新思想、新知识,但由于以下几个原因导致了大学生自我教育意识不强。首先,大学生自身认知水平还存在着不成熟的一面,自我教育意识也就会相应的不成熟。其次,大学生缺乏远大的理想信念及目标,就好像一个人失去了前进的方向。理想信念及目标就是指人们对未来有一种属于自己的设想、追求,这会在一个人成长中化成一股巨大的精神力量,它不仅会激发个体的主动性、创造性,而且也会使个体自身产生巨大能动作用,进而作用于整个社会。

（2）学生们普遍缺少自我教育能力

自我教育能力是指在教育过程中,大学生将一定社会的发展要求和教育内容自觉地内化为自己的知识体系的一种能力。当前这个时代,社会加速发展,大学生可以接触到丰富多彩的知识,但是,由于大学生自主能力、自控能力还比较差,有时又会不由自主地受到外界的影响。这种影响包括以下几个方面。一是西方社会资本主义思想的渗透。当前的社会是一个经济全球化的社会,经济全球化必然带来了文化的全球化,这就表现为国外的文化、价值、意识形态传入我国,这其中不乏个人主义、利己主义、拜金主义的腐朽思想。二是市场经济的影响。现在我国处于社会主义市场经济的新时期,这时的价值观念表现为"多元",这可能会给大学生带来一些困惑,容易产生为了个人利益而放弃集体利益的倾向。三是网络时代的影响。现在是一个信息高速发展的时代,互联网遍布我们生活的每一个角落,已经成为我们社会生活中不可缺少的重要因素了,但对于大学生来说,网络的快速发展也产生了一些负面影响。例如,网络上充斥着暴力、种族主义、邪教等不良信息,这些信息对于思想还未完全成熟的大学生来说,影响是不容小觑的。

四、创新自我教育方法以实现社会治理顺利进行

（一）强化思想政治教育主体的自我教育意识

物质决定意识,意识对物质具有能动的反作用,自我教育意识的培养是完成思想政治任务,达到思想政治教育目的的重要一环,自我意识是意识的一种,是指社会生活中的主体对于自身所特有的意识。这种意识包含着自身身体机能、思想状态、内心情感等的意识,其内容包括：自我认识、自我评价、自我调节等。要想强化教育主体的自我教育意识,教育者要提供科学客观的自我评价标准。

自我评价标准是大学生通过此评价方式能意识到现实的自己与理想中自己的差距，进而产生自我教育的动机。

在这里，教育者的主要任务就是弘扬社会主旋律，提供正确的政治观点，将错误的政治思想引入到正轨上，使学生自觉发现自身与主旋律观点的差距，从而形成正确的政治情感、政治认知、政治立场，在社会治理方面，可以更好达成公众参与的目的。

（二）优化大学生思想政治教育中自我教育的环境

马克思指出："人是教育和环境的产物。"① 所以环境对于大学生的影响是潜移默化、深远持久的。

为了使思想政治教育更能体现出它的社会作用，教育者应该营造出具有社会热点的教育氛围。在课堂上，通过对当下热点问题的探讨，来自觉提高自我教育和参与社会问题讨论的积极性。

自我教育顺利实现需要强大的精神力量，所以教育者应从以下几个方面来保证大学生自我教育得以顺利、持久的进行。

1. 教育者的榜样示范作用

大学生自我教育的开展是离不开教育者的言传身教的。当下，正处于社会主义的新时代，教育者应提高自己的信息敏锐度，减少与受教育者之间的代沟，做到与时俱进、推陈出新，切忌故步自封。在教育过程中，教育者是起主导作用的，教育者以形象化、个性化、专业化来感染教育对象，使教育对象产生共鸣，并进行理性分析、思考、自我反省，有目的地模仿，从而促进教育对象自身的完善。

2. 加强教育者与教育对象之间的双向互动

自我教育过程虽然重点强调的是自己教育自己，但这不能完全放弃教育者的作用，教育在自我教育过程中起着重要的引导作用，因此，教育者要加强与教育对象之间的交流。彼此学习，吸取双方优点长处，一方面，可以达到互相尊重的效果，另一方面，在共同交流、探讨中，使思想政治教育活动得以顺利进行，更好实现思想政治教育目的。

（三）充分发挥网络平台在大学生自我教育中的作用

1. 加强教育者的权威性

首先，教育者要充分认识思想政治教育工作的重要性，改善并做好现实世

---

① 马克思恩格斯选集：第1卷［M］．北京：人民出版社，1972：55.

界思想政治教育工作。"现实是网络的基础，必须从思想上真正认识到'立德树人'的重要性，彻底改变德育中出现的'说起来重要、做起来次要'，甚至'正面宣传、逆向操作'的虚假现象，大力加强核心价值观、文化自觉与文化自信研究、宣传与践行活动，营造良好的社会氛围和社会环境。"① 其次，教育者要提高自身素质，积极研究，广泛学习，在互联网上勇于展示自己。最后，教育者还应具有敏锐意识，及时掌握学生的最新动态，学习学生的优点、长处。

2. 加强网络平台建设

首先，建立线上线下融合发展机制，思想政治教育在线下的发展可以说已经处于成熟阶段，但线上教学最近几年才兴起，因此在平台建设方面，应充分发挥线下的优势，实现"1+1>2"的效果。其次，教育者可建设符合学生兴趣的教学网络平台、重视页面布局、交互设计，以利于学生在网络平台上自我表现。这会吸引大学生的注意力，调动大学生的积极性，激发学生自主学习的兴趣。

3. 建立全方位考核体系

教育者要努力构建多元化的考核机制，在课程的各个环节，设计一些能够吸引大学生的奖励，例如，"表情包""积分"。增强大学生自我教育驱动力。运用网络平台来进行大学生的自我教育是所有教育者都应该接受的新方法，教育者要与时俱进、求真务实，坚持教育的时效性和针对性，向学生们传播党和国家的先进思想，优秀的思想政治教育理论，使学生们自觉接受社会发展的最新消息，从而潜移默化地提高学生的身心健康，更好完成新时代"立德树人"的光荣使命。

参考文献

[1] 习近平. 决胜全面建成小康社会 夺取新时代中国特色社会主义伟大胜利——在中国共产党第十九次全国代表大会上的报告 [N]. 人民日报，2017-10-28.

[2] 张耀灿，陈万柏. 思想政治教育学原理 [M]. 北京：高等教育出版社，2001.

[3] 张智，单晓涵. 思想政治教育学在社会治理中的作用 [J]. 中南大学学报（社会科学版），2019（1）.

---

① 娄晓敏. 互联网时代的大学生思想政治教育：策略与建议 [J]. 中国电化教育，2016 (6)：136-139.

［4］王玄武．思想政治教育方法论［M］．武汉：武汉大学出版社，1985：207．

［5］渠长根．论自我教育的心理环境［J］．河南省政法管理干部学院学报，1999（6）．

［6］马克思恩格斯选集：第1卷［M］．北京：人民出版社，1972：55．

浅析新时代社会治理中的思想政治教育

董 薇[①]

摘要：正值全面建成小康社会的关键时期，面对发展的诸多问题与矛盾，思想政治教育在社会治理中有着重要的影响。社会治理是国家治理的重要组成部分，在社会治理的过程中，思想政治教育发挥着导向、协调、培育等重要作用。文章将思想政治教育融入社会治理当中，从两者的契合性为起点，分析了当下环境中面临的机遇与挑战，并且提出了新时代背景下思想政治教育服务于社会治理的实现路径。两者的有机结合不仅能够引导主流社会意识形态，抵制西方文化的和平演变，提升社会治理水平和效能，而且能够营造全社会创新的氛围，培育良好社会心态，优化人才培养机制，实现思想政治教育的现代化。

关键词：思想政治教育；社会治理；现代化

一、新时代背景下思想政治教育与社会治理的内在契合性

（一）理论契合

思想政治教育始终是贯穿于党和国家的重要工作，是治国理政的重要法宝，也是社会建设的关键一招。思想政治教育的主体是人，是按照社会的发展要求与人自身的发展需要，遵照客观规律，培育符合社会发展需要的个人。通过对社会成员进行思想政治教育，提升道德品质和修养，让其成为国家治理、社会治理、社区治理以及个人治理的主体。思想政治教育最基本的目的是通过理论知识的宣传与学习，使广大社会成员了解党和国家的各项方针政策，但是绝不能只停留在学习理论知识上，还要深入实践，提高解决社会问题的能力和参与社会政治生活的能力，增强社会治理的本领，不断地为实现社会治理现代化而贡献力量。党的十八届三中全会的召开，提出了全面深化改革的总目标"完善

---

① 董薇，女，北京信息科技大学马克思主义学院研究生。

和发展中国特色社会主义制度，推进国家治理体系和治理能力现代化"。自此之后，我国开启了治理现代化的进程，治理与管理存在很大的不同，管理主要是以政府为主，而治理强调的是多元主体共同参与，是在中国共产党的统一领导下，全体社会成员的共同参与，完善各项制度，实现共同利益最大化的过程。马克思曾经提出："人的本质并不是单个人所固有的抽象物。在其现实性上，它是一切社会关系的总和。"[①] 随着现代社会的高速运转，你中有我，我中有你的社会关系更加凸显出来，人逐渐成了真正意义上的社会中的人。而在社会治理中思想政治教育所起到的核心作用是处理人与人、人与自然之间的矛盾，形成万众一心向前的合力，投身于社会主义现代化建设当中，共同推动中华民族的伟大复兴。

(二) 现实契合

社会治理能否发挥作用，起到一定的效果，关键看民生，看人民的生活质量，看教育、医疗、卫生、就业等方面能否向着更加规范和科学的方向发展。首先，思想政治教育具有化解矛盾、缓和冲突的作用，在社会进行重大改革的进程中，不免受到一些阻力的影响，产生利益冲突，这种时候就需要思想政治教育来发挥化解矛盾的作用。在思想政治教育过程中，充分预见社会存在的现实矛盾，挖掘其矛盾存在的根源，防止危害社会的事件发生。其次，思想政治教育具有培育信念、激励人心的作用。思想政治教育的功能就在于营造良好的社会氛围，通过各式各样的宣传，鼓励社会的有志之士积极加入社会治理和建设中去，为保障公民广泛参与社会生活而创造良好的条件。思想政治教育引导人们树立正确的价值观去认识世界，改变世界，激发社会公民的内在潜能，培育优秀榜样、道德模范等先锋人物，发挥引领作用，增加社会正能量。最后，思想政治教育具有大众舆论引导功能，在新时代背景下，掌握社会公民的心理发展动态，及时掌控社会关注度较高的敏感事件，随时做好应对风险挑战的准备。在尊重社会公民自由言论的同时，注意把控负面舆论的传播，尽量避免社会消极影响。思想政治教育主要是从内心和思想上影响和感染人们，运用说服等温和手段达到事半功倍的效果。充分运用思想政治教育引领思想、化解矛盾等重大功能，释放社会活力，积极开展宣传教育等多种形式的活动，减少社会治理的难度，引导更多的人积极投入到新时代的建设中去，优化思想政治教育的社会治理功能，使其成为社会治理的重要抓手。

---

① 马克思恩格斯选集：第 1 卷 [M]. 北京：人民出版社，2009：501.

二、新时代背景下思想政治教育与社会治理的机遇与挑战

(一) 新时代背景下思想政治教育与社会治理的机遇

1. 有利于在全社会范围内营造积极创新的氛围

随着国内外形势的变化和社会需求的不断产生,创新被摆在了至关重要的位置,不断要求人们推陈出新,突破常规,形成新观点、新思路和新方法。适时摒弃与当下发展不相适应的方式方法。思想政治教育的创新是一种逐渐现代化的过程,在面临新环境、新问题时,能够适应新变化,并且寻求新的突破。思想政治教育是一个长期长效的过程,需要全社会多个维度协同发力,需要思想政治教育工作者的不断探究,也更加需要强大的社会氛围。从治国理念到政府治理理念的转变,虽然从管理到治理,一字之差,但更加凸显了政府职能的转变。社会治理要求治理主体的多元化,全社会普遍参与;社会治理的目标追求最广大人民的根本利益,追求广泛的公共利益;社会治理的方式也主要是以从法治教育为主,德育教育为辅,注重规范。这些治理理念的转变体现出我国对于治国理念的创新。社会治理为思想政治教育营造出了创新的社会氛围,改变以往灌输和单一的方式,激发教育宣传的活力,注重主客体之间双向的互动。方向决定道路,正确的方向起到了引领和导向作用,治理现代化是新时代党的一项重要工程,是党和国家事业发展的方向,这也决定了思想政治教育发展的方向和任务。随着治理现代化的不断推进,思想政治教育坚持正确的政治方向,坚持以马克思主义为指导,提高全体社会成员的向心力和凝聚力,提高思想道德水平修养,为实现社会治理提供重要支撑。

2. 有利于提升思想政治教育工作者的能力,实现思想政治教育现代化

推进社会治理工作的有效实施,就要解决好价值观的问题。思想政治教育作为社会治理的重要方式和手段,主要作用在于引导培育树立正确的价值观,提升素质和思想道德水平,努力符合社会发展的需要,最终目的是实现人的全面而自由的发展。这一根本目的就需要加快构建具有中国特色的价值体系和价值观念,以社会主义核心价值观为根本遵循,弘扬中华文化,开展一系列爱国法治教育、理想信念教育等来提高社会成员的参政能力,保障社会稳定的秩序,为推进社会治理提供良好的社会基础。人是社会进步与发展的主导力量,人民群众是历史的创造者,思想政治教育工作者是实现思想政治教育现代化的关键因素,能否在过程中起到一定的作用,还依赖于工作者的个人能力,决定着教育效果的最终呈现。人在社会中不是孤立存在的,而是各种社会关系的总和。

首先，教育工作者要具备洞察社会、分析问题的能力，要用发展的眼光看待社会的问题。其次，教育工作者要具备一定的协调组织能力、人际交往能力和语言表达能力，通过恰当的方式向社会成员传递科学的教育内容。思想政治教育工作者作为现代化的先行者和传声人，推动着社会的变革和发展，党自成立以来，经历多个历史时期，但始终把教育放在至关重要的位置。思想政治教育在社会的不断发展中滋生出一系列问题，只有对这些问题进行全面总结和深入分析，才能找到思想政治教育与社会治理的契合。最终能否提升社会改革和治理的成效，关键在于教育工作者的能力。

3. 有利于创新治理方式，提升社会治理有效性

党的十八届三中全会，明确提出创新社会治理体制要形成治理主体明确、社会各方共同参与的社会治理格局。首先，社会治理需要全体社会成员承担起自身的责任与义务，使更多的人平等地表达自己的诉求，提高参政议政热情，为党和国家的建设和发展建言献策，扩大公民的权利，将权力下放到基层，回归到老百姓的手中，共同决策社会中的重大事件。牢记习近平总书记提出的"人民对美好生活的向往，就是我们的奋斗目标。"① 真正做到发展为了人民，依靠人民，发展成果由人民共享。其次，互联网时代的快速来袭，新媒体发展势头越来越强劲，新媒体将世界紧密联系到一起，帮助人们了解掌握更多资源，所以我们要抓住机遇，积极通过网络等形式，结合时代特征，发挥思想政治教育中的社会治理功能。根据社会发展的需求，坚持问题导向原则，创新转变社会治理的方式，将多种方法和功能结合使用，如综合治理法和系统治理法等，灵活应用到社会治理中去，针对社会治理中遇到的困难和挑战具体问题具体分析，逐步提升思想政治教育中的社会治理功能的时效性。

（二）新时代背景下思想政治教育与社会治理的挑战

1. 思想政治教育内容具有滞后性

思想政治教育与社会具有密不可分的关系，思想政治教育的内容是社会客观实际的反映，我国的思想政治教育始终是围绕党和国家的各项方针政策进行的。然而近些年来，经济高速发展，市场在资源配置中起到了决定性的作用，对外活动的增多，人们越来越注重民主、自由、社会的公平正义，但是思想政治教育内容更新则需要一段较长的时间，具有一定的滞后性，导致思想政治教育的时效性差，很难在较短时间内发挥作用。思想政治教育需要实时观察社

---

① 中共中央文献研究室. 十八大以来重要文献选编：上［M］. 北京：中央文献出版社，2014：70.

实际的需要，创新教育内容，适应社会发展的需要。思想政治教育要紧跟现代化发展的需要。治理现代化是一个全新的课题，是党和国家今后要进行的重大历史进程，面临新的时代背景，思想政治教育最重要的功能就是服务现代化，引导社会成员树立正确的价值观，及时调整思想政治教育体系架构，加入现代化因素，始终保持生命力，积极发挥服务社会、塑造人才的功能，推进治理现代化的实现。我国当前处于全面建设小康社会的关键时期，改革进入攻坚期，随着改革的进一步深化，不可避免地会产生利益冲突，社会资源分配不均，社会关系的复杂导致社会秩序的不稳定，不良的社会心态导致不可控社会行为，为社会治理加大了难度，这给思想政治教育带来新挑战。

2. 社会治理机制不健全

随着现代化的不断发展，党的思想政治工作不断完善，建立了较为稳定的工作体系，但是对于思想政治教育的需求与日俱增，思想政治教育的社会治理机制仍然有待于完善。治理与管理虽然一字之差，但是其意义却截然不同。社会治理的主体是多种主体，包括社会团体、组织和个人等。不同的主体根据自身的优势发挥重要作用，服务于社会。不合理的治理体制对于思想政治教育具有阻碍作用。目前思想政治教育治理体系现代化意识不强，在社会治理中难以充分发挥思想引领的作用，因此，提高社会治理的专业化能力，提高思想政治教育专业化队伍建设，是我们目前重视的问题。思想政治教育在具体实践过程中，仍然存在很多问题，例如，重形式轻内容、活动形式片面单一，导致思想政治教育难以起效。

三、新时代背景下思想政治教育服务于社会治理的实现路径

（一）优化思想政治教育的体系

思想政治教育与社会实践活动是紧密相连的，思想政治教育要广泛关注到社会各个领域和各个方面，关注个体、局部、整体等。首先，从整体来说，我国的思想政治教育更加侧重于对个人品德的修养和素质的提升，对于整体思想的研究较少，缺乏关于社会价值与社会责任的探究。理论指导实践，理论停留在微观层面，但是社会实践却是宏观层面的，造成了思想政治教育功能的缺失，禁锢了其发展。所以我们要拓宽思想政治教育学科的视野，由点及面，由小及大，逐渐由关注个人发展向关注社会总体发展的方向转变，协调社会系统之间的关系，合理分配社会资源，实现良性互动。其次，积极推进思想政治教育学科的精细化发展，深入社会实践，深入日常生活，了解掌握社会成员的思想动

态,针对性地解决问题,透过问题分析事物的本质,提高理论的系统性和科学性,提高思想政治教育的时效性,更好地在社会治理中发挥关键作用。最后,思想政治教育这一学科涉猎范围十分广泛,是典型的交叉学科,包括了政治学、法学、教育学、心理学等多个学科,积极利用这一特点,及时转化为优势,实现多学科的渗透发展,在交融发展当中,突破学科壁垒,认识自身,了解自身,寻求创造性发展,为社会治理提供更加强有力的理论支撑。社会治理面对的是复杂的社会系统,需要综合性的思维,仅仅依靠单一理论是不够的,进行跨学科研究,综合各个领域,进行全面认识,才能提出有效的社会治理方式,推进治理现代化的顺利实现。

(二)优化人才培养体系的建设

人才是有效发挥治理效能的决定性因素。优化人才队伍建设是确保思想政治教育社会治理功能发挥最大功效的重要保障。当下人才竞争越来越激烈,重视人才,留住人才,尊重人才,为社会的长远发展蓄力。因此,打造一支高素质、有能力、高水平的人才队伍建设是必不可少的。新时代社会治理面临的挑战越来越复杂,能否把最合适的人放在最合适的岗位上,充分调动工作热情,投入到社会治理中去,这一挑战既丰富了思想政治教育体系,又推动了社会治理的有序进行,为我国的社会主义现代化建设储备优秀人才。社会治理的重心在于基层,而基层往往因为人才资源调配不足陷入治理困境,因此,要倾斜社会资源,扩大群众参与,增强社区的服务能力。社会治理需配备专业化、多元化人才,扩大视野,及时更新思想观念,培养敢于担当、敢为人先的精神。首先,及时掌握思想理论动态,拥有基本的理论素养,有观察社会洞见问题的能力,理论与实际相结合,不能出现理论与实际两张皮的现象。其次,培养社会责任意识和创新能力,运用理论来解决现实问题,在进行教育的过程中,不免会出现由于内容枯燥,而学习热情较低这一现象,这也是充分考验教育工作者的创新能力。在我国的思想政治教育过程中,实践活动较少,缺少结合实际的过程,与生活相脱离。在思想政治教育融合社会治理的过程中要在坚守理想信念上下功夫,引导树立担当精神和责任意识。

(三)构建公民协同参与的思想政治教育治理格局

思想政治教育在社会治理中发挥着举足轻重的作用,思想政治教育对于社会公民的价值观念、生活方式具有重要的影响。在当前的网络时代背景下,要将思想政治内容与新的技术手段结合起来,积极整合社会上的各种资源,要追求在更大程度上发挥思想政治教育的作用和功能。思想政治教育内容要与现代化相适应,实现价值引领功能,传播主流意识形态,把握牢固的政治立场和政治方向，始终坚持马克思主义的指导地位。社会治理强调社会公民的参与程度，动员社会主体通过多种途径，组织多方力量，如企业、公民个人、社会团体等，通过多种方式鼓励他们参与到社会治理中去，以此来提高社会治理的参与度，真正做到从群众中来，到群众中去。在社会治理过程中，良好的社会秩序有赖于社会主体的自觉性。在思想政治教育过程中，要培养社会成员的责任感，在社会治理中实现自我治理，用道德来规范自己，从社会的大局出发，维护社会公共利益，履行自己的职责和义务，实现自身与社会的共同成长。马克思曾经说过，人的本质是一切社会关系的总和，思想政治教育是社会治理中重要组成部分，所以我们要重视人所起到的作用，完善的社会治理离不开人才队伍建设，努力调配社会资源，增强基层社区治理能力，直接与广大人民群众进行对话，扩大群众参与，思想政治教育具有反映人民群众需求，倾听民意的功能，是国家政府与人民群众沟通对话的桥梁。

参考文献

［1］朱萌. 大数据时代的社会治理功能：新时代思想政治教育的创新发展研究［J］. 理论观察，2019（8）：44－48.

［2］闫妍. 新时代思想政治教育的社会心理环境研究［D］. 包头：内蒙古科技大学，2019.

［3］薛川霞. 国家治理现代化视域下的思想政治教育创新研究［D］. 济南：济南大学，2019.

［4］王佳朦. 社会治理视域下大学生思想政治教育创新研究［D］. 沈阳：沈阳师范大学，2019.

［5］李海翠. 新时代思想政治教育社会治理功能研究［D］. 南充：西华师范大学，2019.

［6］王梦. 高校思想政治教育治理能力现代化研究［D］. 成都：四川师范大学，2019.

［7］张智，单晓涵. 思想政治教育学在社会治理中的作用［J］. 中南大学学报（社会科学版），2019，25（1）：132－138.

网络意识形态传播及治理研究

舍娜莉[*]

摘要：网络空间的持续发展为人类提供独特的信息交流平台，也为发展人类精神文明拓展新的途径。在其复杂化、纵深化发展的同时，各个国家已将网络空间作为意识形态建设的重要场所，保障网络空间安全是传播与发展主流意识形态作用的重要选择。我国主流意识形态在网络环境的建设和传播过程中，为促进马克思主义中国化的发展提供动力。对于有效处理网络环境下主流意识形态发展存在的问题，提升主流意识形态的影响力和吸引力，增强人民群众对主流意识的接受度和认同感，具有实践与理论的双重意义。

关键词：网络意识形态；新时期传播特征；治理路径

习近平总书记指出："意识形态关乎旗帜、关乎道路、关乎国家政治安全。""必须把意识形态工作的领导权、管理权、话语权牢牢掌握在手中。网络已是当前意识形态斗争的最前沿，网络意识形态安全风险问题值得高度重视，要坚决打赢网络意识形态斗争。"[1]"坚持正确舆论导向，高度重视传播手段建设和创新，提高新闻舆论传播力、引导力、影响力、公信力。加强互联网内容建设，建立网络综合治理体系，营造清朗的网络空间。"[2]随着网络技术的持续发展和移动终端的普及化、智能化，信息传播的效果、载体、方式都发生了巨大变化。此变化既能形成新的社会生活样态，能引导公众重新建立新的行为习惯和认知方式，也能在意识形态传播和发展方面建立新格局。网络化提高主流意识形态传播的快速性、便捷性，在有效巩固和维护主流意识发展的同时，也让主流意识建设面临严峻的挑战和冲击。要切实掌握网络阵地的主导权和话语权，建立风清气正的互联网环境，需要基于问题提出针对性解决策略，以促进意识形态的治理和持续发展。

---

[*] 舍娜莉（1970—），北京信息科技大学马克思主义学院副教授。

一、概念的内涵界定

（一）网络意识形态的内涵界定

网络意识形态是传统意识形态在网络发展基础上的延伸，是一种有别于生活中传统意识的、新的形势、新的内容，是建立在虚拟网络空间中，如微信、微博、抖音、百度等网络平台，遵照网民思想形态及发展研究而成的行为规范体系。这种行为规范体系也建立在现实、真实存在的社会结构和思想体系基础上。目前，我国对网络意识形态的内涵界定主要分为要素论、影响论和赋权论三个内涵合理性的观点。要素论着眼于生成、存在方式、核心、目的等基本要素；影响论突出强调了网络空间存在对现实世界起反作用的消极网络意识形态；赋权论侧重于从话语权构建角度定义网络意识形态，认为网络是意识形态话语权斗争的新场域。

（二）习近平网络意识形态的治理观点

党的十八大以来，习近平站在战略和全局高度，面对新形势提出做好意识形态工作的一系列重要论述。强调"牢牢掌握意识形态工作领导权。意识形态决定文化前进方向和发展道路。必须推进马克思主义中国化时代化大众化，建设具有强大凝聚力和引领力的社会主义意识形态，使全体人民在理想信念、价值理念、道德观念上紧紧团结在一起。"[3]并指出大力弘扬和践行社会主义核心价值观，使之成为全体人民的共同价值追求，成为中国人的独特精神支柱，成为百姓潜移默化的行为准则。习近平对社会主义意识形态的建设工作非常重视，他指出社会主义核心价值体系和核心价值观都体现出社会主义意识形态的本质要求，要立足于中华优秀传统文化基础上，培育和弘扬社会主义核心价值观。他强调必须要巩固马克思主义在意识形态领域的指导地位，坚持遵循互联网发展的客观规律、秉持网络安全与发展的辩证关系、贯彻开放与自主并行的工作思路、坚持学习网络知识与运用网络手段的辩证统一四项基本原则，在和全党全国人民团结奋斗的共同思想基础上，携手共筑中国梦。由此可见，意识形态的灌输引导与自觉认同相结合，具有强化伦理道德与文化的意识形态功能，推动社会主义意识形态话语创新，注重意识形态建设的关联性、系统性，具有重要理论意义。

二、网络意识形态的传播特征

网络意识形态是一种全新意识形态，具有与传统传播方式有所区别的新特征。新特征与风险防范、机遇耦合及对策研究联系密切，学术界普遍认为网络意识形态的特征主要包括内和外两个维度：外部特征为形态的多样性、范围的广域性、种类的繁杂性、结构的开放性、信息的海量性、流变的快捷性、主体的大众性等；内部本质性特征呈现为生成的技术性、成长的互动性、线性的数据性、内容的融渗性、效果的累积性等。由于网络意识形态复杂性、多变性和多样性的鲜明特征，因此，网络意识形态的传播具有日常化意识形态话语建构、可视化意识形态表征方式、平台化意识形态传播载体等特征。

首先，日常化意识形态话语建构。在智能终端不断普及、网络技术持续发展的现阶段，传播与建构意识形态话语已从严肃叙事不断向网络日常表达的方向转变。日常化以普通网民为主要传播群体，不会直接讨论敏感严肃的政治话题，他们将建议与意见隐藏于表情符号代表的感情中，或采取隐喻话语涉及的联想意义中，或蕴含在日常转发、阅读评论中，对言说习惯造成影响。

其次，可视化意识形态表征方式。意识形态属于社会观念领域的上层建筑，对社会大众的价值取向和思想活动有支配作用，此抽象观念在现代网络空间中借助视频、图像、文字等不同元素进行表意时，就让意识形态实现了视觉转化。可视化具有显渠道价值，尤其是影像元素的妥善应用，不但能够跨越国家间不同的语言文化障碍，也能够在国内实现以公共议题为核心的公共传播。

最后，平台化意识形态传播载体。因为数字智能的持续发展，平台媒体能够汇聚与分享各种应用程序、资源与信息，在用户数量、影响力和营利方面严重影响和冲击了传统媒体，此形势下大部分传统媒体通过现有的今日头条、微信、微博等媒体平台设置账号，方便操作且成本低廉，基于社交链接开发和聚合信息，广泛传播主流意识形态。但此方式缺少主动权，只有积极打造传播能力强、自主可控的传播平台，传统媒体才能有效掌控主流意识形态的传播导向，进而促进自身发展。

三、网络意识形态传播存在的问题

共产党领导下的社会主义新时代中国，重视主流意识形态的传播，立足于网络传播虚拟性、导向性、民间性、自由性、依赖性、全球性、多元性、快捷性、难控性、复杂性特征的基础上，构建和谐社会网络意识形态的传播。然而，根据对目前我国网络意识形态传播现状研究分析发现：建构意识形态话语缺乏明确的方向，内容传播走进以技术和流量为主的误区；缺少主流意识形态的正确引导，民间意识形态缺乏清晰感；主流意识形态没有得到安全治理，西方极端思潮对我国群众思想正确性造成威胁等三方面的问题。

(一) 缺乏建构意识形态话语的明确方向

在新媒体环境中,流量不但是汇聚注意力的重要表现形式,又是生产具体内容的关键性风向标。当互联网企业趋向获得流量的过程中,其内容生产逐步体现出世俗文化特征,缺少人文关怀与内容深度,内容类型体现出泛化趋势,娱乐取向较为单一,没有承担起文化引领责任,没有遵循优秀文化的发展、传播与治理方向,影响与阻碍主流意识形态的宣传和进步。同时,在人工智能技术与大数据的发展过程中,逐步转变信息传播模式,减少信息获取成本。然而,如果没有对传播内容进行人工干预,在网络资讯信息中易于对用户不熟悉、不认同的信息进行过滤,造成其获得的大多数信息都符合本人意识形态,更容易在同质网络社群中开展相关政治讨论,在逐步自我认知和重复印证后将原有认知进行固化,不利于网络社群间各种意见的互相交流。

(二) 缺少主流意识形态的正确引导

在社会的思想观念体系中,必然有一种意识形态居于主导地位,对其他社会思想观念、文化体系、精神生活起着统摄和引领的作用,这就是主流意识形态。[4]意识形态属于观念性的一种存在,需要借助某个媒介载体呈现出来。大众媒体是建构、宣传与治理意识形态的重要场所,而现阶段我国通过传统主流媒体建构与治理意识形态话语的策略面临着传播效果和传播能力没有紧跟时代节奏的问题。网络的持续发展对传统媒体发展产生影响,在宣传主流意识形态时存在思维定势、路径依赖、时效延迟等弊端。就舆论生态演变层面来说,新媒体不断增强在一些领域的舆论影响力和话题设置水平,传统媒体的主要阵地和舆论主导功能面临前所未有的挑战。尤其是年轻人活泼自由的互动方式与传统媒体宏观严肃的作风存在很大隔阂,凸显出网络空间中传统媒体缺乏较强的主流意识话语权。同时,智能手机、全面覆盖的网络和社交媒体的全面应用,导致民间意识形态逐步成为重要发展的方向。改革开放后我国物质不断丰裕,公民的公共意识逐步被唤醒,进而成为网络舆论先锋人物,社会转型时期不断出现各种矛盾,群众逐步打通"借媒"维权渠道,为满足和维护个人利益而在重大社会事件中制造舆论,对主流意识形态的发展造成一定影响。

(三) 主流意识形态没有得到安全治理

宪政民主、历史虚无主义、民粹主义等西方意识形态逐步更改其出现形式,符合新媒体传播信息的模式,对我国主流意识形态的正确性与权威性提出挑战。极端意识形态以偶然否定规律、以戏谑对抗崇高,企图瓦解我们的民族认同感和国家观念,进而摧毁我们的文化自信、理论自信、制度自信、道路自信,导致群众出现犹豫与彷徨。"许多高科技社会的人们很难理解极端民族主义者的动机。他们狂热的爱国主义激情令人费解。"[5]通过新媒体设备，西化极端思潮基本通过两种方式渗透进我国意识形态体系：其一是通过数字技术方式进行干预，西方国家以较高的信息处理能力和海量数据库存储，向我国输出体现极端意识形态的数据编码，或故意将某些信息推送给国际阅读用户，动摇或改变他们的意识形态属性；其二是"软"输出西方极端意识形态，将意识形态隐藏在动漫游戏、电影、动画等数字出版物中，避免相关部门的审查。此极端意识形态不管基于什么形式，都没有改变其否定我国核心价值观与现实合理性的本质。

四、网络意识形态传播及治理措施的构建路径

网络意识形态传播及治理措施的构建路径，应以习近平网络意识形态的治理观点为指导，从加强理论研究入手，通过对实践运用的推进，完善我国互联网传播治理机制，提升技术水平和人才水平的同时，加强网络文化的建设。加强对意识形态的安全教育，完善相关网络法律法规体系，在传承我国优秀传统文化的基础上，利用社会主义核心价值观，引导网民的思想和行为，加强网络意识形态的建设，从而构建出符合我国国情发展需求的社会主义网络意识形态的传播及治理途径。

（一）将"四个意识"设定为根本要求，为建构网络意识形态提供方向

国家引导社会生产与互联网之间妥善结合，以实现在物质层面与精神层面同时满足群众追求美好生活的目标。构建网络意识形态的相关话语一定要明确人民性与党性之间的关系，习近平总书记阐述党媒必须姓党，必须在思想与实践方面与党中央一致。信息化新媒体要始终拥护共产党的领导，做推动与传播主流意识形态的人，将"四个意识"设定为根本要求，为建构网络意识形态话语提供明确方向，秉持政治意识，分辨各种政治事件，全面体现互联网的政治导向作用；建立起大局意识，站在党和国家宏观战略的立场上，正确认知与宣传中央精神；提高核心意识，切实维护共产党权威，严格管理意识形态阵地，提高群众凝聚力和舆论引导力；提升看齐意识，对于党中央的思想，要响应提倡的、抵制禁止的，全面落实和贯彻"四个意识"，促进文化健康发展。详细来说，社会化媒体应该将党开展意识形态工作的相关要求作为导向，不断提升文化传播工作的时代使命感和政治责任感，将优先发展社会效益作为工作准则，积极统一经济效益和社会效益，保障企业始终向着正确方向发展，以长效发展为立足点，重视内容建设，积极做品牌媒体。围绕着生产优秀内容开展工作，秉持内容质量和文化操守，重视品牌信誉和网

络资源，避免出现介质、低俗的内容。

(二）基于"提升四力"思想把握与指导舆论动向

无论是发展快速的互联网，还是数量庞大的网民，都为传统媒体把握网络意识形态主动权和话语权提供机遇。传统媒体要将"提升四力"确定为发展思想，以习近平思想为发展指导，积极整合各种网络及新媒体资源，重视网络内容建设，优化传播方式，增强主流意识形态的影响力、公信力、引导力和传播力。习近平总书记反复重申，宣传报道要以受众为着力点和落脚点。了解社情舆情导向是增强传统媒体传播范围与能力的基础，通过互联网关注网民在某个时期的舆情走势和对焦点事件的态度，根据网络分析了解网民普遍心态，更好开展舆论引导工作，重视现实关怀和处理解实际问题，进而充分彰显自身的影响力，增强公信力。

意识形态工作是以人为对象开展的工作，一定要重视传播方式与传播内容，以原创的、正能量内容赢得人心。就像习近平在十九大会议报告中提出的"岗位不同、责任一样"的思想，要积极通过新媒体平台大量转发。另外，要不断创新和优化传播模式，政务部门或传统媒体要积极采取新媒体技术，优化各种新媒体资源，发挥不同形态的媒介作用，构建起彼此互动、协同发展的传播体系。主流意识形态发展、传播与治理要与大众生活紧密联系，妥善结合个人叙事和家国情怀，让新媒体领域建立起更加鲜活的主流意识传播。

(三）在"四个自信"的指导下，发展与传播我国主流意识形态

习近平总书记一再强调："要牢牢把握舆论主动权和主导权，让互联网成为构筑各民族共有精神家园、铸牢中华民族共同体意识的最大增量。[6]"尤其是在跨境文化互动、政治交流中，要基于"四个自信"的指导，促进社会主义思想的发展和传播，增强我国的国际话语权。坚守道路自信，创造美好生活和建设现代化必须坚定不移的走社会主义道路，新媒体要在网络平台积极搭建主流意识形态空间；坚守理论自信，新媒体要通过新型传播方式和话语方式增加主流思想辐射面；坚守制度自信，新兴媒体要通过制度的力量大力传播主流意识。新媒体要始终将传播和发展中国革命文化、传统文化作为事业开展的重要基础。

在面对西方极端思想时，要以丰富的现实成果、正确的唯物史观对舆论进行引导，传统媒体和政府机构可以借助新媒体平台，开展各种主题活动增强群众爱国情感，提升群众道德水准和判断能力，让他们有能力甄别和应对西方极端思想。要在互联网思维下建立起适应世界各国文化传播的网络生态圈，全面彰显出新媒体可视化、移动化优势，突破文化和地域障碍，吸引更多受众。在跨国境沟通交流中，特别要尊重各个国家的法律制度和风俗文化，有温度地传

播中国文化、讲中国故事，通过细腻情感来表达我们的人文关怀，以达到国家认同和文化融合的目的。

五、结束语

互联网技术的发展，推动各种业态的融合发展，将现代和传统连接起来，为全球经济的合作、融合、互动、共赢提供快捷、方便的平台。信息时代，在改革进程不断深入的同时，也暴露出很多问题，我国意识形态的传播、发展与治理需应对很多新问题。以现阶段我国意识形态的实际发展情况为立足点，采取大数据技术，扩大宣传力度和普及范围，进而强化我国意识形态的凝聚力与影响力。意识形态传播、发展与治理是艰巨的、长期的工程。在新形势下，面对复杂的文化氛围和经济社会环境，相继出现很多新矛盾、新问题。所以，要以人民群众的共同利益为着眼点，通过现代化技术来处理矛盾，保障社会发展，扩大马克思主义在全世界的传播，为促进中华民族复兴而积极努力、不断奋斗。

参考文献

[1] 习近平. 意识形态关乎旗帜关乎道路关乎国家政治安全 [EB/OL]. 人民网，2014-10-05.

[2][3] 习近平. 决胜全面建成小康社会夺取新时代中国特色社会主义伟大胜利——在中国共产党第十九次全国代表大会上的报告 [EB/OL]. 人民日报，2017-10-28.

[4] 李江静. 网络空间主流意识形态话语权的国际挑战探微 [J]. 思想教育研究，2018（1）：47-51.

[5] 阿尔温·托夫勒，海蒂·托夫勒. 创造一个新的文明 [M] 陈峰，译. 上海：生活·读书·新知上海·三联书店，1996.

[6] 习近平. 习近平在全国民族团结进步表彰大会上的讲话 [EB/OL]. 人民网，2019-09-27.

新时代党建引领社区治理路径探析

夏 颖*

摘要：进入新时代，我国社会主要矛盾发生了新变化，人民对美好生活的向往逐步加深。社区承载着人民的日常生活，想要满足人民美好生活的需求必须提升社区治理能力，而党建引领社区治理在其中发挥着重要作用。以党建促进社区建设具有重要意义，分析党建引领社区治理的现实困境，探索新时代党建引领社区治理的有效路径，坚持以人民为中心的发展思想，坚持党建引领创新基层治理机制，对完善社会治理体系、提高社区治理能力具有重要意义。

关键词：新时代；党建；社区治理；有效路径

2020年7月23日，习近平总书记到长山花园社区党群服务中心视察时指出，一个国家治理体系和治理能力的现代化水平很大程度上体现在基层，要不断夯实基层社会治理这个根基。提高社区治理效能，关键是加强党的领导。要推动党组织向基层延伸，把基层的工作做好，这样才能"任凭风浪起，稳坐钓鱼台"。进入新时代后，党对基层治理工作持续发力，着力解决人民群众的身边事，着力以党建引领社区建设。

一、以党建促进社区建设的重要意义

社区是社会治理的基本单元，是国家治理及党和政府联系群众、服务群众的神经末梢，起到了桥梁的作用，连接着千家万户。当前我国城乡基层社会治理面临诸多问题、矛盾和挑战，社会治理具有复杂性和不确定性。进入新时代，人民日益增长的美好生活需要给社会治理，尤其是社区治理提出了新要求、新挑战。完善基层社会治理的体制机制、构建新格局，要求我们坚持党的领导，

---

* 夏颖，女，北京信息科技大学硕士研究生。

以党建促进社区建设，立足人民对建立美好生活的需要，主动适应新时代。

(一) 满足适应新时代人民美好生活的需求

社区是人民日常生活活动的空间，是人们实现美好生活的重要场所，社区生活的幸福与否关乎着美好生活需求的实现。当下基层形势复杂、矛盾多发，不少基层治理机构工作力量不足、工作能力欠缺、工作方法不科学，直接阻碍了国家发展，危害了基层稳定，影响着人民的幸福指数。社区作为基层最终端聚集了基层治理的难点与弊端，因此，以党建引领、提升社区治理能力，完善基层治理制度势在必行。

(二) 全面加强党的建设的必然要求

基层是国家社会治理的基石，是党执政的根基与命脉，也是加强党的建设的最终支撑点。2015年6月18日，习近平总书记在贵州调研时强调，党的工作最坚实的力量支撑在基层，经济社会发展和民生最突出的矛盾和问题也在基层，必须把抓基层打基础作为长远之计和固本之策。要加强党的建设必须依靠人民，没有人民参与的党建是不可能实现的，只有以基层党组织为核心，才能使全面加强党的建设有现实的着力点，才能使党中央的政策方针真正贯彻落实，才能使党组织发挥凝聚力与战斗力。

(三) 提升治理能力现代化的必经之路

党的十九届四中全会提出，必须加强和创新社会治理，完善党委领导、政府负责、民主协商、社会协同、公众参与、法治保障、科技支撑的社会治理体系，构建基层社会治理新格局。当前我国正处在现代化和城市化的进程中，城市人口不断增长导致公共服务需求增加，社会矛盾和社会问题日益在基层堆积和爆发。基层社区面临的社会问题大幅增加，如果只保持中上层的现代化治理优势，不但现代化治理体系不能在国家人民实际工作与生活中实现，也无法为治理能力现代化提供有益的反馈与方向指导。因此，提升基层治理能力是解决众多冲突的唯一路径。

二、党建引领社区治理的困境

(一) 社区党员独立化，诉求多样化

随着城市人口流动性的提升，社区党员构成呈现多元化，职业、年龄、地域、学历、民族、家庭情况等都具有不可复制性，因而每个社区党员都呈现出独立化特性，对社区的诉求也多样化。除非受作用于外界强制力，否则在实践工作中无法有效凝聚于领导。具体表现以下三个方面：一是"失联党员"现象严重。绝大多数社区内党员组织关系不在社区，党内生活完全脱离社区；少数党员虽然党组织关系在社区，但仅仅能够保证按时缴纳党费，工作与生活脱离社区；另外还有部分党员失联，长期无法联系。二是社区属性导致党员参与社区治理主动性不足。当下我国社区多数属于居民居住性地域的群体管理机构，绝大多数居民在社区内希望得到充足的休息与放松，工作之外的社区管理活动往往占用其正常休息时间，对于"996"加班族而言无疑是不现实的。三是社区党员身份差异，诉求多样化。不同身份的党员对社区活动具有不同需求，并且不同身份党员能够参与的社区活动也不相同，工作族党员与退休人员党员的差异尤为突出。如参与活动较多的人群集中分布在社区退休老干部、老党员和生活困难群体，其中尤其以中老年妇女为主。

（二）社区党建工作者流失，党建方法落后

当前社区党员干部队伍的客观实情是人员流动性较大、队伍不稳定、性别比例失衡、老龄化和人才流失。根据调研显示，社区工作人员能在一个社区工作两届的人员比例不到25%，往往在每一次社区换届选举中，社区工作人员中的大部分都会更新。另外，专职党务工作人员缺口较大，社区工作队伍老龄化与女性化比例高，学历水平不高，不少社区工作人员不能熟练使用电脑及智能手机，导致党建方法相对单一，党建力量相对薄弱。

（三）社区工作行政化，党建工作边缘化

目前，社区工作中行政性、事务性、程序性、应急性工作占社区工作的绝大部分，过多地占用了社区有限的资源，挤压了社区的自治空间，不利于社区党建工作发展。在实际的社区工作中，党的事务和行政事务处于一个领导班子下，即"一套班子、两块牌子"。面对繁重的工作任务，领导班子很难开展党建工作的研究与落实。"分工不分家"导致了党务工作和行政工作之间的事务不明确和权责不清晰，导致社区在执行和贯彻党建工作的过程中出现"踢皮球""相互推诿、扯皮"的现象。

（四）党员参与社区治理工作被认同感较低

有研究表明，社区80%以上的党员并没有在社区公共事务中亮出自己的党员身份。在社区实践中，不少党员参与社区治理过程中都会遇到被围观、说风凉话等情况。一些群众对于党员参与社区治理工作会武断地认定是作秀、想从中获得利益，甚至提出无理要求。这些情况在一定程度上阻碍了党员参与社区治理。

三、新时代党建引领社区治理的有效路径

基层党组织作为社区的核心力量,是维护社区工作"以不变应万变"的重要保障。基层党组织在社区治理中具备显著优势,想要提升社区治理能力,必须坚持党建引领,将党的建设贯穿于社区治理的方方面面。将党的政治优势、组织优势转化为治理优势,党建引领下的社区治理是我们实现治理体系与治理能力现代化的有效路径。

(一)坚持以人民为中心的发展思想

想要做好基层治理工作,最基础的内容便是要坚持以人民为中心。基层党组织在进行社区工作时,要时刻牢记为人民服务的宗旨,做到"群众在哪里,党的工作就在哪里",避免出现工作缺漏。建设以人民为中心的"和谐社区",丰富居民生活,和睦邻里之间。相比过去的"熟人社会",随着社会的发展、科技的进步,城市中越发呈现出"陌生人社会"的社区生活状态。坚持以人民为中心,更好地为人民服务,社区应当着力于提高服务的专业化水平,丰富社区文化生活,增强联系,增多交流,改变城市邻里之间相互不认识的陌生状态,建设"和谐社区"。一切为了人民,要将社区治理工作立足于为居民服务,在做好日常工作的同时,加强社区党组织的服务。发挥党建引领作用,有针对性地增加党组织的社区服务意识,开展多元文化活动,以期拉近社区居民之间的距离。

(二)下沉资源、管理到基层社区

加强基层社会治理,要把资源、管理和服务放到基层,而不是单纯地把工作任务、考核目标与责任推给基层。要为群众实实在在地解决现实问题,在满足居民基本生活需求的基础上再考虑创新,而不是一味地标新立异,脱离现实生活的需求,本末倒置。社会治理中重心下沉意味着人力和物力的同时下移,最终建立由党建引领、政府统筹、居民自治的社区共同体。

(三)鼓励引导党员参与社区志愿服务,建立完善专家咨询库

动员社区党员干部,要不断充实和壮大社区"党建 +"志愿服务力量,适时开展党员报到工作,倡导在职党员走出家门、走进社区、深入群众、听取民意、服务社区、发挥作用。依托社区党员的专业优势,建立完善社区专家库,充分调动在职党员走进楼门、走进院门、走进企业门,努力解决群众反映强烈的问题。

(四)坚持党建引领创新基层治理机制

基层党建和基层治理的目标和途径是相一致的,要做好党建引领的社会治

理工作，完善基层党组织建设，增强基层党组织工作效能、发挥优势、扩大范围，以提升社区综合治理水平。发挥基层党组织的政治引领和组织带动作用，在社区工作中做好思想、组织、宣传等方方面面的引领工作，强化党建引领，创新工作机制。落实党员"双报到"制度，做到党员干部常态化下沉，参与到社区工作一线中去。实现共建共治的系统化，规范社区工作者的日常工作，提高基层治理团队的工作能力，切实为广大人民群众做好服务。

（五）加强"智慧社区"建设

进入21世纪以来，信息技术迅猛发展，传统领域与新兴科技之间的联系愈加紧密。20年间，党建工作逐渐由传统工作模式向现代化工作方式转变，信息技术在党建工作中运用的重要性愈发凸显。近些年，大数据、云计算等先进科技陆续进入到我们的生产生活之中，为生产生活增加了变革性因素，从而推动社会发展进入智慧化模式。科学运用智慧化工作方式，能够有效提高社会治理能力，提高社会治理效能，优化社会治理效果。做好智慧党建工作，首先，需要充分认识到智慧党建工作的重要性；其次，构建智慧党建管理体系；最后，才能实现党建工作智慧化。社区治理要与互联网、数字化、信息化这些现代技术相结合，必须全面加快"智慧社区"建设。以提供贴近居民服务为基础，开展智慧社区建设，搭建为居民提供辖区内办事指南、公共设施查询、业主群交流以及线上投票、社区干部联系、辖区党员咨询、便民服务和重要通知公告等服务的平台。运用"社区云"、大数据将社区工作人员从繁重的统计、报表、表格、排查、通知中解脱出来，并有效避免数据的重复录入、数据遗漏等。充分发挥数据互联互通优势，实现服务问题跨级或联合解决。比如，在常态化疫情防控中，利用智慧社区平台和网格化管理优势，实现医疗资源、志愿服务队伍和流动人员信息的数据共享，为疫情防控工作助力。

（六）明晰政府与社区之间的权责边界，积极推进社区减负增效工作

一是建立社区工作准入制度，明确社区自治组织与政府职责的边界与范围，严格把关，明确各项工作的处理办法。二是要规范社区考核评比活动。社区工作者的眼睛要更多地向下看，考核标准的制定更多地关注到为人民服务中去，而不是聚焦应付上级任务或是一味地搞创新而忽视居民的基本需求。在社区工作内建立统一的考核标准，兼顾各部门的工作内容和指标，各部门无须单独评比。三是要建立统一的电子台账。目前，各地社区每年要做的各类纸质工作台账数量和种类太多，最多的社区超过300本，这不仅浪费了社区工作者的宝贵时间和精力，还出现了社区台账弄虚作假的现象。应当对各类社区纸质台账加以整合归并，合并名目不同而内容重复的台账，取消一些不必要的台账。四是

要规范社区盖章。要根据文件要求，开展社区盖章项目的专项清理工作，使社区盖章规范化、简捷化。

基层党组织是维护社区工作"以不变应万变"的重要保障，研究新时代党建引领社区治理的有效路径，有助于完善并强化社会治理体系，使得基层党组织更加系统、有序地进行社区治理工作，对提升基层防疫能力、完善社会治理体系具有重要意义。

参考文献

[1] 陈友华，夏梦凡. 社区治理现代化：概念、问题与路径选择 [J]. 学习与探索，2020（6）：36 - 44.

[2] 周敏晖. 新时代城市社区党组织组织力提升路径探析 [J]. 理论导刊，2020（6）：94 - 99.

[3] 刘小钧，张艳国. 城市社区建设与治理"党建＋"实现路径研究——以江西省南昌市社区为例 [J]. 江西师范大学学报（哲学社会科学版），2020，53（1）：46 - 53.

[4] 张勇杰. 多层次整合：基层社会治理中党组织的行动逻辑探析——以北京市党建引领"街乡吹哨、部门报到"改革为例 [J]. 社会主义研究，2019（6）：125 - 132.

[5] 陈毅，阚淑锦. 党建引领社区治理：三种类型的分析及其优化——基于上海市的调查 [J]. 探索，2019（6）：110 - 119.

[6] 张冬冬. 党建引领社区治理创新的理论和实践逻辑 [J]. 毛泽东邓小平理论研究，2019（11）：86 - 92，108.

智慧司法技术在诉源治理中的赋能价值及其实现

苏 灿*

摘要：诉源治理的价值不仅在于为法院减负，更为重要的是将非诉讼纠纷解决机制挺在前面，构建科学合理的纠纷预防调处化解体系，实现基层依法治理、精准治理、综合治理、高效治理。为了实现上述目标，并化解法院在诉源治理中的角色悖论和功能异化风险，必须针对基层矛盾纠纷化解能力短板，通过智慧司法技术在非诉讼纠纷化解领域的推广应用来为各类治理主体赋能。在这一过程中，应以对现有的智慧司法应用进行改进和迁移为先导，以"一站式"多元纠纷化解平台为技术孵化场所，进而逐步建成集仲裁、调解、人员、数据公开与应用、动态监管于一体的非诉讼纠纷解决数据平台，为更高层次的技术开发奠定基础。

关键词：智慧司法；诉源治理；矛盾纠纷化解；非诉讼纠纷解决机制

2019年1月，习近平总书记在中央政法工作会议上提出"把非诉讼纠纷解决机制挺在前面"，为推动多元化纠纷化解体系建设指明了方向。目前，在社会治理实践中，诉源治理是推动非诉讼纠纷解决方式优先、普遍适用，从源头预防和化解矛盾纠纷的一项重要改革举措，它具有三个层次：一是深化基层社会治理，避免或减少涉法纠纷的产生；二是避免已产生的纠纷形成诉讼；三是通过诉非衔接渠道化解已经形成诉讼的纠纷。诉源治理最早由法院提出①，但从其

---

* 苏灿（1984—），男，北京市人，北京信息科技大学马克思主义学院讲师，法学博士。

① 诉源治理最初是成都法院学习借鉴"枫桥经验"，在建设"一站式"纠纷联动预防化解平台、"和合智解"e调解平台和培育新乡贤等创新实践基础上，于2016年8月提出的一系列改革举措。2019年2月，诉源治理被最高人民法院"五五改革纲要"所吸纳，作为今后五年人民法院深化多元化纠纷解决机制改革的一项重要任务。同年8月，最高人民法院颁布《关于建设一站式多元解纷机制一站式诉讼服务中心的意见》，明确提出法院要"主动融入党委和政府领导的诉源治理机制建设"。

层次内涵中可以看出，它没有特别强调法院自身的审判职能，反而带有排斥诉讼之意，所以难免让人认为提出诉源治理的直接动机是减少诉讼案件数量，缓解法院"案多人少"的矛盾。从各地法院对诉源治理效果的宣传来看，几乎都将以调解方式化解纠纷数量的提升和法院新收案件的增幅回落作为诉源治理改革成效的重要指标①，这无疑会加深人们的上述印象。仅仅局限于诉讼案件新增数量或增幅减少层面来理解诉源治理的价值显然是狭隘的。这样的观念带到实践中，还可能产生治理能效考核表面化、法院职能偏移、立案登记制改革效果受损、公民合法诉权得不到保障等风险。因此，有必要对诉源治理的价值取向进行申明。在此基础上，坚持目标导向和问题导向，重新审视法院在诉源治理中的地位和作用，探寻法院融入党委和政府领导的诉源治理机制建设的工作着力点。本文从大数据、人工智能等科技创新成果同司法工作深度融合的视角，探讨智慧司法技术如何为基层源头治理赋能。

一、诉源治理的赋能目标与价值

（一）法院诉源治理的目标

从法院视角看，诉源治理强调"能动司法"理念，由法院组织连接各方力量，推动非诉讼途径调处化解纠纷，从源头上减少诉讼增量。这在一定程度上扩大了法院的社会责任，让法院的职能延伸到审判之外。而且，学者指出在既有实践中发现法院诉源治理存在功能异化风险，包括司法伦理风险、法治风险和技术风险，其根本原因在于从某种意义上讲诉源治理侧重的是"诉外治理""非诉治理"，法院在其中本不应担当主角。在基层调处矛盾纠纷力量薄弱、能力不足的背景下，一定时期内法院以其专业性、权威性、终局性的特征和地位，主动提出并积极辅助基层党组织和政府领导的诉源治理是可以理解和提倡的，但正所谓"授人以鱼不如授人以渔"，为了化解法院诉源治理的角色悖论并避免法院诉源治理功能异化的风险，必须强调并尽快实现法院诉源治理的根本目标和价值，即为基层源头治理、精准治理、依法治理、综合治理赋能，为非诉讼纠纷解决主体赋能。

具体而言，法院诉源治理赋能基层的重点是提升基层治理主体从源头预防和化解矛盾纠纷的能力，把握矛盾纠纷产生及演化规律并进行预判预防的能力，以法治思维和法治方式治理基层社会的能力，整合司法、社会资源有效化解纠

---

① 比如，成都法院在宣传时指出，2018 年 1—9 月，全市法院新收案件同比增长 9.49%，增幅首次下降到个位数，同比回落 13.71 个百分点。

纷能力等；为非诉讼纠纷解决主体赋能的重点是培育社会调解组织，提升非诉讼纠纷解决主体的专业水平和业务能力，汇集各方调解力量，打通诉非衔接通道，增强各方自主联动能力等。

（二）法院诉源治理赋能基层治理具有重要的意义

第一，诉源治理有利于推进基层治理能力现代化。国家治理能力的现代化不仅是指技术手段的信息化、智能化，更应该体现在治理理念、方式与方法的现代化，如由粗放式管理向精准、精细治理转变；由硬性管控向柔性疏导转变；由被动应对向下好先手棋转变；由碎片化管理向系统、综合治理转变等。诉源治理要求地方治理资源下沉基层，精细服务、精准预防，各部门协同联动形成合力，构筑起矛盾纠纷化解的第一道防线，有助于推进基层治理能力现代化和提升基层社会治理能效。

第二，诉源治理有利于以低资源消耗维护社会稳定。诉源治理强调优先以调解等非诉讼手段化解矛盾纠纷，是对"坚持把非诉讼纠纷解决机制挺在前面"这一社会治理创新论断的践行。一方面，非诉途径有利于节约司法资源，节约纠纷当事人的时间、人力、资金，乃至机会成本，因为在通常情况下，法律是用确认一方当事人的主张和否定另一方当事人的主张来对诉讼案件中相互对立的请求做出答复，而仲裁和调解具有灵活性，能更好地结合纠纷的具体情形，通过仲裁人的自由裁量形成裁决，或在调解人的调停下，通过当事人的博弈平衡达成协议。另一方面，把非诉讼纠纷解决机制挺在前面，有利于将矛盾纠纷化解在萌芽状态，能够避免矛盾纠纷演化发展，激化为危害社会稳定的刑事案件或群体性事件。

第三，诉源治理以高效便民方式化解矛盾纠纷，提升人民群众幸福感、获得感。公民的权利是否得到国家权力的认真对待和国家的民主法治制度是否赢得人们的信任对增强国家权力的公信力至关重要。诉源治理要求从源头上减少纠纷的产生，那就需要在基层社会治理中主动关注人民群众的利益诉求，有关部门在做出关乎群众切身利益的决策时要问需于民、问计于民、问策于民。如此，人民群众的合理诉求得到满足、合法权益有所保障，其获得感和幸福感自然提升，其对国家公权力亦更加信赖，由此形成公民与国家的良性循环互动。

二、诉源治理视角下的基层矛盾纠纷化解能力短板

近年来，随着社会治理资源向基层倾斜，基层治理实践不断开拓创新，基层治理主体矛盾纠纷预防与化解能力持续提升，民间调解组织不断成长。不过，还应看到，我国社会发展正处于矛盾多发期，人民群众对争议解决的效率、便捷度、公正性等期待值很高，社会矛盾纠纷多元预防调处化解综合机制尚不健全。在诉源治理视域内，矛盾纠纷化解体系还存在明显的能力短板，非诉讼纠纷解决机制的能效亟待提高，具体表现在以下四个方面：

第一，人民调解员专业性有待提高，人民调解组织力量薄弱。人民调解是基础性的非诉讼纠纷解决途径，然而平民化的人民调解员无法满足将矛盾纠纷化解在萌芽状态的要求，在村民自治尚不成熟的乡村社会甚至出现了村人民调解委员会"虚置"的情形。

第二，矛盾纠纷当事人对各类调解组织的信任度不高。大量矛盾纠纷当事人直接选择以诉讼方式解决纠纷，除了对非诉讼解决方式的效力存在一定的认识偏差以外，更主要的原因是对非诉讼解决方式缺乏信任，如对调解人员的专业性、中立性心存质疑。

第三，基层社会治理中缺少精准预防与化解矛盾纠纷的手段。近年来，基层预防与化解矛盾纠纷还延续的是硬性管控的思维，如在特定时点集中力量开展地毯式、拉网式的矛盾纠纷大排查大化解专项行动，这种工作方式有助于集中发现矛盾隐患并及时化解，但也正因为其是运动式的而不可持续，在大排查之外的真空期，需要常态化的、更为精准的矛盾纠纷预防与化解工作机制和手段。

第四，预防与化解矛盾纠纷的治理资源缺少高效整合。在各地长期的基层治理实践探索中，形成了各种平台、中心、机制、组织等治理资源，如网格化管理平台、一站式诉讼服务中心、联勤联动机制、信息共享机制、一站式多元解纷机制，特邀调解组织、志愿服务组织等，各种资源之间存在或多或少的互动或嵌入关系，但整体而言这些互动或嵌入关系还是"物理性"的，彼此间还缺少"化学反应"式的整合，影响了矛盾纠纷化解的成功率和效率。

三、智慧司法技术在诉源治理中的赋能价值

长期以来，技术在法律中的适用受到很多限制，一个重要的原因不是所谓法律价值理性对技术工具理性的排斥，而往往因为技术发展不完备。现如今，大数据、人工智能等技术应用飞速发展，产生了一系列智慧司法技术应用和系统，在其推广应用过程中，起到了提高司法效率、提升司法公信力、规范法官自由裁量权、促进司法公正、推进高效便民司法等积极作用。推进大数据、人工智能等技术应用创新与司法工作深度融合，需破除智慧司法技术应用法院本位，在诉源治理改革实践中，针对基层矛盾纠纷化解能力短板，将智慧司法技

术应用进一步向基层社会治理以及非诉讼化解纠纷领域拓展具有重要价值。

第一,应用智慧司法技术可以提升调解组织及其人员的专业水平和中立性。调解工作一般需要丰富的生活阅历和社会经验①,不过德高望重型的传统调解员将逐渐式微,人们更倾向于具备专业优势的知识权威型调解员。大数据技术应用可以快速提高调解员的专业能力,甚至在几分钟内就使其获得可能需要几十年的实践经验才能获得的洞察力。此外,调处矛盾纠纷调需要调解人员努力克服自身的信念、情绪、偏见和先入为主的主观印象等,做到不偏不倚,依法、居中调停,客观的数据计算可以在一定程度上消除人的认知局限,机器学习、代码分析,能够拓展人的理性思维,智慧司法技术应用可以辅助矛盾纠纷调处者提高中立性。

第二,应用智慧司法技术可以提升矛盾纠纷当事人对调处主体的信任度。司法大数据分析不是通过假说驱动的,而是分析输入算法中的训练数据,从中得出潜在的预测关系,用以指导决策。司法大数据中的训练数据就是真实发生过的、已有生效判决的案例,在调处矛盾纠纷时,应用大数据技术可以展示客观的类案关键案情、判决结果以及诉讼成本等,具有很强的说服力和可信度。大数据技术这种客观性和真实性能够有效约束调处主体的主观性,化解矛盾纠纷当事人的未知焦虑,从而在二者间建构起信任基础,避免"塔西佗陷阱"。

第三,应用智慧司法技术可以提高基层社会精准治理能力。部分法院在诉源治理的实践中,已经在探索运用大数据技术助力地方科学决策和防范重大风险。比如,北京市东城区法院利用"司法地图大数据系统",将法院受理的各类案件直观反映在辖区行政区划地图上,定期对比分析案发数据,向相关部门发出预警,及时反映社会治理中存在的风险隐患,提出有针对性的建议。虽然目前该系统还只是对法院接收到的类案数量做的事后统计和反映,距离高效、精准提供矛盾纠纷发生预警、工作对象提示和处理建议等还有很大的差距。但可以预见,随着大数据、人工智能技术与基层社会治理的不断深度融合,智慧司法技术的智能化水平将不断提高,其在精准预防和化解矛盾纠纷方面会发挥更积极作用。

第四,应用智慧司法技术可以高效匹配矛盾纠纷预防与化解资源。大数据驱动下的基层治理能力提升的本质,在于通过促成服务资源供需高效、精准、个性化匹配,达致基层多元制度、技术和资源要素发挥功能效果的最大化。比

---

① 这也是为何实践中将积极邀请"五老人员"(老党员、老干部、老教师、老知识分子、老政法干警)参与矛盾纠纷化解作为成功经验普遍推广的原因。

如，可以根据矛盾纠纷类型以及当事人的个性化特征及偏好，通过对仲裁员、人民调解员、特邀调解组织、公益律师、心理咨询师志愿者等各种信息数据开放共享、挖掘、分析和推送，智能匹配调解人与矛盾纠纷当事人，提升社会协同效率和公众参与度，提高调解的成功率。

四、智慧司法技术诉源治理赋能价值的实现路径

应当认识到，我们尚处于且将长期处于"弱智能"时代。智慧司法技术应用于非诉讼化解纠纷领域有着广阔前景，但现阶段还面临着诸多障碍和制约，比如，技术层面的大数据基础问题、算法技术瓶颈等，机制层面的数据管理、数据孤岛问题，以及制度层面的技术应用合法边界问题等。不过，大数据、人工智能技术自我提升的学习资源就是数据，数据越多其分析的精准度越高，在智慧司法技术应用过程中产生的新数据也是其学习资源。所以，在诉源治理中应用智慧司法技术不能等待技术完全成熟后才去推广使用它，而是要由简入繁、循序渐进，选择合理的技术孵化、开发与应用路径，以逐步实现并优化其赋能价值。

第一，对现有的智慧司法应用进行完善和迁移。对现有的远程立案、在线审判、类案智能推送、智能审判辅助系统、智能模拟判决系统、文书自动生成、文书智能纠错、智慧执行等技术应用和系统进行适当改进，转化为供非诉讼化解纠纷领域使用的在线调解、类案推送、诉讼风险提示、诉讼结果评估、调解协议书自动生成、在线司法确认、调解协议智慧执行等技术应用与系统。

第二，在"一站式"多元解纷和诉讼服务机制及其平台建设工作中孵化智慧司法技术应用。智慧司法技术应用于非诉讼化解纠纷领域应率先与"一站式"多元解纷和诉讼服务机制及其平台建设工作相融合，并逐渐向诉前调解等非诉讼领域深度延伸。"一站式"多元纠纷化解平台是案件繁简分流、诉非衔接的重要场域，而且该平台建设具有一定的信息化基础，非常适合优化和孵化适用于非诉讼化解纠纷领域的智慧司法技术。比如，优化现有的案件诉讼成本评估应用，可以结合待调处案件标的额，通过对类案诉讼费用、时间等成本的运算分析，向矛盾纠纷当事人展示诉讼可能产生的成本，以供当事人理性选择纠纷解决方式。再如通过对不同当事人做出矛盾纠纷解决方式选择的原因进行采集，结合案件类型、关键案情及证据、当事人相关信息，以及案件后续调处主体、调处结果等信息，进行关联度分析，形成知识图谱，根据不同使用人的需要孵化相应的技术应用，为当事人规划最优化解矛盾纠纷路径，为调处主体制定化解纠纷预案。

第三,逐步建成集仲裁、调解、人员、数据公开与应用、动态监管于一体的非诉讼纠纷解决数据平台。建立智慧司法大数据共享、管理机制,打破信息孤岛,汇集裁判文书、庭审直播转化记录等司法大数据,基层网格化管理信息数据,仲裁组织及仲裁员、各类调解组织及调解员、公证员、司法鉴定人、基层法律服务工作者、法律援助工作者等信息,收集调解案件情况、调解协议书、调解结果等信息,通过对上述信息的降噪处理,提取、挖掘关键信息要素,并进行聚类、比对、关联度分析,充分挖掘其中的非诉讼调处纠纷价值,开发相应功能应用。比如,深度探究矛盾纠纷产生诱因和预测因子,为矛盾纠纷风险预警和精准预防提供工作方向指引等。

结语

没有信息化就没有现代化,基层社会治理现代化离不开信息科技的支撑。在智慧司法技术的加持下,基层矛盾纠纷化解体系短板能够得以有效弥补,从而为畅通各类非诉讼化解纠纷渠道奠定基础,激活分层递进、有效衔接的矛盾纠纷化解体系,使各类矛盾纠纷预防化解主体有能力、有平台各司其职,更加精准、高效、公平地从源头上化解矛盾纠纷,法院也可从诉源治理主推者、牵线人的身份中解脱出来,更好地回归审判本职,发挥定分止争终局性地位作用。而且,在诉源治理中应用智慧司法技术,能够实现科技发展成果共享,并为智慧司法提供新的学习数据和技术开发思路,助力"强人工智能"时代早日到来。

参考文献

[1] 柳玉祥. 坚持把非诉讼纠纷解决机制挺在前面[N]. 法制日报, 2019 - 05 - 15.

[2] 晨迪. 化纠纷于诉外 止纠纷于诉内 成都"诉源治理"走向全国[N]. 成都日报, 2018 - 12 - 27.

[3] 周苏湘. 法院诉源治理的异化风险与预防——基于功能主义的研究视域[J]. 华中科技大学学报(社会科学版), 2020 (1): 28 - 37.

[4] 周苏湘. 法院诉源治理的异化风险与预防——基于功能主义的研究视域[J]. 华中科技大学学报(社会科学版), 2020 (1): 28 - 37.

[5] E. 博登海默. 法理学:法律哲学与法律方法[M]. 邓正来, 译. 北京:中国政法大学出版社, 2004: 417 - 418.

[6] 胡洁人. 当前新型社会纠纷解决机制研究[J]. 当代法学, 2012

（2）：3－11.

[7] 李喜莲.平民化的人民调解员无法满足"将矛盾纠纷化解在萌芽状态"的司法要求[J].湘潭大学学报（哲学社会科学版），2014（6）：30－33.

[8] 马树同.基层治理视域下乡村人民调解的现代转型[J].宁夏社会科学，2019（1）：130－137.

[9] 苏力.制度是如何形成的[M].北京：北京大学出版社，2007：105.

[10] 刘艳红.大数据时代审判体系和审判能力现代化的理论基础与实践展开[J].安徽大学学报（哲学社会科学版），2019（3）：96－107.

[11] 兰荣杰.人民调解：复兴还是转型？[J].清华法学，2018（4）：111－127.

[12] 龙湘元，曾丹东.大数据环境下我国涉诉信访改革思考[J].湘潭大学学报（哲学社会科学版），2017（5）：108－111.

[13] 徐伟伦.北京东城法院发布"和立方"诉源治理白皮书[EB/OL].法制网，2020－07－08.

[14] 许峰，李志强.大数据驱动下社区治理模式变革与路径建构[J].2019（4）：165－170.

[15] 卢海燕.治理能力现代化视阈下民事纠纷解决智能化研究[J].广西社会科学，2020（3）：122－128.

人脸识别技术法律规制研究

唐 彦[*]

摘要：人脸识别技术在我国的普及应用为社会各领域带来各种便利，在公共安全管理工作上做出了较大贡献。应用人脸识别技术可能带来的风险与安全隐患不能被忽视。我们应当明确使用人脸识别技术的主体资质，明确人脸识别技术使用主体保护个人信息的法律义务，明确人脸识别技术的行业监管标准，明确使用人脸识别技术企业的法律责任，切实保护公民个人信息背后的人身权、人格权与财产权等各项法律权利。

关键词：人脸识别技术；个人信息；法律保护

人脸识别技术，主要是基于人的脸部特征，对人脸图像进行面部识别，根据人脸的位置、大小、面部器官等数据，提取人脸中蕴含的身份特征，并将其与数据库中的信息进行比对分析，从而识别人脸的身份。这一技术主要包括人脸追踪侦测，自动调整影像放大，自动调整曝光强度、夜间红外侦测等。近年来，人脸识别技术作为一种新兴的计算机 AI 技术在我国迅速普及应用，日益进入了社会生活的各领域。目前，在银行金融业务、第三方支付工具、安全防卫、门禁管理、企业管理、教学管理、刑事追逃等领域，人脸识别技术都得到了运用。应用人脸识别技术不仅可以大大节约社会运营成本，还能够有效提高社会管理效率，提供便利性，增强安全保障。尤其是在刑事侦查领域，我国公安司法部门近年来已经通过运用人脸识别技术抓获大量潜逃多年的犯罪嫌疑人，同时也寻找到多名被拐卖妇女儿童，人脸识别技术大幅提高了执法效率和社会公共安全。

科学技术从来都是一把"双刃剑"，科学技术的发展往往领先于法律制度的进步和完善。尽管人脸识别技术的普及应用给我国社会发展带来了诸多便利，

---

[*] 唐彦，女，北京信息科技大学，马克思主义学院，法学博士。

但是技术带来的法律风险也日益浮现。凡事预则立，不预则废，在人脸识别技术迅速发展的同时，我们必须注意防范技术发展可能带来的危及国家公共安全，侵犯公民个人信息权利方面等诸多法律风险，研究相关法律的规制，防患于未然，避免技术可能给社会带来的危害与损失。

一、人脸识别技术的法律风险

早在20世纪90年代，人脸识别技术作为一种生物识别技术在欧美国家计算机领域就已经取得了较为成熟的研究和发展。然而，西方国家对人脸识别技术的普及使用一直都不像我国这般高歌猛进，政府与民众普遍都表示出了较为审慎的态度。究其主要原因，在于这些国家民众多数认为人脸特征的数据属于个人信息当中最为敏感的生物识别数据，人脸识别技术被滥用会侵犯公民个人的人身权、人格权与财产权等法律权利，可能引发极为严重的后果，应该在法律层面得到最高限度的保护。

目前，人脸识别技术的普遍使用在我国突显出来的法律风险主要有以下几个方面：

（一）人脸识别数据库的管理权责不清，数据泄露的风险大

人脸识别技术背后的支撑是计算机数据。如果人脸数据库管理法律责任不清，缺乏明确的法律规范，从而导致数据被窃取或者泄露，会引发巨大的法律风险。你的脸可能不只属于自己，可能属于任何人。非法获取人脸数据的不法分子和机构，可能利用人脸数据窃取银行账户，从事诈骗，进行非法交易，散布隐私等。而人脸数据一旦丢失，公民个人难以修改人脸生物数据，个人被攻击或骚扰、人脸数据被滥用的风险可能伴随终身。目前，我国没有法律明确规定政府职能部门与企业在管理人脸数据库方面的责任，同时哪些主体有权采集、保管和运用人脸数据在法律中也缺乏明确规定。立法空白导致人脸数据泄露事件在国内屡见不鲜，而相关企业泄漏数据后并未受到法律制裁。以国内知名人工智能安防企业——深网视界大规模数据泄露事件为例，2019年2月，深网视界被媒体曝光泄露人脸数据，超过250万人的数据确认泄露，有680万条数据疑似泄露，其中包括身份证信息、人脸识别图像及图像拍摄地点等。然而，这一泄露事故发生后，政府管理部门并未追究深网视界公司的相关法律责任。

（二）人脸识别技术可能侵犯个人隐私权

所谓隐私权，是指自然人享有的私人生活安宁与私人信息秘密依法受到保护，不被他人非法侵扰、知悉、收集、利用和公开的一种人格权。隐私权是我

国民法规定的公民基本人格权利。公民对他人在何种程度上可以介入自己的私生活,对自己的隐私是否向他人公开以及公开的人群范围和程度等具有决定权。人脸信息与个人隐私紧密相连。人脸数据必然包括公民个人的身份信息,如住址、电话、邮箱、婚姻状况、工作单位、身份证号码、车牌号码、亲属关系等信息。此外,人脸数据在公共领域的大规模采集,也导致公民的个人日常行踪信息与人脸数据相关联。人脸数据一旦被获取,个人信息即被他人知悉,个人行踪轨迹和行为内容就可能被监控,清华大学劳东燕教授认为,将人脸识别技术理解为单纯的识别与印证,是一种重大的误解。在她看来,这种技术不仅能用来抓取个人的面部生物信息与既有数据库中的相应数据相比对,还能进一步追踪到个人的身份信息、日常的行踪轨迹、人与车的匹配、亲属关系的匹配以及经常接触人员的匹配等。

由此可见,人脸识别技术的应用增大了公民的隐私权被侵犯的风险。按照法律规定,除公权力机构为社会公共管理所需外,其他机构和组织利用人脸识别技术都应让公民个人知晓,同时应当经过公民个人的同意。否则,就有可能侵犯公民个人的隐私权。

(三)人脸识别技术可能衍生出新的歧视与不平等

通过人脸识别出不同的性别、种族、身份等信息,个人可能受到不公平对待。如果在人脸识别技术的算法中,人为地加入种族因素、性别因素等,人脸识别技术就可能成为有歧视和有偏见的人实施歧视的工具。例如,2019年10月29日,在"2019年城市轨道交通运营发展论坛"上,北京市轨道交通指挥中心提出北京地铁人物同检效率低,而轨道交通乘客数量巨大,安检造成人员通行速度减慢,安检工作压力极大。因此,北京地铁要求应用人脸识别技术实现乘客分类安检,研究建立乘客分类标准,并形成对应的人脸数据库,依托人脸识别系统对乘客进行分类安检,安检人员对不同乘客采取不同的安检措施。北京这一举措受到国内多位法律学者的批判,认为地铁对乘客划分类别进行安检,涉嫌违反宪法规定的平等原则,也涉嫌侵犯公民的人身自由不受侵犯的基本权利。

(四)人脸识别信息也涉及国家安全与利益

"没有网络安全就没有国家安全"[①]。人脸识别技术不仅涉及个人信息保护的问题,更涉及国家安全的保护。如果一个国家的人脸数据以及人脸背后的个

---

① 习近平. 没有网络安全就没有国家安全 [EB/OL]. 中华人民共和国互联网信息办公室官网, 2018 - 12 - 27.

人信息被国外情报机构非法收集,那么很有可能危及国家安全。国外情报机构如果获取我国的人脸数据信息库,通过追索个人在互联网中的言行,很容易推论出个人的政治倾向。通过大数据分析,可以得出一国国民对政府、执政党的态度,从而危及国家安全。以美国与伊拉克的战争为例,美国中央情报局在战前就通过互联网获取了伊拉克部分高级军事将领及其家属的个人信息,并通过秘密手段向这些将军和家属发送电子邮件或拨打手机,以达到策反的目的。同时,一些伊拉克中下级军官与士兵的手机也收到了美军的劝降信息。

二、欧美国家关于人脸识别技术与个人信息保护的立法探索

人脸识别技术方兴未艾,在我国社会生活领域普及运用时间还不长。目前,国内法学学者对其存在的个人信息泄露带来的法律风险和安全隐患研究也刚刚开始。国外研究机构与法律学者对人脸识别技术引发的信息安全法律保护研究相对深入。同时国外立法机构对人脸识别技术的规范也有了一些立法探索。他山之石,可以攻玉。我们可以借鉴西方已有的研究成果与立法经验,推动我国人脸识别技术与个人信息保护的立法进程。

2018年5月,欧盟认为个人信息数据的法律保护已日渐成为一个重大社会问题,制定了《一般数据保护条例》(GDPR),该法律被称为史上最严的个人信息保护规定。该条例的立法目的主要是保护数据主体的个人合法权利,避免个人信息数据的跨境流动造成对国家安全的重大威胁等。《一般数据保护条例》对于人脸识别等信息处理进行了系统规定。GDPR将人脸信息视为特殊种类的个人信息,属于生物学数据,原则上禁止使用。只有获得个人明示同意且成员国没有禁止,或出于履行劳动社会保障义务的必要,或为了实现重大公共利益所必需,或为了实现医学目的,或出于统计目的等情形,才能依据严格的条件和程序进行处理。对于非法采集人脸信息、泄露人脸数据信息,GDPR设定了巨额行政处罚,监管部门对违法企业或机构最高可处以2000万欧元,或上一财政年度全球营业额4%的罚款。2019年8月,瑞典数据监管机构根据欧盟制定的《一般数据保护条例》,对使用人脸识别系统的一所学校罚款20万瑞典克朗(约人民币14.8万元),监管机构认为该学校通过人脸识别系统记录22名学生的出勤率,侵犯了学生的隐私,学校完全可以用其他方式统计出勤率,使用人脸识别技术并非必要。

美国联邦没有统一法律规定人脸识别数据的收集和使用,联邦法院一般引用2004年制定的《视频隐私保护法案》来处理人脸识别技术相关案件。美国目前有部分州或城市制定了与生物识别数据相关的法案,分别为华盛顿州、得克萨斯州、伊利诺伊州、俄勒冈州、加利福尼亚州旧金山市、奥克兰市等。其中，伊利诺伊州于2008年颁布的《生物信息隐私法案》（Biometric Information Privacy Act，简称"BIPA"）对各国立法有的较高参考价值，是美国境内第一部旨在规范"生物标识符和信息的收集、使用、保护、处理、存储、保留和销毁"的法律。2017年华盛顿州通过修订法典，规定了商业企业收集与使用生物特征信息的有关内容。而得克萨斯州《统一商法典》规定，在未获公民个人同意之前，不得获取公民个人的生物识别信息。除了符合法律允许的条件，生物识别信息不能被售卖或者是被披露给其他方。2019年5月加州旧金山市于通过立法，禁止政府部门获取、访问、使用、保存一切由人脸识别技术获取的信息，从而使旧金山成为美国第一个禁止面部识别监控的城市。2019年7月，加州奥克兰市也通过《监视及社区安全法令》，禁止市政府和工作人员获取、保存、访问"人脸识别技术"和"使用人脸识别技术获取的信息"。

三、构建个人信息保护法律制度，规范人脸识别技术的应用

在新技术为生活带来巨大便利的同时，我们不能忽视它可能引发的法律风险和安全隐患。研究人脸识别技术与个人信息法律保护是我国社会发展的现实需要，为新技术配置合理的法律规制，构建个人信息保护法律制度，才能让新兴的科学技术真正造福我国民众和社会。

从我国现有法律制度来看，规范个人信息收集的法律还非常有限。明确规定个人信息收集的法律只有如下几类法律：2017年6月颁布实施的《中华人民共和国网络安全法》，其中第41条规定"网络运营者收集、使用个人信息，应当遵循合法、正当、必要的原则，公开收集、使用规则，明示收集、使用信息的目的、方式和范围，并经被收集者同意。"《中华人民共和国消费者权益保护法》第29条第一款规定"经营者收集、使用消费者个人信息，应当遵循合法、正当、必要的原则，明示收集、使用信息的目的、方式和范围，并经消费者同意。"除前述全国人大及常委会制定的法律，还有行政法规和部门规章，如工信部2013年7月颁布的《电信和互联网用户个人信息保护规定》，2019年10月国家互联网信息办公室室务会议审议颁发的《儿童个人信息网络保护规定》。

此外，目前列入立法规划的法律有：2019年8月，十三届全国人大常委会召开第十二次会议，《民法典人格权编（草案）》（三次审议稿）提请审议，其中有一章内容专门规定隐私权和个人信息保护。《中华人民共和国个人信息保护法》已于2019年8月纳入十三届全国人大常委会的立法规划。《数据安全管理办法》与《个人信息出境安全评估办法》截至2019年也已经完成了公开征求

意见。

由此可见，现有个人信息保护法律制度明显不足以防范人脸识别技术普遍使用带来的法律风险，因此，对于列入立法规划的法律我们应当注意以下亟待解决的一些问题：

第一，应当明确使用人脸识别技术的主体资质。

法律应当明确哪些机构有资格强制使用人脸识别技术。公权力机构出于公共安全，维护社会治安等目的有权不经公民同意使用人脸识别技术。而目前的社会现状是大量的公司、学校、医院、动物园、公园、博物馆等机构也蜂拥使用人脸识别技术。非公权力机构是否有权不经权利人同意使用人脸识别技术收集人脸生物数据，这是法律需要讨论的重点内容。以中国人脸识别第一案为例，杭州野生动物世界于2019年4月强制消费者录入人脸数据，已经购买年卡的消费者未录入人脸数据无法正常入园，该规定被浙江某大学法学教授告上法庭，认为人脸特征属于公民个人敏感信息，一旦被非法采集、泄露或滥用，极易侵犯消费者的人身权利和财产权利，野生动物园作为营利性机构无权强制采取公民的人脸生物数据。当前，学校、公司、小区使用人脸识别技术在全国各地也非常普遍。就笔者了解而言，延安多家红色革命遗址及博物馆使用人脸识别技术作为入园必须手续，北京航空航天大学进校门须人脸识别，北京理工大学教室内采集学生人脸数据用于学生学习情况分析，如统计出勤率、抬头率等。上述机构或组织是否有权不经公民同意采取人脸数据，在管理人脸数据库方面应该承担哪些法律责任，这些问题急需法律予以明确。

第二，应当明确人脸识别技术使用主体保护个人信息的法律义务。

研发和使用人脸识别技术的机构应当遵循保护个人信息的原则，不断提高算法和技术，主动承担起保护个人生物数据的责任。国家主管机关应当对滥用"算法黑洞"的机构进行专项整治，对未经权利人同意强制实施人脸识别的机构采取法律制裁措施。非公权力人脸识别技术使用机构对接受人脸识别的公民应当遵循自愿原则，同时应当履行个人信息安全风险告知义务。2020年5月14日，当当、知乎等多家互联网企业旗下的App被工信部点名批评，这些App主要涉及私自收集个人信息或共享个人信息给第三方，工信部要求被点名企业限期整改，逾期不改的企业将受到进一步处理。工信部对涉及侵犯公民个人信息权利的App进行治理，表明国家对保护公民个人信息的重视程度提高。在人脸识别技术侵犯个人信息权利方面，工信部也应对违法企业的整顿治理提上议事日程。对即将审议通过的《民法典人格权编》中，须规定非公权力机构使用人脸识别技术采取"知情同意"的原则，彰显私法的契约精神。对公权力机构合理使用人脸识别的领域也应当以法律予以明确，促使公权力机构提高保护人脸识别数据安全的责任心，避免公权力滥用而侵犯公民的基本权利。如我国于2017年在全国范围内建成了视频监控网——"中国天网"，视频镜头超过2000万个，并利用人工智能和大数据进行人脸识别、警务预测，监测水平位居世界前列。这种大规模个人生物数据安全的保护也是立法应予以考虑的问题。

第三，应当明确人脸识别技术的行业监管标准。

尽管《中华人民共和国网络安全法》将人脸在内的生物识别信息纳入个人信息范围，但是对信息的使用、传输、存储等方面标准仍需法律进一步细化。此外，我国已有的人脸识别行业标准主要都是国家推荐标准，缺乏统一的人体生物识别技术标准。以《公共安全人脸识别应用图像技术要求》为例，该要求主要对公共安全领域出现的人员身份网络远程验证、边检人证同一性认证、人脸门禁等领域中的人脸数据采集、人脸特征提取、人脸数据对比进行了规定，规定了两眼距离、采集数据的人体姿态、采集图像格式、排除遮挡要求、亮度与对比度、人脸领域等进行了规定。但是，这个标准仅仅是一个行业推荐标准，不是法定标准。要提升我国对人脸识别技术的监管水平，我们还应对这些行业标准进行进一步的细化，使这些标准具有更强的科学性与安全性。

第四，应当明确使用人脸识别技术企业的法律责任。

《一般数据保护条例》（GDPR）是欧盟制定的关于个人数据和隐私保护的规范，该条例包含有关处理欧盟内部数据主体的个人可识别资讯的条款和要求，适用于欧洲企业以及欧盟以外与欧洲企业商业交易的所有企业。该法案于2018年5月25日起强制执行。截至目前，欧盟各国根据GDPR对多家企业进行了处罚，其中罚款额度最高的超过2亿美元，被处罚的公司涉及多个行业。2019年7月8日，英国监管机构信息委员会根据GDPR对英国航空公司开出了1.83亿英镑的罚单，原因是该公司的大量用户信息被转移至欺诈网站上，攻击者通过虚假的英国航空公司网站收集了大约50万乘客的个人信息。英国监管方认为此次信息泄露行为持续了一年多，英国航空公司方面在数据管理方面负有不可推卸的安全责任，因此，必须承担法律责任。

而我国目前处理个人信息泄露的案件主要是通过"行政约谈"或"点名批评"的方式来进行监管。比如，2019年9月，针对网络中风靡的换脸App"ZAO"，工信部对相关企业进行了约谈，认为其存在"用户隐私协议不规范"和"数据泄露风险"等网络数据安全问题，要求其严格按照国家法律法规以及相关主管部门要求，进行整改，依法收集使用用户个人信息。不论是"约谈"还是"点名"，都不是法定的责任形式。在处罚力度上都让民众感觉到过于轻描淡写，对涉事企业并不能起到有效的监管作用，而对其他企业也不能起到法律威慑的作用。对此，我们应当借鉴欧盟的相关法律，对使用人脸识别技术的企业规定明确的法律责任，加大处罚力度，促使企业提升尊重公民个人隐私权的责任心，促进企业对公民个人信息安全的保护。

综上，近年来我国人脸识别技术迅速普及运用，但部分地区达到了滥用的程度。国内从事人脸识别技术开发的企业为避免公共舆论的关注，引发反对的声音，刻意减少宣传保持低调，成功避免了人脸识别技术成为公共话题。但是，作为国家立法部门与相关监管部门，不能无视人脸识别技术已经暴露出的侵犯个人信息的各种法律风险和隐患。我们应当在谨慎推行人脸识别技术的同时，尽快完善对人脸识别等生物识别技术的法律规范。

参考文献

[1] 张秀. 智能传播视阈下伤害最小化伦理原则探讨——以智能人脸识别技术为例 [J]. 当代传媒, 2020 (2)：82-85.

[2] 王春晖. 滥用人脸识别技术有悖法律规定 [J]. 中国电信业, 2019 (12)：68-70.

[3] 俞飞. 海外个人生物信息攻防战 [J]. 方圆, 2019 (12)：24-28.

[4] 王俊秀. 数字社会中的隐私重塑——以"人脸识别"为例 [J]. 探索与争鸣, 2020 (3)：86-91.

[5] 惠宁宁. 中国人脸识别第一案 [J]. 人民法治, 2019 (12)：66-68.

[6] 李庆峰. 人脸识别技术的法律规制：价值、主体与抓手 [J]. 人民论坛, 2020 (4)：108-109.

基于语义分析的网络
社会热点事件价值引导与构建研究
——以哈尔滨"天价鱼"事件为例*

奚冬梅**

摘要：社会转型时期，各种矛盾冲突增多，有些问题经由网络传播发酵，成为引发普遍关注的热点事件，如不能及时有效引导，极易引发负面社会影响。本文采用探索性个案研究的方法，通过对网络社会热点事件文本词频、语义、价值观等方面深入分析，把握规律特点，为增强主流话语社会主义核心价值观引导与构建提供方法支撑。

关键词：网络热点；语义分析；价值；引导构建

2018年，习近平在全国网络安全和信息化工作会议上讲话强调："各级领导干部特别是高级干部要主动适应信息化要求、强化互联网思维，不断提高对互联网规律的把握能力、对网络舆论的引导能力、对信息化发展的驾驭能力、对网络安全的保障能力。各级党政机关和领导干部要提高通过互联网组织群众、宣传群众、引导群众、服务群众的本领。"① 随着互联网的深入发展，自媒体在舆论场中作用日渐提升，许多网络社会热点事件都是率先由自媒体平台曝光，经过互联网、传统媒体、新媒体等立体传播扩散迅速发酵，成为引起广泛关注的舆情热点事件。在网络热点事件舆论场内，反映出来的是各种矛盾、利益和

---

* 本文为北京市教委科研计划一般项目"网络热点事件中的话语价值构建研究"（项目编号：SM201711232006）、教育部人文与社科研究青年基金项目"基于语义分析的社会主义核心价值观网络话语策略研究"（项目编号：18YJC710076）阶段性研究成果。

** 奚冬梅（1979—），江苏徐州人，北京信息科技大学马克思主义学院副教授，研究方向：网络话语价值构建。

① 习近平.全国网络安全和信息化工作会议上讲话［EB/OL］.中华人民共和国中央人民政府网站，2018-04-21.

价值诉求的冲突与碰撞，如果不能及时有效引导，则很容易引发公众对社会的信任危机，进而产生负面影响。如何加强新时期社会主义核心价值观在网络中的引导构建，是提高网络综合治理能力、建设网络强国的重要课题。

2016年2月12日，游客陈某以网名为"jack光头"发布微博称，春节期间和家人在哈尔滨旅游，一顿"鱼宴"吃了上万元，还因斤两和价格问题与饭店方面发生肢体冲突，引发大量网民关注，被舆论称为"天价鱼"事件。随着事件的发展，媒体报道和网络传播形成了较大舆论共振。为总结该事件在价值引导方面的经验教训，本文采取探索性个案研究的方式，通过对网络话语文本的梳理与分析，总结经验、探索规律，为进一步增强社会主义核心价值观网络话语引导与构建提供方法支撑。

一、文本数据采集

为便于进行比较研究，分别选取官方主流网络媒体舆论场代表人民网与民间网络话语舆论场典型平台微信公众号作为抽样框，通过计算机主题相关搜索，进行文本数据采集（以文字为主）159条，人工去除与主题不相关内容17条，共计142条，具体如表1所示。

表1 文本抽样框

采集渠道	样本量（条）
人民网	80
微信公众号	62

由表中样本量可以看出，作为官方主流媒体，人民网对哈尔滨"天价鱼"事件保持了较高关注度，相关文本达到80条，超过了微信公众号62条的文本数量。

（一）时间序列

从采集到的文本发布时间和数量来看，人民网与微信公众号都从2月15日开始，微信公众号发文9篇，人民网发文4篇。人民网发文量达到最高峰值是2月18日，发文量8篇，其次为2月17日7篇，2月22日6篇；微信公众号则于2月15日、16日、17日连续三天保持高峰值9篇发文量，2月19日短暂下降后于2月21日又再次达到峰值9篇。如图1所示。

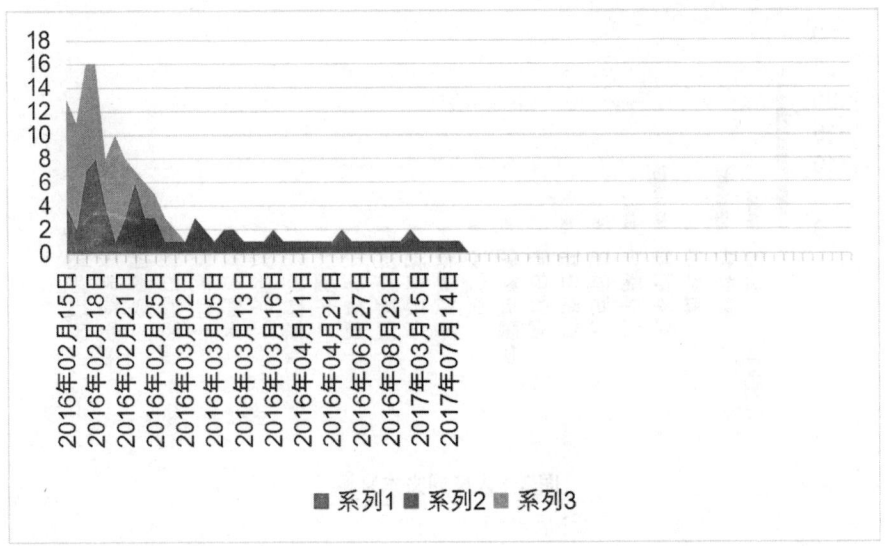

图1 人民网与微信公众号文本发布时间与数量

注：系列1为人民网发文时间与数量；系列2微信公众号发文时间；系列3为微信公众号发文数量

从上图可以看出，微信公众号对该事件关注强度高，但时间较短，2月15日—2月22日持续一周之后，关注度迅速下降，直至3月11日，不超过1个月；人民网对该事件关注呈现几次波峰的变化，2月17日—18日，2月21日—25日等，而后逐渐下降，呈现出持续时间较长的长尾效应，从2016年2月15日至2017年1月13日，持续将近一年的时间，这充分反映出不同媒介在网络热点事件传播过程的差异。

（二）文本来源

从人民网文本采集来源看（图2），38.8%来自人民网和人民日报内部，其次15%来自新华社、新华网，12.5%来自京华时报，5%来自北京晨报。从来源类别看，52.5%来自传统日报、晚报、晨报等媒体，40%来自网络媒体，形成了传统媒体与网络媒体舆论共振。

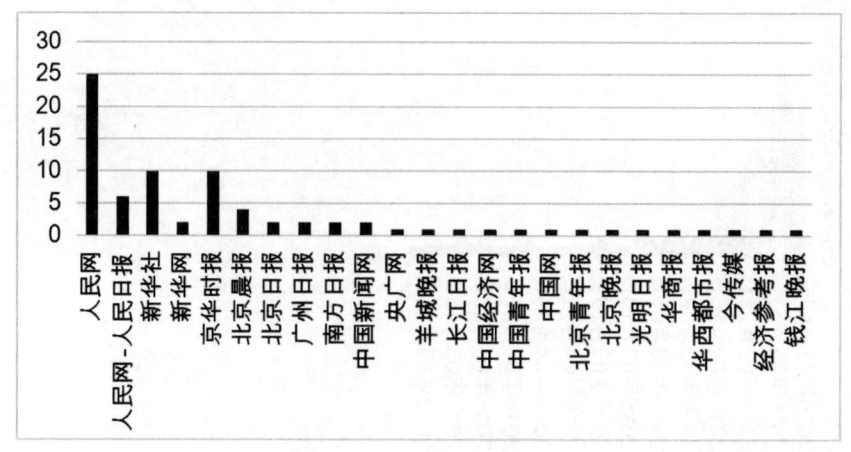

图 2　人民网文本来源

微信公众号文本来源范围较广,既有主流网络媒体如新华网、人民网黑龙江频道等,也有传统媒体微信公众号如常州日报、中国之声、哈尔滨新闻广播、新闻夜航等,还有民间论坛如天涯舆情、市监沙龙等,政务微信如问政大庆、山东省人民检察院等。

二、哈尔滨"天价鱼"事件语义数据分析

近年来,随着社会的发展,旅游成为人们的一种生活方式,自媒体时代,游客不仅成为各地旅游形象的传播者,也是旅游问题的反馈者。作为旅游大国,旅游人数的增多、流动的频繁,不仅考验地方政府社会管理能力,也反映出面对舆论的应对和价值引导能力,如果处理不当,则易引发社会信任危机。哈尔滨"天价鱼"事件信息源头是 2 月 11 日晚,江苏常州一位游客将春节期间自身旅游遭遇发布到了微博上,引发网民关注,而后经过网络媒体和传统媒体传播扩散,引起官方对事件关注和初步回应后,引发对初步调查结果的质疑,其间经历舆论的几次反转,最终才因调查惩处问责而平息舆论。

为全面把握哈尔滨"天价鱼"事件在社会主义核心价值观引导和构建方面的特点,对文本数据进行了两方面分析:一是使用计算机对文本内容进行词频、语义和社会网络宏观分析;二是通过人工进行话语类型模式及语义价值诉求深度分析,比较官方与民间网络话语价值诉求异同,为更有针对性地加强引导提供方法支撑。

(一)数据初步分析

对人民网 80 份文本和微信公众号 62 份文本进行了批量分词之后,通过聚类归并，形成高频词表。

1. 词频

为便于比较，分别对人民网和微信公众号相关文本中排名前30的高频词进行对比分析（表2）。由于机器识别存在一定的机械性和语义偏差，人工将"哈尔滨"与"哈尔滨市"进行合并，以"哈尔滨"表达地域，将分词有误的"北区"改为"江北区"，是哈尔滨所属的一个区名。

表2 人民网与微信公众号文本高频词比较

人民网				微信公众号			
词语	频度	词语	频度	词语	频度	词语	频度
事件	518	人民	186	哈尔滨	443	调查组	146
天价	447	舆论	166	饭店	427	媒体	135
旅游	419	消费	163	事件	365	人员	134
舆情	349	江北区	152	鳇鱼	353	店家	134
媒体	285	野生	134	调查	327	双方	130
市场	267	鳇鱼	131	野生	325	存在	127
消费者	267	服务	128	天价	286	监督	125
问题	263	标价	128	江北区	279	管理局	124
调查	245	新闻	121	消费者	235	消费	119
部门	228	传播	121	市场	202	标价	112
社会	207	监管	119	渔村	190	警察	112
饭店	207	行为	118	问题	184	部门	111
哈尔滨	195	商家	115	陈先生	175	政府	111
游客	188	存在	110	游客	164	行为	110
政府	188	明码	106	北岸	160	导游	108

通过表2可以看出，在人民网与微信公众号高频词中，有许多词是一致的，比如"事件""天价""媒体""市场""消费者""问题""调查""消费""野生""鳇鱼""标价"等，这反映出二者都对该事件暴露出的问题，如消费者权益、饭店明码标价、消费行为、鳇鱼野生、市场监管、政府调查等方面都给予了高度关注。"天价"成为网络热词，也成为类似事件一种标签化话语表达，如"天价虾""天价鱼""天价茶"等。但二者之间高频词语内容和聚集度也存在

较大差异，人民网排名前6位的词语分别是"事件""天价""旅游""舆情""媒体""市场"，人民网具有特色的表达词语如"旅游""舆情""社会""人民""服务""新闻""传播""商家"等；微信公众号排名前6位的词语为"哈尔滨""饭店""事件""鳇鱼""调查""野生"，微信公众号有特色的表达词语如"渔村""陈先生""调查组""双方""监督""管理局""警察""导游"等。这充分反映出二者在议程设置上存在显著差异。人民网在高度关注微观事件的基础上，更注重由此事件引发的关于旅游行业、舆情情况、媒体传播、市场监管、消费者、商家、政府关系等方面问题的宏观、中观层面价值引导与构建；微信公众号则更关注微观层面事件本身，围绕哈尔滨江北区、涉事饭店、当事人、鳇鱼价格、是否野生、调查情况、政府行为等进行议程设置，以追求事实真相、客观公正及法治为诉求。

2. 语义和社会网络分析

为更直观分析词语之间语义关联和社会网络，对文本语篇在分词基础上进行分析，形成了语义和社会网络关系图。如图3所示。

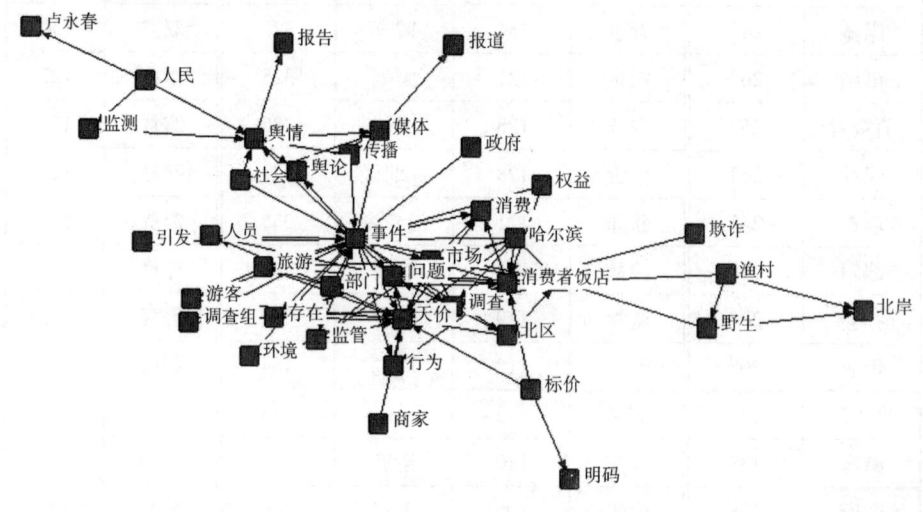

图3　人民网文本社会语义网络分析图

由图3可以看出，人民网围绕"天价鱼"事件，对涉及政府与市场关系、部门责任、旅游行业服务水平提升、社会舆论及舆情、媒体传播、天价问题调查、消费者权益保护等进行了较广范围主题设置，突出了在整体宏观视角把握问题、应对舆论、监管市场、塑造环境等方面进行价值引导，立足点在于增强话语权威性与公信力。

由图4可以看出，微信公众号对事件本身和涉事各方进行了较为全面系统的反映，关注视角更偏微观具体，其中以饭店经营行为是否欺诈、鳇鱼是野生还是养殖、事件调查是否客观公正、政府市场监督管理等为核心展开主题和内容设置，突出追求客观真相与公平正义等价值诉求。

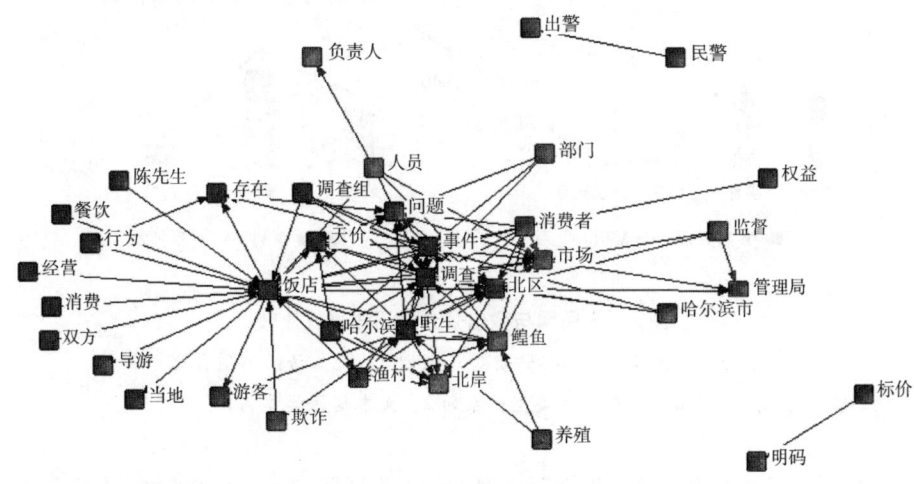

图4 微信公众号文本社会语义网络分析图

（二）文本深度语义分析

为更深入把握文本话语模式与价值态度，分别采用统一尺度对人民网与微信公众号文本进行语篇分析，通过人工分析方式对内容体现出来的价值态度，按照社会主义核心价值观三个层面12个词（富强、民主、文明、和谐；自由、平等、公正、法治；爱国、敬业、诚信、友善）进行对应语义关联分析。

1. 话语模式分析

通过人工分析话语文本表达方式，对人民网和微信公众号142份文本进行了归类梳理，具体如图5所示。

从图5可以看出，采用新闻话语模式对客观事件报道占比微信公众号事件类占比达到74%，人民网事件类占比为50%。其次，人民网评论类占比最高，达到43.8%，充分反映出通过对事件评论引导舆论和价值理念，发挥主流媒体在价值构建中的作用；微信公众号评论类占比与人民网较接近，达到43.5%，反映出在"天价鱼"事件中人们的价值诉求与观点态度。在微信公众号文本中，话语互动性较好，采取与网民对话、网民对事件评论、夹叙夹议等方式反映民众价值态度与诉求，占比17.7%。人民网话语模式中，由于把关审核较严，话语互动性相对较弱,但从话语模式方面也增加了一定比例刊发网民评论和对事件的态度,占比仅为 1.3%。人民网还有一些文本采取研究类话语模式,占比 3.8%。

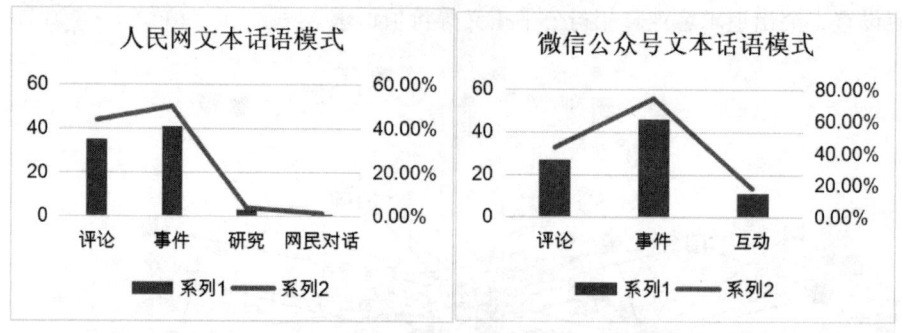

图 5　人民网与微信公众号话语模式比较

注1：系列1：文本话语类型；系列2：文本话语类型占比

注2：文本话语类型；系列2：文本话语类型占比

在人民网文本中,该事件话语辐射面和衍生话题较宽,从哈尔滨"天价鱼"到桂林"天价鱼"、四川"天价鱼"、河北"天价游艇"、上海"天价茶"、武汉"天价姜丝可乐"等内容都有所涉及,话题设置上关注了地域影响和类似事件主题。微信公众号文本中就事论事、追求真相、寻求公平正义话题设置较为丰富,话题辐射面和衍生话题较窄。

从话语表述风格来看,人民网文本由于把关人作用发挥充分,表述较为客观严谨,用语规范,虽然话语中也引用了一些网络话语如"伤不起""躺枪""踩雷"等,增加了话语亲切性和生动性,但总体上保持了权威性、规范性话语表述风格。微信公众号文本话语表述风格则较为自由,调侃、戏谑、质疑、追问等风格都有所体现。如在2月18日一篇报道中标题使用了《哈尔滨天价鱼事件未了,又爆广西游客被打,这是咋的了》口语化表达方式,在行文中,事件陈述之外,还用调侃戏谑风格表达对导游的态度,如"这位大妹子,你怎么那么彪,你咋不上天哪?!"

2. 社会主义核心价值观分析

经过对文本语篇内容的人工分析,与社会主义核心价值观12个词进行对照,采取语义最大化方式,对一个文本中体现出来的多重价值观进行全面归纳整理,形成了对142篇文本社会主义核心价值观构建内容总结,如表3所示。

表3 社会主义核心价值观构建比较

人民网		微信公众号	
价值观	频度	价值观	频度
法治	65	公正	58
诚信	64	法治	52
公正	60	诚信	48
敬业	47	平等	45
平等	31	文明	31
文明	24	敬业	25
和谐	16	和谐	16
友善	2		
富强	1		

通过上表可以看到，人民网社会主义核心价值观构建涉及9个词语，范围较宽；微信公众号社会主义核心价值观构建内容较为集中，涉及7个词语。二者之间有七个价值观内容一致，都包含"公正""法治""诚信""平等""敬业""和谐""文明"。区别是不同媒介平台对社会主义核心价值观强调和重视范畴有所不同，排序有很大差别。

人民网首先强调"法治"层面价值观的弘扬。法治是现代社会的基本框架，十九大报告指出，"全面依法治国是中国特色社会主义的本质要求和重要保障"。在"天价鱼"等类似宰客事件中，人民网着重强调政府在监管、执法、调查层面依法依规处理，执法要严，为当地市场环境的有序健康发展提供保障。对于商家，通过明码标价、发票、纳税、工商等方面进行主题设置，充分发挥舆论监督，突出在守法层面进行价值引导与构建。对游客和个人，强调学会运用法律法规保障自己的合法权益免受侵害。微信文本则着重强调的是"公正"价值观。在哈尔滨"天价鱼"事件中出现了几次舆论的反转，当地成立的联合调查组为尽快回应舆论，在取证不全的情况下发布了调查结果，称涉事饭店为明码标价，这一结果公布后，形成了两种舆论波，一种是将矛头由饭店指向当事游客，认为他们无理取闹，进一步对游客进行人肉搜索，谣传其社会身份背景；一种是质疑调查结果的客观公正性，认为在游客缺位情况下，单方面从饭店调查取证失之偏颇。因此，许多网民都以追求真相，期待调查结果客观公正为价值诉求。

人民网排在第二位的是"诚信"价值观，微信公众号排在第二位的是"法治"价值观。人民网强调"法治"的硬约束之外，也大力弘扬"诚信"的软性道德要求。无论是政府、企业还是个人，真诚的态度是赢得他人信赖的前提，也是建立信任的基础。哈尔滨"天价鱼"事件第一次调查结果失之偏颇，被舆论认为试图掩盖和回避问题，引发了人们对地方政府权威性的质疑。随后，哈尔滨市委市政府专门就此问题召开了会议，专题研讨解决办法，调查组联系到当事游客，在取证比较充分的情况下，形成了新的调查报告，将该事件定性为一起严重侵害消费者权益的恶劣事件，对涉事饭店进行了严厉惩处，同时启动了相关工作人员问责，这才平息了舆论风波，使人们重拾对政府的信任。人民网还对省长和市长在两会期间以真诚的态度直面问题，表达对事件处理的决心进行了报道，赢得了人们的好评，引导人们建立对政府的信任和权威性的认同。微信公众号中强调政府监管执法调查的"公正"严明之外，也对加强社会"法治"体系建设，立法层面完善法律法规及制度流程、执法层面加大力度和频度、企业个人层面知法守法等进行了价值引导与构建。

人民网排在第三位的是"公正"价值观，强调政府在事件处理过程中应秉持公开透明、实事求是、持中守正的价值理念，增强政府公信力。微信公众号排在第三位的是"诚信"价值观，突出表达了对商家经营诚信和政府加强诚信机制和氛围营造的价值诉求。

人民网与微信公众号都强调了如"敬业""平等""文明""和谐"等价值理念，政府相关工作人员具有认真负责、勇于担当和作为的精神品质，是实现市场主体之间平等的重要保障，也是社会文明、和谐的重要体现。

三、结论

通过上述分析可以看出，作为官方主流网络媒体代表之一的人民网与作为公众网络话语平台的微信公众号，在社会主义核心价值观引导与构建方面呈现出以下几方面特点：

（一）双方网络话语模式差异性与互补性特征明显

从对该事件报道中可以看出，人民网与微信公众号站位与立足点存在明显差异。人民网网站在整体和宏观视角审视把握这起商业纠纷，尤其对该事件及类似事件持续关注将近一年的时间，话题设置的范围较宽，文本来源有近39%来自内部，具有较强的议程设置和价值引导与构建能力。微信公众号则符合一周关注原则，短时间内意见聚集度高但持续时间短，只持续了半个月左右即转入下一话题，转载其他媒体报道和评论较为常见，自我加工能力有待加强。微信公众号围绕事件本身如饭店、游客、政府监管、调查组调查情况等方面组织话语内容，视角更偏微观具体，以质疑和追问真相为目标。

二者之间网络话语模式存在较大差异。人民网主要采取新闻话语和评论话语及少量互动话语模式，其中评论类话语占比较高，达到43.8%，通过评论话语表达价值态度并进行价值引导。如2016年2月15日人民网发表题为《明码实价"天价鱼"难掩宰客现象背后的执法缺位》的文章，被其他媒体高频转载，在地方政府公布初步调查结果之后，对于地方市场监管与执法方面暴露出来的问题进行了舆论引导和纠偏。微信公众号主要采取了新闻话语、评论话语和互动话语模式，其中新闻类话语占比最高，对事件真相的关注和追问占比达到70%以上，评论类主要以各媒体和网民对事件的评价为主，话语互动性强，这与人民网权威话语模式形成了鲜明互补，也反映出不同媒介平台表达方式的差异和媒介之间融合趋势逐步加强。

从语言风格上看，人民网语言表述较严谨、规范，力求亲切；微信公众号表达风格偏向于口语化和自由化，调侃、戏谑及综合性较强。

（二）双方社会主义核心价值观引导与构建存在既对立又统一的辩证关系

我国处于转型时期，面临的社会矛盾和风险增大，同时，物质生活水平的提高，使人们在文化精神层面有了更高的期待和诉求。网络社会的形成，使得人人都可以进行议程设置，许多事件通过网络引爆舆论，而事件背后往往体现的是多元价值观念与利益诉求，这对当前的社会治理和社会稳定带来了新的挑战。

"天价鱼"事件是一起典型的旅游餐饮纠纷，之所以成为引起广泛关注的舆情事件，是因为它反映了市场经济背景下人们对旅游行业政府监管、执法、保护消费者合法权益和对商家诚信经营等方面有较强的共识和期待。社会主义核心价值观在网络中的引导构建是有效化解矛盾、重建社会信任的重要渠道。在"天价鱼"事件中，人民网与微信公众号对社会主义核心价值观引导与构建呈现出既对立又统一的辩证关系。

双方的差异和对立性体现在：面对同一事件，二者之间对社会主义核心价值观强调的视角各不相同。人民网注意通过"天价"一词符号化设置如"天价茶""天价游艇""天价可乐"等相关主题，引导人们增强对"法治""诚信""公正""敬业"等价值观的认同。此外，在人们对事件负面情绪较多的情况下，人民网还通过正向价值构建，引导人们建立"友善"和"诚信"的价值观,增强对国家社会的认同感和信任。微信公众号反映的是民间的价值呼吁和诉求,尤其表达了对事件中几次舆论的反转背后原因的强烈关注。通过质疑和追问,反映出对"公正""法治""诚信""平等"等价值观的认同和诉求。

双方的统一性体现在:社会主义核心价值观内容的构建具有高度的趋同性,除"友善""富强"二者之间有一定差别外,关于"法治""公正""诚信""敬业""平等"等价值理念都在双方话语内容中有充分表达。事件发生后,人民网和微信公众号都将事件类新闻报道作为主导话语模式,通过与官方微博、网站、公众号等实现信息联动融合,第一时间发布相关消息,避免因信息不对称带来的焦虑,同时通过发表评论方式引导舆论。在价值观引导与构建中,双方都关注了几次舆论反转的情况,强调法治国家、法治政府、法治社会三位一体建设的必要性,同时,强化政府职能权责,处理好企业、消费者之间的关系,实现社会治理的公正、平等。此外,在外部约束的同时,双方都认为从内在道德性层面增强诚信建设和社会层面建立诚信机制也是市场经济条件下环境治理的重要内容,双方在价值构建中存在着相互呼应、相互统一的特点。

总之,在网络社会热点事件舆论价值引导中,首先,应注意信息内容的客观、准确、公正,避免因失实带来的舆论次生转化问题;其次,相关人员要有正视问题的态度,勇于承担,这是重建社会信任的重要桥梁,也是进行价值引导和构建的重要前提。

第五部分 05 其他

"以学生为中心"的高校思政课差异化教学方案研究
——以我校"毛泽东思想和中国特色社会主义理论体系概论"课教学为例*

曾毅红**

摘要：思想政治教育要加强亲和力和针对性，更好满足学生成长发展需求和期待，因此，突出"以学生为中心"，注重研究高校思政课的差异化教学方案具有现实意义。以我校"毛泽东思想和中国特色社会主义理论体系概论"课为例，通过调研设计推出了分别针对理工类和经管文类学科的课内实践差异化方案，经过教学实践取得了良好效果。为了进一步提升活动质量，今后要更注意引导学生打开视野、加强思政课教师与专业院系的联系沟通、切实贯彻理论和实际相结合的原则。

关键词："以学生为中心"；思政课；差异化；教学；方案

一、研究背景

（一）国情背景

2016年12月，习近平总书记在"全国高校思想政治工作会议"上发表重要讲话时强调："要用好课堂教学这个主渠道，思想政治理论课要坚持在改进中加强，提升思想政治教育亲和力和针对性，满足学生成长发展需求和期待，其他各门课都要守好一段渠、种好责任田，使各类课程与思想政治理论课同向同行，形成协同效应。"① 为贯彻落实这次会议精神，教育部发布了《高校思想政治工

---

* 本论文为校教改立项重点资助项目"'以学生为中心'的思政课差异化教学研究——以'毛泽东思想和中国特色社会主义理 论体系概论'课为例"（项目编号2018JGZD11）的阶段性研究成果。

** 曾毅红（1967—），女，北京信息科技大学马克思主义学院副教授，研究方向为马克思主义中国化。

① 习近平.把思想政治工作贯穿教育教学全过程开创我国高等教育事业发展新局面[N].人民日报，2016-12-09.

作质量提升工程实施纲要》（教党〔2017〕62号，以下简称《纲要》），强调要"坚持育人导向，突出价值引领""坚持遵循规律，勇于改革创新""坚持问题导向，注重精准施策""坚持协同联动，强化责任落实"等原则，并提出了要充分发挥课程、科研、实践、文化、网络、心理、管理、服务、资助、组织等方面工作的育人功能，挖掘育人要素，完善育人机制，优化评价激励，强化实施保障，切实构建"十大"育人体系的基本任务。其中实践方面要求"深入推进实践教学改革，分类制订实践教学标准，适度增加实践教学比重，形成可转化、可推广的一体化育人制度和模式"。①

总书记的讲话为做好新形势下高校思想政治工作、发展高等教育事业指明了方向。落实讲话精神和《纲要》的要求，从思政课教学的角度，就必须"以学生为中心"，研究不同学科背景学生的差异化需求，挖掘不同专业领域可利用的思政教育资源，大力突出思政教学的针对性，使学生深刻认识自己作为一个准专业人的时代责任和历史使命，激励他们自觉地把个人的理想追求融入国家和民族的事业中，勇做走在时代前列的奋进者和开拓者。

（二）校情背景

我校（北京信息科技大学）现有39个本科专业，覆盖工、管、理、经、文等5个学科门类，由马克思主义学院承担全校所有本科专业的思想政治理论课教学。作为公共基础类课程，各门思政课采用的都是由"马克思主义理论研究和建设工程"组织编写的统一教材，并按相关要求制定了统一的教学大纲。学校重视思政课教学，并根据形势发展的需要不断调整思政课教学安排，例如，我校自2012级起各专业的培养计划中都增加了思政课的课内实践教学部分，以"毛泽东思想和中国特色社会主义理论体系概论"课（以下简称"概论"课）为例，教学设计由原来的"64理论教学学时"调整为"48理论教学+16课内实践"；自2017级起培养计划进一步调整为"36理论教学+12课内实践"。尽管设计课时在减少，但课内实践的占比并没有降低，这样的调整方案无疑体现了在思政课教学中加强实践性的发展趋势和要求。在教学研究中，过去更多强调对共性问题的研究，"概论"课也因此形成了可以通用的"立体化专题教学方案"和"课内实践设计方案"，对不同学科和专业背景的学生在思政课学习过程中的差异化需求则关注不够。尽管在教学实践中老师们也会根据不同专业的授课对象对教学具体内容和形式有一定的调整，但随机性较强，缺乏系统性研究

---

① 中共教育部党组关于印发《高校思想政治工作质量提升工程实施纲要》的通知［EB/OL］．中华人民共和国教育部网站，2017–12–05.

和制度性的安排。因此，学生对思政课学习与专业学习之间的关系、专业学习与国家发展之间的关系等问题常常缺乏清晰的认识。例如，我们在针对计算机学院2014级计算机科学和软件工程专业149名学生的学情调查中，当问到"你是否清楚所学专业与国家发展之间的联系"时，有56名学生明确表示"不清楚"；有19名学生所写的与本专业并没有明确关系；35名学生只回答了"清楚"或"知道"，没有写出具体内容；只有39名学生从本专业的角度回答了这个问题。也就是说，超过半数的学生实际上对所学专业与国家发展之间的联系几乎没有认知，或者是从未思考过这个问题；而那些与专业相关的回答实际上也是很粗浅的，大都只是笼统地认为"计算机专业有利于就业"或者"计算机和互联网的发展对社会经济发展很重要"等。这种状况表明，在我校思政课教学研究和实践中重视学生的不同学科专业背景，有针对性地研究并提出差异化的教学方案具有必要性和紧迫性，既是对"以学生为中心"教育理念的贯彻落实，也能够更好地发挥思政课的价值引领作用，联通"思政课程"和"课程思政"，切实提升思政教育的实效性。

二、"以学生为中心"的思政课差异化教学研究思路和目标

（一）研究思路

第一，思想政治理论课是高校思想政治工作的主阵地和主渠道，但思政课也容易被贴上"空泛化"的标签，有时甚至因此遭遇被边缘化的情形。为此，思政课的教学改革应当抓住当前大力倡导建设"课程思政"的契机，主动突破"思政课程"唱"独角戏"的状况，充分研究挖掘不同学科领域的思想政治教育资源并将其融入课程教学实践中，真正落实思政课的价值引领功能，提高思想政治教育的实效性。

第二，调查研究表明，我们的学生关心现实的经济社会发展问题，但对政治理论缺乏兴趣，很多人认为思政课学习与其专业研修之间没有关系，体会不到思政课的"有用性"。要改变这种状况，首先要求教师研究掌握不同学科背景学生对思政课教学的差异化需求，并通过内容丰富、形式多样同时又有针对性的教学使学生对马克思主义中国化的理论成果真正形成思想理论认同以及情感体验认同，为他们自觉地把个人理想追求与国家、民族的发展繁荣联系起来提供更明确的方向性引导。

第三，要将针对学生差异化需求的研究和教学实践系统化和制度化，落实"以学生为中心"的教育教学理念，形成具有可操作性的教学方案。新的教学方

案要适应我校目前的思政课设计课时和结构要求,充分体现思政课教学必须把理论和实际紧密结合的重要原则,通过突出教学针对性,加强师生互动、鼓励学生参与,提升课程的亲和力并切实提高学生的实践能力。

(二)研究的目标和要解决的问题

第一,改变思政课教学更多关注共性问题,缺乏针对不同学科背景学生差异化需求研究的状况,要求教师加强对我校不同学科发展状况的了解把握,主动挖掘利用不同学科领域的思政课教学资源,通过教学研究把握不同学科的特点和学生的认知规律,在教学实践中充分体现"以学生为中心"的教育理念,对不同学科背景的学生进行差异化教学,既要能够充分体现马克思主义中国化的历史进程和科学成果,特别是习近平新时代中国特色社会主义思想这一最新理论成果,又要在教学内容和方式上更好地满足学生特定的发展需要和期待。

第二,在现有通用性《"概论"课课内实践设计方案》基础上,分别针对我校理工类和经管文类学科设计出两份差异性的教学方案。新的方案既要将理论教学与课内实践有机结合,又要切实体现不同学科的特点和认知规律,将多种教学资源、平台和教学方式手段结合起来,突出"概论"课教学的针对性,切实提高学生运用理论思考分析和解决实际问题的实践创新能力。由于方案设计适合课程和我校实际,有较强的可操作性,是具有创新性的教学改革探索,也可为其他思政课的教学体系建设提供借鉴。

三、"概论"课课内实践的差异化教学设计方案

结合已有的《"概论"课课内实践设计方案》,分别针对我校理工类和经管文类学科设计了两项具有差异性的课内实践教学活动:一是主要针对理工类专业设计的"我们专业的中国故事",二是主要针对经管文类专业的"学习习近平讲话及用典"

(一)"我们专业的中国故事"设计方案

课内实践:我们专业的中国故事

1. 选题的由来

我的专业学习与思想政治教育有关联吗?我所学的专业在学校和国家层面有着怎样的发展历程?今后在这个专业领域我会有怎样的发展?……对于上述问题的回答有助于同学们思考和发现自己的专业学习与国家和社会发展之间的关系,提升专业自信,认真规划未来的职业发展。故此,"毛泽东思想和中国特色社会主义理论体系概论"课以"我们专业的中国故事"为题开展课内实践

活动。

2. 实践活动的具体要求

（1）主题要求是与本课程教学和所学专业有关的一个故事。可以是讲一个事件，也可以是讲一个人物。要体现该事件或人物在你的专业领域内与学校、社区、城市乃至国家发展之间的关联。

（2）广泛查阅相关事件和人物的资料。

（3）经过小组讨论，围绕上述问题将需要的资料整理出来，形成演示文稿（包括PPT和演讲提纲，PPT首页请务必注明小组成员的分工情况；演讲提纲1000－1500字）。

（4）小组推选至少一位同学在课堂上进行演说，分享成果（时间为10分钟左右；演说的同学要求熟悉本组准备的材料课件，尽量脱稿展示）。

（5）鼓励形式创新。同学们也可以用其他的方式来表达，例如，制作微视频、情景表演等。

3. 活动的评比与激励

本活动是"毛泽东思想和中国特色社会主义理论体系概论"课课内实践活动的一个独立模块，主要针对理工科专业背景的院系设计。教师在演讲结束后要对所讲故事进行点评，并鼓励其他同学参与讨论互动。演讲小组成员的成绩和参与互动同学的表现都计入平时成绩。

（二）"学习习近平讲话及用典"设计方案

课内实践：学习习近平同志系列讲话，弘扬中华优秀传统文化

1. 活动背景和主要内容

中华优秀传统文化积淀着中华民族最深沉的精神追求，代表着中华民族独特的精神标识，是中华民族生生不息、发展壮大的丰厚滋养，是中国特色社会主义植根的文化沃土，是当代中国发展的突出优势。古典名句，是中华文化长河中历经砥砺的智慧结晶，是传承中华民族优秀传统文化的经典载体。

习近平总书记的系列重要讲话和文章中常常引经据典，生动传神，寓意深邃，极具启迪意义。因此，我们在本学期的"概论"课课内实践活动中以"学习习近平同志系列讲话，弘扬中华优秀传统文化"为题，开展一次专题演说活动，通过学习讲话，选取其中的相关经典进行深入研讨解读，并以"演示文稿＋课堂演说"的方式来分享学习成果。

2. 演说活动的具体要求

（1）以小组为单位，选择习近平同志的一篇（或几篇）讲话，通读并找出其中的有关"用典"（古代典籍或经典名句，从诸子百家到唐诗宋词，从孔夫子

到毛泽东,都可以)。

(2)讲好"用典"背后的中国故事

①查阅资料,找到"典"的出处;

②结合出处的全篇或整段内容,理解并阐述"典"的含义;

③结合所选的习近平同志讲话,阐述这个(这些)"用典"在讲话中的运用(用在何处?用意如何?效果怎样?);

④结合社会或自身实际延伸理解"典"的意义;

(3)将上述要求形成演示文稿(包括PPT和演讲提纲,PPT应为15页左右,首页请务必注明小组成员的分工情况;演讲提纲1000—1500字)。

(4)小组推选至少一位同学在课堂上进行演说,分享成果(时间为10分钟左右;演说的同学要求熟悉本组准备的材料课件,尽量脱稿展示)。

(5)提交PPT和演说文字稿电子版。

3. 活动的评比与激励

(1)本活动是"概论"课课内实践活动的一个独立模块,参加小组成绩计入平时成绩。

(2)本活动同时是春季学期"北京信息科技大学校园文化节"活动的一部分。活动中涌现的优秀作品可被推荐参加"校园文化节"相关活动的评比,有机会获得校级奖励。

4. 活动的阅读材料

(1)新华网—领导人活动报道集—习近平同志重要讲话

http://www.xinhuanet.com/politics/leaders/xijinping/zyjh.htm

可供参考选择的一些讲话(全文)见附件包。

(2)《习近平用典》(人民出版社,2015年版)

在两项活动中,由于"学习习近平讲话及用典"活动入选了学校的校园文化节系列活动,已经成为一项校级竞赛,由此关系到学生是否具有参与校级竞赛并获奖的机会问题,因此,我们将这项原本主要针对经管文类专业学生设计的活动开放给所有专业学生,但活动开展过程中的情况表明,无论是从参与活动的积极性还是认真程度看,经管文类专业学生的表现总体上要比理工类专业学生更好,从最后作品的获奖表现看,经管文类专业学生作品的优秀比率也更高一些。

"我们专业的中国故事"项目是针对理工类专业设计的,目前在计算机学院、通信学院和机械学院的若干专业中都开展过该项目的课内实践活动。最初布置这项活动的时候,得到的响应很少,学生认为自己的专业是个技术性领域,没有什么故事性，在动员启发的过程中，我们要求学生思考诸如"我的专业学习与思想政治教育有关联吗？我所学的专业在学校和国家层面有着怎样的发展历程？今后在这个专业领域我会有怎样的发展？"等问题，带着这些问题去挖掘自己专业领域内的事件和人物，由此发现自己的专业学习与国家和社会发展之间的关系。经过启发，一些小组出色地完成了项目，找到了事件或人物在专业领域内与学校、社区、城市乃至国家发展之间的关联。

四、进一步完善《"概论"课差异化教学方案》的思考

（一）更注意引导学生打开视野，提升项目的深度和广度

在课题研究中，我们要求教师加强对我校不同学科发展状况的了解把握，主动挖掘利用不同学科领域的思政课教学资源，通过教学研究把握不同学科的特点和学生的认知规律，从而在教学实践中充分体现"以学生为中心"的教育理念。在操作上，主要是教师访问不同学院的网站了解学校各专业的发展状况、搜索相关领域的热点事件和人物、与学生进行选题讨论等，这些举措对于刚开始开展此项活动而言是能看到明显效果的，但继续开展活动时，会发现学生主要还是通过网络搜索本专业领域的社会信息，渠道单一，在某个专业领域的选题出现重复、扎堆现象。因此，要提醒学生避免过于追逐热点事件和人物，引导他们更多关注本校本专业的发展状况，同时打开视野，更广泛和深入挖掘丰富的课程资源，讲好平凡人不平凡的"中国故事"。

（二）建立马克思主义学院与专业院系的深入沟通交流机制，促进思政课程与课程思政的融合

本课题中设计针对理工类专业学生的"我们专业的中国故事"项目，其重要目的是希望通过这一活动使学生更了解和热爱自己的学校和学院，提升他们的专业自信心和自豪感。然而要挖掘和用好不同学科的思政课教学资源，特别是与我校各院系相关的资源，仅靠思政课教师浏览不同学院的网站介绍是不够的，需要建立起马克思主义学院与专业院系的多层次多渠道沟通联系，例如，专业院系邀请思政课教师观摩入学教育、参与一些专业院系设计和实习活动；建立思政课教师与专业院系辅导员及班主任的定期交流机制、马克思主义学院与团委、学工部及各专业院系的思政专题交流机制等，以此促进思政课程与课程思政的同向同行，高度融合。

（三）在专题教学与课内实践的结合中切实贯彻理论和实际相结合的原则，提升活动质量

在过往的多次调查中，当我们问及"你对哪些教学内容印象较深？"时，同学们的回答五花八门，但他们提及的内容大都是与我们课内实践模块相关的，说明将专题教学与课内实践相结合既是必要的也是成功的。但在活动中学生的表现也存在一些较突出的问题，例如，有些学生演说枯燥，只是照着PPT念，下面的同学就提不起精神来；有些只讲专业，一堆术语，缺乏故事的生动性；有些只讲故事，没有凸显其与思政教育的关联；等等。因此，为了进一步提升活动质量，更好地满足学生差异化的需要和期待，必须在差异化教学中贯彻落实理论和实际紧密结合的重要原则，用鲜活的实际讲好马克思主义中国化的历史进程和科学成果，特别是习近平新时代中国特色社会主义思想这一最新理论成果，引导学生把理论与专业实际的结合形象化，切实提高学生的实践能力，真正实现学有所得。

加强马克思主义理论学科对外学术交流的思考[*]
——基于《高校马克思主义理论学科发展报告2014—2018》

胡 飒[**]

摘要：近年来，马克思主义理论学科在对外学术交流方面已经取得了较好的成就，但是还需要进一步加强，不断拓展马克思主义理论学科的学术研究视野，不断提升马克思主义理论学科的国际影响力，主要从三个方面考虑：一是明确宗旨，重视和加强马克思主义理论学科的对外学术交流；二是支持"请进来"的同时，鼓励"走出去"；三是加强引导和管理，促进对外学术交流持续有序发展。

关键词：高校；马克思主义理论学科；对外学术交流

在国际舞台上讲好中国故事、阐释中国方案、传播中国声音、提升国家形象方面，马克思主义理论学科具有重要作用。近年来，马克思主义理论学科在对外学术交流方面已经取得了较好的成就，但是还需要进一步加强，不断拓展马克思主义理论学科的学术研究视野，不断提升马克思主义理论学科的国际影响力。

一、明确宗旨，重视和加强马克思主义理论学科的对外学术交流

2011年《高等学校哲学社会科学"走出去"计划》指出，深入推进哲学社会科学繁荣发展，进一步提升高等教育国际化水平，扩大中国学术的国际影响力，妥善回应外部关切，增进国际社会对我国基本国情、价值观念、发展道路、内外政策的了解和认识，展现我国文明、民主、开放、进步的形象，增强我国

---

[*] 北京信息科技大学校级课题，研究生思想政治教育中导师首要责任的落实研究，编号：2021PYZD05
[**] 胡飒，北京信息科技大学马克思主义学院教授。

国际话语权,具有十分重要的意义。在当前国际国内发展环境发生深刻变化、世界范围内各种思想文化交流交融交锋的新形势下,要进行具有许多新的历史特点的伟大斗争、推进中国特色社会主义伟大事业,就必须巩固马克思主义在意识形态领域的指导地位,从而迫切需要马克思主义理论学科发挥好引领作用。旗帜鲜明地在国际社会展示中国特色社会主义建设的伟大成就;阐释我国改革开放40多年的伟大经验;积极回应国际社会对我国的不了解和疑虑,驳斥某些国家的恶意攻击,让世界更好地认识和了解中国,为我国发展创造良好的外部舆论环境,这是马克思主义理论学科对外学术交流的重要使命。在对外学术交流中要坚持"走出去"与"请进来"相结合;要坚持以我为主,积极稳妥的原则。立足实际,把握主动,深化国际学术交流与合作,持续有序地推进对外学术交流。

当前有些高校领导和教师对马克思主义理论学科开展对外学术交流存在一些认识上的误区:他们认为马克思主义理论学科依托于各高校的马克思主义学院,承担各高校的思政课,只要完成了思政课教学任务就行,有没有进行对外学术交流不重要。这样的认识非常片面。对外学术交流,可以扩大马克思主义理论学科教师的学术视野,增长见识,提升科研能力,促进马克思主义理论学科的发展,同时也能帮助教师更好地完成思政课教学任务。另外,马克思主义理论学科对外学术交流可以"加强与国外学术机构、学术团体、知名专家的学术交流和对话,及时掌握国外马克思主义研究的最新进展和前沿问题,吸收借鉴世界马克思主义研究的优秀成果,向国际社会广泛深入地宣传介绍中国特色社会主义道路、理论体系和制度,推动中国马克思主义学术成果走向世界,不断提升中国马克思主义的学术话语权"[1],更好地服务于国家战略发展需要。

二、支持"请进来"的同时,鼓励"走出去"

马克思主义理论学科对外学术交流既包括邀请海外学者来中国进行学术交流,也包括本学科学者去海外进行学术交流。双向交流既有利于马克思主义理论学科教师学术视野的拓展,也有利于世界了解中国,提升马克思主义理论学科的国家影响力。

目前,对外学术交流的"请进来"方面取得了很大发展。《高校马克思主义理论学科发展报告2014—2018》的研究显示,从2014—2018年,国(境)外学者来华参加学术会议的人次依次是:2014年296人次、2015年494人次、2016年379人次、2017年474人次、2018年726人次。2015年比2014年增长了66.89%。尽管2016年比2015年降低23.28%,但是比2014年还是增长了28.04%。2017年比

2016年增长了25.66%，2018年比2017年增长了53.16%，2018年比2016年增长91.56%。[2]国（境）外学者来华参加学术交流的经费主要由我国承担。可以看出，近五年来，因马克思主义学科建设的需要，国（境）外学者来华参加学术会议的人次呈现明显增多的趋势。为世界了解中国开启了一个窗口，促进了马克思主义理论的教学与研究，也加深了人类文明的互鉴交流。

相比于"请进来"的迅速发展，"走出去"的步伐有待加大。首先，"走出去"的规模有待扩大。《高校马克思主义理论学科发展报告2014—2018》的研究显示，从2014—2018年，马克思主义理论学科去国（境）外参加学术会议的人次依次是：2014年270人次、2015年289人次、2016年277人次、2017年357人次、2018年294人次。2015年比2014年增长了7.04%，2016年比2015年降低4.15%，2017年比2016年增长了28.88%，2018年比2017年降低了17.65%。[3]跟上面"请进来"的发展状况相比，尽管近五年来，马克思主义理论学科"走出去"的步伐在加大，但是增长幅度明显缓于"请进来"的幅度。

其次，"走出去"交流的深度有待拓展。马克思主义理论学科"走出去"交流主要包括参加国际学术会议、留学访问和讲学。其中以参加国际学术会议的人次最多，留学访问的人次较多，赴国（境）外讲学的人次最少。参加国际学术会议的人次虽然相对多，但是在国际学术会议上做主题发言的较少。《高校马克思主义理论学科发展报告2018》显示，2018年马克思主义理论学科去国（境）外参加学术会议的只有40.14%[4]做了主题发言。赴国（境）外讲学的人次一直不多。《高校马克思主义理论学科发展报告2014—2018》显示，从2014—2018年，马克思主义理论学科学者赴国（境）外讲学的人次依次是：2014年6人次、2015年20人次、2016年17人次、2017年29人次、2018年17人次[5]，可以看出总人次很少。其中2018年比2017年下降41.38%，与2016年持平，比2015年降低15.00%，表现出萎缩的趋势。另外，近些年来年马克思主义理论学科邀请国（境）外学者来华讲学的人次明显多于"走出去"讲学的人次。这种情况说明我们听别人讲的多了，别人听我们讲的少了，不利于国际社会全面深刻地认识中国、了解中国，理解中国走上中国特色社会主义道路背后深刻的逻辑。

基于以上情况，加强马克思主义理论学科对外学术交流可以从以下几个方面考虑。

第一，加大财政支持力度。一方面，教育行政管理部门积极组织和设计马克思主义理论学科对外的学术交流项目。比如，教育部关于《普通高等学校思想政治理论课教师队伍培养规划（2019—2023年）》明确支持国外研修项目。规定每年遴选若干名高校思政课拔尖教师，以公派访问学者身份赴国外进行6—

12个月访学研修。教育部可以考虑适当增加类似项目，并使其具有连续性，以便对外学术交流在不断扩大的范围内稳定持续进行。另一方面，各高校要明确马克思主义理论学科对外学术交流的费用保障，专款专用。

第二，鼓励教师"走出去"。2019年3月18日，习近平总书记在学校思想政治理论课教师座谈会上提出了新时代思政课教师的"六个素质"。其中第四个素质是视野要广，除了知识视野和历史视野，国际视野当然也是题中之义。加强对外学术交流，是强化教师国际视野的重要途径。要做到这点，前提是教师有足够的时间和精力参加对外学术交流活动。《高校马克思主义理论学科发展报告2014—2018》的研究显示，当前高校思政课教师数量不足是一个普遍存在并且非常严重的问题。教师短缺，导致在职教师工作量巨大，无暇顾及学术交流。积极解决这个问题，才能让教师放心地"走出去"。另外，创造各种条件鼓励教师"走出去"。比如，加大资助力度、提供外语培训、解决家庭生活困难等。

第三，积极搭建对外学术交流平台。学术交流平台是马克思主义理论学科同世界分享马克思主义理论研究成果和中国特色社会主义道路的伟大经验重要载体，也是国外了解中国的重要窗口。也可以成为我们同世界一流马克思主义学术机构和国际知名学术团体的联系纽带。可是根据《高校马克思主义理论学科发展报告2014—2018》的研究显示，近五年来，马克思主义理论学科的国际合作项目总体不多，具体是2014年16项、2015年15项、2016年35项、2017年10项、2018年12项。[6]在进行学科调研时，90%以上的高校都认为国际合作项目缺乏是对外学术交流中的最主要的困难。显然依据教师个体能力难以解决这个问题。这需要国家教育行政管理部门的统筹谋划。一方面，教育行政管理部门积极主动搭建相关学术交流平台。另一方面，扶持国内重点马克思主义学院建立对外学术交流机构，为马克思主义理论学科对外学术交流服务，而不仅限于他们自己学院的对外交流。要倾心打造一批国际马克思主义理论交流互鉴的平台，筑就中国的国际马克思主义理论研究高地。

三、加强引导和管理，促进对外学术交流持续有序发展

马克思主义理论学科对外学术交流过程中一些问题的存在凸显加强引导和管理的必要性。

一是不同学科点的对外学术交流差距显著。主要表现为一级学科博士点和一级学科硕士点的对外学术交流比较频繁。二级学科博士点和二级学科硕士点较少开展对外学术交流。比如，2018年，马克思主义理论学科教师出国（境）参加学术会议共294人次，其中一级学科博士点有231人次，占比78.57%；一级学科硕士点有 49 人次，占比 16.67%[7]，两者共占比 95.24%。可以看出马克思主义理论学科的对外学术交流在学科内部的发展非常不平衡。这种状态的出现有其必然性，但是如果不协调，长此以往则非常不利于马克思主义理论学科的整体发展。

二是教师参加对外学术交流的目的地"扎堆"。《高校马克思主义理论学科发展报告 2017—2018》的研究显示，2017 年教师出国（境）参加学术会议的国家和地区排在前十位是美国、俄罗斯、日本、英国、波兰、德国、新加坡、老挝、韩国和法国。2018 年排在前十位的是俄罗斯、美国、德国、日本、英国、韩国、中国台湾、西班牙、捷克、奥地利、澳大利亚、匈牙利（后面三个国家被选择的次数一样）。教师出国（境）访问留学的目的地基本上也是这种情况。另外，2018 年马克思主义理论学科邀请的国（境）外学者来自 32 个国家和地区。排在前十位的是美国、日本、俄罗斯、英国、德国、中国台湾、意大利、比利时、瑞典、奥地利、澳大利亚（后面两个国家被选择的次数一样）。可以看出，无论是"请进来"还是"走出去"，对外学术交流的目的地主要是发达国家和地区，发展中国家和地区被选择的概率较小。聚焦发达国家和地区开展对外学术交流，有其重要意义，但是忽视发展中国家和地区，显然不妥。比如，我国的"一带一路"倡议涉及沿线 60 多个国家和地区，贯穿亚欧非大陆，有活跃的东亚经济圈，有发达的欧洲经济圈，但是更有广袤的发展中国家和地区。从服从和服务于国家战略需要的角度出发，马克思主义理论学科非常有必要加强与这些国家和地区的学术交流。

三是对外学术交流存在与国外学科匹配困难、对外交流内容与本学科相关度较低的问题。《高校马克思主义理论学科发展报告 2014—2018》的研究显示，2014 年有 72.10% 的高校认为这个问题很严重，之后四年的比例分别是 2015 年 77.20%、2016 年 83.69%、2017 年 85.80%、2018 年 78.84%。可以看出，近五年来这个问题一直存在。尽管 2018 年的状况稍好，但还是有接近 80% 的高校认为这个问题很严重。这样的问题不解决，容易使对外学术交流浮于表面，流于形式，不利于学科内涵建设和发展。这说明马克思主义理论学科对外学术交流活动的主题与内容有很多不属于马克思主义理论学科方向，而是其他学科的内容。付出了辛劳但是耕的可能是别人的地。这里有国内外学科认知和设置方面的差异，也有出访者个人的原因。

基于以上问题的存在，所以需要国家和政府部门的引导和管理，以使得问题逐步得到解决。

第一，保持一些学科点对外学术交流优势的同时，积极推动二级学科博士点和二级学科硕士点对外学术交流的发展。相关部门在设计和推进对外学术交流项目时，有意识地向二级学科博士点和二级学科硕士点倾斜，相关经费予以明确的保障。这样有利于激发马克思主义理论学科人才的有序流动，也可以极大地助力对外学术交流的发展。

第二，服务国家的战略发展需要，整体布局对外学术交流的目的地国家和地区。主要从两方面着手，一是在设计和组织对外学术交流项目时，从国家的战略发展需要出发，全盘考虑目的地国家和地区的布局，避免项目扎堆在发达国家和地区，兼顾发展中国家和地区。二是在制度设计时，鼓励和奖励研究者选择发展中国家和地区（如"一带一路"沿线国家和地区）。对于参加对外学术交流频次高的学科点和研究者，可以通过制度设计让他们倾向于发展中国家和地区。有利于马克思主义理论学科扩大国际视野，既可以和国际顶尖的马克思主义学术机构和国际知名学术团体进行交流，不断发出中国声音；也可以了解世界更多地方，把中国声音传送到更广阔的地方，不断提高服务国家外交战略能力，增强中国学术海外影响。

第三，加强调研和督查，推动对外学术交流持续有序发展。各地教育行政部门要调研督查相关文件精神的落实情况。各高校要深入学习和贯彻落实《高等学校哲学社会科学"走出去"计划》《国家中长期教育改革和发展规划纲要（2010—2020）》《教育部关于深入推进高等学校哲学社会科学繁荣发展的意见》和《普通高等学校思想政治理论课教师队伍培养规划（2013—2017 年）》等文件精神，重视和加强马克思主义理论学科的对外学术交流。各地教育行政部门要督促各高校制定相关配套措施推动马克思主义理论学科对外学术交流。从经费保障、项目设计和教师个人职业发展规划等方面调动马克思主义理论学科教师的积极性和主动性，不断扩大教师的国际视野，提升教师的科研能力，增加学科的学术影响力。同时加强对外学术交流项目的管理。从政治纪律的强调，生活费用的配套，还有对外交流的研究内容与学科方向的关联等，都进行持续的安排和管理，避免"放羊"式的管理。教育行政管理部门对落实到位的高校予以表扬和奖励，对落实不力的高校要采取适当的措施，促使其改进。

参考文献

[1] 梅荣政. 马克思主义理论学科建设三要点 [N]. 光明日报，2015 - 12 - 31.

[2][3][4][5][6][7] 艾四林，吴潜涛. 高校马克思主义理论学科发展报告 2018 [M]. 北京：高等教育出版社，2019：359 - 360，337，337，343，350，336.

高校开展"互联网+"
思想政治教育的学理分析与路径探究

刘玉威[*]

摘要: 随着互联网和新媒体技术的飞速发展,互联网与各行各业之间的联系愈加紧密,"互联网+"的概念日益深入人心并深刻影响着社会生产生活的各个领域。通过对"互联网+"概念的内涵进行深入剖析,科学阐释了"互联网+"与大学生思想政治教育工作相结合的基本议题,提出了高校开展"互联网+"思想政治教育的可行性,并且分析了"互联网+"思想政治教育的重要意义,提出了健全体制机制、搭建相关实践平台以及提高教育工作者执行力三条实践路径。

关键词: 互联网+;思想政治教育;路径

随着互联网和新媒体技术的飞速发展,"互联网+"的概念日益深入人心,各种与"互联网+"有关的新思想、新理论、新实践喷薄而出,势不可当。作为最初由民间孕育和提出的一个新理念,"互联网+"持续与社会各行各业进行了深度融合。以李克强总理在2015年政府工作报告中提出制定"'互联网+'行动计划"为标志,经过近几年的发展,"互联网+"业已上升到了国家大力提倡、社会高度重视、全民积极参与的新高度,其内涵和外延也获得了极大地丰富和增长。据此,有学者提出,"需要哲学社会科学工作者与自然科学工作者紧密配合"[1],以促进学科之间的交叉融合,助力国家治理水平和治理能力的现代化。在这一背景下,本文基于对大学生思想政治教育工作中存在的理论与实践结合不紧密、教育实效性不高等问题,提出大学生思想政治教育急需借鉴"互联网+"的新思想、新理念、新做法,以"互联网+"作为引领学科发展、解

---

[*] 刘玉威,男,汉族,北京信息科技大学讲师,法学博士,主要研究领域为大学生思想政治教育、大学生创新创业教育。

决现实问题的新的思考方向，达到以"互联网+"为代表的新媒体技术与大学生思想政治教育的深度融合，这既是对大学生思想政治教育工作的现实要求，也是大学生思想政治教育工作体现时代性、把握规律性和富于创造性的一项战略选择。

一、什么是"互联网+"

要讨论"互联网+"大学生思想政治教育，就必须首先了解什么是真正的"互联网+"，因为，只有深刻认识"互联网+"这一概念的科学内涵，其与大学生思想政治教育的结合才有可能性。现在，很多人把"互联网+"简单片面地理解为互联网的"增加"，把"互联网+"某个行业或领域简单理解为互联网技术与某个行业或领域的简单"相加"，其实，这一认识是存在明显偏颇的。

（一）从概念源起看，"互联网+"的提出有着综合化、系统化的特点

2012年11月，易观国际董事长兼首席执行官于扬首次提出"互联网+"理念，他认为："在未来，'互联网+'公式应该是我们所在的行业的产品和服务，在与我们未来看到的多屏全网跨平台用户场景结合之后产生的一种化学公式。"[2]可以看出，于扬提出"互联网+"的理念，是基于其打造"多屏全网跨平台用户服务系统"这一企业发展目的之实际需要而进行的，且注重的是一种"化学变化"式的综合变革，因此，将"互联网+"理解为互联网"增加"缺少了综合与系统的思维眼光，显然是不全面的。

（二）从发展历程看，人们对于"互联网+"的认识和接受经历了一个深刻的变革过程

"互联网+"概念于2012年提出后，经历了一个逐步被认识和接受的过程。2014年11月，李克强总理在出席世界互联网大会时提出，互联网是大众创业、万众创新的新工具，并将其看成是中国经济提质增效升级的"新引擎"。2015年3月，腾讯董事长马化腾在全国两会上提交《关于以"互联网+"为驱动，推进我国经济社会创新发展的建议》的议案，呼吁持续以"互联网+"为驱动，鼓励产业创新、促进跨界融合、惠及社会民生，推动我国经济和社会的创新发展。2015年3月，在十二届全国人大三次会议上，李克强总理在政府工作报告中首次提出"互联网+"行动计划，着力推动互联网、大数据、云计算等新技术与现代制造业的融合。2015年7月4日，国务院又印发了《关于积极推进"互联网+"行动的指导意见》，从国家制度层面上将"互联网+"提升到了一

个新高度,这一文件对"互联网+"概念的深入人心具有重要意义。

(三)从预期效果看,"互联网+"最终着眼于解决社会生产生活当中的实际问题

"互联网+"所要达到的效果是对于实际生产活动效率的提高和对于人们实际生活质量的提升。基于生产生活实践的综合性、复杂性,"互联网+"对于生产效率和生活质量提升发挥作用要以互联网与相关产业、领域的深度融合为基础。所谓"互联网+"某一领域或产业,其实质是发挥互联网在生产要素配置中的优化和集成作用,将互联网的创新成果深度融合于经济社会各领域之中,提升实体经济的创新力和生产力,形成更广泛的以互联网为基础设施和实现工具的经济发展新形态。"互联网+"概念的发展始终伴随着与实际生产、生活的互动,它实际来自生产生活的实践,并最终回馈到生产生活实践中。简而言之,"互联网+"就是经济社会各领域、各行业的深度"互联网化"。

二、"互联网+"思想政治教育的重要意义

当前,我国的思想政治教育正处在社会发展日新月异、多元文化碰撞交流、国际国内形势深刻变化以及体制机制持续变革的复杂时代背景下,思想政治教育工作的实效性受到极大挑战,从一个全新的角度看待和理解思想政治教育、探索思想政治教育工作提质增效升级的新途径已经成为一项急迫而重要的工作。"互联网+"具有跨界融合、创新驱动、开放共赢、尊重人性等特点,符合时代发展趋势和规律。其对思想政治教育工作具有重要的思想启迪和行动指导意义。

(一)"互联网+"思想政治教育是思想政治教育取得新实效的必要探索

在网络"自媒体"时代,传统的思想政治教育受到严重挑战,教育实效性下降。"思想政治教育面临三大挑战:一是大学生思想政治教育的内容要更好地适应网络时代;二是大学生思想政治教育的权威性遭到削弱;三是话语体系不一致阻碍了大学生思想政治教育'入心入脑'。"[3]中共中央、国务院《关于进一步加强和改进大学生思想政治教育的意见》(中发〔2004〕16号文件)明确指出:"面对新形势、新情况,要主动占领网络思想政治教育新阵地,使网络成为弘扬主旋律,开展思想政治教育的重要手段。"[4]因此,解决当前思想政治教育所面临的困境,提高大学生思想政治教育的实效性,必须借鉴包括"互联网+"在内的人类社会发展的一切新思想、新成果,以此为基础发展出思想政治教育的新形式、新业态,唯有如此,思想政治教育的发展才能真正突破"达摩克斯利之剑"的魔咒,实现提质增效的新飞跃和新发展。

(二)"互联网+"思想政治教育是互联网技术实现内涵式新发展的重要方式

根据辩证唯物主义实践与认识的关系,认识来源于实践并指导实践。互联网技术的发展为我们更加深刻地认识事物发展规律和人类认识规律提供了实践基础,帮助我们对于人、社会及其相互关系等有了更加深刻的认识和理解。而已经掌握了的相关认识和提炼出的相关理论反过来又能用于指导互联网技术的进一步发展。作为以培育人的思想、塑造人的价值观为核心内容的思想政治教育,也不可避免地与互联网技术发生千丝万缕的联系,并在指导人类开展科学生产实践的过程中促进互联网技术的持续发展与进步。因此,互联网技术的新发展,必须从包括思想政治教育在内的社会生产生活的实践中寻找新思想、新动力、新能量,这既是互联网技术不断超越的实际需要,也是社会生产生活实践和人类认识能力发展的必然要求。

(三)"互联网+"思想政治教育是相关理论取得新成果的有效途径

当前,学科交叉为人们科学认识事物本质和发展规律提供了一个全新的视野。在这一背景下,"互联网+"思想政治教育所体现出来的学科交叉与理论借鉴的思想,能够进一步拓展互联网技术和思想政治教育的研究领域,为两个学科领域相关理论的丰富和成长带来更大的可能性。

三、高校实施"互联网+"思想政治教育的实践路径

(一)建立健全"互联网+"思想政治教育的体制机制

2015年7月,国务院发布《关于积极推进"互联网+"行动的指导意见》,从行动要求、重点行动以及保障支撑三个方面对于如何开展好相关工作明确了责任主体、提出了相关要求,为各高校建立健全"互联网+"思想政治教育的体制机制提供了重要指导。根据要求,各部门应"针对互联网与各行业融合发展的新特点,加快'互联网+'相关立法工作,研究调整完善不适应'互联网+'发展和管理的现行法律及政策规定",应"加快社会征信体系建设,推进各类信用信息平台无缝对接,打破信息孤岛",此外,还应"放宽融合性产品和服务的市场准入限制,制定实施各行业互联网准入负面清单"。[5]这为高校制定符合"互联网+"思想政策教育特点的各类制度规章提供了重要参考。各级教育部门应结合地区特点和办学特色建立健全有利于推进"互联网+"思想政治教育开展的体制机制,扫除工作障碍,提升工作实效。

高校思想政治教育是一种自上而下的国家行为,因此,相关教育部门应通

过体制机制设计，在着眼于在满足政府、高校、企业、科研机构以及个人等各类群体利益诉求的基础上，充分发挥各类因素的积极主动性，形成多主体合作共赢、共同努力的局面。其中，政府要对思想政治教育进行大力宣传和提倡，在全社会营造开展思想政治教育的良好氛围；高校作为思想政治教育的主体，应积极响应政府号召，结合自身办学特色寻找思想政治教育创新发展的突破点；各类社会组织应当积极参与其中，将社会实践与思想政治教育进行紧密结合。此外，政府、高校和企业应在提倡开展思想政治教育的过程中积极吸引受教育者的参与，从满足受教育者实际需求的角度制定政策、开展实践。

（二）搭建"互联网+"思想政治教育的有效平台

从传统教育思想来看，我们高度重视实践教育对于培养人的综合素质的重要作用。例如，我国教育家陶行知在20世纪初就提倡手脑并用，提倡教、学、做相结合，强调"教为了做、学在做中"的教育理念，为此，他专门写了一首《手脑相长歌》："人生两个宝，双手和大脑。……用手又用脑，才算是开天辟地的大好佬"。大学生良好思维方式和行为习惯的养成是一项涉及人力、物力与财力投入的综合性实践活动，实践性是大学生思想政治教育最根本的属性。基于这一认识，要高度重视思想实践教育，通过提倡"手脑并用""知行合一"切实增强学生的思想认识与实践能力。

"现在，电子技术、国际互联网和全球网为即时与几乎地球上任何人进行通讯提供了途径。第一个充分意识到这一力量并将其与新的学习技巧联系起来的国家就会在教育方面居于世界领先地位。"[6]随着互联网技术与各行业的深度融合，涌现出了诸如"慕课""翻转课堂""微课堂"等一系列教育教学的新形式。这些教学形式大多内容精悍、易学易会，深受学习者的好评。以"慕课"为例，其概念最早是2011年由加拿大学者大卫·科米尔（Dave Cormier）与布莱恩·亚历山大（Bryan Alexander）提出。简单地说，"慕课"是一种大规模网络在线开放课程（Massive Open Online Concourses），凭借自身所具备开放性、内容多样性、教学互动性以及学习个性化等特点在较短时间内迅速风靡全球，业已成为年轻学生所推崇的新的学习平台。因此，思想政治教育要充分借鉴诸如"慕课"之类的"互联网+"教育的新成果，在凝练教学内容、凸显教学特色与提高教学实效等方面下功夫，推动课堂的提质增效升级，真正将改造后的思想政治教育课变成学生喜闻乐见、老师乐于钻研的新型教育教学平台。

（三）培训适应"互联网+"新趋势的高素质师资队伍

原清华大学校长梅贻琦曾说："大学者，非有大楼之谓也，有大师之谓也。"只有拥有一流的师资，才能建好一流的教育。技术的进步与应用最终仍要依靠人的进步。在做好体制机制以及平台建设的基础上，还要培训一支能够充分适应"互联网＋"新趋势的高素质的师资队伍。包括思政课教师在内的广大思想政治教育工作者应充分认识到"互联网＋"给高校思想政治教育工作带来的革命性的影响，以时不我待的紧迫感和立德树人的责任心，深入研究受教育者在互联网环境下的新变化和新趋势，探索促进教育教学提质增效升级的新渠道。高等学校要为教师的教育教学提供宽松的环境和条件，通过制定配套政策、设立研究基金等方式鼓励教师们积极主动地开展研究工作，促进思想政治教育工作取得新成效。基于此，要从三个方面开展教师队伍建设：一是要充分调动思想政治教育理论课教师、高校辅导员以及班主任等教师队伍的积极性，发挥他们责任心强、联系学生紧密以及思想政治教育能力突出的特点，将他们培养成为深入开展"互联网＋"思想政治教育的骨干力量；二是充分调动专业课教师参与"互联网＋"思想政治教育的积极性，鼓励他们将专业知识与思想政治教育进行有机结合，将一部分积极性较高、综合素质高的专业课教师打造成"双师型"教师；三是邀请相关社会机构的人员担任思想政治导师，将校内的思想政治教育工作变成校外的、线上的思想政治教育工作，形成思想政治教育的全社会、全网络覆盖。

人工智能与互联网技术不断普及，逐渐渗透到人们日常生产生活的各个方面，在此背景下，与"互联网＋"相关联的各类社会问题同时产生，人工智能与社会治理相关议题引起学术界的普遍关注。尤其是在党的十九届四中全会提出"推进国家治理体系和治理能力现代化"的议题之后，加强互联网技术与社会科学的融合研究成为社会科学研究的新方向。作为高校教育教学工作的重要组成部分，思想政治教育具有先导性的重要地位，对于其他各项工作的顺利开展具有重要意义。在"互联网＋"概念越来越普及化的今天，必须要加强互联网技术在高校思想政治教育工作中的应用，在推动"互联网＋"思想政治教育工作的实践中探索和发现新问题，探索新方法，提出新举措。

参考文献

[1] 刘俊祥. 智能化时代中国政治学学科学术话语的创新［J］. 学术界，2020（3）.

[2] 于杨. 所有传统和服务应该被互联网所改变［EB/OL］. 腾讯科技，2012 - 11 - 14.

[3] 曹文泽. 网络时代大学生思想政治教育的思考［N］. 光明日报，2014 - 5 - 20.

［4］中共中央国务院发出《关于进一步加强和改进大学生思想政治教育的意见》［EB/OL］. 中华人民共和国教育部网站，2004-10-14.

［5］国务院《关于积极推进"互联网+"行动的指导意见》［EB/OL］. 中华人民共和国中央人民政府官网，2015-07-04.

［6］戈登. 德莱顿，珍妮特. 沃斯. 学习的革命——通向21世纪的个人护照［M］. 顾瑞荣，陈标，许静，译. 上海：上海三联书店，1997.

高校党建工作会议发展分析及思考

宋程远*

摘要：高等学校党建工作是党的建设新的伟大工程的重要内容，是推动高等教育科学发展、创新发展的根本政治保证。文章回顾1990年以来召开的26次全国高校党建工作会议，依据高校党建工作形势任务和重点内容深入分析会议阶段，结合会议发展历程和取得成果经验系统总结党建工作特点规律，针对当前及未来高校发展形势任务，研究思考新时期高校党建工作重点和方向，为进一步抓好高校党建工作提供参考和借鉴。

关键词：高校党建工作会议；政治建设；社会主义核心价值体系；思想政治工作；师德师风建设

加强高等学校党建工作是培养中华民族伟大复兴建设者和接班人的必然要求，是办好中国特色社会主义大学的重要保证。1990—2018年中组部、中宣部、教育部党组联合召开25次全国高校党的建设工作会议，2019年中央教育工作领导小组召开第26次全国高校党的建设工作会议，充分反映了党中央对高校党建工作的高度重视，对培养中国特色社会主义建设者和接班人的殷切期望。系统梳理1990年以来26次高校党建会议，深入分析不同历史时期高校党建工作的指导思想和任务要求，研究总结高校党建工作的发展历程和特点规律，对进一步做好新时代高校党建工作具有指导意义。

一、高校党建工作会议发展历程

（一）高校党建工作在探索中前进（1990—1997年）

20世纪80年代后期，资产阶级自由化思潮泛滥，党员思想一度混乱，一些

---

* 宋程远，女，北京信息科技大学马克思主义学院。

高校党组织在群众中的威信下降，工作队伍萎缩，党的思想建设受到影响破坏。1989年6月9日，邓小平同在接见首都戒严部队军以上干部时的讲话时指出，"十年最大的失误是教育，这里我主要是讲思想政治教育，不单纯是对学校、青年学生，是泛指对人民的教育。"① 高校党的建设到了不抓不行的地步。1990年经中共中央批准，中组部、中宣部、中共"国家教委"党组联合召开了第一次全国高校党的建设工作会议，印发了《中共中央关于加强高等学校党的建设的通知》，对加强高校党的建设、办好社会主义大学进行了全面部署。第2—第6次高校党建工作会议都是以中国特色社会主义理论和党的基本路线为指导，贯彻《中共中央关于加强党的建设几个重大问题的决定》和《中国教育改革和发展纲要》精神，加强高校党的建设促进高等教育改革发展，推进落实"科教兴国"战略，表彰在党建工作和思想政治工作中做出显著成绩的单位和个人，大力培养社会主义事业的建设者和接班人，更好地为社会主义现代化建设服务。这一阶段高校党建工作会议深入贯彻党中央关于加强高校党的建设的通知精神，聚焦破解20世纪80年代后期高校党组织建设和思想建设存在的突出问题，注重分析总结经验，研究工作方向和具体任务，注重表彰鼓励先进典型，巩固党在高校的核心地位，整体上处于起步发展阶段。

（二）高校党建工作在发展中完善（1998—2006年）

20世纪90年代后期，随着我国对外政治经济文化交流日趋频繁，意识形态全球化、文化价值取向全球化冲击不断加剧，市场经济对高校的影响不断加深，高校大学生出现思想多元化、行为市场化的倾向，高校党的建设面临新的复杂形势。党的十五大以来，邓小平理论、"三个代表"重要思想、科学发展观陆续成为我们党的指导思想，全党全国深入开展党的先进性建设，大力推进和谐社会建设，全面加强基层党组织建设，为这一阶段高校党的建设工作指明了前进方向。1998—2006年，中组部、中宣部和教育部联合召开了第7—第15次高校党建工作会议，会议主题主要包括以下内容：一是坚持和完善党委领导下的校长负责制，加强党对高校的领导；二是加强高校基层党组织建设，充分发挥各级党组织的领导核心、政治核心和战斗堡垒作用；三是全面加强高校领导班子建设，抓好干部队伍、教师队伍、党建和思想政治工作队伍以及学生骨干队伍建设；四是加强制度建设，集中解决作风方面的突出问题；五是推进邓小平理论、"三个代表"重要思想、科学发展观"三进"工作，加强理想信念教育；六是建立健全维护高校稳定的领导体制和工作机制，构建和谐校园。这一阶段

---

① 邓小平文选：第3卷［M］．北京：人民出版社，1993：306.

高校党建工作会议坚决贯彻党中央部署安排，紧盯高校教育面临的自由化、市场化的冲击影响，聚焦破解高校党组织建设、理想信念教育和作风建设问题，部署内容更加系统，工作重点更加突出，体制机制不断完善，和谐校园建设卓有成效，高校党建工作得到持续深入推进，整体上处于发展完善阶段。

（三）高校党建工作迈入新时代（2007—至今）

习近平深刻指出办好中国特色社会主义大学，关键在于强化党对高校领导的地位以及深化高校党的建设工作，2007—2012年作为中央政治局常委、中央书记处书记连续5次参加全国高校党建工作会议，2014—2017年习近平总书记参加了第23、24、25次全国高校党建工作（思想政治工作）会议，体现了习近平总书记对高校党建工作的高度重视和持续关注。党的十八大以来，我国处在实现两个一百年奋斗目标的关键期，处在实现中华民族伟大复兴的关键期，面临着不断变化的世情、国情、党情，面临着思想意识形态在高校日益激烈的交锋，这些都对新时代高校党建工作提出了新的更高要求。2007—2019年，高校党建工作会议坚持用中国特色社会主义理论体系最新成果武装思想，全面加强党对高校的领导，深化和改进高校党的建设，不断强化高校思想政治建设，坚持不懈做好抓基层、打基础、重长远工作。会议主题主要包括以下内容：一是深入推动中国特色社会主义理论体系"三进"工作，发挥思想政治教育主阵地作用；二是大力培育和弘扬社会主义核心价值观，引导高校广大师生争做社会主义核心价值观的坚定信仰者、积极传播者、模范践行者；三是坚持完善党委领导下的校长负责制，不断提高领导高校科学发展的能力和水平；四是切实加强师德师风建设，努力培养高水平教师队伍；五是全面推进高校基层党组织建设，完善基层党组织设置，创建学习型党组织；六是扎实做好维护稳定工作，健全高校意识形态工作责任体系，深化平安校园建设；七是深入开展创先争优活动，使创先争优活动成为推动高等教育科学发展的强大动力。这一阶段高校党建工作会议站在实现中华民族伟大复兴的战略高度，深度融入新时代全面加强党的建设大潮流，在继承中发展，在改革中创新，为实现教育现代化、建设教育强国提供坚强保证，迈入了高校党建工作的新时代。

二、高校党建工作会议特点研究

1990年以来，连续召开全国高校党建工作会议，推动高校党建工作在贯彻党的建设伟大工程部署要求中不断发展进步，在培育全面发展的社会主义合格建设者和可靠接班人上不断取得新的成效，持续开创高校党建工作的新时代新篇章。系统分析历次全国高校党建工作会议，具有以下鲜明特点。

（一）紧密结合形势任务，增强高校党建工作的时代性

坚持中国特色社会主义理论体系，着力用马克思主义中国化最新成果武装党员干部和广大师生头脑，是高校党建工作的首要任务。历次高校党建工作会议既深入学习贯彻党的理论创新成果，又结合特定时期特殊任务针对性开展高校党建工作。第七次高校党建工作会议部署邓小平理论进教材、进课堂、进学生头脑工作，在高校深入持久地开展学习邓小平理论活动，用邓小平理论武装师生头脑，用邓小平理论指导高校党建工作。第十次高校党建工作会议推进"三个代表"重要思想"三进"工作，用"三个代表"重要思想总揽高等教育工作全局，坚定社会主义办学方向，与时俱进推进高等教育改革与创新。第16次高校党建工作会议要求深入贯彻落实科学发展观，突出抓好高校领导班子建设、党组织和党员队伍的先进性建设，维护和推动高校的改革发展稳定。第25次高校党建工作会议推动习近平新时代中国特色社会主义思想"三进"工作，全面落实新时代党的建设总要求，大力培养担当民族复兴大任的时代新人。这些会议有效地推动了中国特色社会主义理论体系最新成果在高校落地落实，实现了高校党建工作的正确引领，体现了高校党建工作的时代特性，保持了高校党建工作的生机活力。

（二）持续创新模式方法，提高高校党建工作的实效性

高校党建工作会议坚持与时俱进，坚持改革创新，积极应对世情、国情、党情的发展变化，积极研究新形势下高校师生的精神需求和价值取向，不断改进党建工作的内容、模式和方法，持续推进高校党建工作创新发展。第六次高校党建工作会议提出按照干部队伍"四化"方针和德才兼备的原则建设党政管理干部队伍和业务骨干队伍，按照"社会主义的政治家、教育家"的要求，建设全面过硬的高校党委领导班子。第八次高校党建工作会议要求深入开展"讲学习、讲政治、讲正气"为主要内容的"三讲"党性党风教育活动，研究解决新形势带来的新情况新问题，不断加强高校领导班子建设，有效提高党员干部素质。第24次高校党建工作会议提出运用新媒体新技术使党建工作活起来，推动思想政治工作传统优势同信息技术高度融合，增强时代感和吸引力。第25次高校党建工作会议提出构建全员、全过程、全方位育人工作体系，不断提升人才培养的针对性和实效性。这些会议结合实际创造性地部署开展高校党建工作，推动高校党建工作在不断地解放思想、创新模式中取得新成效。

（三）注重破解重难点问题，推进高校党建工作稳步发展

高校党建工作会议的一个重要特点就是坚持问题导向，注重研究解决高校党

建工作当前阶段存在的矛盾问题，以破解问题为突破带动高校党建工作全面发展。第一次高校党建工作会议的召开就是要解决国内政治风波后大学生思想政治教育弱化的问题，目的就是加强高校党的建设，办好中国特色的社会主义大学。第十次高校党建工作会议针对 20 世纪初党的作风建设方面存在的问题，提出高等学校要按照"八个坚持、八个反对"的要求，集中解决思想作风、学风、工作作风、领导作风和干部生活作风方面的突出问题，使高校党的作风建设有明显进步。第 22 次高校党建工作会议针高校师生面临的复杂国际国内环境，以及政治多极化和价值多元化对师生价值判断的影响，提出将高校意识形态工作纳入高校党建工作整体安排，巩固马克思主义在高校意识形态领域的指导地位。这些会议针对全党、全国和高校存在的阶段性倾向性问题，专项部署安排高校党建工作，及时采取有效措施进行主动防范和纠治整改，保持高校党建工作稳健发展。

（四）不断完善制度机制，确保高校党建工作长效落实

高校党建工作会议重视规范加强制度建设，根据党中央的有关制度规定，结合高校实际具体细化为高校党建工作的指导依据，使高校党建工作有章可循。第一次高校党建工作会议研讨和会后下发的《中共中央关于加强高等学校党的建设的通知》，明确了高校党建工作基本内容、基本制度和基本要求，迈出了高校党建工作制度建设的第一步。第六次高校党建工作会议要求深入贯彻的《中国共产党普通高等学校基层组织工作条例》，是高校基层党组织建设的第一个系统性规范，从制度上推动建设高素质的校级领导班子，切实加强基层党组织建设和党员思想作风建设。第 23 次高校党建工作会议提出要深入落实《关于坚持和完善普通高等学校党委领导下的校长负责制的实施意见》，进一步规范党委领导下的校长负责制的实践操作，进一步完善党委、行政的议事决策制度，形成党委统一领导、党政分工合作、协调配合的工作机制。这些会议坚持把制度建设摆在高校党建工作的重要位置，通过系统推动各项制度规定落实，为高校党建工作长效发展提供可靠制度机制保障。

三、新时期高校党建工作思考

在实现中华民族伟大复兴的进程中，全面发展、素质过硬的社会主义事业建设者和接班人发挥着关键作用，高校教育使命光荣，责任重大，2019 年成立中央教育工作领导小组正是党中央高度、重视高度关注高校教育做出的重大决策部署。随着世界政治多元化、意识形体多样化、信息技术网络化发展，高校师生的世界观、人生观、价值观受到深刻影响，高校党的建设工作面临着前所

未有的挑战，必须深入学习贯彻习近平新时代中国特色社会主义思想，全面把握新形势新任务新要求，抓住机遇迎接挑战，扎实推进高校党的建设工作落实。

（一）坚持以政治建设为统领，全面提升高校党建工作

党的十九大报告强调要以党的政治建设为统领，全面推进党的政治建设、思想建设、组织建设、作风建设、纪律建设，全面提高党的建设科学化水平。坚持把党的政治建设摆在首位，强化政治引领，坚决做到"两个维护"，教育引导广大高校师生深刻理解"两个维护"的丰富内涵和重大意义，不断增强拥护核心、跟随核心、捍卫核心的思想自觉、政治自觉、行动自觉。坚持把习近平新时代中国特色社会主义思想融入高校工作全过程、全领域，把党的全面领导和教育方针融入高校工作的各方面、各环节，使党对高校全面领导的方向更明确、指向更清晰、领导更有力。始终坚持党对高校工作的领导权，坚持把党的领导贯穿办学治校始终、贯穿教书育人全程，为培养社会主义建设者和接班人提供坚强保证。

（二）加强社会主义核心价值体系对高校党建工作的支撑保障

习近平总书记在第20次全国高校党建工作会议上指出，"高校是教育培养青年人才的重要园地，也是用社会主义核心价值体系武装青年的重要思想阵地"①。坚持用社会主义核心价值观武装高校师生，做好核心价值观进校园、进课堂工作，帮助大学生扣好价值观链条的"第一粒扣子"，解决好世界观、人生观、价值观问题。坚持以社会主义核心价值观为基础，在高校建构良好的道德风尚，将社会主义核心价值体系的内容逐步转化成大学生的道德习惯和实际行动。坚持以社会主义核心价值观为依托，在高校营造正能量，将社会主义核心价值观与党员理想信念教育紧密结合，丰富党员教育内容、拓展党员教育空间，打造高校党建工作理想信念教育的坚强阵地。

（三）推动思想政治工作与高校党建工作的深度融合

习近平总书记强调，要把思想政治工作和党的建设工作结合起来。高校思想政治工作与党建工作是一脉相承的，思想政治教育质量成效直接影响着高校党建工作的开展。积极构建党建工作与思想政治工作互相融合的闭环体系，将中国特色社会主义理论融入高校思想政治课，通过课堂教学转化为青年学生的思想和行动，引导青年学生确立正确的人生观、价值观，端正入党动机，提高党性修养，推进高校党建工作与思想政治工作齐头并进、协同发展。积极整合

---

① 习近平．高校是用社会主义核心价值本系武装青年的重要阵地［N］．中国青年报，2012-01-05．

高校党建工作资源和思想政治工作资源,鼓励党性修养较强的高校思想政治课教师上党课,支持理论素养较高的高校党务工作者上形势与政策课,形成高校党建工作和思想政治工作联动融合的工作体系,努力开创高校党建工作新局面。

(四)促进师德师风建设与高校党建工作的紧密结合

师德师风建设是培养德智体全面发展的社会主义事业建设者和接班人的重要保障,与高校党建工作相互联系、相互促进。充分发挥师德师风建设对高校党建工作的促进作用,提升高校教师教学质量和育人水平,实现以德立身、以德立学、以德施教,高校教师队伍充分履行教育职责,通过良好的师德师风感染和教育学生,为培养全面发展全面过硬的高素质接班人奠定基础。充分发挥高校党组织对师德师风建设的推动作用,将党建工作与教师队伍建设紧密结合,全面调动教师队伍的积极性和创造性,发挥党组织的基层服务功能,主动帮助解决教师思想上、工作上和生活中的实际问题,充分调动广大教师特别是青年教师的积极性、主动性和创造性,进一步提高高校党建工作的内在吸引力和生命力,实现师德师风建设与高校党建工作双赢。

参考文献

[1]中华人民共和国教育部思想政治工作司.历次全国高校党建会情况概述[EB/OL].中华人民共和国教育部.

[2]马福运.邓小平论反对资产阶级自由化及其启示[J].马克思主义研究,2016(12):29-37.

[3]邓小平文选:第3卷[M].北京:人民出版社,1993.

[4]吴德刚.高等学校党建工作的回顾与思考[J].中国高等教育,2010(23):4-6.

[5]张艳霞.全面从严治党视域下高校基层党组织建设研究[D].长春:东北师范大学,2018.

[6]教育部人事司.改革开放30年高校党建工作的实践与启示[C]//教育部.全国党的建设研究会会议论文集[C].北京:教育部,2008.

[7]习近平.决胜全面建成小康社会 夺取新时代中国特色社会主义伟大胜利——在中国共产党第十九次全国代表大会上的报告[N].人民日报,2017-10-28.

[8]张爱华.推动高校党建与思政课深度融合[N].光明日报,2018-08-28.

《茶馆》中的晚清危机解析

汪 帆[*]

摘要：作为中国漫长封建社会的最后一个王朝，晚清的覆灭早已成为历史的记忆，但关于其覆灭的原因至今依然是众说纷纭。虽然任何重大历史事件的发生都是由于多种因素共同促成的，但是归根结底我们还是要在内部去挖掘和解析。老舍先生通过《茶馆》第一幕向我们展示其对晚清覆灭的解释，以此阐释毛泽东关于内外因关系的光辉思想。

关键词：晚清；农民

从1644年满族入关定鼎中原，到1911年隆裕太后颁发清帝退位诏书，清王朝延祚近300年以后终于寿终正寝，结束了对中国的专制统治，这也是自公元前216年秦王朝建立开始的两千多年封建王朝的最后挽歌，从此以后不要有任何人再想在中国做皇帝了。

一、晚清危机中的内忧和外患

古代中国有着漫长的封建历史，虽说是你方唱罢我登台，但封建王朝有自己的基本逻辑和共同命运，从王朝建立到兴盛，从兴盛到危机，中途也许经过一番回光返照般的中兴之后，最终总是无可救药走向崩溃和覆灭，秦汉唐宋元明清无一例外。

晚清内忧外患不一而足，特别是西方列强的出现，令中国手足无措，惊呼为千年未见之变局。百多年来人们多有议论感慨清朝命运之不幸特为尤甚，竟然在历史上第一次遇到了比传统北方游牧民族更加强悍和致命的威胁和挑战。王朝兴衰本是一再上演的历史戏码，王朝后期内忧外患也实属司空见惯，清王

---

[*] 汪帆，男，哲学硕士，北京信息科技大学，马克思主义学院，教师。

朝是个例外吗？晚清真的是因为外患超越了自身承受力的极限而轰然坍塌的吗？这是个问题，一个无法回避的问题。

有人为晚清总结道：土地兼并，农民破产，社会动荡；外国武装入侵，产品输入扰乱原有经济体系；对外战败，丧权辱国；农民起义，军阀割据；等等。但概括起来不外乎内忧外患而已。中华民族的文化是雅致的，语言表达中我们总是内忧在前，外患在后，鲜有外患内忧之说。毛泽东在《矛盾论》有段名言："外因是变化的条件，内因是变化的根据，外因通过内因起作用。"[1]这段话用来分析晚清的覆灭是十分恰当的。诚然对晚清来说，外患是难以承受之患，内忧更是无法忍受之忧。如果不是自身内部存在着不可克服的痼疾，外部势力再强大也是难以撼动疆域辽阔、人民众多、文化完整的伟大中国的。或者说，晚清在内忧外患并存之际，仍然是内忧大于外患，晚清覆灭的根本原因在其内部而不是在其外部。

对这个问题的探索可以从著名话剧《茶馆》第一幕窥探到其中的玄机。中华人民共和国成立之初，北京人民艺术剧院推出了人民艺术家老舍先生的话剧《茶馆》，当即轰动全国上下，甚至走出国门被翻译成英、法、日、西班牙等多国文字，获得了广泛的国际声誉。此剧自上演以来一直是北京人民艺术剧院的保留剧目，被历代艺术家反复演绎，称其为"不朽名著"绝非过誉。据说曹禺先生在看到剧作初稿时就慧眼识珠认为剧本有一个"古今中外剧作中罕见的第一幕"，《茶馆》初稿告成后由著名导演焦菊隐先生将其变成了酣畅淋漓的舞台艺术巅峰之作。毕竟，挥舞如椽大笔的老舍通过对一个茶馆细致入微的描绘为我们展现了一幅旧时代的真实画卷，描绘之精致和准确，字字珠玑，笔笔春秋，几乎每一段台词都可以作为学术题目进行深入挖掘。

正是在反映晚清戊戌年间的《茶馆》第一幕的后半部分，老舍先生借剧中人物常四爷的口做出了这样的结论："二哥呀，我看，这大清国是要完啊！"显然，老舍先生在第一幕中经过一番展示和演绎以后，认为其展现的信息和线索已经足以做出清朝灭亡的结论。而在这个结论之前老舍先生所展现的东西就是需要我们认真探寻的。本文试图通过老舍先生在《茶馆》中留下的蛛丝马迹来探求晚清社会危机的积重难返。

二、晚清危机的现实表现

《茶馆》中人物众多，性格个个活灵活现，刻画可谓入木三分。但是，就清朝灭亡这样的命题而言，倒是和多数人物关系并不太大，特别是话剧第一幕中呈现的那些反面角色。显然，清朝灭亡肯定不是唐铁嘴这样给人占卜算卦的江湖骗子闹的，也不会是二德子这样的地痞流氓造成的。如果说话剧中的反面人物由于和统治者有着这样或那样千丝万缕的联系，因而没有成为社会的破坏者的基本意愿。那么像秦二爷、王掌柜、松二爷、常四爷等人物及其所作所为就更难和清朝灭亡有什么必然的瓜葛。

因此，要关注晚清危机我们还是需要回到话剧中那场让人难过甚至是令人作呕的人口买卖上。交易双方一方是人贩子刘麻子，另一方则是农民康六，而交易物是康六的亲生女儿。作为人贩子的刘麻子和清朝灭亡也没有什么关系，虽然买卖人口向来违背中华民族历史极为悠久的传统良俗，甚至为人所不齿，但是在晚清存在人口买卖的交易，否则绝不可能在作为公共社交场所的茶馆中以光天化日的方式进行，况且话剧中还有乞丐母亲手牵插着稻草出卖女儿的场景以资佐证。刘麻子既然能够以10两银子的价格买进康六的女儿再以200两银子的价格卖给当红太监庞总管，一倒手就这样能够进项190两银子的主儿是和二德子们一样的货色。所以我们需要把注意力转到交易的另外一方穷苦农民康六身上，看看晚清悲剧是如何可能的。

身体消瘦、破衣烂衫、满脸皱纹、神情呆滞、说话嗫嚅的是康六。他因为穷得没法儿活下去了只好卖掉自己的亲生女儿，让人动容的是卖女儿的真正原因并不是为了给自己弄点儿钱，而是为了给女儿一条活路，以免跟着自己饿死，为此哪怕是卖为阉人之妻也在所不惜。刘麻子正是靠残忍地说出这个根本原因才在商业谈判中击垮了康六。俗话说夫妻本是同林鸟，大难来时各自飞，曾经让无数人唏嘘的典妻和这里发生的卖女又有何异。问题是康六因何至此万劫不复的境地呢？

一种可能是康六没有劳动，不耕耘无收获。据说在乡下的村庄里通常总会有几个好逸恶劳、游手好闲之辈，春不播种，夏不施肥，到秋后算账的时候无以为继，只好典当家产，外出乞讨，饿死的事情也时有耳闻。如果康六就是他们中间其中一员，卖儿卖女有何不可，有何不能。但老舍先生排除了这种可能，其笔下康六的神态和作派明确告诉人们他不是游手好闲之辈，虽然我们看不见他手部的特写，但是不难想象那应该是一双满是老茧的手，康六绝对是面朝黄土背朝天，一滴汗珠摔成八瓣的主儿，他是在终年辛劳的情况下穷成如此这般的。

另一种可能是康六虽然终日辛劳，但其耕耘之所获本就不够自己的基本生存，果真如此卖儿卖女也就不足为奇了。但是，这种可能依然无法成立。因为人类从渔猎时代走向定居农耕生活的基本背景就是耕耘之所获不但可以满足基本生活所需，多数时候还有所剩余。例如，上下五千年的中国历史中上古虽然广泛存在殉葬制度，但是随着社会发展渐渐消失。以至于到既是皇又是帝的秦始皇，他的殉葬品竟然只是泥质兵马俑而已。究其原因当然不仅仅是因为传说中丞相李斯的劝诫，从根本上说是因为人本就兼具生产者和消费者双重角色，远古时代由于生产能力低下人们主要是消费者，当生产力水平达到一定水平以后，人的双重角色就已经发生反转，从主要是消费者变成主要是生产者了，这种情况下再用劳动者殉葬就既可恶又可恨更是愚不可及了。

再一种可能是康六不幸遇到了天灾人祸，以至于辛苦耕耘却颗粒无收。作为个体来讲的确有这种可能，但康六说："乡下种地的都没法子混了。"就说明不是他一个人的问题，而是普遍存在的现象，刘麻子的"在乡下五斤白面就换个孩子"也从旁佐证了当时饿殍遍地的惨状。不只康六一人而是成千上万个康六们挣扎在死亡边缘是可能的吗？回答是绝对可能。譬如发生大规模的天灾人祸，如战争、黄河泛滥大规模改道等，就会发生康六们的集体困境。遗憾的是，老舍先生把这种可能也已经排除了，他几乎是不动声色地借常四爷之口说："乡下也不知道怎么了，会闹得这样卖儿卖女的。"这就清楚明白地说明当时并不存在大规模的天灾人祸，否则身为茶馆常客的常四爷们怎么竟然能够闻所未闻。

综上所述，对康六这位贫苦农民的分析应该是这样的：正所谓耕耘必有收获，辛勤耕耘的他不出意外地获得了辛劳之后理所当然的收获，这些收获仅仅从量上来说不但可以保障他自己及其家庭的消费，而且还可以有所剩余从而可以用这样那样的方式贡献社会。但是由于某些其无力抗拒的原因，却要在喜获丰收的情况下被迫卖儿卖女。果真如此，那芸芸众生的康六们的悲惨命运将决定清朝走向最终覆灭，也就是说清朝灭亡将无可救药地必然发生。

三、康六们悲剧折射出晚清危机的内在机制

需要说明的是正常情况下，穷人总是存在的，他们和国运的关系也是有限的，两者之间也很难有什么必然的关联。要讨论进行正常生产的农民的生存状况和清朝国运兴衰的关系，其实是一个老生常谈的问题，因为这种关系在传统中国的历史上已经不止一次地重演和发生了，清朝并没有什么特殊的地方。

众所周知，传统中国是一个农耕社会，农业是主要的生产方式，治本于农是历来统治者的基本国策。因此，维持统治者和农民关系的稳定和可持续尤其重要。而这个关系的本质就是统治者需要能够足额征税来维持个人奢侈的生活以及社稷的稳定，农民需要交税来换取自己的基本生活保障。

虽然中国向来就有普天之下莫非王土，率土之滨莫非王臣的说法，但是人人皆知封建统治者是靠治下的农民养活的，否则不耕而食，不织而衣的剥削生活是不可能的。封建统治者要想及时足额征收到需要的税赋显然不可能如探囊

取物般轻而易举，因为没有人愿意将属于自己的东西拱手相让于他人，哪怕要交的是皇粮。

征税出现问题的解决办法倒也简单，就是使用暴力。只要征税者和被征者力量差距足够大，不愿意交税就强迫交税。但是现在这个办法并不灵光，因为万千像康六一样悲惨的农民即使慑于统治者的淫威不敢不交税，但他们自己已经沦落到卖儿卖女的田地，实在是无税可交。的确，巧妇尚且难为无米之炊，头无片瓦身无立锥之地的农民拿什么来交税啊！

有一个问题必须厘清，农民不是没有劳动，那么耕耘必有收获的收获现在何方？对于农民来说，他的头上并不只有朝廷压下来的税赋，他的头上还有地主要索取的地租，农民作为租地者要向地主交租，同时作为臣民还要朝廷交纳税赋，或者说农民正常情况下既要交租又要上税。这里的大问题在于交完租就断然无力再上税了，这意味着地租的水平之高、分量之重绝对是非常惊人的。所以耕耘之所获在哪里这个问题就清楚了，毫无疑问是农民通过交租汇集到了地主手中。

重租薄税从表面上看似乎并没有什么不妥之处，虽然农民无力上税，但其劳动所得在地主手中，地主作为封建社会的组成部分也是臣民，由他们把从农民那里收到的租作为计税标准集中上税不是一样的吗？的确，由农民分散交税还是由地主集中上税理论上是一样的，至少也是相差不太大的，但在实际操作中就有天壤之别了。

首先，我们要追问为什么地租会高得直接顶到天花板？否则农民不会种完地交完租还要卖儿卖女。难道地租不应该是租赁双方协商一致的产物吗？难道农民会傻到看不出其中的凶险吗？答案是农民即使心里明白也不能不接受。且不说朝廷的路线方针政策要维护的根本生产关系就是地租为代表的封建经济基础，更不必说朝廷官员也几乎全部直接来自地主阶级。现实是地主和农民的平衡早已不复存在了，坐在谈判桌另一端的地主现在是大地主，甚至是超级地主，使得卑微可怜的农民根本没有任何议价能力。这就是历史教科书上反复讲的恶性土地兼并现象。这就是《悯农》中所说的"四海无闲田，农夫犹饿死"[2]。

其次，手握农民高租的大地主们会一五一十地向朝廷上税吗？答案是绝对不可能，即使是被逼无奈勉强上税，地主也会挖空心思能抗税则抗税，能偷税则偷税，能逃税则逃税，能漏税则漏税。原因无他，地主现在是大地主，而且实力越是强劲其抗税能力自然愈发强大。这就是历史教科书上一再谈到的豪强并起群雄割据现象。

最后，朝廷的处境不妙了。朝廷以税收作为自己统治的主要支撑，现在却受到来自地主和农民的双方向挤压。一方面农民实在是一贫如洗交不了税，另一方面地主虽然交得起税但是凭借强大实力就是不交。朝廷的理想本来是其治下的臣民如地主最好是小地主，农民最好是大农民。现在朝廷面临的却是完全相反的情形，其治下的是大而强的地主和小而弱的农民。毫不不让人吃惊，朝廷的税收基础崩塌了，王朝除了覆灭一途还有别的出路吗？

要而言之，从卖儿卖女的康六可以直接追溯到地主豪强的发展壮大，进而可以逻辑地推演出晚清从捉襟见肘到无可奈何直至最终寿终正寝。这不正是《茶馆》通过一桩人肉买卖所展现的吗？当然，在传统中国，哪个朝代的衰亡不是这个故事的重复演绎呢。就晚清来说，虽然外患强劲而猛烈，但是真正造成其灭亡的还是自身内部不断滋生的否定力量。

参考文献

[1] 毛泽东选集：第 1 卷 [M]．北京：人民出版社，1966：277.

[2] 萧涤非，等．唐诗鉴赏辞典 [M]．上海：上海辞书出版社，2004：921.

癸卯学制前后的修身科探析

吴慧芳*

摘要:晚清"新政"期间,清政府在政治、经济、教育、军事等方面进行了一系列的改革,其中以教育领域变革的力度为最大。《癸卯学制》充分体现了"中学为体,西学为用"的宗旨,形成了以修身科和读经科为主导的德育课程体系。修身科的首次独立设置,呈现出向近代德育转型的明显标示,加快了近代德育的转型。

关键词:读经科;修身科;癸卯学制;中学为体;西学为用

1902—1911年是新式教育的草创时期,其间1904年清政府颁布了具有深远影响意义的《癸卯学制》。在民权思想、改造国民思潮的影响下,中体西用德育观和早期的中西融合德育观相互作用,通过继承传统,模仿日本,形成了以修身科和读经科为主导的德育课程体系。

一、修身科在新学制中的凸显

1904年1月13日,即癸卯年十一月二十六日,张百熙、荣庆、张之洞拟定的"癸卯学制"被清政府批准"谕即次等推行"。《癸卯学制》形成了各级各类学校相互衔接的近代学制系统,而且首次开设了专门的修身科,把学习西方教育的意识落实在新学制的课程设置中。《癸卯学制》规定,在第一阶段初等教育(初等小学堂、高等小学堂)和第二阶段中等教育(中学堂)均开设修身和读经二科,其中修身为第一科,并在文学、历史、地理诸科中也做出了课程德育方面的要求。第三阶段高等教育没有设置修身课,但仍保留有经学科。自1904—1911年间,《癸卯学制》一直深刻地影响着清末学校德育活动的实际

---

* 吴慧芳(1973—),女,山东济南人,教育学博士,北京信息科技大学马克思主义学院副教授,研究方向为思想政治教育、高等教育基本理论。

运作。

关于读经科的设置，是中国"守儒教主义""以存圣教"的必然选择。[1]在中体西用这一总的思想指导下，"中国之所以为中国"必须加以保存，故专门设立了读经讲经一科。虽然后期做了较大的调整，但中体西用总的原则并未改变。但是，值得注意的是，在各级各类学堂中把修身科目列为第一位，而非读经科。这既是中国自古以来重视修身传统的反映，也受到了日本的影响。日本与中国相近的文化特性及其近代以来的不同国势，使国人从日本近邻那里看到了学习西方、改变国运的现实例证。张之洞认为日本在学习和借鉴西方的过程中，因保留修身和伦理而受大益。1902年，李宗堂被派往日本考察其学校教育，他拜会了日本诸教育家和文部大臣，日方有关人士"言彼帮教育家，甚愿帮助我国编订教科书"[1]。同年，张之洞在致张百熙的信中多次表示，他与刘坤一同设立的江楚编译局要"访求日本教科书，拟酌采其意编纂之"[2]。1902年，京师大学堂发表编书处章程，拟按中小学堂课程编纂教科书，"其各门用最简单之本，为蒙学及寻常小学之用；较详之本，为高等小学及中学之用，其自高等及专门者，由教习口授无课本，盖其编纂目的，一仿日本教科书方法"[3]。

二、修身科教科书的编撰

修身科教科书主要分为两类：一类是官方组织编撰而成。1903年，京师大学堂刊发暂定各学堂应用书目，16个门目中，日译教科书为数不少，并涉及教育学、伦理学、中国史、世界史、地理学、理财学、植物学、动物学等科目。此时的京师大学堂在教学的同时实际上也在行使着教育管理的职能，直到1905年学部成立，该职能才被学部所取代。1906年学部成立图书局，开始由过去的审订教科书到开始编撰学堂教科书。次年春天即颁布初等小学《修身教科书》第一册、教授书第一册。1909年3月，学部图书局已编成修身教科教授书12册。此后，初等小学分为完全科和简易科两种，图书局乃修补改编已成之书，于1910年共成书93册，其中完全科修身教科教授书12册，简易科修身教科教授书6册。[4]学部所编教科书数量不是很多，但依靠行政的力量往往"书未脱稿，已订入法令，通行全国"[5]。

另一类则是民间组织编撰而成，这类教科书占大多数。如商务印书馆的《最新修身教科书》（1905—1910）《中学修身教科书》（1907）。蒋智由在其编撰的《中学修身教科书》的"例言"中就说道："余久欲作修身教科书，思维数四，终不得一完善之法。乃取日本中小学所用之修身教科书而观之，其中以井上哲四郎之著为尤善，因仍其编纂之规则而略变通之。"

学部所编教科书在内容遴选、文字叙述、印刷质量等方面,却往往不如商务印书馆、文明书局等出版社所编的教科书。如学部在成立次年所编的两种教科书,就受到《南方报》和其他报纸的批评。部编教科书分配荒谬,程度参差,多为教育界诟病,"经翰林院等校勘,科学各门,尚不敢更改,错误较少,而国文、修身、史地等,经改窜后,笑话百出"[6],从此学部教科书恶劣之名为世公认。况且部编教科书的体例还是仿照文明和商务的,这些都是学部教科书遭受批评的原因。

学部,作为一个没落王朝的行政机构,其属性决定了它不可能为近代德育转型时期的中国教科书增添一笔亮色。与官定教科书在实际运行中受冷落相比,由各书局、图书公司等组织编写、出版,后来经学部审订后推广的修身教材得到广泛使用。这样的教科书主要包括:

初等小学堂文明书局的《蒙学修身教科书》(1903—1906)《初级蒙学修身教科书》(1903—1906)《初等小学修身科教科书》(1908)商务印书馆的《最新修身教科书》(初小用,1905—1911)《女子修身教科书》(1911)中国图书公司的《初等小学修身课本》(1907—1910)同文印刷舍《小学修身书》(1906—1910)会文学社的《最新女子初等小学修身教科书》(1906—1907)等。

高等小学堂商务印书馆的《最新修身教科书》(高小用,1907—1911)中国图书公司的《高等小学修身课本》(1908—1909)文明书局的《新体高等小学修身书》(1903—1906)等。

中学堂文明书局的《中等修身教科书》(1906)同文印刷舍的《中学修身教科书》(1906—1907)商务印书馆的《中学修身教科书》(1907—1908)。

三、修身科目标、内容、课时的厘定

1906年3月25日,学部奏准将"忠君、尊孔、尚公、尚武、尚实"确定为教育宗旨,以"造就全国之民"。这是一个在"中体西用"德育观指导下的教育宗旨:"忠君""尊孔",为"爱国"之纲目,是教育宗旨的核心,体现了"中学为体"的要求;"尚公""尚武""尚实"乃"中国民质之所缺",是"西学为用"的要求。

在此宗旨下,关于各级学堂修身科的目标,有明确的规定。小学堂之修身,"其要义在随时约束以和平之规矩,不令过苦,指示古人之嘉言懿行,动其钦慕效法之念,养成儿童德行,使之不流于匪僻,不习于放纵,尤须趁幼年时教以平情公道,不可但存私衷,以求合于爱众亲仁、恕以及物之旨"[7]。中学堂修身之要义,"一在坚其敦尚伦常之心,一在鼓其奋发有为之气,尤当示以一身与家

族朋类国家世界之关系。务须勉以实践躬行，不可言行不符"[8]。

修身科的内容主要包括对人、对己、对家庭、对国家、对国际几个方面，既有对传统德目的表述（如诚实、忠恕、孝悌等），也增加了富有进步性的新德目的表述（如爱国、公德、权利、义务、责任、自由等），呈现出向近代德育转型的明显标示。如：

> 群蜂结巢，既成，会议曰：如有伐我巢而残我同种者，共刺之。人之有国，犹蜂之有巢。尔学生当知爱国，当知爱同种。[9]

> 国无事，谋保公众事业，不使权利为外人所夺；国有事，轻生以赴义，以救危亡。人人如是，国可永存也。[10]

> 国君者，行政之元首，主权之所寄，无君则无主权。故知爱国者，必知尊君。[11]

《癸卯学制》所规定的中学堂课程共计12门：修身、读经讲经、中国文学、外国语（包括日语、英语或德语、法语、俄语）、历史、地理、算学、博物、物理及化学、法制及理财、图画和体操。其中，修身科每周的课时是1课时，连续5年，约占课时总量的3%，在12门课程中居于第8位；而读经讲经科每周的课时是5课时，也是连续5年，约占课时总量的25%，在12门课程中居于第1位，权重最大。

四、文实分科后的修身科

宣统元年（1909）三月，清学部颁布《普通中学堂课程分为文科实科折》[12]规定普通中学堂"于一堂之内分设两科"，即文科和实科，课程的门类12门，学制5年，与原来的"癸卯学制"相同。但是，课程如何设置却发生了重大变化，首次提出了主课、通习课程的分类方法，类似于今天的必修课和主修课之分。具体来讲，文科以读经讲经、中国文学、外国语、历史、地理为主课，而以修身、算学、博物、理化、法制理财、图画、体操为通习；实科以外国语、算学、物理、化学、博物为主课，而以修身、读经讲经、中国文学、历史、地理、图画、手工、法制理财、体操为通习。其中，主课课时多，通习课时少。值得注意的是，文科中作为主课的讲经读经科，周课时多达10小时，占总课时的28%之多，比奏定中堂增加了3%；实科中讲经读经作为通习课，每周3课时，与奏定中学堂相比，课时削减了2/3，还增加了手工课程，教授木工等内容，培养学生的劳动观念，提高学生的动手能力。修身课与奏定中学堂相同，占总课时数的3%，每周1课时连续5年。

文实分科是汲取古今中外的有益经验，实则事情背后隐藏着通过文科中学，加强中国传统德育的用意，从而使其纳入近代学制的体系之中。直到1911年1月，学部对文实两科课程设置进行了修订，其中修身科未做变化，而读经讲经由原来的5年每学年周课时为10课时分别改为5课时、5课时、10课时、6课时、5课时，共31课时，较原来减少了19课时；实科由原来的5年每年3课时改为只开前三年，周课时各为5，后两年不设，共15课时与原来持平，只不过把原来跨度5年的学习时间缩短了两年而已。修订后的变化反映在德育课程上，讲经读经科内容难度有所降低，例如，文科一年级原来只允许程度"稍逊者"可以读《春秋左传》节本，而修订后对全体学生都只要求读《春秋左传》节本；修身课无论是文科还是实科，均由修订前的摘讲《五种遗规》，读有益风化的古诗歌，改为学习道德要义和国民教育要义。可见，讲经读经科的"缩水"，修身科内容的大变化，让人们进一步感受到传统德育向近代德育转型的步伐，也预示着一场轰轰烈烈的资产阶级革命即将到来。

但是清政府的腐朽性和落后性严重地制约着这个时期德育转型的发展，表现在：读经讲经课占据突出的地位和比重，清末初等小学堂读经讲经占2/5，高等小学堂占1/3，体现了"中学为体，西学为用"的指导思想。浓厚的封建教化色彩也渗透进修身课中，"今日学校之课修身，本为道德教育，实皆陶冶意志作用。西人创集中法者，且欲以修身统一各科，斯科之设，不綦重哉？顾反观于我国内地学校，非排斥智能学科示此科之独尊，即蔑视此科鄙为无关实用，因是生徒无所信从。干燥无味，去之唯恐不速。窃尝研究其故，而知其致此之由，大抵误于教员之专主儒家言者为多"[13]。甚至在1910年，全国还建立起了在普通学堂之外的存古学堂系统（湖北在1907年就已成立），培养所谓"国粹"人才，借以维护封建统治的旧实质、旧内容，抵制资产阶级革命的狂澜，大大制约德育转型的积极作用，使处于运作初期的传统德育的近代转型艰难推进。

五、结语

撰诸史实，不难发现，晚清最后的十年，维新派"采合中西道德，以为德育之方针"的早期中西融合德育观思想，在很大程度上指导着清末的德育实践。亡国灭种的阴影，社会危机的压力，迫使清政府开始推行"新政"。最明显的变化体现在全新的修身科的设置、修身科教材中进步性德目的引入，以及1911年文科实科修订后，修身科内容一律改学道德要义和国民教育要义。

癸卯学制的推行，重视"中学"与"西学"的融合并行，特别强调"中学"内部各科的融汇统一，折射出鲜明的时代底色，顺应了历史发展的潮流，加快了近代德育转型的进程，引发了中国教育现代化的启动与推进，对当代切实重视传统德育价值的传承,优化传统德育内容的配置,对探索当下学校教育中思政课程和课程思政的协调机制,增强教育实效性与可行性,破解当下教育面临的难题,仍有十分重要的借鉴作用。

参考文献

[1] 李宗棠. 考察日本学校记序(1902年)[M]//璩鑫圭,唐良炎. 中国近代教育史资料汇编:学制演变. 上海:上海教育出版社,1991:118.

[2] 张之洞. 致京张冶秋尚书(1902年3月9日)[M]//璩鑫圭,唐良炎. 中国近代教育史资料汇编:学制演变. 上海:上海教育出版社,1991:136.

[3] 教科书之发刊概况[M]//"中华民国"教育部. 第一次中国教育年鉴:戊编[M]. 北京:开明出版社,1934:117.

[4] 李桂林. 学部奏颁布初等小学堂教科书折[M]//中国近代教育史资料汇编:普通教育[M]. 上海:上海教育出版社,1995:52.

[5] 陆费逵. 小学堂章程改正私议[M]//吕达. 陆费逵教育论著选. 北京:人民教育出版社,2000:45.

[6] 教科书之发刊概况[M]//"中华民国"教育部. 第一次中国教育年鉴:戊编. 北京:开明出版社,1934:122.

[7] 奏定初等小学堂章程[M]//朱有瓛. 中国近代学制史料:第2辑 上册. 上海:华东师范大学出版社,1987:177;奏定初等小学堂章程[M]//朱有瓛. 中国近代学制史料:第2辑 上册. 上海:华东师范大学出版社,1987:191.

[8] 奏定中学堂章程[M]//朱有瓛. 中国近代学制史料:第2辑 上册. 上海:华东师范大学出版社,1987:384.

[9] 庄俞. 蒙学初级修身教科书[M]. 上海:文明书局,1903.

[10] 李嘉谷. 蒙学修身教科书(初小用)[M]. 上海:文明书局,1906.

[11] 杨志洵. 中等修身教科书[M]. 上海:文明书局,1906:4.

[12] 大清教育新法令:第三册[M]//吕达. 陆费逵教育论著选. 北京:人民教育出版社,2000:251.

[13] 缪文功. 论修身教授不可专用儒家言[J]. 教育杂志,1909(2):15-18.

近年来北京高校思想政治理论课载体建设研究

张力丹*

摘要：思想政治理论课载体是联系思想政治教育主体与客体的重要纽带，是思想政治教育能够得以实现的物质前提和基础，思想政治教育载体建设研究对高校思想政治理论课的实效性有着重要影响。北京高校，各方面资源优势显著，是思想政治理论课载体研究的排头兵，通过梳理近年北京高校思想政治理论课载体建设研究，分析北京高校思想政治理论课载体建设现状、取得的成就、面临的问题三方面内容，探索北京高校思想政治理论课载体建设途径。

关键词：北京高校；思想政治理论课；载体

思想政治理论课载体承载、传导着思想政治教育因素，是思想政治教育活动的现实表现形式，科学运用思想政治理论课载体关系到思想政治理论课的实效性。近年来北京市委教育工委、市教委大力加强高校马克思主义理论学科和思想政治理论课建设，重视思想政治理论课载体建设。北京高校对于思想政治理论课载体建设做出了积极探索，取得了一定成就，具有示范意义，对于其他高校思想政治理论课载体建设也具有指导价值。

一、近年来北京高校思想政治理论课载体建设现状

（一）参与互动式载体选择频次居首位

《北京高校马克思主义理论学科与思想政治理论课建设发展报告（2017）》（以下简称《报告（2017）》）统计各高校思想政治理论课较常采用的教学方法中，使用讨论、演讲、辩论等参与互动式载体的高校居首位，选择以老师讲、学生听为主的传统讲授式载体的高校数量呈下降趋势，表1所示。

---

* 张力丹（1994—），女，北京信息科技大学马克思主义学院研究生。

表1 2014—2017年各高校思想政治理论课较常采用的教学方法（n=60）

采用的教学方法	采用的高校数量 2014/2015/2016/2017	占总样本量的百分比（％） 2014/2015/2016/2017	选择系数 2014/2015/2016/2017
参与互动式（如讨论、演讲、辩论等）	59/57/58/56	98.33/95.00/96.67/93.33	1.17/1.23/1.21/1.20
传统讲授式（以老师讲、学生听为主）	57/55/53/53	95.00/91.67/88.30/88.30	1.13/1.19/1.11/1.14
情景体验式（如情景模拟、角色扮演、游戏法等）	38/38/37/32	63.33/63.33/61.70/53.33	0.75/0.82/0.77/0.69

课堂讲授载体是以传统型教师讲、学生听为主，这类载体适应性强，受物质条件制约较小，老师能极大地发挥主动性，讲授理论知识，因此，被广泛运用在思想政治理论课过程中，也是北京高校思想政治理论课最常采用的思想政治理论课载体之一。但是其劣势也十分明显，教师单方面灌输知识，缺乏与学生沟通互动，学生就不能及时提出问题，反馈教学效果，这样不利于培养学生的学习兴趣，长此以往教学实效性也将大打折扣。

教育部部长陈宝生在十二届人大五次会议记者会上指出，"思想政治理论课抬头率不高，人到了心没有到"，这是目前高校思想政治理论课存在的通病。让高校思想政治理论课"配方"新颖，"工艺"精致，"包装"时尚将会提高思想政治理论课的实效性。

以讨论、演讲、辩论等参与互动式载体就有效弥补了传统讲授式载体的缺陷，将学生和教师有机地联系在一起，学生在互动中理解理论、深化认识，教师在互动中发现问题、查漏补缺，让思想政治理论课从"以教师为中心"的模式转变为"以学生为中心"的模式，从而提升思想政治理论课的实效性。

（二）现代化载体的运用成为新常态

社会生产力和科学技术的进步推动了思想政治理论课新载体的产生与发展，许多现代化载体应运而生。相对传统思想政治理论课载体而言，数字化、信息化、网络化成为现代化思想政治理论课载体的重要特点，这为现代思想政治理论课提供更为有利的物质技术条件。

相比传统讲授式载体而言，现代化载体更能满足学生的心理需求，在课上更为生动直观地呈现教学内容，在课下延续师生互动，因此，广泛地被高校采用。近年北京绝大多数高校都会在思想政治理论课堂上组合使用多种现代化载体，并且多数高校都会运用3—5种现代化载体，可见使用现代化载体成为新常态。

（三）社会实践型载体被广泛探索

青年学生除了要充分学习和掌握马克思主义理论和其他专业理论知识外，还要走出校门，社会实践类载体承载着让青年学生深入基层、深入群众、深入实际，通过社会实践深化理论认识的重要任务。

北京各高校重视思想政治理论课社会实践，通过支教、社会考察/调查、志愿服务等载体开展社会实践活动，充分发挥"第二课堂"的作用，让青年学生在社会实践中锻炼自己，深化理论知识，总结实践经验，增长个人才干，努力成长为德才兼备、全面发展的中国特色社会主义合格建设者和可靠接班人。

近年北京高校开展思想政治理论课实践活动的数量逐年增加，在以支教、社会考察/调查、志愿服务为主的载体中采用社会考察类载体的高校数量最多，思想政治理论课社会实践希望学生通过亲身实践，围绕某一问题得出较为深刻的理论分析，撰写出一份理论结合实践的调研报告，这一目标使得选择此类载体的高校数量最多。

北京部分高校经过探索科学地选用多种社会实践载体，形成了具有特色的实践教学体系，培养青年学生在实践中发现问题、分析问题、解决问题的能力，引导青年学生树立正确的世界观、人生观、价值观。

二、近年来北京高校思想政治理论课载体建设成就

离开思想政治理论课载体就不能构成一个完整的思想政治教育过程，重视思想政治理论课载体建设将会助力思想政治理论课教学成果。经过多年不懈探索，总结经验教训，北京高校思想政治理论课载体建设取得丰硕成果。北京高校将多种现代化载体带进思想政治理论课堂，智慧课堂呈现雏形，深入研究各类实践载体，科学使用载体的能力不断提升。

（一）智慧课堂初见雏形

科技与思想政治理论课相结合，带来了更多前沿的、学生喜闻乐见的载体，北京高校课堂上运用多媒体载体进行教学，课下多用公共邮箱、微信平台、QQ

群、MOOC等载体实现师生互动的延续，如此大大提高了思想政治教育理论课的点头率。

北京高校走在了全国思想政治理论课教学信息化革命的前列，如表2所示。2014年北京90.00%的高校能够使用多媒体载体进行形象化教学，半数以上的高校使用了公共邮箱、QQ群、微信等载体，微课、MOOC平台等多种载体也被选用。2015年微课、MOOC载体的选择频率上升。2016年北京高校思想政治理论课载体建设驶入信息化建设快车道，95.00%的思想政治理论课教师能够使用多媒体载体进行形象化教学。微信、微课、MOOC等载体的使用率连续呈上升趋势。2017年随着现代化信息的高速发展以及大数据的广泛应用，现代化载体已经广泛应用于思想政治理论课，智慧课堂初见雏形。各类基于移动互联网技术开发的载体走进课堂，如"雨课堂"、超星学习通等载体被广泛运用。这类微端、手机App等载体可以实现课上全员互动的智能教学模式还因其便捷的特性让师生互动延续到课下。

表2 2014—2017年各高校思想政治理论课教学较常采用的教学手段

采用的教学手段	采用的高校数量 2014/2015/2016/2017	占总样本量的百分比（%） 2014/2015/2016/2017	选择系数 2014/2015/2016/2017
运用多媒体技术进行形象化教学（在课堂上播放音频视频等）	54/54/57/56	90.00/90.00/ 95.00/93.33	1.77/1.99/ 2.03/1.76
微信平台	37/38/48/54	61.67/63.33/ 80.00/90.00	1.21/1.40/ 1.71/1.69
手机互动软件	0/0/5/40	0/0/8.33/66.67	0/0/0.18/1.25
公共邮箱	49/45/41/39	81.67/75.00/ 68.33/65.00	1.61/1.66/ 1.46/1.22
思想政治理论课网站	33/32/27/25	55.00/53.33/ 45.00/41.67	1.08/1.18/ 0.96/0.78
微课	9/18/22/22	15.00/30.00/ 36.67/36.67	0.30/0.66/ 0.78/0.70

续表

采用的教学手段	采用的高校数量 2014/2015/2016/2017	占总样本量的百分比（%） 2014/2015/2016/2017	选择系数 2014/2015/2016/2017
网络教学平台 （如 Black Board）	23/25/20/17	38.33/41.67/ 33.33/28.33	0.75/0.92/ 0.71/0.53
QQ 群	32/24/22/19	53.33/40.00/ 36.67/31.67	1.05/0.89/ 0.78/0.60
MOOC（大规模开放网络在线课程）	7/7/11/15	11.67/11.67/ 18.33/25.00	0.26/0.26/ 0.39/0.47

北京高校在思想政治理论课教学信息化革命中发展迅猛，使用现代化载体已经成为思想政治教育理论课教学的发展趋势，这类载体的使用将传统的"讲授知识"逐渐转化为以"解决问题"为主，充分体现了思想政治教育理论课教学过程中的双主体互动。

（二）社会实践类载体研究向纵深发展

习近平总书记在党的十九大报告中指出："中华民族伟大复兴的中国梦终将在一代代青年的接力奋斗中变为现实。"① 作为肩负重大历史责任的当代青年除了要掌握马克思主义理论和专业理论知识之外，还通过社会实践深化对理论知识的认识，加深对理论知识的理解，将理论与现实融会贯通，在社会实践中锻炼自己、检验自己，所以实践载体在思想政治理论课堂有着举足轻重的地位。

北京高校十分重视运用实践载体来深化学生对思想政治理论的认识，在《报告（2017年）》中，绝大部分高校开展了思想政治理论课社会实践。自2014年起北京高校社会实践已成常态化，针对学科特色将专业嵌入实践，采用采访、实践报告答辩会、宣讲等载体开展社会实践活动。

北京高校在运用社会实践类载体时坚持思想政治理论课社会实践工作原则，把控实践主题，引导学生在实践中深化对马克思主义、毛泽东思想和中国特色社会主义理论的理解和认识。社会实践参与覆盖面广，成果质量优，充分体现了课下教学实践与课堂教学的紧密联系，使教学目标更高质量完成。

---

① 习近平. 决胜全面建成小康社 夺取新时代中国特色社会主义伟大胜利——在中国共产党第十九次全国代表大会上的报告［N］. 人民日报, 2017 - 10 - 28.

(三) 积极探索阅读实践活动载体

马克思主义经典著作是马克思主义理论的源泉，阅读马克思主义经典著作可以帮助学生深化对马克思主义的认识。相比教科书，马克思主义经典著作更加生动并且意蕴丰富。通过视频、读书会、小组讨论等载体开展阅读实践活动是思想政治理论课的重要环节，将有效促进思想政治理论课的教学，提高思想政治理论课的实效性。

北京市高校重视阅读实践，自2014年起充分利用主题沙龙、读书小组等载体引导学生读经典、学经典，培养阅读习惯，强化思想政治理论课教育成果。部分高校对此类思想政治理论课载体进行了有益探索，这促进马克思主义科学理论的传播，提高了大学生思想认识的高度，在主观世界的改造和主体能力的提高方面起着重要作用。

(四) 科学选用载体的能力不断提升

北京高校尝试将多种情景体验式的载体引入思想政治理论课，如戏剧、情景剧、角色扮演等。

2014—2015年北京高校采用情景体验式载体的选择系数呈上升趋势。戏剧、情景剧、角色扮演等情景体验式载体具有很强的娱乐性，对学生极具吸引力，在短期时间里曾被泛化使用。

思想政治理论课堂在引进情景体验式载体时很难把握适度原则，载体的选择应该根据学生的情况、课程的内容具体问题具体分析，找到学生兴趣与课堂效果之间的平衡点。

现代社会娱乐至上等不良思想盛行，泛化使用情景体验式载体时使这类不良思想侵染高校课堂。高校课堂不应该为迎合大众口味，忽略了思想政治教育理论课堂的思想性、科学性、严肃性，过度使用情景体验式载体将导致思想政治理论课堂的异化，教学结果与教学目标背道而驰。

在探索现代化载体时，出现过过分重视载体而忽略教学本身的情况，单纯追求载体的多样化而不考虑其实用性，这种脱离实际的做法导致思想政治理论课缺乏理论支撑，教师言之无物，学生学无所获。

北京高校在2014年和2015年连续两年存在载体运用形式化、娱乐化、庸俗化倾向的问题，各高校都引起了足够的重视，谨慎适度地选用情景体验式载体。从2016年开始这类情况得以改善，可见高校泛化使用情景体验式载体的情况得到控制，科学选用载体的能力逐步提升。

三、近年来北京高校思想政治理论课载体建设的主要问题

总结北京高校思想政治理论课载体建设成就的同时还要清醒地认识到存在的不足,只有明确问题,才能有的放矢、补齐短板,不断推进思想政治理论课载体建设,充分发挥思想政治理论课立德树人的效果。

(一)社会实践类载体物质保障不足

思想政治理论课社会实践作为高校思想政治理论课教学的重要组成部分,在培养学生运用马克思主义的立场、观点、方法认识国情、了解社会,科学分析各种社会现象和问题,加深对党的理论、路线、方针、政策的理解,树立和巩固科学的世界观、人生观、价值观方面发挥着至关重要的作用。

社会实践依托于实践基地等物质载体,这是高校学生与现实社会"零距离"接触,让学生发挥才干、检验理论、训练技能、锻炼才干的学习平台。在对"思想政治理论课社会实践存在的困难和问题"的调查中显示,较多高校面临高校社会实践基地不足、社会实践经费不足等问题。

物质条件不足,社会实践载体也无从谈起,北京高校将结合学校特色、学生特色建设新社会实践基地,完善已有的社会实践基地,充分发挥社会实践的独特优势,使更多学生参与到更为深入的社会实践中,通过社会实践载体促进高校学生对思想政治理论课的教学效果。

(二)载体无法满足学生的心理预期,导致学生参与度不高

在思想政治理论课堂上无论使用何种载体,没有学生的全面参与,将不会取得良好的互动效果,所以全面地、深入地互动才是思想政治理论课堂的理想效果,也是衡量思想政治理论课受欢迎程度的标准。大部分北京高校在思想政治理论课上都采用了参与互动式载体,但是互动效果有限,其关键还是在于学生的参与程度不高,师生交流不够深入,信息无法及时反馈。只有解决这些问题才能保证思想政治理论课堂的公平,使每一个学生都有获得感。

视频、音频、PPT等可视化多媒体载体已经在北京高校普及,随着互联网的发展,网络载体成为人们学习生活中不可分割的一部分,这些新的现代化载体正在改变着人们的学习生活方式,也提高了学生对于思想政治理论课载体的心理预期。

如何让现代化载体进入思想政治理论课堂是当前亟待解决的问题,现代化载体良莠不齐,并不是每一种都适宜课堂教学。如果现代化载体选择不当,可能会出现思想政治理论课脱离教学内容,偏离教学目标的情况,还可能会使思

想政治理论课堂走向娱乐化、庸俗化，与教学目标背道而驰。如果过度使用现代化载体，会使思想政治理论课堂缺乏思想性、理论性，让学生专注于载体本身而忽略了教学内容，使教学效果大打折扣。

在思想政治理论课上使用现代化载体要找到课堂理论性与学生参与度之间的平衡是新时代教学信息化改革的关键。思想政治理论课教师既要避免"满堂灌"的课堂教学，又必须跟上时代潮流，科学运用现代化载体来讲思想政治理论，只有这样才能营造良好的思想政治理论课氛围，从而提高学生的出勤率、抬头率、点头率。

（三）载体与学生专业结合不够紧密

思想政治理论课载体与学生专业点、兴趣点联系不紧密是导致思想政治理论课"不接地气"的一大原因。思想政治理论课要贯彻"因材施教"的教学理念，教师应当针对不同学科、不同专业的学生选用不同的思想政治理论课载体。

北京高校虽然存在着思想政治理论课载体与学生专业结合不够紧密的问题，但是各类行业院校的经验是非常值得借鉴的。如中央美院针对艺术专业学生的特点，将思想政治理论课教学内容通过绘画、表演等方式"情景带入"，深受学生喜爱。

在思想政治理论课堂上通过合适的载体将思想政治理论与学生的专业知识紧密联系起来，这样既可以增强学生的学习兴趣与学习主动性，又可以打通学科壁垒，提高学生的学习效率，让学生更好地理解马克思主义理论知识，从而提高思想政治理论课的实效性。

四、北京高校思想政治理论课载体建设途径

习近平在北京主持召开学校思想政治理论课教师座谈会时指出，推动思想政治理论课改革创新，要不断增强思政课的思想性、理论性和亲和力、针对性，要坚持"八个统一"。思想政治理论课载体建设应不断增强其思想性和理论性，创新丰富载体以发挥亲和性，通过组合化使用让载体更具针对性。

（一）坚持思想政治理论课载体的思想性和理论性

习近平总书记在全国高校思想政治工作会议上讲到，高校思想政治工作关系高校培养什么样的人、如何培养人以及为谁培养人这个根本问题。高校思想政治理论课肩负的是培养德智体美劳全面发展的社会主义建设者和接班人的重要责任，只有坚持思想政治理论课载体的思想性和理论性，才能保障思想政治理论课的实效性。

北京高校思想政治理论课载体建设走在全国高校前列，更应重视思想政治理论课载体的思想性和理论性，不能为调动学生的积极性从而走向娱乐化，也不能为了使用载体而使用载体从而走向空洞化。脱离了思想性和理论性的思想政治理论课载体将变得毫无意义，甚至会产生负面影响。思想政治理论课载体建设要坚持以马克思主义为指导，坚持以人为本的教育理念，以立德树人为中心，将思想性和理论性贯穿思想政治教育始终，才能实现全程育人、全方位育人，开创我国高等教育发展新局面。

（二）以马克思主义思想为指导，丰富思想政治理论课载体

思想政治教育载体是一个实践范畴，也是一个发展范畴，随着时代的进步，思想政治理论课也不断面临着新的挑战，这要求思想政治理论课载体要不断创新以适应时代的变化和发展。北京作为我国首都，科技文化发展都走在全国前列，为丰富思想政治理论课载体创造了极有利的条件。北京高校众多，丰富思想政治理论课载体的需求也十分急迫。丰富思想政治理论课载体不仅展现思想政治理论课的亲和力，还能提高思想政治理论课的实效性，丰富思想政治理论课载体要坚持以马克思主义思想为指导，从继承和创新两方面下功夫。

思想政治理论课载体的继承即正确对待传统载体。无论是全盘否定还是全盘接受传统载体都是不科学的，全盘否定传统载体，会让思想政治理论课载体的创新失去土壤，全盘接受照搬照抄传统载体，会让思想政治理论课载体的发展失去动力，所以要坚持唯物辩证法，用科学的态度来对待传统载体。思想政治理论课载体的发展是随着历史条件的变化而变化的，所以对要吸收传统思想政治理论课载体中的精华，还要抛弃其糟粕，继承发展出适应现代历史条件的思想政治理论课载体。

科学的发展推动着思想政治理论课载体的创新，越来越多数字化、信息化的现代载体出现在人们的视野之中，要坚持具体问题具体分析的原则，根据思想政治理论课教学目标和教学内容科学地选用思想政治理论课载体。一方面，既要将新的现代载体有效地运用到思想政治理论课堂中；另一方面，还要创新地使用传统载体，这是思想政治理论课载体创新的重要手段。

（三）推进思想政治理论课载体组合化

北京高校经过多年的努力，创新引入了许多各具特色的思想政治理论课载体，但是单一载体具有局限性，不能满足思想政治理论课的需求。思想政治理论课内涵丰富，理论知识广博，不是单一载体可以承载的，而是需要选用组合多个载体。思想政治理论课面向不同年级不同专业的学生，受众的复杂程度使思想政治理论课需要采用多种载体组合化授课。

推进思想政治理论课载体组合化是指教师在综合分析课程内容以及学生的具体情况，根据载体各自的特点，选用多种载体组合运用，发挥各自优势，使之形成合力，协同完成教学任务。思想政治理论课载体组合化发展将是构建思想政治理论课载体的发展趋势。推进思想政治理论载体组合化是指教师在综合分析课程内容以及学生的具体情况，根据载体各自的特点，选用多种载体组合，发挥各自优势，各个载体经过科学组合，形成合力，将发挥上"1+1＞2"的效果，协同完成教学任务。思想政治理论课载体组合化发展将是构建思想政治理论课载体的发展趋势。

推进思想政治理论课载体组合化建设，一方面，要树立"全局观"，立德树人不是单靠教师就可以完成的，要综合考虑学校、社会等多方面因素，充分认识载体的优缺点，多维立体地建构思想政治理论课载体，不断强化思想政治理论课的成果。另一方面，要坚持"重点论"，每种载体因各自特性不同所承载的任务也不同，多个载体"平均用力"导致思想政治理论课没有重点。应当突出重点，其他载体协同发力，以取得最佳效果。

参考文献

[1] 陈万柏. 思想政治教育载体论 [M]. 武汉：湖北人民出版社，2003：22.

[2] 张耀灿，郑永廷，等. 现代思想政治教育学 [M]. 北京：人民出版社，2001：394.

[3] 习近平. 决胜全面建成小康社会 夺取新时代中国特色社会主义伟大胜利——在中国共产党第十九次全国代表大会上的报告 [M]. 北京：人民出版社，2017：70.

[4] 习近平. 用新时代中国特色社会主义思想铸魂育人贯彻党的教育方针落实立德树人根本任务 [N]. 人民日报，2019-03-19.

[5] 习近平. 把思想政治工作贯穿教育全过程 开创我国高等教育事业发展新局面 [N]. 人民日报，2016-12-9.

[6] 习近平. 把思想政治工作贯穿教育全过程 开创我国高等教育事业发展新局面 [N]. 人民日报，2016-12-9.

[7] 陈万柏. 思想政治教育载体论 [M]. 武汉：湖北人民出版社，2003：20.

[8] 马克思恩格斯选集：第3卷 [M]. 北京：人民出版社，2016：505.

我国不能走资本主义道路的原因分析[*]

赵雅沁[**]

摘要：坚持社会主义道路，意味着不能走资本主义道路。历史证明，资本主义在中国行不通，社会主义是必然选择；列宁的帝国主义理论阐明，我国没有赶上资本主义发展的班车，不可能通过资本主义实现民族独立和国家富强，唯一的路是社会主义道路；现实表明，改旗易帜是邪路，社会主义是正道。历史、理论和现实都告诉我们，资本主义道路在中国行不通，只有社会主义才能救中国，只有中国特色社会主义才能发展中国。我们必须坚持社会主义制度，决不走改旗易帜的邪路。

关键词：资本主义；社会主义；历史；理论；现实

党的十八大以来，在全面深化改革的伟大进程中，习近平总书记反复强调坚持改革的社会主义方向的重要性，指出，搞否定社会主义方向的"改革开放"是死路一条，我们决"不走改旗易帜的邪路"，而要坚定不移走中国特色社会主义道路。并强调："中国特色社会主义是社会主义而不是其他什么主义，科学社会主义基本原则不能丢，丢了就不是社会主义。"[1]坚持社会主义道路，意味着决不改旗易帜、走资本主义道路；而决不改旗易帜、走资本主义道路，就是要坚定不移地走社会主义道路，这实际是一个问题的两个方面。随着疫情防控对社会主义制度优势的极大彰显，正面阐述社会主义制度优越性的研究已经为数不少，本文拟从反面角度，即从"决不改旗易帜，走资本主义道路"的角度展开论述，分析我国不能走资本主义道路的原因，从而坚定社会主义的道路自信

---

[*] 基金项目：北京信息科技大学 2018 年教改项目"思想政治教育与经济学教育的结合问题研究——以《毛泽东思想和中国特色社会主义理论体系概论》教学为例"（项目编号：2018JGYB25）；北京市教委社科计划面上项目（项目编号：SM201511232006）

[**] 赵雅沁（1971—），女，北京信息科技大学马克思主义学院副教授，主要研究方向为马克思主义经济理论。

和制度自信。全文从三个层面展开论述：历史层面、理论层面、现实层面。

一、历史证明：资本主义道路在中国行不通，社会主义是必然选择

1840年鸦片战争失败后，面对亡国灭种的危机，中国的先进分子开始向西方资本主义学习。在他们看来，"要救国，只有维新，要维新，只有学外国。那时的外国只有西方资本主义国家是进步的，他们成功地建设了资产阶级的现代国家[2]。"

（一）洋务运动：中学为体，西学为用，学习西方资本主义先进技术，但归于失败

面对国家危亡和清政府的统治危机，封建统治阶级中的部分成员主张学习西方资本主义的科学技术，创设近代企业，兴办洋务。中国当时兴办近代企业，购兵舰、修军港、编练新军，创办新式学堂，派遣留学生，一派欣欣向荣的景象。然而，甲午战败宣告了洋务运动的失败，表明企图通过学习西方资本主义先进技术以实现"自强""求富"的目标是不可能的，这样的道路是行不通的。

（二）戊戌维新运动：资产阶级性质的政治改良运动，把向西方资本主义学习推进到一个新的高度，但也归于失败

洋务运动的失败使得中国的一些先进分子认识到，仅仅在技术上学习西方资本主义是不够的，于是，他们不但要求学习西方的科学技术，而且要求学习西方资本主义的政治制度和思想文化，把向西方资本主义学习推进到一个新的高度。以康有为、梁启超、谭嗣同、严复等为主要代表人物的资产阶级维新派，突破洋务派"中体西用"思想的局限，主张用君主立宪制取代君主专制制度，试图通过改良主义的变法发展资本主义，使中国走上富强的道路，但因自身的局限性等原因，最终失败。戊戌维新运动的失败，说明资产阶级改良主义道路也是行不通的。

（三）辛亥革命：比较完全意义上的资产阶级民主革命，虽然取得巨大成功，但仍以失败告终

戊戌维新的失败促使中国的一些先进分子放弃改良主张，开始走上资产阶级革命的道路。孙中山先生领导的辛亥革命是一次比较完全意义上的资产阶级民主革命，它结束了中国两千多年封建社会的君主专制制度，建立了中国历史上第一个资产阶级共和国，取得了巨大成功，但无法完成反帝反封建的任务，最终还是失败了。辛亥革命的失败表明，资产阶级共和国的方案没有能够救中国，资本主义道路在中国行不通。

可见，"自从一八四〇年鸦片战争失败那时起，先进的中国人，经过千辛万苦，向西方国家寻找真理……"中国人真诚而又努力地向西方资本主义学技术、学思想、学制度，然而，"中国人向西方学得很不少，但是行不通，理想总是不能实现。多次奋斗，包括辛亥革命那样全国规模的运动，都失败了。国家的情况一天一天坏，环境迫使人民活不下去。怀疑产生了，增长了，发展了。"[3]"就是这样，西方资产阶级的文明，资产阶级的民主主义，资产阶级共和国的方案，在中国人民的心目中，一齐破了产。"[4]就在这时，十月革命一声炮响，给我们送来了马克思列宁主义。中国先进分子从马克思列宁主义的科学真理中看到了解决中国问题的出路，走上了社会主义道路。

综上所述，中国人并不是没有尝试过资本主义道路，但总是碰壁，总是行不通。在"一切别的东西都试过了，都失败了"以后，最终，"资产阶级的民主主义让位给工人阶级领导的人民民主主义，资产阶级共和国让位给人民共和国"[5]，中国人民选择了马克思列宁主义，走上了社会主义道路，这是历史的结论，也是人民的选择。

二、理论阐释：我国没有赶上资本主义发展的班车，不可能通过资本主义实现民族独立和国家富强，唯一的出路是社会主义道路

历史证明，资本主义在中国行不通，但是，为什么资本主义在日本这样的国家就行得通？日本本来也是个落后国家，学了西方、走上资本主义道路后很快就成为主要资本主义强国，正因为"日本人向西方学习有成效"，因此，"中国人也想向日本人学"[6]，希望能够像日本人那样通过资本主义走上自立自强的道路。但同样曾经落后，同样学西方，一个很有成效，一个却怎么都不成，原因是什么？只有从理论上进行阐释，才能更好地理解我们为什么不能走资本主义道路，坚定走社会主义道路的信心。

（一）运用的理论：列宁的帝国主义理论

列宁指出："如果必须给帝国主义下一个尽量简短的定义，那就应当说，帝国主义是资本主义的垄断阶段。"[7]19世纪末20世纪初，资本主义进入垄断阶段，也就是帝国主义阶段。列宁在《帝国主义是资本主义的最高阶段》一文中概括了垄断资本主义也即帝国主义的基本特征：生产和资本的集中发展到这样的高度，以致造成了在经济生活中起决定作用的垄断组织；银行资本和工业资本已经融合起来，在这个"金融资本"的基础上形成了金融寡头；和商品输出不同的资本输出具有特别重要的意义；瓜分世界的资本家国际垄断同盟已经形成；最大资本主义大国已把世界上的领土瓜分完毕。[8]这几个特征是相互联系

的,其中的第五个特征——最大资本主义大国已把世界上的领土瓜分完毕,对于我们要探讨的问题尤其具有启发性。

垄断资本为了获得高额垄断利润,必然扩大和加深在世界范围内的剥削和掠夺,从经济上瓜分世界,而从经济上瓜分世界必然导致在领土上瓜分世界,集中地表现为抢占殖民地,因为殖民地作为原料产地、销售市场和投资场所,对帝国主义具有特殊意义,是帝国主义的生命线。殖民地对帝国主义的特殊意义,使帝国主义国家竞相展开了对殖民地的抢占。抢占殖民地成为帝国主义当时最方便、最有利,从而也是最普遍的一种对外掠夺形式。到19世纪末20世纪初,世界领土已经被瓜分完毕。我国走资本主义道路的尝试——无论是改良主义的戊戌维新,还是相对更彻底的辛亥革命(洋务运动虽然学习西方资本主义先进技术,但主要是为了维护封建统治,并不是要使中国朝着独立的资本主义方向发展),都是在这样的背景下发生的。

(二)理论的阐释:我国没有赶上资本主义发展的班车,不可能通过资本主义实现民族独立和国家富强,唯一的出路是社会主义道路

19世纪末20世纪初,最大资本主义大国已把世界上的领土瓜分完毕,意味着世界上已经没有无主之地,放眼全世界,不是宗主国就是殖民地半殖民地。世界领土被瓜分完毕后,就形成一个问题,即世界上已经没有可被瓜分的殖民地了,而殖民地又是帝国主义的生命线,这就必然导致争夺殖民地、重新瓜分世界的斗争,甚至导致帝国主义国家间的战争。帝国主义国家为了争夺殖民地甚至不惜发动战争,怎么可能会允许一个原来的殖民地或半殖民地去复制自己的发展道路,在丧失自己原来的一个殖民地或半殖民地的同时,又培养一个与自己争夺殖民地的对手呢?不要说这样,哪怕原来的殖民地或半殖民地只是有一点点独立发展资本主义的想法,帝国主义也是绝不容许的。这在帝国主义对待戊戌维新和辛亥革命的态度上可以明显看出来。其实,不论是维新派,还是资产阶级革命派,都没有提出明确的反帝口号,反而对帝国主义抱有幻想——维新派幻想西方列强能帮助自己变法维新,资产阶级革命派幻想以妥协退让来换取帝国主义对中国革命的承认和支持——但结果,维新派的幻想落了空,辛亥革命则遭到了内外的联合绞杀,其原因即在于此。这是由帝国主义的特征和生存竞争的需要决定的,不以主观意志为转移,无论怎样乞求和幻想,都注定如此。这充分说明,在帝国主义时代,在半殖民地半封建社会的中国,资本主义道路是行不通的。

资本主义道路在中国行不通,为什么在日本却行得通?这同样需要运用列宁的帝国主义理论加以分析。日本明治维新的时间——1868年,资本主义发展

为垄断资本主义的时间——19世纪末20世纪初,也就是说,当日本在1868年实行明治维新、跨入资本主义门槛时,欧美先进国家正处在垄断资本主义的前夜,刚好还没有进入垄断资本主义。垄断资本主义的特征之一是"最大资本主义大国已把世界上的领土瓜分完毕",世界还没有进入垄断资本主义意味着世界上的领土还没有被瓜分完毕,还有可供掠夺的领土。既然世界上还有可供掠夺的领土,这些资本主义大国就可以通过"自由占领"[9]而不是相互争夺的方式攫取这些领土,即便有一个国家复制它们的发展道路后也去占领一些地方,也可相安无事。日本就是这个时候明治维新的,它正好搭上了资本主义的末班车。

我们则没有赶上资本主义的班车,不可能通过资本主义实现民族独立和国家富强,唯一的路是社会主义道路。正如毛泽东指出的:"资产阶级的共和国,外国有过的,中国不能有,因为中国是受帝国主义压迫的国家。唯一的路是经过无产阶级领导的人民共和国。"[10]

三、现实表明:改旗易帜是邪路,社会主义是正道

(一)改旗易帜是邪路

复辟回资本主义的俄罗斯,是一面现实的镜子,给我们提供了免费的教训,值得认真思考。这一过程中曾经发生过的恶性通货膨胀等苦难,已经过去,不必再提;政治上恢复苏联的地位,根本不可能,也不必提;这里只看经济。自苏联解体至今,俄罗斯复辟回资本主义已经29年了,如果资本主义真的那么优越,29年的漫长时间,应该足以使俄罗斯"富起来"了,然而,其GDP仅与我国广东省大致相当,其收入来源,除了军工,主要是能源。军工主要是苏联奠定的基础,地域广能源丰富。在世人眼中,俄罗斯是个资源国而不是工业国。反观苏联,依靠社会主义制度,仅仅两个五年计划的时间就实现了工业化,成为一个强大的工业国,并依托强大的工业,为世界反法西斯战争的胜利做出了重大贡献。可以说,俄罗斯资本主义29年经济上的成就,远远比不上苏联社会主义10年经济上的成就。虽然我们尊重俄罗斯人民的历史选择,但也应从中吸取教训,认识到复辟倒退的危害,何况,我国人口比俄罗斯多,但却没有俄罗斯那么丰富的资源,复辟倒退危害更大。对我国而言,改旗易帜只能是邪路、死路。

(二)社会主义是正道

社会主义制度的确立,不仅使广大劳动人民真正成为国家的主人,极大地提高了他们的生产积极性、创造性,而且以其与社会化大生产的一致性和能够

在经济落后条件下尽可能地集中力量办大事的优势，为发展社会生产力开辟了广阔的道路。我国社会生产力获得极大发展，在较短时间内就建立起独立的比较完整的工业体系和国民经济体系，显示了社会主义制度的巨大优越性。

进入改革开放新时期，党领导人民开创和发展了中国特色社会主义，取得了举世瞩目的伟大成就，使得中华民族从"站起来"走向"富起来"，进一步显示了社会主义制度的优越性。

党的十八大以来，党领导人民推动党和国家事业发生深层次的、根本性的历史性变革，取得了全方位的、开创性的历史性成就，推动中国特色社会主义进入了新时代，推动中华民族迎来了从站起来、富起来到强起来的伟大飞跃。面对突如其来的新冠疫情，在党的坚强领导下，我国在较短时间内有效控制疫情，维护了人民的生命安全和身体健康，保障了人民的基本生活，统筹疫情防控和经济社会发展，交出了在全世界都十分亮眼的抗疫优秀答卷。这些成就充分体现了社会主义制度的优越性。正如习近平总书记指出的："我国疫情防控和复工复产之所以能够有力推进，根本原因是党的领导和我国社会主义制度的优势发挥了无可比拟的重要作用。"[11]

尤其值得一提的是，广大同学亲身经历并参与了这场抗击疫情的人民战争，切身体会和认识到党的领导和社会主义制度的巨大优越性，并在我国与某些资本主义大国抗疫表现的现实比较中加强了这一认识。从本学期线上教学开展的课堂讨论来看，与抗疫相关的讨论往往是最热烈、最真情、最令人感动的，从中可以看出，同学们对党的领导和社会主义制度优越性的认识是真实、由衷的，即便是一些之前因社会的某些黑暗面而有某种失望情绪的同学，也因为抗疫而有了新的认识。例如，有一位同学写道："疫情无情人有情，这段时间不只是通过这次课程，各种各样的人和事让我在对社会中的一些黑暗感到失望时而重新振作起来，让我了解到不光是我们这些百姓，国家也一直在努力，一直在我们身后撑腰！"这完全是发自肺腑的心声！事实胜于雄辩，疫情防控的确是一场生动鲜活的思政大课，教育了所有人。善于运用这样真实鲜活的素材进行引导教育，是思政课教师的责任。要通过现实使学生认识到，社会主义制度是当代中国一切发展进步的根本政治前提和制度基础，是我们应对风险挑战冲击的根本保障，改旗易帜只能是邪路、死路。

总之，历史、理论和现实都告诉我们，资本主义在中国行不通，只有社会主义才能救中国，只有中国特色社会主义才能发展中国。我们必须坚持社会主义道路，决不走改旗易帜的邪路。

参考文献

[1] 习近平谈治国理政 [M]. 北京：外文出版社，2014：22.

[2] 毛泽东选集：第 4 卷 [M]. 北京：人民出版社，1991：1470.

[3] 毛泽东选集：第 4 卷 [M]. 北京：人民出版社，1991：1469－1470.

[4] 毛泽东选集：第 4 卷 [M]. 北京：人民出版社，1991：1471.

[5] 毛泽东选集：第 4 卷 [M]. 北京：人民出版社，1991：1471.

[6] 毛泽东选集：第 4 卷 [M]. 北京：人民出版社，1991：1470.

[7] 列宁选集：第 2 卷 [M]. 北京：人民出版社，1995：650.

[8] 列宁选集：第 2 卷 [M]. 北京：人民出版社，1995：651.

[9] 列宁选集：第 2 卷 [M]. 北京：人民出版社，1995：684.

[10] 毛泽东选集：第 4 卷 [M]. 北京：人民出版社，1991：1471.

[11] 习近平主持召开中央全面深化改革委员会第十三次会议强调：深化改革健全制度完善治理体系善于运用制度优势应对风险挑战冲击 [N]. 人民日报，2020－04－28.

关于慈善信托备案管理的性质与效力的思考

伊 强*

摘要：慈善信托备案管理已经成为当前推动我国慈善事业创新发展的重要方式。《慈善法》以促进慈善事业健康发展为目标，明确规定了慈善信托备案管理的标准、程序、主体责任等。明确这种新出现的具体行政行为的性质与效力，对于深入理解和把握管理的尺度与效果，具有重要意义。

关键词：慈善信托；备案；管理

所谓慈善信托，是指委托人基于慈善目的，依法将其财产委托给受托人，由受托人按照委托人意愿以受托人名义进行管理和处分，来开展慈善活动的行为。慈善信托在本质上属于公益信托，并且已经成为现代慈善事业基本运作模式之一。为了进一步促进我国公益慈善事业的发展，《慈善法》将公益信托由过去的"审批制"管理修订为现在的慈善信托"备案制"管理。这就要求我们在实际工作中必须对慈善信托备案管理的性质与法律效力等基本问题给予厘清，才能够科学、有效地把慈善信托备案管理工作落到实处。

一、慈善信托备案管理的性质

所谓"备案"，是指向主管机关报告事由存案以备查考。根据《慈善法》的规定，慈善信托的受托人应当在慈善信托文件签订之日起7日内将相关文件向民政部门备案。慈善信托备案申请要求采用书面形式，并提交相关书面材料。申请材料需填报的主要内容为委托人和受托人的基本信息、慈善信托的名称、慈善目的和信托财产等。《慈善法》第47条还进一步规定，如果慈善信托的受托人违反信托义务或者难以履行职责的，委托人可以变更受托人。变更后的受

---

* 伊强（1970—），男，辽宁丹东人，北京信息科技大学公共管理与传媒学院，副教授，主要研究方向为行政法与行政管理。

托人应当自变更之日起 7 日内，将变更情况报原备案的民政部门重新备案。也就意味着，慈善信托的备案登记已经成为对其实施管理的基本方式。那么，对于慈善信托备案管理行为的性质如何准确认识，是我们开展备案登记工作的基础。

（一）慈善信托备案属于外部行政行为

行政备案的主要功能是信息收集。依据备案管理的对象不同，可分为内部备案和外部备案。内部备案是指行政主体做出行政行为后，将行政行为有关信息以规定形式上报有关权力机关、行政机关登记备查，以便及时发现和纠正错误的一种内部管理行为。外部备案是指行政相对人用书面形式向行政机关提供有关信息情况、予以登记备查的一种外部行政行为。慈善信托备案是由慈善信托的受托人作为备案申请人，向民政部门提出备案申请，民政部门根据自己的职能和权限履行登记备案职责。这种性质的备案行为，虽不直接给申请人创设、变更、消灭某种权利和义务，但会对备案申请人的权益产生直接或间接影响的行为。由此可见，慈善信托备案属于外部行政备案。

（二）慈善信托备案属于强制性行政行为

根据行政备案受法律规范拘束的强弱程度为标准，可以将行政备案分为强制性备案和任意性备案。强制性备案是指行政相对人必须向主管行政机关披露有关资料信息，并依法办理备案手续的备案类型。任意性备案是指行政相对人可以主动办理备案手续，也可以不办理备案手续的备案类型。在强制性备案的情况下，行政相对人必须并且有法定义务，将相关的某些材料在一定期限内，送至有关行政主体处，办理备案手续。完成行政备案的相关手续后，备案事项就得到了行政主体的某种认可，也即起到了一定的行政保护作用。而任意性备案的行政相对人如果要想获得行政机关的保护，往往需要主动向主管行政机关提出申请备案。《慈善法》在规定慈善信托备案时，使用了"应当"的字眼，并规定了备案申请时效。在法律文本中，"应当"一词意味着相关内容为义务性规定，且是唯一的指引，具有确定性和命令性。这说明申请慈善信托备案是慈善信托受托人的义务，此种备案属于强制性备案，也就意味着慈善信托备案是慈善组织的一项义务，便会有未履行时需要承担相应法律责任的配套规则。然而，《慈善法》对慈善信托受托人不履行备案义务却没有规定有关的法律责任，只是专门说明未将相关文件报民政部门备案的，不享受税收优惠。因此，慈善信托备案制设立的立法意旨，在于促进和推动慈善事业的发展。没有经过备案的信托不是慈善信托，但不否认其从事慈善活动的内容。事实上，即便是营利性的企业，法律也不禁止其从事事实上的慈善活动。

（三）慈善信托备案是一种要式行政行为

根据有无法定形式要求为划分标准，行政行为可以分为要式行政行为与非要式行政行为。要式行政行为指法律规定必须以某种方式或形式进行的行政行为。非要式行政行为是指法律未规定一定具体方式，而允许行政机关自行选择的行政行为。申请备案的书面材料包括慈善信托备案申请书、慈善信托备案存单及回执、慈善信托重新备案申请书和慈善信托重新备案存单及回执。这些规则的存在说明，慈善信托备案的申请人必须按照法定的格式，依照法定的程序提交法定的备案资料才能成为民政部门接受的有效备案；慈善信托备案的受理人也必须以法定的程序接收和接受备案文件。只有这样，才能是有效的行政备案行为。明确的格式文件的使用要求以及清晰的程序设计规定均表明，慈善信托备案属于要式行政行为。

（四）慈善信托备案使用形式审查的审查方式

根据备案审查的方式，行政备案可分为形式审查备案和实质审查备案。形式审查备案主要审查手续是否完备、材料是否齐全以及材料形式上的真实性；而实质审查不仅要审查必备的形式要件，还要审查材料内容的真实性、有无瑕疵等。慈善信托备案过程中，所填报备案信息的真实、准确、完整以及所提供备案书面材料的完整性、合法性、有效性是由委托人和受托人承诺保证的，民政部门不对其提交资料的真实性做实质审查，只是对备案申请的合法性、适当性和协调性进行形式上的审查。显然，慈善信托备案的审查属于形式审查。

（五）慈善信托备案属于监督性备案

按照行政备案的性质不同作为划分依据，可以分为许可性行政备案、确认性行政备案和监督性行政备案三类。许可性行政备案的特征是备案申请人只有在备案机构同意备案后，备案事项才能生效。其在本质上是许可。只不过是披了一层"行政备案"的外衣。确认性行政备案是对已有权利、资格或行为进行承认、确定或否认。其在本质上是一种行政确认，对备案申请人而言，备案的目的不在于改变现有法律关系状态，而在于确定现有法律关系、法律地位、获得法定效果，即通过特定公示方式将备案事项予以客观物化，并由此可能获得某些法律上的权益。如行政性收费项目的备案以及物价、食品药品的备案多属于此类。监督性备案是指由申请人向主管机关告知相关事情的事由、提供相关材料等，主管机关予以存档以便随后审查或便于其他行政活动获得相关资讯。由于监督性行政备案所涉及的对象非常广泛，所以监督性行政备案是根据具体对象来确定其设定标准。比较而言，监督性备案对报送备案的事项本身并不产生直接的法律效果，它的目的不像许可性备案那样在于解禁，而是在于通过对其进行的事后审查与监督来保障备案事项对公益的无害。和确认性备案亦不同，监督性备案不仅仅在于获取行政决策或行政执法的相关资讯，更为重要的是对行政相对人的备案后行为加以引导规范并实施有针对性的监管，以纠正损害相关民众、利害关系人权益的行为。就慈善信托实施备案管理而言，其立法的价值在于体现行政效益原则和建立服务型政府。慈善信托管理制度改革的目的是为了促进和规范慈善事业的发展，尤其要注意强化风险防控，确保慈善信托有序健康发展。

二、慈善信托备案管理的效力

通常而言，法律效力是指法律所具有的、以国家强制力为后盾的、对合法行为的保证力和对违法行为的追究力的总和。具体而言，法律效力是内含于法律中的对法律调整对象产生作用的能力，它就是要表明法律规范对什么人、什么事，在什么时间和什么空间有效。作为慈善信托备案这一新的制度设计，时空效力不存在疑义。它的焦点在于对人的某种行为具有什么样的保证力或追究力。只有把这些法律效力的主要问题解决好了，法律制度的适用性才能得到具体体现。

（一）慈善信托备案的对人效力

慈善信托备案涉及的基本主体包括行政主体和行政相对人。由于慈善事业是利国利民的社会公益事业，对我国社会事业的发展具有重要影响，因此，慈善信托备案制度对其法律关系的参与者应当有明确的资格要求。《慈善法》规定，慈善信托备案的行政主体是国家的民政部门。具体来说，慈善信托备案管辖机关是设区市的民政部门。《慈善信托管理办法》进一步规定，信托公司担任受托人的，由其登记注册地设区市的民政部门履行备案职责；慈善组织担任受托人的，由准予其登记或予以认定的民政部门履行备案职责。同一慈善信托有两个或两个以上的受托人时，委托人应当确定其中一个承担主要受托管理责任的受托人进行备案登记。

慈善信托备案涉及的行政相对人，包括两个类型的主体，即信托公司和慈善组织。慈善组织按我国的法律规定通常是指基金会、社会团体和社会服务机构。根据信托公司和慈善组织的具体设立要求，无论是信托公司，还是慈善组织，均应是具有独立法人资格的组织。因此，对于慈善信托受托人的身份和范围，我国的立法态度是排除了自然人充任慈善信托受托人的可能性，认为机构受托人的管理和运作会更为规范和高效,社会信用度也较有保证。另外,依据《慈善信托管理办法》的有关规定,只有依法设立的信托公司或依法登记的慈善组织才可以以"慈善信托""公益信托"等名义开展活动,而其他单位和个人均不得以上述名义开展活动。在法律领域,以什么样的名义开展活动,往往传递着权益能否取得以及行为效果是否有效和受到保护的问题。尽管我国实行的是"宽进严管"的慈善信托备案制度,但要求慈善信托备案的行政相对人必须是取得合法身份的组织,才可以申请慈善信托备案并开展慈善信托业务,其意义在于慈善信托的受托人是从事慈善信托活动的经营者,也是慈善信托财产的直接处分者,如果受托人没有任何优势和资质,是不能保证慈善信托财产实现保值增值的,更难以体现和委托人的真实意思。因此,对于慈善信托备案登记的行政相对人的特别规定,是慈善信托备案登记管理对人效力的核心内容。

(二) 慈善信托备案的公信力

一般来说,凡是法律规定实行行政备案制度的事项,往往都是关系到行政相对人的重大利益或对社会管理秩序有重要影响的事项。对于行政主体而言,其有权依法要求相对人对需要办理备案手续的具体行政管理事项办理备案;对于行政相对人来讲,尤其是在强制性备案中,则需要接受行政主体的要求,及时按照法律、法规办理备案登记手续。这样,就在行政主体和行政相对人之间形成了相应的权利和义务关系。正常情况下,经过行政主体确认的有效备案,在相关合法权益发生争议时,经行政备案的资料与未经备案的资料相比更具真实性和可靠性。就慈善信托备案而言,备案申请人完成备案登记的第一个法律后果即是备案信息的公信力得以形成。或者说,备案申请人以国家承认的形式使社会成员知晓并尊重备案事项所业已取得的法律效力。具体言之,当民政部门通过备案的方式记录下备案事项有关信息时,便在无形之中赋予了备案信息得到国家权力机关确认、支持或认可的效果,这种介入对慈善信托的备案信息产生了确认力;同时,由于慈善信托的备案信息不仅可供民政部门参考,也可供社会公众了解,一旦信息得到记载并在有关信息平台上发布,无异于向社会宣告慈善信托备案申请人权利的存在,其他社会成员必须尊重并产生信赖,慈善信托备案的申请人还可依备案对抗第三人对其的质疑,具有相对全面、稳定的社会公信力。

(三) 慈善信托备案的公示力

按照《慈善信托管理办法》的规定,慈善信托备案的申请人有信息公开和告知的义务。这些义务主要为:根据慈善信托文件约定或《慈善法》的规定,在民政部门统一指定的平台上发布真实慈善信息，并对信息的真实性负责；向社会公开信托事务的处理情况及财务状况；向受益人告知其资助标准、工作流程和工作规程等信息。这些信息的公开，一方面，对可能的违法行为具有极强的事先遏制作用；另一方面，直接或间接让慈善信托备案中的当事人和与之相关的第三人清楚地知道谁是与该具体行政关系所涉的合法权益的权利人，从而依法维护委托人和受益人的合法权益。

（四）慈善信托备案的监督力

从管理方式上来看，慈善信托备案属于事后监督。在慈善信托的备案过程中，无论是信息收集、信息披露，还是存档备查，其目的都是通过备案信息的收集、披露，为有关的行政决策或行政执法提供事实依据。即在社会慈善活动中，民政部门借助备案的方式获取有关慈善事项的信息，同时拥有根据该信息采取相应行政管理措施的权力。这是适应扩大行政管理面，但又限制行政管理强制力度的有效手段。慈善信托备案的效力具有延伸性，而且是以事后监督管理为基础的系统性效力表达。

（五）慈善信托备案的促进力

现代社会，各种信息纷繁复杂，变化多端，单靠行政机关自身的力量是难以及时、准确掌握有关信息的。如果行政机关在信息不准确、不全面、不及时的情况下盲目决策，很有可能出现一些行政决策失误，甚至违法决策的情况，这必然会给社会和国家带来严重损失。同时，信息是行政执法的基础。任何的行政执法行为都必须具有事实依据，而事实依据的获得更是离不开信息的收集。现实中，虽然行政机关获取行政信息的方式是多种多样的，但相对而言，行政备案是行政机关及时、高效获取经济信息、社会信息和管理信息的重要手段之一。基于慈善信托备案，有关的当事人及其权利义务关系便一目了然，民政等管理部门的调控力与科学决策能力也有了基本保障。这不但有利于慈善信托事业的健康、有序发展，也会对我国慈善事业的整体进步和创新形成新的推力。

慈善信托是社会各方力量参与慈善事业的载体之一，是推动慈善事业创新发展的重要方式。慈善信托备案登记是政府对慈善信托进行有效管理的重要手段，科学、准确地处理好备案登记管理工作的各个环节和程序，必将使慈善信托事业越来越深入人心。

参考文献

[1] 中华人民共和国慈善法 [M]. 北京：法律出版社，2016.

[2] 朱最新. 行政备案制度研究 [M]. 北京：知识产权出版社，2012.

[3] 中国慈善联合会慈善信托委员会. 中国慈善信托发展报告 [M]. 北京：中国社会出版社，2018.